U0922465

TAIYUAN
STATISTICALYEARBOOK

太原统计年鉴 2018

太原市统计局 编

中国统计出版社
China Statistics Press

图书在版编目(CIP)数据

太原统计年鉴. 2018 / 太原市统计局编. -- 北京 : 中国统计出版社, 2017.8
ISBN 978-7-5037-8493-4

Ⅰ. ①太… Ⅱ. ①太… Ⅲ. ① 统计资料-太原-2018-年鉴 Ⅳ. ①C832.251-54

中国版本图书馆 CIP 数据核字(2018)第 144088 号

太原统计年鉴－2018

作　　者 / 太原市统计局
责任编辑 / 陈越月
装帧设计(或封面设计) / 崔　晰
出版发行 / 中国统计出版社
地　　址 / 北京市丰台区西三环南路甲 6 号　邮政编码 / 100073
电　　话 / 邮购(010)63376909　书店(010)68783171
网　　址 / http://csp.stats.gov.cn
印　　刷 / 太原市中远新印刷有限公司
经　　销 / 新华书店
开　　本 / 890mm×1240mm　1/16
字　　数 / 1400 千字
印　　张 / 23.5 印张
版　　别 / 2018 年 8 月第 1 版
版　　次 / 2018 年 8 月第 1 次印刷
定　　价 / 400 元

如有印装差错，由本社发行部调换。

太原统计年鉴2018

编委会和编辑出版人员

Taiyuan Statistical Yearbook 2018

The Editorial Board And Staff

编 者 说 明

一、《太原统计年鉴》收录了全市和各县(市、区)经济、社会各方面的统计数据,是一部统计信息密集、综合性强、全面反映太原市国民经济和社会发展情况的资料性年刊。

二、全书内容共分14个篇章,即:1.综合;2.人口、计划生育和社会治安;3.从业人员和劳动报酬;4.固定资产投资、建筑业;5.能源消费与库存;6.物价指数;7.住户调查;8.公用事业;9.农业;10.工业、交通运输和邮电;11.国内外贸易和旅游;12.财政、金融、税务和保险;13.科教、文卫、体育和民政;14.县(市、区)经济概况。

三、本年鉴总量指标计算所采用的价格,除注明外均为当年价格。

四、本年鉴资料主要来自年度统计报表、抽样调查和业务部门统计年报。

五、本年鉴表中符号使用说明:

"空格"表示该项统计数据不详、不足计量单位或无。

"#"表示其中主要项。

六、读者在使用历史资料时,凡与本年鉴有出入的,均以本年鉴为准。

七、本年鉴中部分数据合计数由于单位取舍不同而产生的计算误差,均未作机械调整。

八、本年鉴出版发行,受到社会各界的关心和支持,对此深表谢意,并欢迎提出宝贵意见。

Compiler´s Notes

Ⅰ. *Taiyuan statistical yearbook* 2016 covers major statistic data of Taiyuan society and economic in 2015.It is a reference book with sufficient and comprehensive information.

Ⅱ. The yearbook contains 14 chapters: 1. General Survey; 2. Population, Family Planning and Social Security; 3.Emplyment and Wages; 4. Investment in Fixed Assets a nd Construction; 5. Energy Consumption and Inventory; 6. Price Indicators; 7. Household Survey; 8. Public Utilities; 9. Agriculture; 10.Industry,Transportation and Telecommunications; 11. Domestic and Foreign trade , Tourism; 12. Finance, Banking, Taxation and Insurance; 13. Science, Education, Culture, Public health, Sports and Civil Affairs; 14.Basic Economic Statistics of at County Level (districts, counties and cities).

Ⅲ. The gross items in this yearbook are calculated at current prices unless otherwise specified.

Ⅳ. The data and materials in this yearbook are mainly obtained from annual statistical reports,the sample survey and the annual statistical bulletion of related department.

Ⅴ.Notation used in this yearbook :the mark of "blank" indicates that the figure is not large enough to be measured with the smallest unit or the data are not available .The mark of "#" indicates the major items of the total.

Ⅵ.If there is any discrepancy, when using the historical data, please refer to the newly pubished version of the yearbook.

Ⅶ.Statistical discrepancies on totals and relative figures due to rounding are not adjuested in the Yearbook.

Ⅷ. The publishing yearbook gets lots of care and support from the society.We express deeply gratitude to the attentions, and welcome providing valuable suggestions.

太原市概况

太原，古称晋阳、并州，是山西省的省会和全省的政治、经济、文化、教育、科技和交通中心。

地形地貌：太原位于山西省境中央，太原盆地的北端，于华北地区黄河流域中部，黄河的第二大支流——汾河，自北向南横贯太原市全境。西、北、东三面环山，中、南部为汾河河谷平原。平原1240平方公里，占总面积的17.7%；山地3631平方公里，占52.0%；丘陵2117平方公里，占30.3%。

面积人口：太原国土面积6988平方公里，占全省的4.5%。建成区面积382平方公里，2017年常住人口437.97万。现辖小店、迎泽、杏花岭、尖草坪、万柏林、晋源城六区，清徐县、阳曲县、娄烦县、古交市3县1市和山西转型综改示范区。

气候条件：太原为四季分明的北温带大陆性季风气候。冬季，受西伯利亚冷空气的控制，夏季受东南海洋湿热气团影响。冬季干冷漫长，夏季湿热多雨，春季升温急剧，秋季降温迅速，春秋两季短暂多风，干湿季节分明的特点。

自然资源：太原矿产资源、物产丰富，已探明具有工业开采价值的矿石有20多种。金属矿产主要有铁矿、铝土矿、锰铁矿、铜矿、铅锌矿等；非金属矿产有煤、石膏、硫磺、硝石、耐火粘土、明矾、白云石、石灰石、云母、石英、大理石等。特别是煤炭、铁矿、石膏，被称为太原三大矿产。

文化历史：太原是国家历史文化名城，自古就有“锦绣太原城”之美誉，始建于公元前497年的春秋时期，具有2500多年建城史，素有“龙城”之美誉。悠久的历史孕育出太原深邃璀璨的晋阳文化，产生过李世民、武则天、狄仁杰等杰出的政治家和王之焕、元好问、罗贯中等伟大的文学艺术家。

旅游资源：太原旅游资源丰富，悠久的历史给太原留下了众多的名胜古迹，较为著名的有晋祠、天龙山石窟、永祚寺、纯阳宫、崇善寺、窦大夫祠等国家级重点文物保护单位13处和省级重点文物保护单位32处，被称为中国的“地上文物宝库”。

经济建设：2017年，市委、市政府团结带领全市人民，以习近平新时代中国特色社会主义思想为指引，认真贯彻落党的十九大精神和习近平总书记视察山西重要讲话精神，按照“两个走在前列”的目标要求，坚持稳中求进工作总基调，坚持以提高发展质量和效益为中心，全面实施创新驱动，转型升级战略，全市经济稳中有进，稳中向好，好中提质。2017年(全年完成地区生产总值3382.18亿元，增长7.5%，一般公共预算收入311.85亿元，增长10.3%)，人民生活水平稳步提高(城镇常住居民人均可支配收入31469元，增长6.2%，农村常住居民人均可支配收入15595元，增长6.9%)，城市建设管理力度加大，各项社会事业不断进步，为奋力谱写文明开放富裕美丽太原新篇章奠定了坚实基础。

政府工作报告

——2018年3月27日在太原市第十四届人民代表大会第三次会议上

太原市市长　耿彦波

各位代表：

现在，我代表市人民政府，向大会报告工作，请予审议，并请政协委员和列席人员提出意见。

一、2017年工作回顾

过去一年，全市上下以习近平新时代中国特色社会主义思想为指导，认真贯彻落实党的十九大精神和习近平总书记视察山西重要讲话精神，牢固树立新发展理念，坚持向改革开放要动力，向创新驱动要活力，向转型升级要竞争力，奋力实现“两个走在前列”，较好完成全年经济社会发展主要目标任务。

——经济运行持续稳定增长。2017年完成地区生产总值3382.18亿元，增长7.5%；规模以上工业增加值631.23亿元，增长9.0%；固定资产投资964.86亿元，增长6.8%；一般公共预算收入311.85亿元，增长10.3%；社会消费品零售总额1767.82亿元，增长6.1%；外贸进出口总额915.25亿元，增长4.1%；城镇常住居民人均可支配收入31469元，增长6.2%；农村常住居民人均可支配收入15595元，增长6.9%。

——供给侧结构性改革取得初步成果。着力发展实体经济，加快工业强市步伐。江铃重汽、比亚迪新能源汽车、太钢碳纤维二期、阳煤太化新材料、太重地铁盾构机制造等相继投产，富士康手机智能制造和全球维修持续发力，产值突破700亿元。加快发展现代都市农业，调整种植结构，优化养殖布局，培育九牛、宝迪等12家农业产业化龙头企业。现代服务业发展势头良好。阳光城洲际、富力铂尔曼等五星级酒店、传化智能物流、华宇百花谷综合体等相继运营，华润万象城、新城吾悦商业、中海、信达超高层商务楼宇建设进展顺利。科技创新能力不断提高。新兴产业和现代服务业对经济增长的贡献进一步增强。

——城市基础设施建设和管理不断提升。东中环北延、新店街、北沙河、玉门河等八河道路快速化改造，迎泽大街下穿火车站、双塔南路、东峰路北延等110余条、200余公里城市道路改造建设全面推进。地铁2号线完成10个车站主体结构，1号、3号线前期工作顺利。高铁南站、太原站东广场改造启动。完成26个城中村50多个棚户区总计1000余万平方米拆迁，滨河东西路、龙城大街、阳兴大道等综合整治、绿化提升成效明显。晋源东区地下综合管廊、餐厨垃圾处理、晋阳污水处理投入运行。交通秩序整治取得初步成效。

——环境质量改善迈出新步伐。持续推进集中供热全覆盖，新增供热面积3300万平方米。“煤改电”“煤改气”完成11.6万户，市区严格禁煤。关停一电厂，取缔整治散乱污企业。淘汰老旧机动车、黄标车5000辆。实行领导包联责任制，“秋冬防大气污染综合治理”攻坚行动成效明显，空气质量指数同比下降28.7%，PM2.5浓度均值同比下降33.1%，重污染天数同比下降75%。全面推行河长制，实施八河治理，雨污分流、河道复清、两岸增绿、城市整治协同推进。汾河三期水利主体工程完成。南寒体育公园、昌宁公园等建成开放，晋阳湖景区、太原植物园建设和迎泽公园改造进展顺利。全市共实施绿化面积580.15万平方米，完成营造林42.6万亩，建成区绿化覆盖率、绿地率、人均公园绿地面积分别达42.19%、37.18%和12.18平方米。

——民生保障建设持续推进。太原五中、成成中

学、一外、二外和中心医院、人民医院、妇幼保健院、儿童福利院、康宁医院等总投资超百亿元的民生工程完成主体。棚户区改造新开工3.25万套、基本建成3.36万套。医药卫生体制改革成效明显。城乡居民养老、医疗、失业等五项保险全覆盖。新建社区养老服务中心64个，老年日间照料中心87个。城镇登记失业率3.41%。完成73个贫困村22069人脱贫任务，阳曲县脱贫摘帽进入公示验收阶段。“双拥”工作不断推进，文明城市创建迈出新步伐。积极化解信访疑难问题，安全生产形势总体平稳。

——文化事业和文化产业加快发展。持续推进晋祠景区提升完善，青龙古镇、太原古县城、太山龙泉寺、天龙山大景区、双塔景区保护性改造提升，华夏文明主题公园建设。府城普光寺、文殊寺、五一路历史片区等保护性修复基本完成。市图书馆改扩建竣工开放。晋剧《关公》入选2017年度国家艺术基金资助项目，电视剧《于成龙》荣获中宣部“五个一工程”奖。体育事业不断发展，我市运动员在第十三届全国运动会上取得优异成绩。“担复兴大任，做时代新人”大型讲述活动广获好评。

——政府自身建设和民主法治建设全面加强。自觉接受人大依法监督、政协民主监督，认真听取各民主党派、工商联、无党派人士建言献策，办理人大代表建议385件、政协提案532件，办复率100%。“放管服效”改革扎实推进，承接国务院、省政府取消下放行政职权52项，下放31项。“五规合一”信息平台上线运行。新政务服务中心全面启用，行政审批事项全部入驻办事大厅。深入开展“两学一做”学习教育，持之以恒纠正“四风”。坚决查处和纠正违法违规行为，堵塞工程招投标、土地出让等重要环节的漏洞，弘扬忠诚、干净、担当的政风。

各位代表，过去一年所取得的成绩，是高举习近平新时代中国特色社会主义思想伟大旗帜，在省委、省政府和市委的坚强领导下，在市人大、市政协和社会各界有效监督、大力支持下，全市广大干部群众上下同心、团结奋斗的结果。在此，我代表市人民政府，向全市人民，向各位人大代表和政协委员，向驻并部队和公安民警，向所有关心支持太原改革发展的各界朋友，表示崇高的敬意和衷心的感谢！

在肯定成绩的同时，我们也清醒认识到，我市发展仍面临不少困难和挑战，政府工作还有不少问题和不足。集中表现为：经济总量不大和质量不高并存，发展不平衡不充分的问题还较为突出；战略性新兴产业发展不足，大项目、好项目、新项目不多，传统产业改造提升不快，创新驱动、转型升级面临严峻挑战；改革力度不大，办事效率不高，服务质量不优，营商环境不良的问题依然存在；基础设施欠账较多，管理水平落后，城市环境质量改善形势不容乐观；住房、教育、医疗等民生事业发展不均衡、质量不高问题仍然突出；一些领域不正之风和腐败问题仍有发生。对此，我们要本着对人民高度负责的精神，坚持问题导向，强化使命担当，采取有力举措，切实加以解决。

二、2018年工作安排

今年是贯彻党的十九大精神的开局之年，是改革开放40周年，是决胜全面建成小康社会、实施“十三五”规划承上启下的关键一年。今年政府工作的总体要求是：**以习近平新时代中国特色社会主义思想为指导，全面贯彻党的十九大和十九届二中、三中全会精神，按照“两个走在前列”的目标要求和“五个扎实”的工作要求，认真落实市委十一届三次、四次全会精神，统筹推进“五位一体”总体布局，协调推进“四个全面”战略布局，坚持稳中求进工作总基调，坚持把深化供给侧结构性改革与深化转型综改试验区建设有机结合起来，充分发挥转型综改示范区的引领带动作用，全面推进稳增长、促改革、调结构、惠民生、防风险各项工作，推动质量变革、效率变革、动力变革，在打好防范化解重大风险、精准脱贫、污染防治攻坚战方面取得扎实进展，促进经济社会持续健康发展，进一步提升在全省的首位度和在全国省会城市的综合排名，奋力谱写文明开放富裕美丽太原新篇章。**

主要预期指标是：地区生产总值增长8%左右，规模以上工业增加值增长10%，固定资产投资增长10%，社会消费品零售总额增长7.5%，一般公共预算收入增长7%，城乡常住居民人均可支配收入分别增长6.5%和6.5%以上，居民消费价格涨幅控制在3%左右，城镇登记失业率控制在4%以内，约束性指标不折不扣完成省下达任务。

（一）以转型项目建设年为重要契机，深入推进供给侧结构性改革

进入新时代，我国社会主要矛盾发生了关系全局

的历史性变化，高质量发展是必须跨越的关口。新时代带来新机遇，新要求提出新挑战。必须抓住难得的历史机遇，以转型项目建设年为抓手，加快转变发展方式，优化产业结构，转换增长动能，把实体经济做实做强做优。

强力推进转型升级，发展壮大新动能。充分发挥综改示范区新引擎的核心功能，打好转型综改攻坚战。综改示范区肩负着“示范区”“排头兵”和“新高地”的重大使命。要抓住重点，突出特色，明确主攻方向，集中优势资源，构建布局结构优、规模体量大、延伸配套好、支撑带动强的现代产业集群。要打造信息技术产业集群，完善富士康苹果手机整机制造和全球维修中心，迈上产值800亿元新台阶。加快中科院超算中心、山西移动云计算数据中心、山西浪潮大数据产业园等项目建设。要打造先进装备制造产业集群，倾力支持江铃集团做强重卡、开发中卡，引进天津宇傲、江苏长凯、苏州万隆等关键零部件配套企业，形成产业集群。推进磁浮轨道交通、晋西轨道交通等项目建设。要打造新材料产业集群，加快中电科碳化硅、银邦金属材料等重点项目建设。要打造新能源产业集群，推进比亚迪新能源客车、动力电池组装、专用重卡制造。加快西安中科镁基电池、山西移动能源产业等项目建设。

发挥老工业基地优势，推进传统产业提质增效。把资源存量与先进技术突破有机结合起来，发挥好产业转型的战略优势。推进太钢冷轧取向硅钢、T800碳纤维三期、不锈钢深加工产业集群、铝镁合金基地、中晋交能大数据等转型项目，阳煤太化新材料延伸产品尼龙6、尼龙66，己内酰胺10万吨技改扩产、太重地铁装备制造等新项目建设。加快推进清徐煤焦化工高端化、智能化、集群化、绿色化循环园区建设，紧跟世界能源技术革命新趋势，推进煤炭清洁高效利用，打造能源革命新样板。大力发展工业互联网，深入实施“中国制造2025”，创造互联网、大数据、人工智能和实体经济深度融合的新载体、新模式、新业态。发挥军工产业集聚优势，推进电子信息科技、电子智能制造等20个项目落地建设，加快形成全要素、多领域、高效益的军民融合深度发展格局，争创国家级军民融合创新示范区。

加快发展现代服务业，培育新的经济增长点。大力发展现代物流、会展经济、咨询服务、科技服务、金融服务等生产性服务业。推进太原国际会展中心、苏宁广场、红星美凯龙爱琴海、远大购物、银泰中心、丽思卡尔顿六星级酒店、悦榕庄五星级酒店等项目开工建设。基本完成占地2000亩动物园升级扩容改造，集动物观赏、儿童游乐、智慧教育于一体，力争跻身全国一流行列。华润万象城、阳光皇冠假日8月初实现对外运营。发展以“互联网+服务”为代表的新型服务业，带动服务业整体升级。

（二）用好改革开放“关键一招”，构建推动经济高质量发展体制机制

改革开放是发展进步的活力之源，是赶上时代前进步伐的重要法宝。要以更宽广的视野、更高的目标要求、更有力的举措，突出重点领域和关键环节，坚持“改革不停顿、开放不止步”，将深化改革扩大开放进行到底。

深化“放管服效”改革，全力营造“六最”营商环境。全面实施市场准入负面清单制度，深化“证照分离”改革，重点是照后减证，能减则减，能合则合，大幅压缩企业开办时间。全面推行企业投资项目承诺制，落实统一清单告知，统一平台办理，统一流程再造，统一多图联审，统一收费管理，变先批后建为先建后验，变事前审批为事中事后监管服务，为市场主体添活力，进一步解放和发展生产力。深入推进“互联网+政务服务”，推进民生服务事项网上办理，破繁苛之弊，兴便民之利，让人民群众共享大数据服务的便捷。深化综合执法改革，根治多头多层重复执法问题。推进简政放权，把该放的权力放下去，把该管的事情管好。

全面推进体制机制创新，提高资源配置效率效能。深化国资国企改革，制定出资人监管权责清单，完善有效制衡的法人治理结构，完成“三供一业”分离，持续瘦身健体，提升主业核心竞争力。建立多主体供应、多渠道保障、租购并举的住房制度。推进农村集体产权制度改革。深化财税体制改革，提高财力使用效率。完善产权制度和要素市场化配置机制，推动创新要素自由流动和聚集，资源向优质企业和产品集中，以优质的制度供给、服务供给和要素供给，增强企业的核心竞争力，打造高质量发展的强大动能。

推进民营经济改革发展，营造公平竞争的市场环境。产权激励是最大激励，是民营企业的恒心所在。要坚持“两个毫不动摇”，落实好中央和省、市一系列支持非公经济发展的政策举措，在透明的法治环境下保护好产权，破除信贷、上市、创新、招投标、人才等方面的歧视性政策限制和各种隐性障碍，多渠道破除融资难、融资贵问题。加强对中小企业创新支持，培育更多具有自主知识产权和核心竞争力的创新型企业。促进大众创业、万众创新上水平，注重发现和培育有发展前景的“双创”企业，拓展市场化专业化众创空间，高质量建设“双创”基地城市示范。构建“亲”“清”新型政商关系，营造尊重、激励和保护企业家干事创业的社会氛围。

推动形成全面开放新格局，以开放促改革、促发展。要站在新的历史起点上，推动思想再解放，改革再深化，开放再扩大。开放需要海纳百川的胸襟，更需要招风引凰的魅力。要认真落实市委制定的人才激励政策，吸引国际国内人才流、资金流、信息流汇聚，为创新驱动提供人才智力支撑。继续加大招商引资力度，着眼招大引强，紧盯名企名品名家，聚焦优秀企业，支撑有效投资、转型跨越。用好用足国务院批准太原建设国家可持续发展议程创新示范区的政策支持，强化科技创新、转型升级、绿色发展，创造资源型城市转型发展可复制、可推广的现实样板。加强同中科院、同济、清华、交大等科研院所和高校的合作，支持富士康并州研发中心，启动一批科技创新重大项目，推进智能制造研发，加快创新成果转化应用，不断增强经济创新力和竞争力。

（三）塑造文化产业精品，发展文化旅游支柱产业

文化是凝魂聚气、强基固本的基础，是一个城市创造力、影响力和竞争力的重要源泉。要弘扬中华优秀传统文化，发展社会主义先进文化，为全市经济社会发展提供坚强的思想保证、强大的精神力量、丰润的道德滋养。

历史是文化的载体，文化是历史的血脉。太原拥有2500多年的建城文明史，丰厚的历史土壤，留下了宝贵的物质文化遗产和精神文化遗产。要本着对历史、对人民、对未来负责的精神，努力实现传统文化的创造性转化、创新性发展。要聚焦发力，全面完成太山龙泉寺、天龙山石窟、太原明代古县城、双塔景区、青龙古镇和千年府衙等六大历史文化遗产保护性修复，完善晋祠景区提升改造，初步完成太化工业文明遗址保护利用，配套道路建设、环境综合治理、优质服务供给，积极创建5A级景区。让陈列在大地上不可再生的文化遗产、收藏在博物馆里的文物都活起来，再现昔日辉煌，擦亮城市名片，坚定朝着建设文化旅游目的地的战略目标迈进。

着力培育文化市场主体，打造现代文化旅游精品景区。华强华夏文明主题公园年内竣工开业，将成为我市文化旅游业一张靓丽名片。远洋太古里植入双塔景区，古今文化经典相融，打造城市文化广场和城市客厅。建设国际一流、富有特色的自行车赛道，集体育竞技、文化旅游、国际交流、产业创新于一体，形成具有世界影响力的城市品牌。晋阳湖公园引进优秀团队，创作高科技唯美水秀和国际演艺，塑造影响深远的文化精神标识，提升太原文化的吸引力和竞争力。

大力发展文化事业，繁荣文艺创作，提高文化软实力。要坚持把中国精神作为社会主义文化的灵魂，创作更多反映时代呼声、展现人民奋斗、陶冶高尚情操的优秀作品，讲好太原故事。要把晋剧作为“国粹”精心呵护、倾力支持，加强艺术传承、人才培养、精品创作。加快建设晋剧院、话剧院，让艺术进入高雅的殿堂。支持太原莲花落、杂技风火流星等非物质文化遗产薪火相传，不断焕发新的生机和风采。培育新型文化业态，加强对外文化交流。推进传统媒体与新兴媒体深度融合。加强国防教育，强化全民安不忘危、和不忘战的国防意识。继续实施“送戏下乡”、公益电影下乡等文化惠民工程，提升农村公共文化服务水平。

加强文物保护和文创产品合作研发，推进互联网与文物宣传创新深度融合。加强晋阳古城遗址考古研究，科学展示遗址成果。加强与故宫博物院文物展示、文创产品、文物保护等方面深度合作，推动文博事业进入全国一流水平。做好府城历史片区保护，加快皇庙修复、文庙周边环境整治提升。

（四）以承办全国二青会为动力，全面提升省会城市整体形象和文明水平

城市化是现代化的必由之路。建设好省会城市要认识、尊重、顺应城市发展规律，坚持创新、协调、绿色、开放、共享的发展理念，让人民群众在城市生活得更方便、更舒心、更幸福、更美好，提高太原都市区国际化、现代化、智能化水平。

以更加富有前瞻性的规划引领城市发展。规划是城市不败的基础，城市以规划论输赢。坚持不断学习、借鉴、完善，用最先进的发展理念和国际一流水准规划设计建设，下功夫做好单体建筑设计，打造城市标杆精品和典范，经得起历史检验。要着眼精彩、非凡、超越，规划承办好二青会，努力开创太原发展更加美好的明天。

持续推进城市基础设施建设。高标准完成西中环南延、东中环北延、南中环东延、龙城大街东延、滨河东路南延及3座汾河大桥、滨河西路北延、大运路等快速路建设，全面完成八河快速路建设，进一步完善提升城市快速路网。推进迎泽大街东延、学府街东延、马练营路北延、龙城南北街、军民路等城市主次干道和小街小巷改造建设。加快地铁2号线建设，推进1号、3号线建设。完成高铁南站、太原站东广场建设，建立高进低出快速交通综合服务体系。开工建设东南客运站、西北二环高速路及娄烦高速连接线。推进海绵城市建设，加快晋源东区、综改示范区综合管廊建设。完成南坪头、马庄、五六号缓洪池等上游防洪调蓄工程。推进500千伏太原北等重大电网工程。

全面提升城市管理水平。以城市管理现代化为指向，加快智慧城管、智慧交通建设，充分运用互联网大数据，科学、精准、高效调度管理。深化城市管理体制改革，坚持以人为本、源头治理、权责一致、协调创新的原则，推进城市综合执法，建立权责明晰、服务为先、管理优化、执法规范、安全有序的城市管理体制。要针对交通节点堵塞及各种乱象，精准施策，从严管理，综合整治，一件一件抓到底，抓出新成效，治出新水平。

全力做好二青会各项筹备工作。二青会是我省第一次主办的全国大型综合性运动会。要加快青运村和山西国际体育交流中心、水上运动中心、沙滩排球场、排球馆、足球场等场馆建设，推进滨河体育中心、网球中心等场馆改造，确保所有项目年底竣工。要高质量、高水平承办好全省第十五届运动会，作为迎接二青会的“带妆彩排”、预备检阅。要全面提高服务业水平，全面整治美化城市立面，亮化城市，增绿补绿，让城市更靓丽，让人民更幸福。

（五）推进生态文明建设，打赢蓝天保卫战

生态环境是最普惠的民生福祉。坚持生态优先、绿色发展，是发展观的一场深刻革命。要以提高生态环境质量为目标，综合系统治理环境质量突出问题，努力建设蓝绿交织、清新明亮、山水相融的美丽太原。

严控大气污染。推进清洁供热全覆盖，新增集中供热2000万平方米。城南、城西两个燃煤热源厂改造为燃气供热。城区燃煤锅炉清零。三县一市全部淘汰20吨及以下燃煤锅炉，完成10万户农村清洁供暖改造。深度治理工业企业污染，钢铁、化工、水泥等要达到特别排放限值要求。持续开展“散乱污”企业整治和挥发性有机物治理。严格落实建筑工地扬尘治理“六个百分之百”要求。加大面源污染防治监管，严禁秸秆焚烧和露天烧烤，综合整治渣土消纳场所。推进货车运营清洁化。强化网格监管、靶向攻坚，精准施策、科学治霾。

加大水污染防治。实施水源保护工程，保障汾河水库水质稳定达标。全面落实河长制，加大汾河水源地保护，完成汾河三期治理工程，建设人工湿地。加快汾东和城南35万吨污水处理厂建设，水西关、康乐街和60余条小街小巷雨污分流工程，从源头上消除黑臭水体，让母亲河“水量丰起来、水质好起来、风光美起来”。

加强土壤污染治理。建立污染土地动态清单和联动监管机制，着力解决影响农产品安全和人居环境健康两大突出问题。做好生活垃圾分类试点工作，加快循环经济环卫产业示范基地建设，生活垃圾焚烧电厂、市政污泥与污水处置项目、餐厨垃圾处置二期项目建成投运，推进垃圾减量化、无害化、资源化。

持续推进生态建设。加快东西北山造林绿化提档升级和市区园林绿化，完成营造林30万亩。初步完成11.7平方公里晋阳湖大生态体系建设，构建“三面环山、一水中分、九河环绕、一湖点睛”水韵龙城格局。完成迎泽公园、南寨公园、双塔公园、牛驼寨公园扩容提质改造，基本完成植物园建设，新改扩建天龙山国家森林公园、环城森林公园和一批街头游园。加大道路两侧、南站沿线、八河沿边、城市裸露面绿化力度，加快山体破坏面生态修复，大幅扩大绿色生态空间，让绿色成为太原的底色。建成区绿化覆盖率、绿地率均增加0.5个百分点。

（六）树立以人民为中心的发展思想，推进各项社会事业发展

民生连着民心，民心是最大的政治。要以民评民说为标准、民心民力为依靠、民意民声为动力、民思民盼为方向、民惠民富为目标，用心用情用力做好保障改善民生各项工作。

打好精准脱贫攻坚战。阳曲县作为省定贫困县，实现脱贫攻坚首战告捷。要继续提高质量、巩固成果、夺

实基础。娄烦县是我市唯一国定贫困县，今年要实现摘帽脱贫，整体消除绝对贫困现象，决战全胜。这是我市发展史上具有重要意义的一件大事。全市上下特别是娄烦县要继续加大脱贫攻坚力度，从思想上拔“穷根”，从精准上做文章，从产业上夯基础，从成色上下功夫。加快光伏扶贫电站建设，推进马铃薯、中药材加工业，落实水源地生态补偿机制，全面完成易地扶贫搬迁，发展云顶山生态文化旅游，确保高质量脱贫摘帽。

实施乡村振兴战略。坚持规划先行，城乡融合，突出城郊型地域特色，推进产业振兴、人才振兴、文化振兴、生态振兴、组织振兴。坚持典型引领，结合水果、蔬菜、醋业、养殖等，促进农耕文化、地域文化和时尚文化相融合，发展休闲农业、农产品加工业和乡村旅游产业。坚持夯实基础，加强“三基”建设，改善农村水、电、路、通信等基础设施建设，完善农村生活设施，建设农民安居乐业的美丽家园，让良好生态环境成为乡村振兴的支撑点。

推进民生保障建设。全面完成五中、成成、一外、二外等新建工程。新改扩建公办幼儿园20所。加快职教园区规划建设。完成中心医院、人民医院、妇幼保健院等新建工程。加强教育、卫生人才队伍建设。加快城市棚户区改造建设，基本完成近年因重点工程涉拆群众安置回迁，落实拆迁惠民政策。加大城中村改造建设力度，启动30个城中村改造，已完成拆迁的村要全面加快建设。城镇棚户区改造新开工1.72万套，保障性安居工程基本建成5万套。继续加强公共停车场、公共厕所、人行天桥等建设，着力补齐民生短板。夯实县乡医疗卫生机构一体化改革基础，拓展家庭医生签约服务。大力发展养老服务产业，推动社区服务提档升级。完成老年福利院、儿童福利院、康宁医院等项目建设，给特殊群体更多的人性关怀和温暖。做好高校毕业生就业工作，实施全民技能提升工程。加快城乡居民基本医疗保险整合，城乡低保标准提高幅度不低于每人每月40元，发挥好社会保障的民生托底作用。

加强和改进社会治理。健全矛盾纠纷多元化解机制，妥善处理各类群体性事件。完善社会治安防控体系，依法开展扫黑除恶专项斗争。加强食品药品和农产品安全监管，确保老百姓“舌尖上的安全”。推进“双拥”和文明城市创建工作。坚决打击非法金融行为，防范化解重大风险。压实安全生产责任，确保社会和谐稳定。

（七）加强政府自身建设，打造人民满意的服务型政府

进入新时代，政府工作要有新气象新作为。要牢固树立“四个意识”，坚定“四个自信”，突出党的政治建设统领地位，坚决维护习近平总书记的核心地位，坚决维护党中央权威和集中统一领导，落实全面从严治党要求，加强自身建设，转变政府职能，为人民提供优质高效服务。

加快建设法治政府，全面推进依宪施政、依法行政。对宪法和法律始终保持敬畏之心，带头在宪法法律范围内活动，严格依照法定权限、规定、程序，行使权力，履行职责。按照中央和省、市委部署，有序推进机构改革。自觉接受人大及其常委会依法监督，接受人民政协民主监督，接受社会和舆论监督，认真听取民主党派、工商联、无党派人士和各人民团体意见。全面推进政务公开，让权力在阳光下运行，提高政府公信力。落实“谁执法谁普法”责任制，提高普法质量和效果。

时刻保持公仆本色，厚植各级干部“政德”之风。习近平总书记指出，政德是整个社会道德建设的风向标。立政德，就要明大德，铸牢理想信念，锤炼坚强党性，恪守立党为公；就要守公德，强化宗旨意识，增强政治定力，清清白白做人，干干净净干事；就要严私德，常思贪欲之害，常怀律己之心，心存敬畏，手握戒尺，严格操守，加强自律。

全面提高政府效能，增强政府公信力和执行力。路是走出来的，事是干出来的。人事有代谢，事业无止境。为人民干事是天职，不干是失职。广大干部要提高政治素质和工作本领，求真务实，干字当头；一分部署，九分落实；善始善终，善作善成。以真抓的实劲、敢抓的狠劲、善抓的巧劲、常抓的韧劲，多做打基础、利长远的好事，不计较个人进退得失，追求历史沉淀之后真正的评价。

各位代表，新时代是奋斗者的时代。团结凝聚力量，实干创造未来。让我们更加紧密地团结在以习近平同志为核心的党中央周围，高举习近平新时代中国特色社会主义思想伟大旗帜，不忘初心、牢记使命，锐意进取、顽强拼搏，奋力谱写文明开放富裕美丽太原新篇章！

太原市2017年国民经济和社会发展统计公报

太原市统计局　国家统计局太原调查队

2018年3月18日

2017年，市委、市政府团结带领全市人民，以习近平新时代中国特色社会主义思想为指引，认真贯彻落实党的十九大精神和习近平总书记视察山西重要讲话精神，按照“两个走在前列”的目标要求，坚持稳中求进工作总基调，坚持以提高发展质量和效益为中心，全面实施创新驱动、转型升级战略，全市经济稳中有进、稳中向好、好中提质，城市建设管理力度加大，人民生活水平稳步提高，各项社会事业不断进步，为奋力谱写文明开放富裕美丽太原新篇章奠定了坚实基础。

一、综合

人口：据2017年人口抽样调查，年末全市常住人口437.97万人，比上年末增加3.53万人。其中：城镇人口370.97万人，增加3.65万人；乡村人口67.00万人，减少0.12万人。城镇化率84.70%，比上年提高0.15个百分点。男性人口222.41万人，女性人口215.56万人，性别比为103.17:100。

全年出生人口5.28万人，人口出生率12.10‰；死亡人口1.75万人，死亡率4.01‰；自然增长率8.09‰。

经济增长：初步核算，全市实现地区生产总值（GDP）3382.18亿元，比上年增长7.5%。其中：第一产业增加值40.82亿元，增长3.0%；第二产业增加值1271.42亿元，增长7.0%；第三产业增加值2069.94亿元，增长7.9%。第三产业中，交通运输、仓储和邮政业增加值173.88亿元，增长13.6%；批发零售和住宿餐饮业增加值467.23亿元，增长1.2%；金融业增加值475.96亿元，增长4.9%；房地产业增加值187.31亿元，增长9.3%；营利性服务业增加值424.50亿元，增长18.6%；非营利性服务业增加值339.28亿元，增长6.5%。

人均地区生产总值77536元，比上年增长6.7%，按2017年平均汇率计算达到11484美元。

图1　2013-2017年地区生产总值

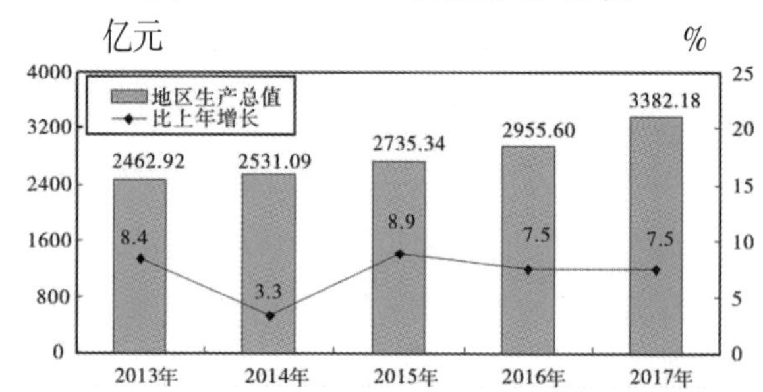

产业结构：三次产业比重为1.2%、37.6%、61.2%，分别拉动经济增长0.04、2.62和4.84个百分点。与上年相比，第一产业比重下降0.1个百分点，第二产业比重提高1.5个百分点，第三产业比重下降1.4个百分点。

财政：全市一般公共预算收入311.85亿元，比上年增长10.3%。其中：税收收入247.93亿元，增长12.5%。

图2　2013-2017年一般公共预算收入

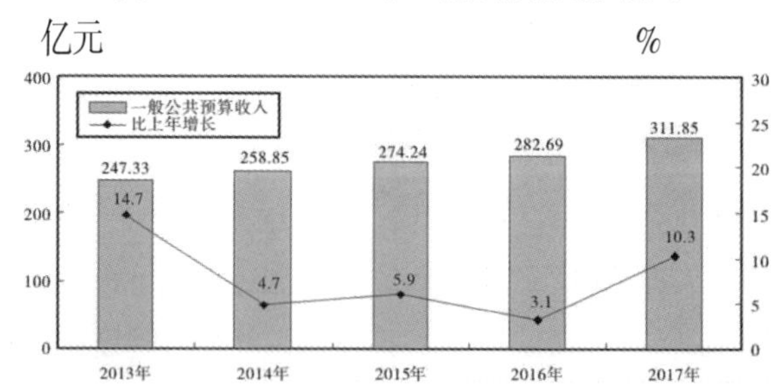

全年一般公共预算支出479.06亿元，比上年增长13.0%。其中教育、医疗卫生、社会保障和就业、住房保障、交通运输、节能环保、城乡社区事务等民生支出389.96亿元，增长12.2%，占全市一般公共预算支出的81.4%。

物价：居民消费价格比上年上涨1.8%。其中：食品价格下降1.3%，非食品价格上涨2.5%；消费品价格上涨0.3%，服务价格上涨4.1%。商品零售价格总水平上涨1.7%。工业生产者出厂价格上涨14.1%。工业生

产者购进价格上涨16.6%。

图3　2013-2017年价格比上年涨跌幅度

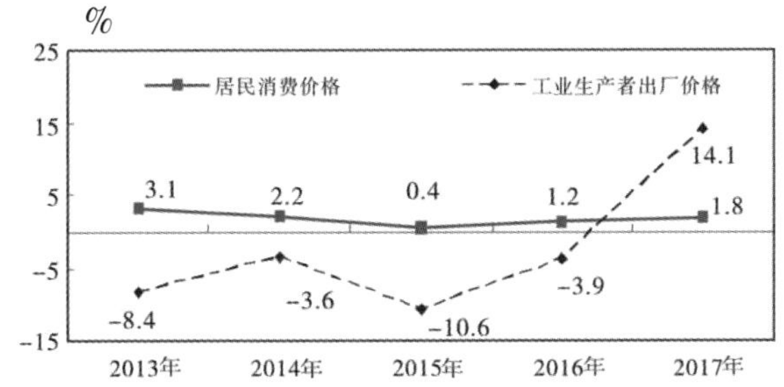

表1　2017年居民消费价格涨跌情况

指　标	比2016年涨（跌）（%）
居民消费价格	1.8
食品烟酒	-0.6
衣 着	0.4
居 住	1.3
生活用品及服务	0.1
交通和通信	1.8
教育文化和娱乐	3.0
医疗保健	11.9
其他用品和服务	2.4

就业：城镇新增就业9.99万人，其中创业带动就业2.39万人。4.60万名下岗失业人员实现再就业，其中就业困难人员再就业1.16万人。年末城镇登记失业率3.41%。

二、农业

种植面积：全年农作物种植面积94.80千公顷，比上年减少3.32千公顷。粮食种植面积71.34千公顷，比上年减少2.09千公顷。其中：夏粮种植面积0.07千公顷，秋粮种植面积71.27千公顷。蔬菜种植面积19.48千公顷，药材种植面积2.24千公顷。

表2　2017年主要农产品产量

产品名称	产量（吨）	比2016年增长（%）
粮食	320963	2.6
其 中：夏 粮	430	-9.7
秋 粮	320533	2.6
其 中：小 麦	430	-9.7
玉 米	275490	1.8
马铃薯	12331	5.7
油 料	1811	-23.7
蔬菜及食用菌	1283640	-1.8
水 果	99061	9.2
药 材	4857	43.2

造林：全年造林面积11.81千公顷。零星植树1340万株。新增育苗面积0.80千公顷。

畜禽及水产品产量：年末大牲畜存栏3.91万头，猪出栏43.23万头。肉类产量5.49万吨，禽蛋产量3.43万吨，牛奶产量10.60万吨。水产品养殖面积1.14千公顷，水产品产量2693吨。

农机及化肥施用：年末全市农业机械总动力43.67万千瓦。全年农用化肥施用量（折纯）28281吨。

三、工业和建筑业

工业：规模以上工业增加值631.23亿元，比上年增长9.0%。其中：中央企业增加值76.03亿元，下降1.1%；省属企业增加值260.29亿元，增长16.4%；市属及以下企业增加值294.91亿元，增长8.1%。

图4　2013—2017年规模以上工业增加值增速

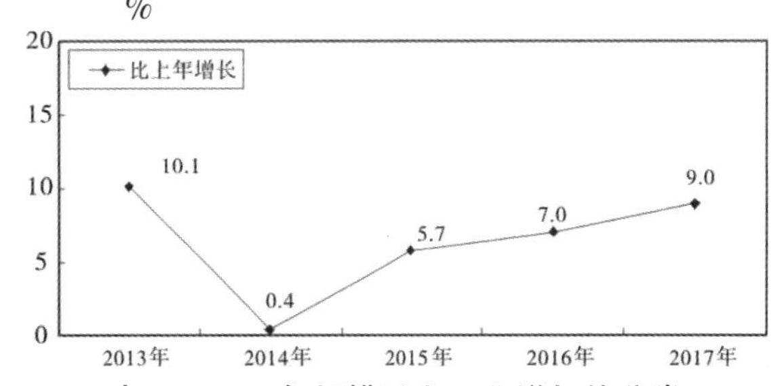

表3　2017年规模以上工业增加值分类

指　标	增加值（亿元）	比2016年增长（%）
规模以上工业	631.23	9.0
其中：轻工业	61.56	-2.8
重工业	569.67	13.2
其中：国有控股企业	356.39	12.3
其中：国有企业	35.22	18.5
集体企业	1.78	15.6
股份合作企业	0.16	26.0
股份制企业	416.12	16.2
外商及港澳台商投资企业	175.80	1.1
其他经济类型企业	2.15	-30.6

占全市规模以上工业增加值86.8%的十大行业中，增加值比上年增长的有7个。

表4　2017年规模以上工业十大行业增加值

行　业	增加值（亿元）	比2016年增长（%）
计算机、通信和其他电子设备制造业	177.07	11.4
黑色金属冶炼及压延加工业	115.87	7.6
煤炭开采和洗选业	87.41	19.1
电力、热力生产和供应业	36.32	-2.2
烟草制品业	33.20	-1.4
燃气生产和供应业	32.07	21.9
金属制品业	19.03	34.0
交通运输设备制造业	18.64	14.0
专用设备制造业	16.35	103.6
石油加工、炼焦和核燃料加工业	11.72	-4.3

战略性新兴产业增加值91.40亿元，增长14.0%，占全市规模以上工业增加值的14.5%。高技术产业增加值64.50亿元，增长11.1%，占全市规模以上工业增加值的10.2%。

非传统产业增加值383.34亿元，增长9.5%，占全市规模以上工业增加值的60.7%。其中：装备制造业增加值263.95亿元，增长17.6%，占全市规模以上工业增加值的41.8%。

传统产业增加值247.88亿元，增长8.4%，占全市规模以上工业增加值的39.3%。其中：煤炭开采和洗选业增加值增长19.1%，黑色金属冶炼及压延加工业增加值增长7.6%，电力、热力生产和供应业增加值下降2.2%，石油加工和炼焦业增加值下降4.3%。

表5　2017年规模以上工业企业主要产品产量

产品名称	单　位	产　量	比2016年增长（%）
原　煤	万吨	2837.11	-1.1
洗　煤	万吨	2373.21	-1.9
焦　炭	万吨	1057.98	-1.1
发电量	亿千瓦小时	258.65	-7.4
生　铁	万吨	777.70	0.8
粗　钢	万吨	1182.81	6.9
不锈钢	万吨	413.64	0.3
钢　材	万吨	1102.41	5.1
水　泥	万吨	468.96	-4.8
橡胶轮胎外胎	万条	72.03	-50.6
采矿设备	万吨	4.93	14.7
金属轧制设备	万吨	2.46	-23.7
起重机	万吨	2.31	92.7
移动通信手持机	万台	2047.72	-24.0
减速机	台	13613	11.0
铁路货车	辆	2163	185.4
车　轮	万吨	11.87	46.9
卷　烟	亿支	150.00	-3.5
食　醋	万吨	45.01	-3.0
白酒（折65度）	千升	10090.44	37.9
碳酸饮料	万吨	20.98	42.0

规模以上工业主营业务收入2772.46亿元，增长19.6%。利润总额81.41亿元，增长18.3倍。利税总额217.49亿元，增长123.8%。规模以上工业企业每百元主营业务收入中的成本85.42元，下降1.80元。

建筑业：具有建筑业资质等级的总承包和专业承包建筑业企业总产值2440.53亿元，增长4.5%。建筑业企业房屋建筑施工面积10773.25万平方米，竣工面积1882.43万平方米。

四、能源

能源生产：全市一次能源生产折标准煤2026.55万吨，比上年下降0.7%；二次能源生产折标准煤3736.81万吨，下降2.3%。

用电：全年全社会用电量270.55亿千瓦时，增长7.9%。其中：农业用电2.07亿千瓦时，增长6.5%；工业用电（含电厂自用电）173.25亿千瓦时，增长7.3%，其中：占工业用电量69.9%的煤炭、炼焦、化工、建材、冶金、电力等高耗能行业用电量124.41亿千瓦时，增长12.0%；建筑业用电4.29亿千瓦时，增长9.7%；第三产业用电47.42亿千瓦时，增长11.2%；城乡居民生活用电36.44亿千瓦时，增长6.7%。

五、固定资产投资

固定资产投资：全年固定资产投资（新口径，下同）964.86亿元，比上年增长6.8%。其中：中央项目投资66.51亿元，增长58.3%；省属项目投资117.82亿元，增长13.4%；市属及以下项目投资780.53亿元，增长3.0%。

图5　2013-2017年固定资产投资增速

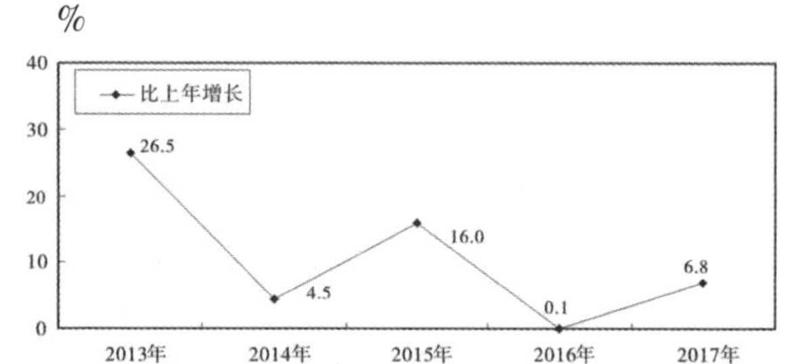

分产业看，第一产业投资8.37亿元，下降61.6%；第二产业投资135.69亿元，下降13.0%。其中：工业投资134.49亿元，下降13.2%；第三产业投资820.80亿元，增长15.1%。城市基础设施建设投资239.52亿元。三次产业投资比重为0.8%、14.1%和85.1%。

分经济类型看，国有投资522.80亿元，增长14.1%；非国有投资442.06亿元，下降0.7%，其中：民间投资425.89亿元，下降0.9%。

表6　2017年分行业固定资产投资

指　标	投资额（万元）	比2016年增长（%）
总 计	9648632	6.8
农、林、牧、渔业	87234	-61.6
采矿业	262990	-12.9
制造业	529708	-37.0
电力、热力、燃气及水的生产和供应业	552221	4.4
建筑业	12624	-2.4
批发和零售业	94417	-20.0
交通运输、仓储和邮政业	120753	-61.9

指　　标	投资额（万元）	比2016年增长（%）
住宿和餐饮业	31550	-9.7
信息传输、软件和信息技术服务业	78266	-36.5
金融业	799	-60.6
房地产业	5121185	20.3
房地产开发	4781446	-29.9
租赁和商务服务业	21067	-48.9
科学研究和技术服务业	64998	-51.5
水利、环境和公共设施管理业	2279986	31.2
居民服务和其他服务业	2739	-57.1
教育	120147	2.7
卫生和社会工作	99700	-19.9
文化、体育和娱乐业	89174	89.9
公共管理和社会组织	79074	28.3

全年在建固定资产投资项目615个。其中：5亿元以上项目144个，完成投资335.79亿元，占全市固定资产投资的比重为34.8%；10亿元以上项目82个，完成投资279.30亿元，占全市固定资产投资的比重为28.9%。

房地产开发：全年房地产开发投资478.14亿元。住宅投资335.25亿元，其中：90平方米以下住房投资81.43亿元，占住宅投资的比重为24.3%；商业营业用房投资41.15亿元。全年商品房竣工面积434.43万平方米，商品房销售额710.16亿元。

六、国内贸易

消费品零售：全年社会消费品零售总额1767.82亿元，比上年增长6.1%。其中：城镇消费品零售额1698.00亿元，增长6.2%；乡村消费品零售额69.82亿元，增长3.8%。

表7　2017年社会消费品零售总额

指　　标	零售额（亿元）	比2016年增长（%）
社会消费品零售总额	1767.82	6.1
分地域：城 镇	1698.00	6.2
其中：城 区	1513.83	7.2
乡 村	69.82	3.8
分行业：批发业	208.44	5.4
零售业	1470.13	6.3
住宿业	9.10	-6.1
餐饮业	80.15	5.4

图6　2013—2017年社会消费品零售总额

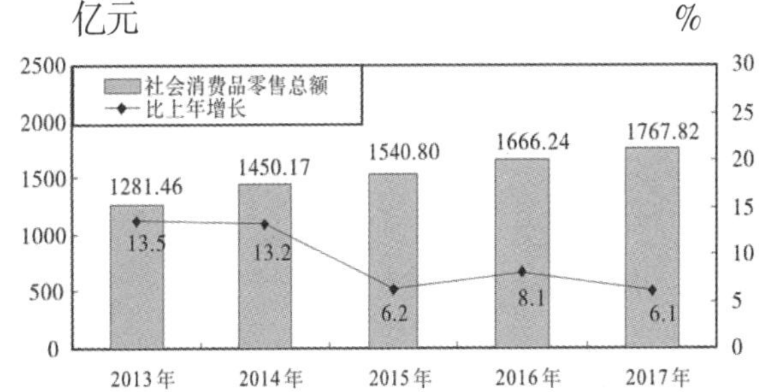

限额以上贸易企业零售额946.49亿元，比上年增长2.0%，占社会消费品零售总额的53.5%。限额以上批发零售业企业通过互联网实现商品零售额27.27亿元，增长42.8%。

表8　2017年限额以上批发零售业商品零售类值

指　　标	零售额（万元）	比2016年增长（%）
汽车类	3023055.5	-0.9
石油及制品类	680985.2	-5.3
文化办公用品类	39181.1	-13.6
通讯器材类	33471.5	-3.8
家用电器和音像器材类	560036.2	14.2
中西药品类	880138.3	22.2
建筑及装潢材料类	33841.8	413.9
日用品类	182412.9	9.4
家具类	47488.4	6.3
粮油、食品、饮料、烟酒类	1551041.7	2.9
服装类	1277299.6	-7.1
化妆品类	162658.3	9.2
金银珠宝类	147559.1	3.2

七、对外经济

进出口贸易：全年外贸进出口总额915.25亿元，比上年增长4.1%。其中：出口额572.16亿元，增长4.1%；进口额343.09亿元，增长4.0%。

图7　2014-2017年外贸进出口总额

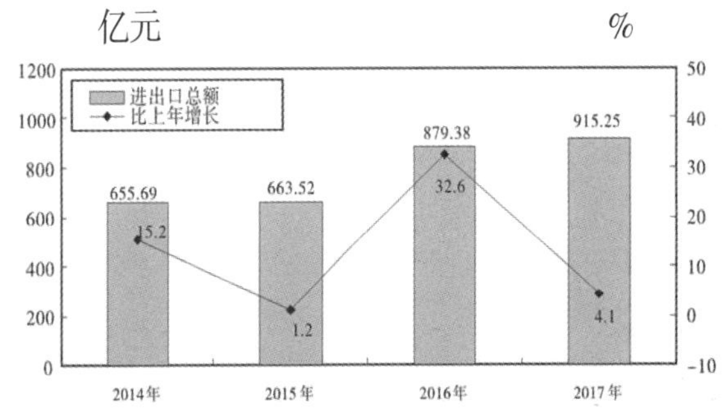

出口商品中，不锈钢材、机电产品分别为114.72亿元、421.32亿元，占出口额的93.7%。煤炭、焦炭、金属镁分别为0.39亿元、1.05亿元、4.19亿元，占出口额的1.0%。

表9 2017年外贸进出口总额

指　　标	绝对数（亿美元）	比2016年增长（%）
进出口总额	915.25	4.1
出口额	572.16	4.1
其中：一般贸易	73.36	-4.1
加工贸易	497.33	5.8
其中：机电产品	421.32	-3.8
高新技术产品	393.37	-3.6
其中：国有企业	134.48	31.3
外商投资企业	394.88	-3.5
进口额	343.09	4.0
其中：一般贸易	48.37	-13.8
加工贸易	290.75	7.7
其中：机电产品	254.95	7.5
高新技术产品	224.65	9.1
其中：国有企业	84.02	-8.0
外商投资企业	245.96	6.9

注：高新技术产品和机电产品分类有交叉。

有贸易往来的国家和地区172个。年进出口额在千万元以上的国家和地区79个，比上年减少2个。

招商引资：全年新设立外商投资企业19家。实际利用外商直接投资额1.07亿美元，下降76.8%。

八、交通、邮电和旅游

交通运输：年末全市公路线路里程累计达到7449公里，其中高速公路287公里。公路密度106.6公里/百平方公里。太原地区铁路客运量2756.30万人次，增长4.3%；铁路货运量3415.35万吨，增长0.3%。航空客运量1240.11万人次，增长25.9%；航空货运量4.84万吨，下降1.4%。

年末全市民用汽车保有量143.63万辆，比上年末增长12.9%，其中私人汽车129.46万辆，增长13.2%。本年新注册汽车18.47万辆，下降0.1%。年末轿车保有量90.03万辆，增长12.1%，其中私人轿车84.28万辆，增长12.1%；本年新注册轿车10.04万辆，下降14.0%。

邮电：全年邮电业务总量143.04亿元，比上年增长39.0%，其中：邮政业务总量8.33亿元，增长24.3%；电信业务总量134.71亿元，增长40.1%。年末市话到达73.74万户。农话到达2.97万户。移动电话用户742.72万户，其中：3G、4G移动电话用户分别为34.84万户和567.65万户。全市固定及移动电话用户总数达到819.43万户。每百人拥有电话187部，其中：固定电话和移动电话普及率分别达到18部/百人和170部/百人。计算机互联网用户141.44万户，其中：宽带网用户138.85万户。

旅游：全市接待海内外游客6780.72万人次，比上年增长19.2%。其中：国内游客6757.77万人次，增长19.3%；海外游客22.95万人次，增长4.5%。海外游客中：外国人16.21万人次，香港同胞3.76万人次，澳门同胞0.44万人次，台湾同胞2.53万人次。全年旅游总收入821.88亿元，增长20.2%。其中：国内旅游收入815.72亿元，增长20.2%；旅游外汇收入1.00亿美元，增长18.4%。

九、金融和保险

金融：年末全市金融机构本外币各项存款余额11925.96亿元，比年初增长3.7%；本外币各项贷款余额11444.80亿元，增长12.0%。人民币各项存款余额11621.28亿元，增长5.0%，其中：个人储蓄存款余额3756.68亿元，增长2.6%。人民币各项贷款余额11340.29亿元，增长12.2%，人民币贷款中,中长期贷款余额7881.35亿元，增长17.5%；短期贷款余额2844.11亿元，增长0.9%。

年末上市公司19家，其中：主板16家，中小板2家，创业板1家。“新三板”挂牌企业达到48家。

保险：全年原保险保费收入234.10亿元，增长6.3%。其中:寿险业务保费收入152.54亿元，增长1.1%；健康险业务保费收入19.73亿元，增长25.9%；意外伤害险业务保费收入5.40亿元，增长23.8%；财产险业务保费收入56.43亿元，增长14.5%。

支付原保险赔款及给付57.18亿元，增长5.1%。其中：寿险业务给付26.83亿元，下降0.6%；健康险业务赔款及给付4.82亿元，增长27.2%；意外伤害险业务赔款1.54亿元，增长29.0%；财产险业务赔款23.98亿元，增长7.1%。

十、城市建设

基础设施建设：市政道桥工程开工建设44项，总里程102公里，坞城中路改造、环湖北路建设等23个项目已完工，东峰路北延、西铭路建设、蒙山大街建设、双塔南路改造4个项目基本完工，通车里程47.83公里；地铁2号线完成10个车站主体结构，1号、3号线完成前期工作；二青会场馆建设顺利推进，所有项目已进入建设阶段，其中滨河体育中心改造、旅游职业学院排球馆、国际体育文化交流中心建设已进入结构施工阶段；列入年度改造计划的36个村全部启动拆除工作，26个村基本完成整村拆除，拆除建筑面积739万平米，启动安置房建设2.4万套。

年末城镇天然气供气总量11.51亿立方米。集中供热率100%，集中供热面积2.07亿平方米。年末城市公交运营车辆2252辆，其中：公共汽车2146辆，电车106辆。公交运营线路网长度3351公里，年客运量

3.84 亿人次。公共自行车服务点 1284 个，累计投放自行车 4.1 万辆。

城市绿化：迎泽公园提升改造、晋源新区体育公园等 10 项工程已经竣工并对市民免费开放；晋阳湖景区、太原植物园、太山龙泉寺景区、明太原县城护城河公园等 12 项工程开工建设。全市共有综合性公园 46 个，专类公园 11 个，带状公园 6 个，街头游园 253 个，社区游园 53 个，街旁绿地 194 块。建成区绿化覆盖面积达到 14767 公顷，园林绿地面积 13013 公顷，公园绿地面积 4384.8 公顷。建成区绿化覆盖率 42.19%，绿地率 37.18%，人均公园绿地面积 12.18 平方米。

十一、教育和科学技术

教育：年末共有普通高等院校 44 所（其中高职院校 23 所），成人高等学校 8 所，中等职业教育学校 57 所，普通高中 88 所，普通初中 132 所，小学 441 所，幼儿园 727 所。

表 10　2017 年各类教育学生数

指　标	招生（人）	在校生（人）	毕业生（人）
研究生	10044	26693	7437
普通高等教育	125883	440173	115432
成人高等教育	17438	65343	29888
中等职业教育	22317	73411	23410
普通高中	26193	80820	27559
普通初中	39996	116461	41784
普通小学	53015	298725	45628
特殊教育	44814	116815	38183
学前教育	367	1512	253

全市学前三年毛入园率 95.6%；小学学龄儿童入学率，初中生入学率、巩固率均达到国家标准。2017 年高考一本、二本达线率和录取率在全省稳居前列。

科学技术：全年技术市场登记技术合同 1665 项，成交金额 105.49 亿元。拥有国家级技术中心 11 家，省级技术中心 101 家。截止年末累计建成省级及以上重点实验室和工程技术研究中心 128 个、科技企业 26 个、众创空间 88 个，拥有院士工作站 54 个。年末累计认定高新技术企业 626 家。2 个技术项目荣获国家科技进步二等奖。全年发明专利申请量 3743 件、授权量 1714 件，有效发明专利拥有量 7360 件。

年末转型综改示范区共有入区企业 9460 家，营业收入 3200 亿元。

十二、文化、卫生和体育

文化：年末全市共有各类专业院团及具备规模的民营艺术表演团体 21 个。群艺文化馆 12 个，博物馆 14 个。公共图书馆 12 个，馆藏图书 741.76 万册。改扩建后的太原市图书馆跻身全国一流图书馆行列，赢得“网红图书馆”美誉。国家综合档案馆 12 个，馆藏档案资料 171.01 万卷（件、册）。广播节目 11 套，电视节目 16 套。有线广播电视用户 135.10 万户，其中数字电视用户 131.06 万户。广播人口覆盖率 99.9%，电视人口覆盖率 100%。新创晋剧《高君宇与石评梅》《关公》，移植、改编、恢复《窦娥冤》《赵氏孤儿》等 130 余部传统剧目。晋剧《于成龙》《关公》分别入选 2017 年度国家艺术基金滚动资助项目和大型舞台艺术创作资助项目，参与创作的电视连续剧《于成龙》荣获中宣部“五个一工程奖”。年末列入国家级非物质文化遗产保护项目 17 项、省级保护项目 83 项、市级保护项目 135 项。

卫生：年末共有卫生机构 2779 个（不含村卫生室），医疗床位 38318 张。每千人拥有医疗床位 8.8 张。各类卫生技术人员 57348 人，其中：执业（包括执业助理）医师 21476 人，注册护士 27660 人。每千人拥有医生 4.9 人。建成国家级慢性病综合防控示范区，成立全省首个中医药院士工作站，成为全国艾滋病综合防治示范区。

体育：全年太原运动员在国内外大赛中，获得 21 枚金牌、23 枚银牌、19 枚铜牌，55 个第四至第八名。成功举办市十一届运动会暨第六届全民健身节；承办省运会场地自行车、体操、蹦床项目赛事和全国小轮车冠军赛。“太原国际马拉松赛、龙城龙舟赛、篮球城市、汾河体育健身长廊”成为有影响力的城市体育名片。全年销售中国体育彩票 10.76 亿元，稳居全省第一。

十三、人民生活和社会保障

人民生活：全年居民人均可支配收入 28935 元，比上年增长 6.5%。按常住地分，城镇居民人均可支配收入 31469 元，增长 6.2%，城镇居民人均消费支出 18234 元，增长 8.7%；农村居民人均可支配收入 15595 元，增长 6.9%，农村居民人均消费支出 11546 元，增长 5.6%。城乡居民收入比为 2.02:1，比上年缩小 0.01 个百分点。

社会保障：全市企业职工参加养老保险 88.28 万人，参加城镇职工基本医疗保险 147.75 万人，参加城乡居民基本医疗保险 201.49 万人，参加失业保险 93.80 万人，参加工伤保险 103.35 万人，参加生育保险 98.83 万人。年末城市低保覆盖人口 2.58 万人，农村低保覆盖人口 3.99 万人，3932 人纳入农村五保供养，全年发放最低保障资金 3.46 亿元。

全市各类收养类单位 39 个，床位 7375 张，收养 5068 人。临时救助 1.88 万人次。年内新建城乡日间照料中心 87 个。

十四、环境保护和安全生产

环境质量：全年市区空气质量二级以上天数 175

天，达标比率为47.9%。空气污染综合指数7.79%。集中式饮用水源地水质达标率保持100%，地表水国家和省考核断面水质优良比例为44.4%。市区区域环境噪声年均值53.2分贝、交通噪声年均值67.8分贝。全年$PM_{2.5}$达标268天，达标比率为75.3%。

气温降水：全年平均气温10.6℃，降水量530.9mm。地下水水位平均上升1.6米。全社会用水量7.78亿立方米，其中：生活用水2.75亿立方米，农业灌溉用水1.85亿立方米，工业生产用水2.84亿立方米，生态用水0.34亿立方米。

安全生产：全年各类安全生产事故发生数比上年下降9.9%。其中：商贸制造业、建筑业事故起数分别下降11.1%、66.7%。未发生重特大生产安全事故。

注：

1.本公报数据为统计部门和其它相关部门初步统计数据。

2.地区生产总值、各产业（行业）增加值绝对数按现价计算，增长速度按不变价格计算。

3.国家实施研发支出核算改革，地区生产总值为含研发支出数据。

4.规模以上工业企业是指年主营业务收入在2000万元及以上的法人工业企业；固定资产投资统计起点为项目计划总投资500万元及以上；限额以上批发零售企业是指年销售额2000万元及以上的批发企业和年销售额500万元及以上的零售企业。

5.为贯彻落实中央《关于深化统计管理体制改革提高数据真实性的意见》，进一步提高投资统计数量质量，为全国改革提供有益经验，2017年国家统计局确定山西为投资统计改革试点省份，固定资产投资额的统计方法由原来的以形象进度法为主改为以财务支出法为主，并以同样的方法对同期基数进行统计，实现投资增速的同口径比较。

6.邮电业务总量包括邮政业务总量和电信业务总量，其中，邮政业务总量按2010年不变价计算，电信业务总量按2015年不变价计算。

7.根据国家统计局规定，各省市节能降耗指标单独发布。

目　　录

CONTENTS

一、综合

General Survey

二、人口、计划生育和社会治安

Population, Family Planning and Social Security

三、从业人员和劳动报酬

Emplyment and Wages

四、固定资产投资、建筑业

Investment in Fixed Assets and Construction

五、能源消费与库存

Energy Consumption and Inventory

六、物价指数

Price Indicators

七、住户调查

Household Survey

八、公用事业

Public Utilities

九、农业

Agriculture

十、工业、交通运输和邮电

Industry, Transportation and Telecommunications

十一、国内外贸易和旅游

Domestic and Foreign trade , Tourism

十二、财政、金融、税务和保险

Finance, Banking, Taxation and Insurance

十三、科教、文卫、体育和民政

Science, Education, Culture, Public health, Sports and Civil Affairs

十四、县(市、区)经济概况

Basic Economic Statistics of at County Levell (districts, counties and cities)

第 1 篇

综合

General Survey

资料整理、审核

任永刚　　贾常晋　　刘建程　　崔　晰

张　琳　　常　轶　　王晋伟　　许丽娟

周丽丽　　曹孟洁

1-1 太原市县(市、区)及乡镇、办事处名称
Names of districts, counties, towns and subdistrict offices in taiyuan

县 级	乡 级
小店区	北格镇、刘家堡乡、西温庄乡、坞城街办、营盘街办、北营街办、平阳路街办、黄陵街办、小店街办、龙城街办
迎泽区	郝庄镇、迎泽街办、桥东街办、文庙街办、柳巷街办、老军营街办、庙前街办
杏花岭区	中涧河乡、小返乡、三桥街办、敦化坊街办、巨轮街办、涧河街办、鼓楼街办、杏花岭街办、坝陵桥街办、大东关街办、职工新街街办、杨家峪街办
尖草坪区	向阳镇、阳曲镇、马头水乡、柏板乡、西墕乡、汇丰街办、古城街办、柴村街办、迎新街街办、南寨街办、上兰街办、新城街办、光社街办、尖草坪街办
万柏林区	王封乡、化客头街办、东社街办、千峰街办、下元街办、和平街办、万柏林街办、兴华街办、南寒街办、杜儿坪街办、白家庄街办、长风西街街办、小井峪街办、西铭街办、神堂沟街办
晋源区	金胜镇、晋祠镇、姚村镇、义井街办、罗城街办、晋源街办
古交市	河口镇、镇城底镇、马兰镇、阁上乡、嘉乐泉乡、梭峪乡、岔口乡、常安乡、原相乡、邢家社乡、东曲街办、西曲街办、桃园街办、屯兰街办
清徐县	清源镇、徐沟镇、东于镇、孟封镇、马峪乡、柳杜乡、西谷乡、王答乡、集义乡
阳曲县	黄寨镇、大盂镇、东黄水镇、泥屯镇、高村乡、侯村乡、凌井店乡、西凌井乡、北小店乡、杨兴乡
娄烦县	娄烦镇、静游镇、杜交曲镇、庙湾乡、马家庄乡、盖家庄乡、米峪镇乡、天池店乡

1-2 行政区划
Administrative division

单位：个

指 标	街道办事处	社区居委会	乡政府	镇政府	村民委员会	自然村
总 计	**53**	**684**	**31**	**21**	**835**	**1451**
小店区	7	122	2	1	38	43
迎泽区	6	95		1	19	33
杏花岭区	10	119	2		29	37
尖草坪区	9	66	3	2	82	92
万柏林区	14	134	1		18	23
晋源区	3	43		3	79	96
清徐县		24	5	4	188	203
阳曲县		11	6	4	124	360
娄烦县		6	5	3	142	217
古交市	4	53	7	3	116	347
综改示范区		11				

1-3 自然资源
Natural resources

指 标	单 位	数 量
一、人口、土地		
全市户籍总人口	人	3691706
人口密度（按户籍人口计算）	人/平方公里	528
土地面积	平方公里	6988
二、气候		
平均气温	摄氏度	11.4
极端最低气温	摄氏度	-16.5
极端最高气温	摄氏度	38.5
日照时间	小时	2574.6
无霜期	天	189
总降水量	毫米	536.8
三、林地		
当年造林面积	千公顷	11.8
森林覆盖率	%	23.0
四、水利		
采用总量合计	万立方米	64809.00
地下水采用总量	万立方米	24627.50
地表水采用总量	万立方米	40181.50
五、矿产（保有量）		
煤矿	亿吨	146.34
铁矿	万吨	48265
铝土矿	万吨	1850
溶剂灰岩	万吨	11112
水泥灰岩	万吨	1465
石膏	万吨	6285

注：矿产数据取自山西省矿产资源储量简表，截止到2016年年底数字。

1-4 土地状况
Land status

单位：平方公里

指 标	面 积	占总面积（%）
总面积	**6988.00**	**100.0**
按地形分		
平原	1240.00	17.7
丘陵	2117.00	30.3
山地	3631.00	52.0
按特征分		
农用地	**4326.75**	61.8
# 耕地	1158.4	16.5
园地	168.4	2.4
林地	2757.2	39.5
草地	0.3	…
建设用地	**823.6**	11.8
城镇村及工矿用地	714.6	**10.2**
交通运输用地	70.9	1.0
水域及水利设施用地	5.6	0.1
其他土地	**1843.8**	26.3

注：土地状况为2016年底数。

1-5 取水情况
Usage of water

单位：万立方米

指　标	2017	2016
总取水量	**77733.01**	**77620.00**
按取水用途分	**64809.00**	**65719.47**
生活	21815.60	21836.70
生产	39592.40	40785.87
生态	3401.00	2996.90
按水源分		
河川径流	40118.18	40224.28
河水	40002.00	40044.62
地下水	24627.50	25495.19
#深层水	15037.70	16331.54
另：污水利用量	12924.01	11900.53

1-6 按行政区划分土地面积及人口密度
Land area and population density by administrative division

指　标	土地面积（平方公里）	常住人口（人）	人口密度（人/平方公里）
总　计	**6988**	**4379700**	**627**
市辖区合计	**1460**	**3579661**	**2452**
小 店 区	295	843107	2858
迎 泽 区	117	615059	5257
杏花岭区	170	668949	3935
尖草坪区	285	433927	1523
万柏林区	305	786729	2579
晋 源 区	288	231890	805
县（市）合计	**5528**	**800039**	**145**
清 徐 县	609	354676	582
阳 曲 县	2059	123216	60
娄 烦 县	1276	108649	85
古 交 市	1584	213498	135

注：常住人口为抽样人口数。

1-7 社会经济主要指标人均水平

Major Per capita Indicators economy

指　标	单位	1985	1990	1995	2000	2005	2010	2015	2016	2017
一、地区生产总值	**元**	**1905**	**3648**	**8364**	**13113**	**26600**	**46883**	**64521**	**69327**	**77536**
原煤	吨	9.92	11.03	11.20	8.36	13.17	9.80	9.26	6.60	6.50
发电量	千瓦小时	1075.96	1428.63	3122.47	3731.02	4671.15	5289.38	5975.68	6445.66	5926.48
粗钢	公斤	659.31	738.01	854.64	821.45	1037.05	2206.07	2503.25	2553.72	2711.58
成品钢材	公斤	361.98	384.54	575.72	841.16	1277.96	2199.58	2363.84	2421.25	2527.25
水泥	公斤	327.50	287.43	532.81	558.59	925.42	1511.81	1109.52	1172.59	1075.08
粮食	公斤	131.23	150.63	119.50	96.79	83.46	98.45	69.47	72.23	73.58
蔬菜	公斤	198.43	229.97	244.44	411.00	331.08	366.54	298.99	301.92	294.27
猪牛羊肉	公斤	5.17	6.65	12.02	15.64	17.25	11.28	11.13	11.11	10.75
奶	公斤	8.67	13.61	13.19	15.12	27.25	25.33	23.68	25.77	24.37
二、社会消费品零售总额	**元**	**771**	**1381**	**3111**	**6224**	**11282**	**20699**	**35759**	**38467**	**40527**
三、人民生活										
城镇居民可支配收入	元	646	1573	3939	6019	10476	17258	27727	29632	31469
城镇居民消费性支出	元	585	1357	3409	5341	7806	12106	15455	16775	18234
# 食品	元	308	653	1588	1750	2412	3710	3585	3538	3783
衣着	元	112	241	514	564	1050	1234	1589	1488	1664
居住	元		36	194	388	856	1172	3355	4242	4530
农村常住居民人均可支配收入	元	526	763	1444	2643	4402	7611	13626	14591	15595
城乡居民储蓄存款年末余额	元	486	1894	7064	13788	30110	61943	79654	84536	86123

注:2014 年以前农村常住居民人均可支配收入为农民人均纯收入。

1-8 国民经济主要比例关系

The main proportion of the national economy

单位：%

指　标	1985	1990	1995	2000	2005	2010	2015	2016	2017
一、地区生产总值三次产业增加值比例									
第一产业	6.5	6.3	5.0	3.9	2.2	1.7	1.3	1.3	1.2
第二产业	66.9	55.5	47.3	42.1	47.5	44.6	37.9	36.6	37.6
第三产业	26.6	38.2	47.7	54.0	50.3	53.7	60.8	62.1	61.2
二、工业总产值轻重比例（不变价）									
轻工业	25.8	25.0	20.7	18.7	7.6	7.9	6.8	6.5	6.0
重工业	74.2	75.0	79.3	81.3	92.4	92.1	93.2	93.5	94.0
三、农林牧渔总产值内部比例（不变价）									
农业产值	74.3	69.1	56.9	57.9	51.9	59.4	58.0	57.1	56.8
林业产值	6.2	2.7	3.6	2.2	1.5	8.9	9.4	9.7	10.3
牧业产值	19.3	27.5	38.7	39.2	39.8	27.7	27.4	27.9	27.6
渔业产值	0.2	0.7	0.8	0.7	0.8	0.7	0.4	0.4	0.4
农林牧渔服务业					6.0	3.3	4.8	4.9	4.9
四、固定资产投资三次产业比例									
第一产业	0.3	0.7	0.1	0.7	0.7	1.5	1.8	2.4	0.9
第二产业	61.9	74.2	52.9	48.9	72.5	28.4	22.5	18.6	14.1
第三产业	37.8	25.1	47.0	50.4	26.8	70.1	75.7	79.0	85.0
五、固定资产投资额占地区生产总值比例	**44.0**	**28.0**	**30.1**	**26.4**	**49.1**	**51.4**	**74.1**	**68.6**	**28.5**
六、地方财政收入占地区生产总值比例	**11.5**	**9.8**	**5.8**	**5.4**	**6.4**	**7.8**	**10.0**	**9.6**	**9.2**

注：1.2005 年起工业总产值轻重比例为规模以上工业按当年价格计算。

2.2009 年起农林牧渔总产值内部比例按当年价格计算。

1-9 人民物质文化生活提高情况

Conditions of People′s material and cultural life

指 标	单位	1985	1990	1995	2000	2005	2010	2015	2016	2017
一、城乡居民收入										
农村居民人均可支配收入	元	526	763	1444	2643	4402	7611	13626	14591	15595
城镇居民人均可支配收入	元	646	1573	3939	6019	10476	17258	27727	29632	31469
城镇非私营单位在岗职工平均工资(含铁路驻并单位)	元	1199	2351	5538	8394	18547	38838	60515	64820	72114
二、平均每人居住面积										
城镇居民	平方米	5.63	7.07	8.15	10.13	11.94	13.65	39.00	39.00	40.00
农村居民	平方米				26.00	28.60	35.14			
三、每百户居民拥有耐用消费品(抽样)										
电冰箱										
城镇居民	台	2	52	68	90	96	98	93	96	99
农民	台		2	12	27	34	53	68	75	81
彩色电视机										
城镇居民	台	17	84	98	115	119	110	104	105	105
农民	台	3	9	36	65	85	105	105	106	104
洗衣机										
城镇居民	台	64	95	88	94	99	97	97	99	101
农民	台	12	33	50	59	64	89	91	95	97
四、每千人拥有卫生技术人员和医疗卫生床位数										
每千人拥有卫生技术人员	人	10.4	10.6	10.6	9.6	9.0	10.9	12.2	12.8	13.2
每千人拥有医疗卫生床位数	张	7.8	8.8	8.5	8.0	7.0	7.6	8.5	8.7	8.8
五、储蓄										
城乡居民储蓄存款年末余额	亿元	11.29	48.76	197.54	419.63	1183.95	2386.79	3432.12	3661.76	3756.68
平均每人储蓄存款余额	元	486	1894	7064	13788	30110	61943	79654	84536	86123

注：1.2014 年以前农村居民人均可支配收入为农民人均纯收入。
2.2013 年起城镇居民每人居住面积为建筑面积。

1-10 主要年份地区生产总值(按当年价格计算)

Gross Domestic Product in Major years(At Constant Prices calculation)

年 份	地区生产总值(万元)	第一产业	第二产业	#工业	第三产业	人均 GDP(元/人)
1952	23254	5462	8478	6693	9314	281
1957	56180	6503	31848	22952	17829	418
1962	57561	5693	32500	30383	19368	389
1965	90129	9243	63524	59517	17362	573
1970	112489	10879	83496	80874	18114	654
1975	143898	15360	102906	99874	25632	752
1978	186758	11036	140152	123482	35570	937
1980	222998	13961	156965	138361	52072	1075
1985	442126	28885	295782	239985	117459	1905
1990	939154	58755	520827	453958	359572	3648
1995	2339397	118405	1106205	923523	1114787	8364
1996	2829226	155484	1307657	1046808	1366085	9923
1997	3287297	155584	1478051	1136329	1653662	11322
1998	3527937	162090	1556602	1200614	1809245	11980
1999	3668878	145302	1577735	1235645	1945841	12320
2000	3990686	154936	1679353	1319688	2156397	13113
2001	4547413	143440	1948184	1512627	2455789	13557
2002	5073073	175155	2114207	1609768	2783711	15039
2003	6193085	179952	2723846	2083588	3289287	18265
2004	7716550	209264	3601148	2757422	3906138	22655
2005	9100593	201903	4325421	3301355	4573269	26600
2006	10546080	194405	4864541	3797528	5487134	30696
2007	13097874	196389	6511846	5333996	6389639	37966
2008	15480891	229807	7552013	6113408	7699071	44687
2009	15659123	285603	6873003	5079825	8500517	44912
2010	18065086	302806	8051911	5941668	9710369	46883
2011	21146941	338486	9514942	6948347	11293513	50111
2012	23663011	360209	10345203	7616054	12957599	55732
2013	25020759	371617	10572451	7477069	14076691	58638
2014	25721208	388627	10431695	7300173	14900886	59980
2015	27800811	373954	10521400	7200419	16905457	64521
2016	30029419	387731	10990457	7358970	18651231	69327
2017	33821819	400191	12722181	8622303	20699447	77536

注：1.2001 年起人均 GDP 为按抽样调查总人口计算，其余年份为按公安户籍人口计算。

2.2009 年至 2013 年为第三次经普调整后数据。

3.2013-2014 年地区生产总值数据执行《国民经济行业分类》（GB/T4754-2011）和《三次产业划分规定》（国统字 [2012] 108 号）。

1-11 主要年份地区生产总值构成
Composition of GDP in Major Years

单位：%

年 份	地区生产总值	第一产业	第二产业	#工业	第三产业
1952	100.0	23.5	36.5	28.8	40.0
1957	100.0	11.6	56.7	40.9	31.7
1962	100.0	9.9	56.5	52.8	33.6
1965	100.0	10.3	70.5	66.0	19.2
1970	100.0	9.7	74.2	71.9	16.1
1975	100.0	10.7	71.5	69.4	17.8
1978	100.0	5.9	75.0	66.1	19.1
1980	100.0	6.3	70.4	62.0	23.3
1985	100.0	6.5	66.9	54.3	26.6
1990	100.0	6.3	55.5	48.3	38.2
1995	100.0	5.0	47.3	39.5	47.7
1996	100.0	5.5	46.2	37.0	48.3
1997	100.0	4.7	45.0	34.6	50.3
1998	100.0	4.6	44.1	34.0	51.3
1999	100.0	4.0	43.0	33.7	53.0
2000	100.0	3.9	42.1	33.1	54.0
2001	100.0	3.2	42.8	33.3	54.0
2002	100.0	3.4	41.7	31.7	54.9
2003	100.0	2.9	44.0	33.6	53.1
2004	100.0	2.7	46.7	35.7	50.6
2005	100.0	2.2	47.5	36.3	50.3
2006	100.0	1.9	46.1	36.0	52.0
2007	100.0	1.5	49.7	40.7	48.8
2008	100.0	1.5	48.8	39.5	49.7
2009	100.0	1.8	43.9	32.4	54.3
2010	100.0	1.7	44.6	32.9	53.7
2011	100.0	1.6	45.0	32.9	53.4
2012	100.0	1.5	43.7	32.2	54.8
2013	100.0	1.5	42.3	29.9	56.2
2014	100.0	1.5	40.6	28.4	57.9
2015	100.0	1.3	37.9	25.9	60.8
2016	100.0	1.3	36.6	24.5	62.1
2017	100.0	1.2	37.6	25.5	61.2

1-12 主要年份地区生产总值指数
Indices of Gross Domestic Product in Major Years

单位：%

年 份	地区生产总值	第一产业	第二产业	#工业	第三产业
1957	106.7	98.1	111.1	119.0	102.7
1962	92.5	86.6	90.3	94.2	98.8
1965	120.4	97.9	132.6	134.9	98.8
1970	164.3	110.0	198.0	202.1	109.9
1975	116.5	105.5	121.3	120.6	106.0
1978	128.9	89.7	134.2	124.0	126.7
1980	106.5	112.1	102.7	100.3	118.9
1985	105.4	91.7	105.5	106.4	108.2
1990	109.1	126.8	107.9	102.0	109.3
1995	113.1	102.6	113.5	116.2	113.3
1996	112.7	115.9	112.6	108.9	112.6
1997	110.6	103.3	110.1	107.9	112.2
1998	108.9	105.0	110.2	109.8	106.5
1999	107.8	96.9	106.6	108.4	111.2
2000	109.1	106.0	108.2	108.9	111.1
2001	111.8	90.9	110.7	108.4	114.2
2002	112.1	121.0	112.3	111.5	111.3
2003	115.7	104.1	119.0	118.0	114.0
2004	116.0	102.7	119.7	117.9	113.8
2005	115.6	101.1	116.3	117.8	115.8
2006	112.2	93.8	110.6	111.6	114.4
2007	116.9	100.5	121.1	125.8	113.7
2008	108.5	101.4	103.1	101.5	114.0
2009	102.6	104.1	93.2	87.2	110.8
2010	111.4	104.9	111.5	111.2	111.4
2011	110.7	103.5	111.2	110.6	110.5
2012	111.0	105.5	109.5	111.4	112.4
2013	108.6	102.8	110.5	109.2	107.2
2014	103.3	104.3	101.2	101.0	105.1
2015	109.0	101.3	106.2	105.9	111.5
2016	107.5	103.2	107.0	106.2	107.8
2017	107.5	103.0	107.0	108.9	107.9

1-13 地区生产总值及构成
Gross Domestic Product and composition

指 标	绝对额(万元)		构成(%)	
	2017	2016	2017	2016
地区生产总值	**33821819**	**30029419**	**100.0**	**100.0**
农林牧渔业	417988	405072	1.2	1.3
工业	8622303	7358970	25.5	24.5
建筑业	4099878	3631487	12.1	12.1
批发和零售业	3413543	3370042	10.1	11.2
交通运输、仓储和邮政业	1738843	1525730	5.1	5.1
住宿和餐饮业	1258773	1189093	3.7	4.0
金融业	4759554	4377347	14.1	14.6
房地产业	1873144	1599884	5.6	5.3
其他服务业	7637793	6571794	22.6	21.9
第一产业	**400191**	**387731**	**1.2**	**1.3**
第二产业	**12722181**	**10990457**	**37.6**	**36.6**
第三产业	**20699447**	**18651231**	**61.2**	**62.1**

注：按照国家统计局2012年制定的《三次产业划分规定》，第一产业农林牧渔业，不含农林牧渔服务业；农林牧渔服务业属于第三产业。

1-14 总产出(按当年价格计算)
Total output(At Constant Prices calculation)

单位：万元

指 标	2017	2016
总产出	**111928562**	**98186352**
#工业	34364187	29444484
建筑业	34056573	29601232
批发和零售业	6335978	6265519
交通运输、仓储和邮政业	4615862	3901882
第一产业	**755015**	**729905**
第二产业	**68420760**	**59045716**
第三产业	**42752787**	**38410731**

1-15 支出法地区生产总值(按当年价格计算)

Gross Domestic Product by expenditure approach(At Constant Prices calculation)

单位：万元

指 标	2017	2016	为 2016 年%
总 计	**33821819**	**30029419**	**107.5**
一、最终消费	**15207821**	**13524958**	**108.3**
居民消费	11996914	10681905	108.4
农村居民	804532	756943	104.4
城镇居民	11192382	9924962	108.7
政府消费	3210907	2843053	107.6
二、资本形成总额	**17781740**	**16440039**	**103.8**
固定资本形成总额	16564914	15388247	103.5
存货增加	1216826	1051792	107.9
三、货物和服务净出口	**832258**	**64422**	**1081.7**

1-16 支出法地区生产总值构成(按当年价格计算)

Components of GDP by Expenditure Approach(At Constant Prices calculation)

单位：%

指 标	2017	2016
总 计	**100.0**	**100.0**
一、最终消费	**45.0**	**45.0**
居民消费	35.5	35.6
农村居民	2.4	2.5
城镇居民	33.1	33.1
政府消费	9.5	9.4
二、资本形成总额	**52.6**	**54.8**
固定资本形成总额	49.0	51.3
存货增加	3.6	3.5
三、货物和服务净出口	**2.4**	**0.2**

1-17 资本形成总额

Gross capital formation

单位：万元

指 标	2017	2016
总 计	**17781740**	**16440039**
固定资本形成总额	**16564914**	**15388247**
# 住宅	4475491	4421719
非住宅建筑物	5785625	5301341
机器和设备	2671677	2394007
存货增加	**1216826**	**1051792**
# 农林牧渔业	-3220	1315
工业	217027	199766
建筑业	4069	3549
批发零售业	116126	103130

1-18 太原市主要年份国民经济主要指标

Main indicators of national economy in Major Year of Taiyuan

指　　标	1985	1990	1995	2000	2005	2010	2015	2016	2017
年末户籍常住人口(人)	2344452	2612087	2827710	3087491	3403874	3654990	3673857	3702518	3691706
按性别分									
男性	1258322	1384876	1490281	1607655	1766902	1867963	1858619	1870490	1858108
女性	1086130	1227211	1337429	1479836	1636972	1787027	1815238	1832028	1833598
按城镇、乡村分									
城镇人口	1425235	1636344	1832597	2039240	2389268	2630159	2919276	259577	2925693
乡村人口	919217	975743	995113	1048251	1014606	1024831	754581	757618	766013
社会从业人员(人)	1377500	1592200	1773000	1611200	1616195	1760476	2227500	2322200	2371200
按三次产业分									
第一产业	235500	248400	258000	276800	271587	242519	251700	250400	248700
第二产业	770000	853400	872000	611500	530983	569339	649200	654200	658800
第三产业	372000	490400	643000	722900	813625	948618	1326700	1417600	1463700
按职工、非职工分									
城镇非私营单位职工	989000	1111000	1124000	884117	757996	846286	1050453	1040529	1044066
#国有	756000	892000	919000	533148	458206	460685	462583	458419	434969
集体	233000	219000	205000	119411	62939	47730	34621	32199	29553
城镇私营企业和个体从业人员	8000	61000	127000	217056	355324	422952	682044	794249	841834
农村从业人员	351000	385000	434000	503753	502875	491238	495003	487422	485300
城镇非私营单位在岗职工工资总额(万元)	115920	257007	609421	724376	1378220	3147504	6229561	6459585	7269789
#国有单位职工	94900	220674	529353	441159	828598	1705528	3204005	3429502	3678961
城镇集体单位职工	21020	35909	67586	60029	54590	83962	122401	129767	126719
城镇非私营单位在岗职工年平均工资(元)	1199	2351	5538	8394	18547	38838	60515	64820	72114
#国有单位职工	1279	2510	5788	8460	18375	37684	71070	76831	87636
城镇集体单位职工	938	1696	3371	5285	9192	18255	37637	42249	44704
城镇居民人均可支配收入(元)	646	1573	3939	6019	10476	17258	27727	29632	31469
城镇居民人均消费性支出(元)	585	1357	3409	5341	7806	12106	15455	16775	18234
#食品	308	653	1588	1750	2412	3710	3585	3538	3783
衣着	112	241	514	564	1050	1234	1589	1488	1664
居住		36	194	388	857	1172	3355	4242	4530
农村常住居民人均可支配收入(元)	526	763	1444	2643	4402	7611	13626	14591	15595
农民人均生活消费支出(元)				1634	2601	3879	10124	10929	11546
#食品				696	909	1312	2578	2726	2809
衣着				204	350	493	893	916	941
居住				225	334	642	2787	2985	3077
地区生产总值(万元)	442126	939154	2339397	3990686	9100593	18065086	27800811	30029419	33821819
第一产业	28885	58755	118405	154936	201903	302806	373954	387731	400191
第二产业	295782	520827	1106205	1679353	4325421	8051911	10521400	10990457	12722181
工业	239985	453958	923523	1319688	3301355	5941668	7200419	7358970	8622303
建筑业	55797	66869	182682	359665	1024066	2110243	3320981	3631487	4099878
第三产业	117459	359572	1114787	2156397	4573269	9710369	16905457	18651231	20699447
人均生产总值(元/人)	1905	3648	8364	13113	26600	46883	64521	69327	77536
地区生产总值指数(%)	105.4	109.1	113.1	109.1	115.6	111.4	109.0	107.5	107.5
第一产业	91.7	126.8	102.6	106.0	101.1	104.9	101.3	103.2	103.0
第二产业	105.5	107.9	113.5	108.2	116.3	111.5	106.2	107.0	107.0

1-18 续表1

指 标	1985	1990	1995	2000	2005	2010	2015	2016	2017
工业	106.4	102.0	116.2	108.9	117.8	111.2	105.9	106.2	108.9
建筑业	99.5	150.1	99.9	105.1	112.2	112.5	106.9	108.8	103.0
第三产业	108.2	109.3	113.3	111.1	115.8	111.4	111.5	107.8	107.9
全社会固定资产投资额(万元)	194510	262924	701894	1047702	4385077	9164811	20256080	20277123	9648632
全社会竣工房屋面积(平方米)	3585900	2870100	2848000	4420700	6064048	7795531	7002156	6380083	4799700
全社会新增固定资产(万元)	126292	212335	517719	876782	1193234	4114718	9597538	8838010	5480513
商品零售价格总指数(以上年价格为100)	112.0	100.7	114.5	96.0	100.2	102.6	98.6	100.8	101.7
食品类		99.7	124.2	93.8	103.7	108.2	100.3	103.4	99.2
服装鞋帽类		106.9	119.1	100.6	96.3	96.9	103.3	101.4	100.3
纺织品类		106.9	120.1	94.9	98.0	109.6	98.4	99.2	100.1
中西药品及医疗保健用品类		99.1	114.3	101.3	98.7	105.8	101.0	103.1	101.5
文化和体育用品类		93.3	104.0	99.3					
文化办公用品类					99.4	97.6	97.4	99.6	100.3
体育娱乐用品类					99.1	97.9	99.1	100.9	100.6
日用品类		99.8	109.0	98.0	100.7	99.0	99.4	101.0	100.1
家用电器类		93.1	102.2	95.6	97.3	92.6	97.6	98.3	96.7
燃料类		119.9	105.9	107.6	112.8	117.0	88.1	98.4	118.3
建筑装璜材料类	112.0	100.4	102.8	99.4	102.1	97.7	98.0	100.7	101.1
居民消费品价格总指数(以上年价格为100)		101.7	116.8	103.6	101.1	103.0	100.4	101.2	101.8
食品类		99.7	123.4	93.2	103.8	108.4	100.3		
衣着类		106.9	116.8	99.6	96.2	97.2	103.4		
家庭设备用品及维修服务类		99.8	106.5	98.6	100.0	100.8	100.0		
医疗保健和个人用品类		99.1	113.7	101.1	101.6	102.6	100.3		
交通和通讯类		147.7	94.9	97.8	96.3	97.7	98.7		
娱乐教育文化用品及服务类		93.3	112.3	96.4	101.9	101.8	100.4		
居住类		105.9	111.9	107.0	102.4	101.2	99.8		
食品烟酒								103.3	99.4
衣着								101.4	100.4
居住								99.4	101.3
生活用品及服务								100.3	100.1
交通和通信								98.6	101.8
教育文化和娱乐								102.0	103.0
医疗保健								102.2	111.9
其他用品和服务								101.4	102.4
服务项目类价格总指数(以上年价格为100)		110.2	107.3	162.1	102.9	102.4	100.6	100.8	104.1
农林牧渔业总产值(万元,按当年价格计算)	38744	73925	193432	246156	344060	560634	739124	767905	794015
农业产值	28489	47608	120504	163107	199305	336794	428567	438166	451016
林业产值	2266	1877	4382	4020	12088	49426	69118	74208	81492
牧业产值	7942	22069	66859	77344	114172	154140	202345	214411	219411
渔业产值	47	662	1687	1685	2689	3063	3060	3120	3097
农林牧渔服务业产值					15806	17210	36035	38000	39000
农林牧渔业总产值指数(以上年价格为100)	99.6	108.3	102.2	106.9	101.3	104.9	101.8	102.9	103.0
农业产值		107.9	95.9	110.1	99.6	102.6	100.2	104.2	103.3
林业产值		93.0	106.8	102.4	74.7	105.5	103.4	93.4	109.7
牧业产值		110.8	112.8	102.8	104.9	106.9	103.9	102.9	102.2

1-18 续表2

指　　标	1985	1990	1995	2000	2005	2010	2015	2016	2017
渔业产值		116.5	103.6	103.7	107.6	119.7	99.3	100.4	103.6
农林牧渔服务业产值					100.8	127.0	106.5	105.5	102.6
主要农作物播种面积（千公顷）	145.34	145.72	139.23	136.82	118.56	113.55	100.33	98.12	94.80
粮食	107.61	116.25	107.93	100.35	83.48	84.78	75.57	73.44	71.34
棉花	0.23	0.12	0.86	0.83	0.22	0.08	0.01	0.01	0.003
油料	22.70	13.52	13.90	11.05	5.05	3.11	2.31	1.78	1.27
主要农产品产量									
粮食（吨）	304534	387806	334171	294557	291865	321585	299327	312869	320963
棉花（吨）	133	96	849	998	276	105	14	8	6
油料（吨）	16756	13882	6636	10557	3845	2721	2995	2375	1811
肉类（吨）	12001	17109	33603	47606	65135	49975	56011	56441	54859
禽蛋（吨）	7428	20003	35272	44361	43165	36412	29920	30929	34256
工业企业单位数（个）	1560	1981	2033	383	489	480	408	355	376
按经济类型分									
国有经济	289	331	335	178	95	37	19	11	8
集体经济	1270	1638	1601	89	60	40	16	13	13
其他	1	12	97	116	334	403	373	331	355
按轻重工业分									
轻工业	713	877	727	128	111	107	81	77	83
重工业	847	1104	1306	255	378	373	327	278	293
工业企业总产值（万元）	620037	1276457	2588265	3105189	9213954	20003397	21592702	22074174	27148208
按经济类型分									
国有经济	536776	1063635	2008511	697609	715540	662004	1215862	12013514	9373800
集体经济	81674	204830	443982	197970	164977	147631	60132	51373	61485
其他	1587	7992	135772	2209610	8333437	19193762	20316708	10009287	17712923
按轻重工业分									
轻工业	150649	334579	449580	528811	703205	1400948	1470754	1443971	1638607
重工业	469388	941878	2138685	2576378	8510749	18602449	20121948	20630204	25509601
主要工业产品产量									
原煤（万吨）	2140	2840	3133	2544	4482	3775	3988.88	2858.17	2837.11
发电量（万千瓦时）	347800	367800	873200	1135500	1594000	2038000	2574800	2792000	2586500
粗钢（万吨）	152.73	190.24	238.82	249.90	353.34	850.00	1078.60	1106.17	1182.81
生铁（万吨）	110.97	160.00	241.00	292.00	394.22	696.90	777.37	771.68	777.7
焦炭（万吨）	152.56	386.33	893.24	836.00	1201.00	1268.00	1029.40	1069.21	1057.98
水泥（万吨）	76.20	73.94	148.70	170.00	272.65	582.50	478.07	492.72	503.96
太原地区铁路货运量（万吨）	2398	3295	3735	4278	6113	5064	4414	3404	3415
太原地区铁路客运量（万人次）	814	878	992	864	1074	2210	2598	2641	2756
公路货运量（万吨）	1852	4458	9249	8600	11593	8783	14286	15043	
邮电业务总量（万元）	1470	3890	36723	238105	540873	1452903	1072137	1028892	1430480
社会消费品零售总额（万元）	229781	456637	1116123	1894200	3840302	8258458	15407962	16662362	17678210
外商直接投资（万美元）	43	141	4500	7280	16490	58501	85049	46214	10713
接待海外旅游人数（人次）	9695	13519	23594	47886	100859	283194	210065	219486	229451
接待国内旅游人数（万人次）	173	277	462	860	1408	1995	4892	5666	6758

1-18 续表3

指 标	1985	1990	1995	2000	2005	2010	2015	2016	2017
一般公共预算收入（万元）	50872	92130	134263	214828	569525	1384809	2742403	2826893	3118503
一般公共预算支出（万元）	32519	61055	146653	245873	718390	1896358	4199913	4240666	4790558
# 基本建设支出	4657	4674	11529	5392	25197				
文教科卫支出	7645	15259	35510	53994	141640	532802	1086343	1186938	1341675
# 教育事业费支出				35688	92774	359491	620878	703360	730005
学校数（所）	2057	2009	1967	1890	1400	1003	792	884	811
# 普通高等学校	9	12	13	12	32	42	43	44	44
中等专业学校	41	46	48	47	28	30	32	32	32
普通中学	278	223	235	237	251	230	224	218	220
小学	1664	1646	1575	1503	1003	607	416	433	441
在校学生数（人）	451732	442897	518546	649236	980584	1154723	1158152	1145194	1149691
# 普通高等学校	26976	32463	44480	72689	265535	329712	546581	536028	532209
中等专业学校	17711	29323	43323	83107	53475	76540	56392	50463	47725
普通中学	151704	126591	131401	173635	222462	239953	206557	200083	197281
小学	241219	232653	269039	295062	317752	267325	275621	286678	298725
专任教师数（人）	31419	36427	39028	43109	55733	63377	65596	67114	68255
# 普通高等学校	4910	6031	6056	6669	16223	20912	23771	23308	23903
中等专业学校	2369	3221	3543	3373	1623	2266	2689	2707	2670
普通中学	10159	11203	11663	13775	16005	17134	18792	18911	19365
小学	12526	13415	14747	16637	17388	17079	16379	17093	17810
毕业生数（人）	96239	102370	111805	131606	223103	323154	313479	316768	300437
# 普通高等学校	4997	8088	12421	12572	53735	97398	151583	156916	152757
中等专业学校	4956	10037	11635	15027	16252	26875	24587	20519	17505
普通中学	36732	40519	32638	44537	64141	71310	73908	73467	69343
小学	45648	37058	45576	48260	49201	52792	36073	42072	42852
卫生机构数（个）	932	998	972	1002	1954	2527	2791	2759	2779
# 医院	194	220	221	131	194	191	185	185	175
卫生机构床位数（张）	18332	22944	24082	24817	23652	27771	36760	37897	38318
# 医院	16721	21248	22174	19317	21736	24703	34828	35852	36566
卫生技术人员（人）	24328	27780	30101	28418	29549	39930	52662	55389	57348
# 医院	15732	19429	21594	21855	22728	28529	39463	41518	42915

注：1.2015 年以前城镇、乡村人口数分别为农业、非农业人口数。
2.本表地区生产总值、社会消费品零售总额 2005 年至 2008 年为第二次经济普查调整后口径。
3.2014 年以前农村常住居民人均可支配收入为农民人均纯收入。
4.2016 年国家对城镇居民消费品价格指数八类指标进行调整。
5.工业企业单位数、工业企业总产值 2000 年以前为乡及乡以上口径，以后为规模以上工业口径，2005 年起为当年价。
6.2011 年起固定资产投资起点由计划总投资 50 万元以上的项目提高到 500 万元以上，且没有全社会固定资产统计指标；2017 年国家统计局确定山西为投资改革试点省份，固定资产投资额的统计方法由原来的以形象进度法为主改为以财务支出法为主。
7.2011 年起邮电业务总量采用新口径计算。
8.2005 年起社会消费品总额不含未通过市场直接向消费者出售的产品。
9.2005 年以前外商直接投资包括间接投资。
10.教育指标中不包括幼儿园。
11.卫生指标中不含村卫生室数。

第2篇

人口、计划生育和社会治安

Population, Family Planning and Social Security

资料整理、审核

刘利祯　　王翠莲　　刘红芳　　刘俊欢

张　炜　　常　铁

2-1 人口
Population

指　标	年末人口（人）	为上年（%）
户籍常住人口	**3691706**	**99.7**
按性别分		
男	1858108	99.3
女	1833598	100.1
按城镇和乡村分		
城镇人口	2925693	99.4
乡村人口	766013	101.1
按地区分		
市辖区	2862235	99.6
县(市)	829471	100.0
暂住人口	**1473975**	**115.1**

注：本表为公安数据。

2-2 户籍常住人口
Permanent resident population

单位：人、户

指　标	合　计	按城镇、乡村分		按性别分		性别比例(女=100)	总户数
		城镇人口	乡村人口	男性人口	女性人口		
总　计	**3691706**	**2925693**	**766013**	**1858108**	**1833598**	**101.3**	**1184452**
市辖区合计	**2862235**	**2598527**	**263708**	**1435436**	**1426799**	**100.6**	**865076**
小 店 区	635282	544403	90879	316575	318707	99.3	184126
迎 泽 区	532843	517015	15828	260561	272282	95.7	156800
杏花岭区	596443	579541	16902	299748	296695	101.0	181527
尖草坪区	328146	285364	42782	167085	161061	103.7	110685
万柏林区	565370	538823	26547	291622	273748	106.5	166366
晋 源 区	204151	133381	70770	99845	104306	95.7	65572
县（市）合计	**829471**	**327166**	**502305**	**422672**	**406799**	**103.9**	**319376**
清 徐 县	333654	128182	205472	165552	168102	98.5	123141
阳 曲 县	151229	38741	112488	77293	73936	104.5	63508
娄 烦 县	126142	32859	93283	65359	60783	107.5	52798
古 交 市	218446	127384	91062	114468	103978	110.1	79929

注：本表为公安数据。

2-3 人口自然变动情况
Natural change of population

单位：人、‰

指 标	年平均人数	出生人口合计	性 别		出生婴儿性别比(女=100)	出生率	死亡人口合计	性 别		死亡率	自然增加人数	自然增长率
			男	女				男	女			
总 计	**3697112**	**53656**	**27651**	**26005**	**106.33**	**14.51**	**61330**	**36086**	**25244**	**16.59**	**-7674**	**-2.08**
市辖区合计	**2867815**	**42877**	**22169**	**20708**	**107.06**	**14.95**	**51252**	**30600**	**20652**	**17.87**	**-8375**	**-2.92**
小店区	632345	11647	6008	5639	106.54	18.42	7691	4660	3031	12.16	3956	6.26
迎泽区	535399	7576	3908	3668	106.54	14.15	11172	6740	4432	20.87	-3596	-6.72
杏花岭区	598562	8082	4202	3880	108.30	13.50	13594	8103	5491	22.71	-5512	-9.21
尖草坪区	331378	3987	2087	1900	109.84	12.03	7130	4270	2860	21.52	-3143	-9.48
万柏林区	566815	8346	4284	4062	105.47	14.72	8742	5144	3598	15.42	-396	-0.70
晋源区	203318	3239	1680	1559	107.76	15.93	2923	1683	1240	14.38	316	1.55
县（市）合计	**829297**	**10779**	**5482**	**5297**	**103.49**	**13.00**	**10078**	**5486**	**4592**	**12.15**	**701**	**0.85**
清徐县	332884	4570	2266	2304	98.35	13.73	3924	2007	1917	11.79	646	1.94
阳曲县	151605	1785	897	888	101.01	11.77	2688	1516	1172	17.73	-903	-5.96
娄烦县	126231	1464	765	699	109.44	11.60	1407	778	629	11.15	57	0.45
古交市	218578	2960	1554	1406	110.53	13.54	2059	1185	874	9.42	901	4.12

注：本表为公安数据。

2-4 人口机械变动情况
Demographic changes of population

单位：人

指 标	迁入人口合计	迁 入		迁出人口合计	迁 出		净增(+)净减(-)
		省内迁入	省外迁入		迁往省内	迁往省外	
总 计	**37485**	**28210**	**9275**	**39285**	**21335**	**17950**	**-1800**
市辖区合计	**32763**	**24317**	**8446**	**34831**	**18087**	**16744**	**-2068**
小店区	10844	8492	2352	11039	6569	4470	-195
迎泽区	5908	3818	2090	6198	2653	3545	-290
杏花岭区	5560	4038	1522	3907	1492	2415	1653
尖草坪区	2776	2142	634	4930	2826	2104	-2154
万柏林区	6026	4472	1554	7764	3887	3877	-1738
晋源区	1649	1355	294	993	660	333	656
县（市）合计	**4722**	**3893**	**829**	**4454**	**3248**	**1206**	**268**
清徐县	2200	1842	358	1158	862	296	1042
阳曲县	865	763	102	692	518	174	173
娄烦县	675	556	119	751	555	196	-76
古交市	982	732	250	1853	1313	540	-871

注：本表为公安数据。

2-5 人口抽样调查
Population sampling survey

单位：人、‰

指 标	常住人口	出生人口	死亡人口	平均人口	出生率	死亡率	自增率	城镇人口	乡村人口	城镇化率(%)	男性人口	女性人口	性别比(女=100)
太原市	**4379700**	**52770**	**17499**	**4362065**	**12.10**	**4.01**	**8.09**	**3709680**	**670020**	**84.70**	**2224055**	**2155645**	**103.17**
小店区	843107	10983	2690	838961	13.09	3.21	9.88	771970	71137	91.56	426840	416267	102.54
迎泽区	615059	6706	2005	612709	10.94	3.27	7.67	597665	17394	97.17	298917	316142	94.55
杏花岭区	668949	8366	2689	666111	12.56	4.04	8.52	644212	24737	96.30	335845	333104	100.82
尖草坪区	433927	5486	2024	432196	12.69	4.68	8.01	407565	26362	93.92	222628	211299	105.36
万柏林区	786729	10420	2729	782884	13.31	3.49	9.82	767592	19137	97.57	407346	379383	107.37
晋源区	231890	2710	910	230990	11.73	3.94	7.79	153916	77974	66.37	117614	114276	102.92
清徐县	354676	3625	2135	353931	10.24	6.03	4.21	121603	233073	34.29	181123	173553	104.36
阳曲县	123216	1552	847	122864	12.63	6.89	5.74	44246	78970	35.91	64373	58843	109.40
娄烦县	108649	839	632	108546	7.73	5.82	1.91	43436	65213	39.98	57438	51211	112.16
古交市	213498	2083	838	212876	9.79	3.94	5.85	157475	56023	73.76	111931	101567	110.20

2-6 计划生育综合情况
Integrated of family planning

单位：人、%

指 标	育龄妇女人数(15-49)周岁	已婚育龄妇女人数					女性初婚			领取独生子女证	
		合 计	已婚未育	现有一孩	现有二孩	现有三孩以上	合 计	#23岁以上	晚婚率	人数	领证率
总 计	**1143559**	**739956**	**48972**	**470750**	**197890**	**22340**	**11302**	**9551**	**84.5**	**497027**	**40.4**
小店区	240454	142478	11737	92229	35934	2576	2765	2395	86.6	95704	46.1
迎泽区	175135	114554	12188	80626	20460	1280	3214	3011	93.7	83500	37.2
杏花岭区	152683	101834	6373	79189	15420	852	903	834	92.4	111781	46.0
尖草坪区	103892	68201	2651	46455	17966	1129	561	443	79.0	49706	40.3
万柏林区	183912	127146	8233	89288	27849	1776	1038	901	86.8	88930	36.4
晋源区	55391	39435	2136	19752	15906	1641	942	668	70.9	21792	42.8
古交市	67895	43255	1717	21956	15861	3719	256	207	80.9	16335	32.5
清徐县	86965	57712	2043	22313	29033	4323	1030	673	65.3	16003	31.8
阳曲县	37654	22530	770	10480	10177	1103	323	224	69.4	8242	36.6
娄烦县	39578	22811	1124	8462	9284	3941	270	195	72.2	5034	28.5

2-7　节育情况
Birth control

单位：例、人、%

指 标	采取各种节育手术例数						采取各种节育措施人数									综合节育率
	小计	男性绝育	女性绝育	宫内节育器	人流	取环	小计	男性绝育	女性绝育	宫内节育器	皮下埋植	口服及注射避孕药	避孕套	外用药	其他	
总　计	**12285**	**4**	**290**	**11650**	**21**	**320**	**628326**	**1470**	**80068**	**505957**	**81**	**1264**	**32727**	**1**	**6758**	**84.91**
小 店 区	2746		150	2570		26	118615	178	14438	97619	7	86	4614		1673	83.25
迎 泽 区	290		10	245	8	27	92078	55	3884	74898	24	126	10732		2359	80.38
杏花岭区	642	3	23	599	1	16	88609	84	2543	74899	12	330	9174		1567	87.01
尖草坪区	831		32	783		16	57913	49	7547	47887	4	68	2303		55	84.92
万柏林区	3370	1	51	3313		5	108147	111	10902	94675	10	52	2356	1	40	85.06
晋 源 区	1190		7	1099		84	33346	8	6314	25439	15	163	942		465	84.56
古 交 市	103			90		13	37933	775	7948	28176	6	103	531		394	87.70
清 徐 县	2694		1	2652	11	30	53248	17	14391	37338	2	41	1454		5	92.27
阳 曲 县	232		16	206		10	19208	21	5945	12996		30	148		68	85.26
娄 烦 县	187			93	1	93	19229	172	6156	12030	1	265	473		132	84.30

2-8 生育情况

Fertility status

单位：人、%

指 标	年内出生人数									
	合 计	政策内出生人数				计划生育率	政策外出生人数			
		小计	一孩	二孩	三孩		小计	一孩	二孩	多孩
总 计	**44058**	**43713**	**24135**	**19155**	**423**	**99.22**	**345**	**22**	**4**	**319**
小 店 区	9708	9650	5392	4152	106	99.40	58	11	1	46
迎 泽 区	6987	6937	4074	2790	73	99.28	50			50
杏花岭区	5837	5811	3399	2369	43	99.55	26	5	3	18
尖草坪区	3597	3584	1969	1575	40	99.64	13	1		12
万柏林区	7282	7279	4200	3007	72	99.96	3	1		2
晋 源 区	3244	3194	1686	1469	39	98.46	50	2		48
古 交 市	1672	1669	741	921	7	99.82	3			3
清 徐 县	3510	3431	1603	1801	27	97.75	79	2		77
阳 曲 县	1183	1160	565	587	8	98.06	23			23
娄 烦 县	1038	998	506	484	8	96.15	40			40

2-9 社会治安情况

Social security production

	单 位	2017	2016
刑事案件立案数	起	30981	38802
刑事案件综合破案数	起	15119	14146
治安案件发现受理数	起	143112	134534
治安案件查处数	起	133267	122052
火灾发生数	起	1153	1758
火灾受伤人数	人	5	
火灾死亡人数	人	10	6
火灾损失折款	万元	1234	1019
交通事故发生数	起	798	802
交通事故受伤人数	人	841	888
交通事故死亡人数	人	216	218
交通事故损失折款	万元	365	225

2-10 安全生产情况

Safety production

	单 位	2017	2016
生产安全事故发生数	**起**	**118**	**108**
1、农林牧渔业	起		
2、采矿业	起	1	
#煤矿	起	1	
3、商贸制造业	起	8	3
4、建筑业	起	5	6
5、交通运输和仓储业	起	97	93
6、其他行业	起	7	6
生产安全事故死亡人数	**人**	**128**	**122**
1、农林牧渔业	人		
2、采矿业	人	6	
#煤矿	人	6	
3、商贸制造业	人	10	3
4、建筑业	人	5	7
5、交通运输和仓储业	人	98	104
6、其他行业	人	9	8

第3篇

从业人员和劳动报酬

Emplyment and Wages

资料整理、审核

刘利祯　　卫　洁　　耿　洁　　张劭鹏

3-1 全社会从业人员
Total society employees

单位：万人

指　　标	2005	2008	2009	2010	2014	2015	2016	2017
总　　计	**161.62**	**170.54**	**167.33**	**176.05**	**217.47**	**222.75**	**232.22**	**237.12**
按三次产业分								
第一产业	27.16	25.22	24.75	24.25	24.64	25.17	25.04	24.87
第二产业	53.10	55.70	52.75	56.94	67.66	64.92	65.42	65.88
第三产业	81.36	89.62	89.83	94.86	125.17	132.66	141.76	146.37
按城乡分								
城镇	111.33	121.76	118.06	126.92	168.14	173.25	183.48	188.59
农村	50.29	48.78	49.27	49.13	49.33	49.50	48.74	48.53
按行业分								
农、林、牧、渔业	27.15	25.22	24.75	24.25	24.64	25.17	25.04	24.87
采矿业	7.93	8.36	7.92	8.63	10.41	9.94	9.26	9.15
制造业	32.71	34.78	32.00	35.22	31.44	30.00	31.94	32.63
电力、燃气及水的生产和供应业	1.89	1.76	1.67	1.66	2.87	2.85	3.56	3.76
建筑业	10.57	10.80	11.14	11.42	22.93	22.13	20.65	20.34
交通运输、仓储和邮政业	11.08	12.78	12.72	13.26	16.85	16.01	15.70	16.87
信息传输、计算机服务和软件业	1.44	2.15	1.89	2.33	6.78	6.58	6.83	6.48
批发和零售业	28.83	27.04	28.47	31.34	40.95	45.43	50.66	50.91
住宿和餐饮业	3.45	6.59	6.31	6.48	8.53	9.72	11.36	12.88
金融业	2.08	2.24	2.30	2.66	3.34	3.40	3.47	3.42
房地产业	0.78	0.99	0.96	1.05	2.20	2.30	2.45	2.62
租赁和商务服务业	2.51	3.25	2.97	3.33	6.41	7.78	8.33	8.51
科学研究、技术服务和地质勘查业	3.01	3.15	3.55	3.69	5.52	5.94	6.17	6.14
水利、环境和公共设施管理业	1.27	1.67	1.67	1.71	3.03	2.98	3.07	3.11
居民服务和其他服务业	3.13	4.87	4.61	4.89	4.89	5.59	6.65	8.19
教育	6.77	7.60	7.61	7.55	8.19	8.22	8.18	8.32

3-1　续表

单位：万人

指　　标	2005	2008	2009	2010	2014	2015	2016	2017
卫生、社会保障和社会福利业	2.59	3.12	3.20	3.31	4.49	4.68	4.86	4.97
文化、体育和娱乐业	1.51	2.08	2.05	1.99	2.64	2.69	2.96	2.99
公共管理和社会组织	4.97	5.42	5.53	5.72	6.36	6.35	6.28	6.35
其他	7.95	6.68	5.98	5.54	4.99	5.00	4.80	4.61

3-2　城镇非私营单位按国民经济行业分组的单位从业人员

Urban Non private units in the unit of the national economy

指　　标	总　计	单位从业人员年末人数（人）		
		国有	城镇集体	其他经济类型
总　　计	**1044066**	**434969**	**29553**	**579544**
按企事业机关分组				
企业	793358	191362	24379	577617
事业	198164	191953	5174	1037
机关	51209	51064		145
民间非营利组织	293			293
其他	1042	590		452
按国民经济行业分组				
农、林、牧、渔业	1769	1766	3	85484
采矿业	89158	3651	23	203784
制造业	217861	5842	8235	22985
电力、热力、燃气及水生产和供应业	36038	13009	44	130184
建筑业	147126	12927	4015	29991
批发和零售业	42408	9926	2491	17162
交通运输、仓储和邮政业	129856	111866	828	10013
住宿和餐饮业	16198	5871	314	16640
信息传输、软件和信息技术服务业	18687	2032	15	13257
金融业	30687	13230	4200	12289
房地产业	14482	1934	259	17490
租赁和商务服务业	29346	10385	1471	9165
科学研究、技术服务业	39563	30344	54	215

3-2 续表

指 标	总 计	单位从业人员年末人数（人）		
		国有	城镇集体	其他经济类型
水利、环境和公共设施管理业	21295	17109	3971	3240
居民服务、修理和其他服务业	4833	959	634	1922
教育	82080	79562	596	3016
卫生和社会工作	44080	38841	2223	2570
文化、体育和娱乐业	15079	12347	162	137
公共管理、社会保障和社会组织	63520	63368	15	

注：1.根据国家统计局企业“一套表”制度，本表数据包含了铁路系统驻并单位。

2.从业人员包括在岗职工、劳务派遣人员和其他从业人员。

3-3 城镇非私营单位按国民经济行业分组的单位从业人员劳动报酬

Urban Non private units in the unit of the national economy by the unit of labor remuneration

指 标	总 计	单位从业人员劳动报酬（万元）		
		国有	城镇集体	其他经济类型
总 计	**7377658.2**	**3712740.2**	**131070.5**	**3533847.5**
按企事业机关分组				
企业	5406396.8	1774563.2	109318.8	3522514.8
事业	1492718.5	1463860.3	21751.7	7106.5
机关	471542.1	471207.7		334.4
民间非营利组织	1406.5			1406.5
其他	5594.3	3109.0		2485.3
按国民经济行业分组				
农、林、牧、渔业	11404.7	11379.8	24.9	535120.1
采矿业	556869.2	21690.7	58.4	1091653.1
制造业	1139777.8	21453.7	26671.0	134914.6
电力、热力、燃气及水生产和供应业	234142.9	99061.1	167.2	792558.5
建筑业	870183.8	64147.4	13477.9	155673.8
批发和零售业	223181.4	60091.2	7416.4	101553.4
交通运输、仓储和邮政业	1319133.0	1214649.9	2929.7	31206.8
住宿和餐饮业	56163.9	24160.4	796.7	148363.4
信息传输、软件和信息技术服务业	164308.5	15898.7	46.4	215076.4
金融业	427508.7	166107.5	46324.8	82753.4
房地产业	92769.1	9596.2	419.5	120771.3

3-3　续表

指　标	总　计	单位从业人员劳动报酬（万元）		
		国有	城镇集体	其他经济类型
租赁和商务服务业	179269.9	53266.2	5232.4	69982.9
科学研究、技术服务业	304224.1	234048.7	192.5	888.2
水利、环境和公共设施管理业	87252.9	75586.0	10778.7	10941.1
居民服务、修理和其他服务业	18890.2	6433.9	1515.2	11674.1
教育	726311.0	711640.2	2996.7	16150.2
卫生和社会工作	308265.6	280658.4	11457.0	12176.0
文化、体育和娱乐业	102776.8	90181.7	419.1	2390.2
公共管理、社会保障和社会组织	555224.7	552688.5	146.0	

注：根据国家统计局企业“一套表”制度，本表数据包含了铁路系统驻并单位。

3-4　城镇非私营单位按国民经济行业分组的在岗职工(含劳务派遣人员)人数
Workers in the urban non private units grouped according to national industry (including dispatch personnel) number

指　标	总　计	在岗职工年末人数（人）		
		国有	城镇集体	其他经济类型
总　计	**1014381**	**423036**	**27917**	**563428**
按企事业机关分组				
企业	772301	188004	22786	561511
事业	190021	183857	5131	1033
机关	50818	50673		145
民间非营利组织	293			293
其他	948	502		446
按国民经济行业分组				
农、林、牧、渔业	1767	1764	3	
采矿业	88780	3368	15	85397
制造业	216090	5646	7922	202522
电力、热力、燃气及水生产和供应业	35622	12775	44	22803
建筑业	138477	12677	3311	122489
批发和零售业	41519	9705	2418	29396
交通运输、仓储和邮政业	128163	110614	828	16721
住宿和餐饮业	12509	5595	314	6600

3-4 续表

指　标	总 计	在岗职工年末人数（人）		
		国有	城镇集体	其他经济类型
信息传输、软件和信息技术服务业	18476	1905	11	16560
金融业	30340	13178	4200	12962
房地产业	13235	1863	259	11113
租赁和商务服务业	27846	9548	1163	17135
科学研究、技术服务业	39012	29966	54	8992
水利、环境和公共设施管理业	17799	13656	3961	182
居民服务、修理和其他服务业	4296	908	452	2936
教育	80909	78391	596	1922
卫生和社会工作	42827	37634	2191	3002
文化、体育和娱乐业	13993	11274	160	2559
公共管理、社会保障和社会组织	62721	62569	15	137

注：根据国家统计局企业"一套表"制度，本表数据包含了铁路系统驻并单位。

3-5 城镇非私营单位按国民经济行业分组的在岗职工(含劳务派遣人员)工资总额

Workers in the urban non private units grouped according to national industry (including dispatch personnel) total wages

指　标	总 计	在岗职工工资总额(万元)		
		国有	城镇集体	其他经济类型
总　计	**7269789.3**	**3678960.9**	**126719.0**	**3464109.4**
按企事业机关分组				
企业	5319863.3	1762063.2	105014.5	3452785.6
事业	1472552.7	1443749.5	21704.5	7098.7
机关	470635.0	470300.6		334.4
民间非营利组织	1406.5			1406.5
其他	5331.8	2847.6		2484.2
按国民经济行业分组				
农、林、牧、渔业	11402.2	11377.3	24.9	534944.8
采 矿 业	556041.3	21061.4	35.1	1087402.9
制 造 业	1133942.9	21076.2	25463.8	134245.2
电力、热力、燃气及水生产和供应业	233339.5	98927.1	167.2	745811.9
建筑业	820094.4	62939.8	11342.7	154167.1

3-5 续表

指 标	总 计	在岗职工工资总额(万元)		
		国有	城镇集体	其他经济类型
批发和零售业	221135.4	59679.8	7288.5	99272.3
交通运输、仓储和邮政业	1309427.2	1207225.2	2929.7	25334.8
住宿和餐饮业	49644.2	23512.7	796.7	147849.4
信息传输、软件和信息技术服务业	163391.1	15498.1	43.6	213852.5
金融业	426044.2	165866.9	46324.8	79639.3
房地产业	89554.7	9495.9	419.5	119447.3
租赁和商务服务业	175129.9	50897.1	4785.5	68280.0
科学研究、技术服务业	300588.6	232116.1	192.5	838.3
水利、环境和公共设施管理业	82347.7	70745.1	10764.3	10742.9
居民服务、修理和其他服务业	18178.7	6278.3	1157.5	11674.1
教育	722802.5	708131.7	2996.7	16082.3
卫生和社会工作	304308.5	276800.8	11425.4	12134.1
文化、体育和娱乐业	99282.8	86734.1	414.6	2390.2
公共管理、社会保障和社会组织	553133.5	550597.3	146.0	

注：根据国家统计局企业“一套表”制度，本表数据包含了铁路系统驻并单位。

3-6 城镇非私营单位按国民经济行业分组的其他从业人员人数

The number of other employees in the urban non private units by the national economic sectors

指 标	总 计	其他从业人员年末人数(人)		
		国有	城镇集体	其他经济类型
总 计	**29685**	**11933**	**1636**	**16116**
按企事业机关分组				
企业	21057	3358	1593	16106
事业	8143	8096	43	4
机关	391	391		
民间非营利组织				
其他	94	88		6
按国民经济行业分组				
农、林、牧、渔业	2	2		87
采矿业	378	283	8	1262
制造业	1771	196	313	182

3-6 续表

指　标	总　计	其他从业人员年末人数(人)		
		国有	城镇集体	其他经济类型
电力、热力、燃气及水生产和供应业	416	234		7695
建筑业	8649	250	704	595
批发和零售业	889	221	73	441
交通运输、仓储和邮政业	1693	1252		3413
住宿和餐饮业	3689	276		80
信息传输、软件和信息技术服务业	211	127	4	295
金融业	347	52		1176
房地产业	1247	71		355
租赁和商务服务业	1500	837	308	173
科学研究、技术服务业	551	378		33
水利、环境和公共设施管理业	3496	3453	10	304
居民服务、修理和其他服务业	537	51	182	
教育	1171	1171		14
卫生和社会工作	1253	1207	32	11
文化、体育和娱乐业	1086	1073	2	
公共管理、社会保障和社会组织	799	799		

注：根据国家统计局企业“一套表”制度，本表数据包含了铁路系统驻并单位。

3-7 城镇非私营单位按国民经济行业分组的其他从业人员工资总额

The total wages of other employees in the urban non private units in the national economy

指　标	总　计	其他从业人员工资总额(万元)		
		国有	城镇集体	其他经济类型
总　计	**107868.9**	**33779.3**	**4351.5**	**69738.1**
按企事业机关分组				
企业	86533.5	12500.0	4304.3	69729.2
事业	20165.8	20110.8	47.2	7.8
机关	907.1	907.1		
民间非营利组织				
其他	262.5	261.4		1.1
按国民经济行业分组				
农、林、牧、渔业	2.5	2.5		175.3

3-7　续表

指　　标	总　计	其他从业人员工资总额(万元)		
		国有	城镇集体	其他经济类型
采 矿 业	827.9	629.3	23.3	4250.2
制 造 业	5834.9	377.5	1207.2	669.4
电力、热力、燃气及水生产和供应业	803.4	134.0		46746.6
建筑业	50089.4	1207.6	2135.2	1506.7
批发和零售业	2046.0	411.4	127.9	2281.1
交通运输、仓储和邮政业	9705.8	7424.7		5872.0
住宿和餐饮业	6519.7	647.7		514.0
信息传输、软件和信息技术服务业	917.4	400.6	2.8	1223.9
金融业	1464.5	240.6		3114.1
房地产业	3214.4	100.3		1324.0
租赁和商务服务业	4140.0	2369.1	446.9	1702.9
科学研究、技术服务业	3635.5	1932.6		49.9
水利、环境和公共设施管理业	4905.2	4840.9	14.4	198.2
居民服务、修理和其他服务业	711.5	155.6	357.7	
教育	3508.5	3508.5		67.9
卫生和社会工作	3957.1	3857.6	31.6	41.9
文化、体育和娱乐业	3494.0	3447.6	4.5	
公共管理、社会保障和社会组织	2091.2	2091.2		

注：根据国家统计局企业"一套表"制度，本表数据包含了铁路系统驻并单位。

3-8　城镇非私营单位按国民经济行业分组的从业人员年平均工资

Workers in average annual wage

指　　标	总　计	从业人员年平均工资(元)		
		国有单位	城镇集体单位	其他单位
总　计	**71026**	**85962**	**43613**	**61270**
按企事业机关分组				
企业	68512	93714	43908	61277

3-8 续表

指　标	总　计	从业人员年平均工资(元)		
		国有单位	城镇集体单位	其他单位
事业	75744	76689	42187	68529
机关	92076	92272		23062
民间非营利组织	50412			50412
其他	53381	52077		55106
按国民经济行业分组				
农、林、牧、渔业	65207	65176	83000	
采 矿 业	61053	59183	25391	61141
制 造 业	55347	36660	31976	56934
电力、热力、燃气及水生产和供应业	68321	87094	38000	59036
建筑业	58031	52089	32083	59397
批发和零售业	51018	60314	29164	49832
交通运输、仓储和邮政业	101297	108305	35128	58909
住宿和餐饮业	34863	40929	25292	31548
信息传输、软件和信息技术服务业	86917	79295	30933	87872
金融业	139340	125119	105692	165164
房地产业	64670	49060	16197	68222
租赁和商务服务业	53989	52943	35643	55717
科学研究、技术服务业	77277	77459	35648	76921
水利、环境和公共设施管理业	40929	44102	27157	42295
居民服务、修理和其他服务业	49803	66950	24360	49507
教育	88565	89508	50280	61217
卫生和社会工作	71302	73704	51936	54765
文化、体育和娱乐业	67408	72360	25870	46438
公共管理、社会保障和社会组织	87536	87347	97333	173203

注：根据国家统计局企业“一套表”制度，本表数据包含了铁路系统驻并单位。

3-9　城镇非私营单位按国民经济行业分组的在岗职工(含劳务派遣人员)年平均工资

Workers in the urban non private units grouped according to national industry (including dispatch personnel) the average annual wage

指　标	总　计	在岗职工年平均工资(元)		
		国有单位	城镇集体单位	其他单位
总　计	**72114**	**87636**	**44704**	**61864**
按企事业机关分组				
企业	69351	94832	45218	61872
事业	77931	78979	42375	68719
机关	92610	92809		23062
民间非营利组织	50412			50412
其他	55597	55401		55825
按国民经济行业分组				
农、林、牧、渔业	65267	65237	83000	
采矿业	61210	62073	23400	61183
制造业	55558	37455	31742	57096
电力、热力、燃气及水生产和供应业	68840	88454	38000	59222
建筑业	58549	52709	33214	59802
批发和零售业	51520	61285	29508	50194
交通运输、仓储和邮政业	101859	108866	35128	58992
住宿和餐饮业	39494	41711	25292	38282
信息传输、软件和信息技术服务业	87553	82524	39636	88147
金融业	140572	125467	105692	168322
房地产业	68498	50376	16197	72863
租赁和商务服务业	55239	55413	41007	55942
科学研究、技术服务业	77477	77808	35648	76624
水利、环境和公共设施管理业	46195	51684	27189	46832
居民服务、修理和其他服务业	52845	68992	26247	51426
教育	89419	90404	50280	61217
卫生和社会工作	72456	75052	52338	54795
文化、体育和娱乐业	70130	76176	25913	46473
公共管理、社会保障和社会组织	88359	88169	97333	173203

注：根据国家统计局企业"一套表"制度，本表数据包含了铁路系统驻并单位。

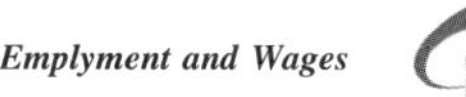

3-10 城镇私营单位按国民经济行业分组的从业人员年平均工资
Average annual wages of employees in urban and private units grouped according to the National Economic industry

指 标	从业人员年平均工资 (元)
总 计	**36388**
按国民经济行业分组	
农、林、牧、渔业	37683
采矿业	40555
制造业	33031
电力、热力、燃气及水生产和供应业	34190
建筑业	39703
批发和零售业	32179
交通运输、仓储和邮政业	62650
住宿和餐饮业	32862
信息传输、软件和信息技术服务业	38331
金融业	69258
房地产业	41771
租赁和商务服务业	33589
科学研究、技术服务业	34032
水利、环境和公共设施管理业	23250
居民服务、修理和其他服务业	33095
教育	24942
卫生和社会工作	40843
文化、体育和娱乐业	31722

3-11 基本养老保险情况
Basic endowment insurance

单位：人

指 标	参保职工	缴费人员	离休、退休、退职人员	实发养老金金额(万元)
总 计	**882802**	**803817**	**401080**	**1527093**
企业	742441	681804	370315	1433095
1.国有企业	331865	303068	268532	1086277
2.集体企业	63998	54337	80196	270151
3.其他企业	280222	262153	20743	73107
4.港澳台及外资企业	66356	62246	844	3560
其他	140361	122013	30765	93998

注：数据来源于市社保中心。

3-12 城镇失业人员情况
Urban unemployment

单位：人

指 标	2017	2016
期末失业人数	50888	49210
上期结转的失业人数	49210	48459
本期新登记的失业人数	27312	15187
# 本期由就业转失业人数	7137	1544
本期失业人员就业人数	13916	14436

注：数据来源于市人社局。

第4篇

固定资产投资、建筑业

Investment in Fixed Assets and Construction

资料整理、审核

苏人龙　　米俊峰　　王　敏　　陆慧敏

苏雯婷　　李　珊

4-1 固定资产投资规模
Scale of Fixed asset investment

单位：万元

指　标	2017	比上年增长(%)
总　计	**9648632**	**6.8**
按投资类型分		
投资项目完成投资	4867186	-18.8
房地产开发项目完成投资	4781446	-29.9
按隶属关系分		
中央项目	665055	58.3
省属项目	1178196	13.4
市属项目	2899891	5.9
县（市、区）项目	451692	-41.2
其他	4453798	9.5

注:2017年国家统计局确定山西为投资改革试点省份,固定资产投资额的统计方法由原来的以形象进度法为主改为以财务支出法为主。

4-2 施工及竣工房屋建筑面积
Floor area of the buildings Construction and completed

单位：平方米

指　标	全年施工房屋面积	#住宅	全年竣工房屋面积	#住宅
总　计	**63259371**	**41751067**	**4799700**	**3154528**
按投资类型分				
投资项目	5741581	1156021	455427	307055
房地产开发项目	57517790	40595046	4344273	2847473

4-3　固定资产投资额
Investment in fixed asset

单位：万元

指　　标	本年完成投资	本年新增固定资产
总　计	**9648632**	**5480513**
#住宅	33970947	
按登记注册类型分		
内资	9430372	5259008
国有	2638076	889781
集体	1365	
国有独资	624073	467313
其他有限责任公司	3428583	1293222
股份有限公司	84180	46252
其他	2654095	2562440
港澳台商投资	130465	217497
#合资经营	81701	194469
独资经营	45068	23028
外商投资	84195	1007
合资经营	9160	
外资企业	75035	1007
个体经营	3600	3001
按隶属关系分		
中央项目	665055	839715
地方项目	8983577	4640798
省属	1178196	511737
市属	2899891	812115
县（市、区）属	451692	203953
其他	4453798	3112993
按建设性质分		
#新建	3372951	3069102
扩建（改建)	303730	271593
改建和技术改造	1053069	411843
按构成分		
建筑工程	5663089	
安装工程	872418	
设备工器具购置	678904	
其他费用	2434221	
按国民经济部门（行业）分		
农、林、牧、渔业	87234	44371
采矿业	262990	318536
制造业	529708	223594
电力、热力、燃气及水的生产和供应业	552221	596147
建筑业	12624	39612
批发和零售业	94417	30208
交通运输、仓储和邮政业	120753	134756
住宿和餐饮业	31550	1350
信息传输、软件和信息技术服务业	78266	33829
金融业	799	2546
房地产业	5121185	3005729
租赁和商务服务业	21067	4832
科学研究和技术服务业	64998	24321
水利、环境和公共设施管理业	2279986	757928
居民服务和其他服务业	2739	2684
教育	120147	36953
卫生和社会工作	99700	52099
文化、体育和娱乐业	89174	117368
公共管理和社会组织	79074	53650

4-4 固定资产投资资金来源情况
Source of funds for fixed asset investment

单位：万元

指　标	投资项目	房地产开发项目
一、本年资金来源合计	**3226850**	**11197358**
1.上年末结余资金	571308	2540032
2.本年资金来源小计	2655542	8657326
国内贷款	408067	1281247
自筹资金	1459142	2147628
#企、事业单位自筹		
其他资金	218883	5228451
二、本年各项应付款合计	**2172216**	**1407788**
#工程款	742921	703927

4-5 房地产开发投资完成情况
Investment in real estate development

单位：万元

指　标	单　位	合　计		按经济类型分		
			#住宅	国有	集体	其他
房地产开发投资	万元	4781446	3352467	1420608	13915	3346923
本年新增固定资产	万元	1663781		567753	62523	1033505
施工面积	平方米	57517790	40595046	17925595	410319	39181876
竣工面积	平方米	4344273	2847473	842715	147487	3354071
商品房屋销售面积	平方米	7934312	7298652	2081412	23903	5828997
商品房销售额	万元	7101617	6394823	1870310	25121	5206186

4-6 房地产开发资金来源情况
The source of funds for Real estate development

单位：万元

指　标	合　计	按经济类型分		
		国有	集体	其他
一、本年资金来源合计	**11197358**	**3379509**	**97581**	**7720268**
1.年末结余资金	2540032	711436	74492	1754104
2.本年资金来源小计	8657326	2668073	23089	5966164
国内贷款	1281247	279952		1001295
自筹资金	2147628	791490		1356138
#自有资金				
其他资金来源	5228451	1596631	23089	3608731
#定金及预收款	2765440	713891	15973	2035576
个人按揭贷款	2073682	530388	7116	1536178
二、本年各项应付款	**1407788**	**636947**		**770841**
#工程款	703927	206208		497719

4-7 房地产开发单位生产和经营情况

Production and management of real estate development unit

单位：万元

指 标	总 计	按经济类型分		
		国有	集体	其他
一、实收资本合计	**5273888**	**2056204**	**9900**	**3207784**
二、年末资产负债情况				
资产总计	56222585	21008301	201161	35013123
固定资产累计折旧	246282	26708	3586	215988
# 本年折旧	50195	3165	731	46299
负债总计	47946104	16026570	131019	31788515
所有者权益合计	8276481	4981731	70143	3224607
三、损益及分配				
1.营业收入总计	5369028	1988524	39857	3340647
# 主营业务收入	4466537	1093178	39857	333502
(1) 土地转让收入	62714			62714
(2) 商品房屋销售收入	4210349	1030282	39469	3140598
(3) 自持物业收入	61607	11757	314	49536
# 房屋出租收入	58459	11751	314	46394
(4) 其他收入	131867	51140	74	80653
2.营业成本	3970635	1517239	27359	2426037
# 主营业务成本	3229731	821920	27359	2380452
3.营业税金及附加	286107	83325	1502	201280
# 主营业务税金及附加	232172	41150	9	191013
4.其他业务利润	-5399	-1272		-4127
5.销售费用	215520	34654	1170	179696
6.管理费及财务费用	468482	195147	802	272533
7.投资收益及营业外收入	73121	50950	37	22134
8.营业外支出	61445	4694	11	56740
9.利润总额	484044	207800	9049	267195

4-8 房地产开发商品房销售与出租情况

Real estate development of commercial housing sales and rental

单位：平方米

指 标	实际销售	预售	待售	出租	实际销售额(万元)
房屋面积	**7934312**		**1469500**	**100850**	**7101617**
1.住宅	7298652		966326		6394823
# 别墅、高档公寓	259495		34964		303094
2.办公楼	305918		101509	5207	308901
3.商业营业用房	199810		346819	95643	296542
4.其他	129932		54846		101351

4-9 房地产开发施工、竣工面积及竣工价值

Floor space and value of buildings under construction and completed in real estate development

单位：平方米

指　标	施工面积	# 新开工	竣工面积	竣工房屋价值(万元)
房屋建筑面积	**57517790**	**10826135**	**4344273**	**1530441**
按用途分				
1.住宅	40595046	7456458	2847473	1008710
# 别墅、高档公寓	904961	219764	110327	122159
2.办公楼	3509292	438290	558753	259918
3.商业营业用房	5529205	1166252	438313	132914
4.其它	7884247	1765135	499734	128899

4-10 建筑业主要经济指标

Major economic indicators of construction enterprises

指　标	单　位	2017	2016
施工单位	个数	1349	1371
施工产值	万元	25304036	23752673
# 建筑工程	万元	22473245	20760256
安装工程	万元	2389825	2457884
竣工产值	万元	8915859	7788514
房屋建筑施工面积	平方米	107732548	99369827
房屋建筑竣工面积	平方米	18824293	16614315
计算建筑业劳动生产率平均人数	人	661891	767745
从业人员期末人数	人	478382	442308
应付职工薪酬	万元	1454661	1353512
劳动生产率			
按施工产值计算	元/人	382299	309382
按房屋建筑竣工面积计算	平方米/人	28.4	21.6
资产合计	万元	38568218	33622818
负债合计	万元	30957790	27115520
所有者权益	万元	7610428	6507298
实收资本合计	万元	5413364	4338250
# 国家资本	万元	2333452	1308549
利润总额	万元	760219	692158
亏损企业个数	个	345	353
亏损企业亏损额	万元	58805	39783
利税总额	万元	131610	1262900

4-11 建筑施工企业生产完成情况
Completed production of construction enterprises

指 标	单位	总计	按经济类型分			按隶属关系分		
			国有	集体	其他	中央	省属	市属
企业个数	个	1243	137	23	1083	37	67	1139
建筑业总产值	万元	24405326	17055806	57563	7291957	11195116	5380917	7829293
1.建筑工程	万元	21574535	15647223	41823	5885489	10452231	4781577	6340727
2.安装工程	万元	2389825	1204927	10113	1174785	654124	489287	1246414
3.其它	万元	440967	203656	5628	231683	88761	110053	242153
竣工产值	万元	8017149	4979991	28688	3008470	2510545	2131725	3374879
房屋建筑施工面积	平方米	107732548	82222188	37648	25472712	39314631	46935892	21482025
# 本年新开工面积	平方米	31036724	22970486	37648	8028590	15028272	8719358	7289094
房屋建筑竣工面积	平方米	18824293	12236243	36583	6551467	4432120	8382222	6009951
自有机械设备净值	万元	843351	676579	3642	163130	588095	75230	180026
自有机械设备年末总台数	台	86999	58435	712	27852	37693	17291	32015
自有机械设备年末总功率	千瓦	4477984	3705900	9533	762551	3266128	350049	861807

4-12 建筑业财务状况
Financial situation of construction Enterprises

指 标	单位	总计	按经济类型分			按隶属关系分		
			国有	集体	其他	中央	省属	市属
一、年末资产负债								
流动资产合计	万元	31549264	25860177	143051	5546036	16754294	8634778	6160192
# 应收工程款	万元	11696942	9038957	34293	2623692	5827417	3342348	2527177
# 存货	万元	3399703	2692665	28303	678735	1857772	612311	929620
固定资产合计	万元	1450252	976225	13879	460148	637994	307245	505013
固定资产减值准备		2903	1448	28	1427	469	979	1455
固定资产原价	万元	2692590	1932935	20952	738703	1437902	432828	821860
累计折旧	万元	1487155	1128259	8355	350541	894995	198466	393694
# 本年折旧	万元	212903	160200	468	52235	130277	27227	55399
在建工程	万元	200193	149642	1227	49324	80103	70000	50090
资产合计	万元	38349503	31754215	168252	6427036	19360190	11870935	7118378
流动负债合计	万元	28164351	24544641	139235	3480475	16215740	8085595	3863016

4-12 续表

指　标	单位	总计	按经济类型分			按隶属关系分		
			国有	集体	其他	中央	省属	市属
# 应付账款	万元	12798551	10716812	39105	2042634	7435253	3123238	2240060
非流动负债合计	万元	2602807	2506674	6	96127	389553	2110776	102478
负债合计	万元	30789212	27055378	139850	3593984	16605665	10196403	3987144
所有者权益合计	万元	7560291	4698837	28402	2833052	2754525	1674532	3131234
实收资本	万元	5374385	3339276	22891	2012218	1867743	1364480	2142162
国家资本	万元	2333452	2330453		2999	1175648	1074025	83779
集体资本	万元	51667	7598	22790	21279		7533	44134
法人资本	万元	1648357	916396		731961	692095	201164	755098
个人资本	万元	1340809	84729	101	1255979		81758	1259051
港澳台资本	万元	100	100					100
二、损益及分配								
营业收入	万元	25718240	18600450	66093	7051697	12653763	5398757	7665720
# 主营业务收入	万元	25494329	18442121	61461	6990747	12593442	5352377	7548510
营业成本	万元	23586171	16979522	56604	6550045	11599216	4847787	7139168
# 主营业务成本	万元	23453495	16912113	51604	6489778	11561499	4818635	7073361
营业税金及附加	万元	117497	60884	1142	55471	40804	16661	60032
# 主营业务税金及附加	万元	108532	58899	1086	48547	39447	16327	52758
其他业务利润	万元	34718	28100	1028	5590	11368	16475	6875
销售费用	万元	29908	5177	844	23887	3097	1699	25112
管理费用	万元	1206852	936359	5339	265154	566385	363421	277046
财务费用	万元	154422	138704	16	15702	28840	108711	16871
# 利息收入	万元	97413	94185	1481	1747	70790	24520	2103
# 利息支出	万元	218496	207935	23	10538	91738	117116	9642
营业利润	万元	750820	607623	2264	140933	544897	58330	147593
营业外收入	万元	21393	16559	379	4455	8777	7485	5131
营业外支出	万元	17703	12812	157	4734	9549	2894	5260
利润总额	万元	754546	611358	2486	140702	544125	62921	147500
应交所得税	万元	68102	37615	682	29805	29818	6443	31841
三、人工成本及增值税								
应付职工薪酬	万元	1360960	936055	16467	408438	586054	309063	465843
应交增值税		408952	238679	2742	167531	80642	160642	167668
四、亏损企业个数	**个**	**319**	**26**	**5**	**288**	**4**	**15**	**300**
五、亏损额	**万元**	**58375**	**35939**	**67**	**22369**	**18726**	**15297**	**24352**

4-13　劳务分包建筑企业生产经营情况

The production and operation situation of labor subcontracting construction enterprises

单位：万元

指　标	总　计	按经济类型分			按隶属关系分		
		国有	集体	其他	中央	省属	市属
一、产值完成情况							
建筑业总产值	898710	99859	401	798450	401	416650	481659
二、年末资产负债							
固定资产原价	10922	99	65	10758	65	981	9876
本年折旧	906	80	32	794	32	247	627
资产总计	218715	13637	115	204963	115	50033	168567
负债合计	168578	12775	48	155755	48	44049	124481
实收资本	38979	373	46	38560	46	5390	33543
三、损益及分配							
营业收入	907200	99859	401	806940	401	416650	490149
#主营业务收入	907071	99859	401	806811	401	416650	490020
营业成本	888864	98828	314	789722	314	413563	474987
#主营业务成本	888571	98804	314	789453	314	413362	474895
营业税金及附加	4535	542	1	3992	1	1477	3057
#主营业务税金及附加	3466	542	1	2923	1	460	3005
销售费用	141			141			141
管理费用	7359	366	92	6901	92	1400	5867
财务费用	53	-3		56		-8	61
营业利润	6643	129	-6	6520	-6	402	6247
利润总额	5673	132		5541		392	5281
三、人工成本及增值税							
应付职工薪酬	93701	115	43	93543	43	444	93214
应交增值税	24900	2809		22091		13049	11851

第5篇

能源消费与库存

Energy Consumption and Inventory

资料整理、审核

李　晶　　郭　波　　侯媛媛

5-1　一、二次能源生产量及构成
Production and composition of primary and secondary energy

指　　标	2017	2016
一次能源产量(万吨标准煤)	**2026.55**	**2041.59**
主要能源品种占一次能源产量(%)		
原煤	100.0	100.0
二次能源产量(万吨标准煤)	**3736.81**	**3823.49**
主要能源品种占二次能源产量(%)		
火电	8.5	9.0
洗精煤	38.5	39.5
焦炭	27.4	26.9

5-2　煤炭、石油制品及焦碳消费量
Coal, petroleum products and coke consumption

单位：万吨

指　　标	2017	2016
煤炭	**5572.40**	**5702.38**
#工业生产消费	5570.88	5699.24
#发电	778.95	879.56
炼焦	1396.23	1405.99
#非工业生产消费	1.51	3.14
工业石油制品(标准煤)	**9.59**	**10.48**
焦炭	**382.20**	**359.72**
工业生产	382.20	359.72

5-3 全社会用电量

Total social electricity consumption

单位：万千瓦时

指 标	2017	2016
全社会用电量总计(包含省返线损、省调厂用电)	**2705500.00**	**2507000.00**
省返线损	129939.65	126462.59
省调厂用电	216620.00	243996.97
全社会实用电总计	**2418027.49**	**2196973.11**
A.全行业用电合计	2053616.75	1855435.71
第一产业	20699.90	19428.26
第二产业	1558745.22	1409645.80
第三产业	474171.63	426361.63
B.城乡居民用电合计	364410.73	341537.40
城镇居民	322415.87	305064.58
乡村居民	41994.87	36472.77
全行业用电分类	**2053616.75**	**1855435.71**
一、农、林、牧、渔业	**20699.39**	**19428.26**
01.农业	5397.30	5123.03
02.林业	1032.18	923.80
03.畜牧业	2283.67	2085.82
04.渔业	139.12	124.94
05.农、林、牧、渔服务业	11847.60	11170.70
#排灌	11574.48	10927.18
二、工业	**1515875.58**	**1370560.97**
轻工业	43321.62	41839.11
重工业	1472553.96	1328721.86
(一)采矿业	19828.67	182807.65
01.煤炭开采和洗选业	157085.54	145434.97
02.石油和天然气开采业	278.19	293.32
03.黑色金属矿采选业	39606.15	34495.66
04.有色金属矿采选业	375.01	275.03
05.非金属矿采选业	1655.11	1670.42
06.其他采矿业	828.70	638.26
(二)制造业	1159116.31	1033804.53
01.食品、饮料和烟草制造业	17606.38	16566.77
#农副食品加工业	4581.77	4268.66
02.纺织业	2437.40	2316.81
03.服装鞋帽、皮革羽绒及其制品业	194.40	173.76
04.木材加工及制品和家具制品业	1769.37	1817.73
#轻工业	1050.07	966.63
05.造纸及纸制品业	3123.14	3750.73
06.印刷业和记录媒介的复制	1740.18	1638.48
07.文教体育用品制造业	104.09	83.59
08.石油加工炼焦及核燃料	54061.31	49977.48
09.化学原料及化学制品制造	44831.46	29466.79
#轻工业	1011.18	994.87
#氯碱	1.02	2.18
电石		
黄磷		
#肥料制造	63.15	61.68
10.医药制造业	2597.98	2209.39
11.化学纤维制造业	197.95	309.68
12.橡胶和塑料制品业	7809.04	9417.45
#轻工业	975.71	706.07

5-3 续表

单位：万千瓦时

指 标	2017	2016
13.非金属矿物制品业	51788.68	52175.63
#轻工业	509.10	517.42
#水泥制造	38119.67	37252.66
14.黑色金属冶炼及压延	699078.78	689397.74
#铁合金冶炼	149.63	165.30
15.有色金属冶炼及压延	119044.02	26352.09
#铝冶炼	109483.60	11507.33
16.金属制品业	25277.25	26270.46
#轻工业	734.20	613.85
17.通用及专用设备制造业	48594.00	47202.42
#轻工业		
18.交通运输、电气、电子设备制造业	69668.96	66064.31
#轻工业	34.15	47.91
#交通运输设备制造业	10414.47	8572.14
19.工艺品及其他制造业	2674.10	2792.96
20.废弃资源和废旧材料回收	6517.85	5821.27
(三)电力、煤气及水的生产及供应业	156930.58	153948.77
1.电力、热力的生产和供应	118193.65	117567.31
#电厂生产全部耗用电量	18530.05	17019.74
线路损失电量	82753.90	88799.56
抽水蓄能抽水耗用电量		
2.燃气生产和供应业	13636.61	12231.70
3.水的生产和供应业	25100.32	24149.78
#轻工业	8331.53	8151.17
三、建筑业	**42869.65**	**39084.84**
四、交通运输、仓储和邮政业	**99245.71**	**94115.43**
1.交通运输业	79197.32	73626.69
#城市公共交通	767.69	808.05
管道运输业	41473.53	43199.86
电气化铁路	10984.67	5181.84
2.仓储业	18081.02	18545.30
3.邮政业	1967.33	1943.42
五、信息传输、计算机服务和软件业	**25326.94**	**22916.32**
1.电信和其他信息传输服务业	23800.92	21698.82
2.计算机服务和软件业	1526.01	1217.50
六、商业、住宿和餐饮业	**118455.18**	**105751.97**
1.批发和零售业	87231.69	78101.53
2.住宿和餐饮业	31223.47	27650.43
七、金融、房地产、商务及居民服务业	**105347.53**	**88105.92**
1.金融业	5621.40	5375.06
2.房地产业	29056.45	25736.22
3.租赁和商务服务业、居名服务和其他服务业	70669.66	56994.63
八、公共事业及管理组织	**125796.24**	**115472.01**
1.科学研究、技术服务和地质勘察业	9120.76	8537.78
#地质勘察业	463.79	414.43
2.水利、环境和公共设施管理业	23568.69	19371.39
#水利管理业	3808.66	3410.83
公共照明业	8646.01	6252.75
3.教育、文化、体育和娱乐业	43188.66	40793.06
#教育	32064.17	29872.71
4.卫生、社会保障和社会福利业	20667.13	18997.96
5.公共管理和社会组织、国际组织	29250.96	27771.83

5-4 规模以上工业企业

Energy purchasing, consumption and inventory

指 标	单 位	年初库存量	购进量	
				#购自省外
原煤	吨	1070615.46	12648445.23	796849.70
1.无烟煤	吨	1510.88	44549.12	41473.18
2.炼焦烟煤	吨	495637.26	1891160.86	271233.18
3.一般烟煤	吨	571597.08	10704864.32	484143.34
4.褐煤	吨	1870.24	7870.93	
洗精煤（用于炼焦）	吨	663598.47	11925262.03	
其他洗煤	吨	30755.03	4192900.87	
煤制品	吨	26.00	1212.00	
焦炭	吨	44700.48	820845.00	
其他焦化产品	吨	13853.00	241476.00	
焦炉煤气	万立方米		55819.05	
高炉煤气	万立方米		29.19	
转炉煤气	万立方米			
天然气	万立方米	192.09	142179.29	
液化天然气	吨	1170.00	2574.84	1321.00
煤层气	万立方米			
汽油	吨	93.90	8902.80	45.60
煤油	吨	203.98	3532.79	
柴油	吨	2866.72	64334.31	40.43
燃料油	吨	1123.91	743.21	
液化石油气	吨		14.26	
润滑油	吨	1.85	23.30	
石蜡	吨	152.93	1721.40	
石油沥青	吨	80.00	1707.78	
其他石油制品	吨	925.65	4375.04	
热力	百万千焦		3301275.09	
电力	万千瓦时		743096.89	
煤矸石（用于燃料）	吨			
生物燃料	吨标准煤	29.00	2393.71	
余热余压	百万千焦			
其他燃料	吨标准煤	16.37	31.49	
能源合计	吨标准煤			

能源购进、消费与库存情况
of Industrial Enterprises above Designated Size

消费量					期末库存量
合 计	1.工业生产消费	用于原材料	2.非工业生产消费	合计中：运输工具消费	
37362984.71	37348066.99	50860.82	14917.72		746832.71
45619.46	45619.46	41499.14			440.54
26679673.35	26665931.45		13741.90		98059.98
10628201.99	10627026.17	9361.68	1175.82		648080.93
9489.91	9489.91				251.26
13962261.67	13962261.67				660857.36
4397539.63	4397539.63				1000.02
1204.00	978.00		226.00		34.00
3821958.59	3821953.09		5.50		116319.89
239690.01	239690.01				15638.99
269797.23	269110.40		686.83		
1417715.29	1417715.29				
80531.20	80531.20				
150392.35	149696.74	29.00	695.61	58.97	58.92
1253.84	808.04		445.80	1242.04	2491.00
8861.83	3547.49	250.67	5314.34	4948.74	175.32
3259.66	3240.66	0.20	19.00		363.62
64604.12	51011.79	2026.45	13592.33	36430.00	2578.82
841.61	841.61				1025.51
14.26			14.26		
23.30	23.30	23.30			1.85
1721.40	1721.40	1721.40			48.27
1787.78	1787.78	1787.78			
5001.69	4987.04	4983.00	14.65		299.00
29301023.38	27693118.23		1607905.15		
1500295.53	1483052.63		17242.90	126.31	
318938.28	318938.28				
2422.71	2422.71				
13384281.01	13384281.01				
47.23	47.23				
56452083.11	56322850.78		129232.33		

5-5 规模以上工业企业能源加工转换投入产出情况

Energy conversion and output of Industrial Enterprises above Designated Size

指 标	单 位	工业生产消费量	加工转换投入合计	火力发电	供热	原煤入洗	炼焦	制气	能源加工转换产出	回收利用
原煤	吨	36900136.80	35165173.40	4607678.76	1819436.57	28738058.07				
1.无烟煤	吨	776.00								
2.炼焦烟煤	吨	26665931.45	26621667.01	120596.86	100640.17	26400429.98				
3.一般烟煤	吨	10233429.35	8543506.39	4487081.90	1718796.40	2337628.09				
4.褐煤	吨									
洗精煤（用于炼焦）	吨	13962261.67	13962261.67				13962261.67		15016522.40	
其他洗煤	吨	4394532.63	4210657.90	3181868.24	1028789.66				8715534.85	
煤制品	吨									
焦炭	吨	3815451.89							10579845.25	
其他焦化产品	吨	239165.01							418303.98	
焦炉煤气	万立方米	259828.22	29255.00	7629.00	6832.00			14794.00	294681.37	
高炉煤气	万立方米	1417697.10	218701.00	109405.00	109296.00					1492909.00
转炉煤气	万立方米	80531.20	15189.00	7674.00	7515.00					80531.20
天然气	万立方米	143072.57	130235.04	103698.27	26536.77				6884.00	
煤层气	万立方米									
汽油	吨	1646.97								
煤油	吨	3197.20								
柴油	吨	30647.11								
燃料油	吨	798.98	590.98	505.30	85.68					
热力	百万千焦	25467281.70							56002016.96	
电力	万千瓦时	1192816.87							2582352.68	
煤矸石（用于燃料）	吨	318938.28	318938.28	226186.06	92752.22				318938.28	
余热余压	百万千焦	13384281.01	13290348.01	13290348.01						31941539.07
能源合计	吨标准煤	55354491.70	44599618.82	6916443.06	2405849.07	22071679.41	13117111.11	88536.17	37368118.95	44254.98

5-6 规模以上工业企业主要能源按工业行业分组消费量(一)
Above scale industrial enterprises, the main energy consumption in the industrial sectors(1)

指　标	原煤(吨)	无烟煤(吨)	炼焦烟煤(吨)	一般烟煤(吨)	褐煤(吨)
全部工业企业	**37362985**	**45619**	**26679673**	**10628202**	**9490**
一、按工业行业门类分					
(一)轻工业	27285	3064		24221	
(二)重工业	37335700	42555	26679673	10603981	9490
(三)采矿业	26852710		24850213	2002497	
煤炭开采和洗选业	26852710		24850213	2002497	
石油和天然气开采业					
黑色金属矿采选业					
(四)制造业	6442034	45619	1829460	4557464	9490
农副食品加工业	10973			10973	
食品制造业	8901	3064		5837	
酒、饮料和精制茶制造业	150			150	
烟草制品业					
纺织业					
纺织服装、服饰业					
家具制造业					
造纸和纸制品业	10			10	
印刷和记录媒介复制业					
文教、工美、体育和娱乐用品制造业					
石油加工、炼焦和核燃料加工业	2164592		1829460	335131	
化学原料和化学制品制造业	750			750	
医药制造业	1082			1082	
橡胶和塑料制品业					
非金属矿物制品业	458679	776		448413	9490
黑色金属冶炼和压延加工业	3742285	280		3742005	
有色金属冶炼和压延加工业	826			826	
金属制品业	51685	41499		10185	
通用设备制造业	39			39	
专用设备制造业	226			226	
汽车制造业					
铁路、船舶、航空航天和其他运输设备制造业					
电气机械和器材制造业					
计算机、通信和其他电子设备制造业	1836			1836	
仪器仪表制造业					
废弃资源综合利用业					
金属制品、机械和设备修理业					
(五)电力、热力、燃气及水生产和供应业	4068241			4068241	
电力、热力生产和供应业	4068241			4068241	
燃气生产和供应业					
水的生产和供应业					

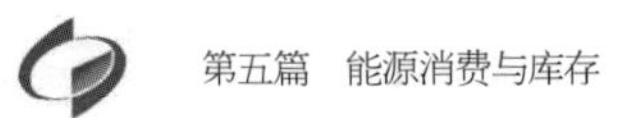

5-6 规模以上工业企业主要能源按工业行业分组消费量(二)

Above scale industrial enterprises, the main energy consumption in the industrial sectors(2)

指 标	洗精煤(用于炼焦)(吨)	其它洗煤(吨)	煤制品(吨)	焦炭(吨)	其它焦化产品(吨)
全部工业企业	**13962262**	**4397540**	**1204**	**3821959**	**239690**
一、按工业行业门类分					
(一)轻工业		3007	139	166	525
(二)重工业	13962262	4394533	1065	3821793	239165
(三)采矿业	959999	174884	1015		
煤炭开采和洗选业	959999	174884	1015		
石油和天然气开采业					
黑色金属矿采选业					
(四)制造业	13002263	214446	189	3821959	239690
农副食品加工业					
食品制造业		2695	19	166	
酒、饮料和精制茶制造业					
烟草制品业					
纺织业					
纺织服装、服饰业					
家具制造业			120		
造纸和纸制品业		312			525
印刷和记录媒介复制业					
文教、工美、体育和娱乐用品制造业					
石油加工、炼焦和核燃料加工业	9078005				
化学原料和化学制品制造业					239165
医药制造业					
橡胶和塑料制品业					
非金属矿物制品业					
黑色金属冶炼和压延加工业	3924258	162404		3815452	
有色金属冶炼和压延加工业					
金属制品业			50	6325	
通用设备制造业					
专用设备制造业		49035			
汽车制造业					
铁路、船舶、航空航天和其他运输设备制造业					
电气机械和器材制造业					
计算机、通信和其他电子设备制造业					
仪器仪表制造业					
废弃资源综合利用业					
金属制品、机械和设备修理业					
(五)电力、热力、燃气及水生产和供应业		4008210			
电力、热力生产和供应业		4008210			
燃气生产和供应业					
水的生产和供应业					

5-6 规模以上工业企业主要能源按工业行业分组消费量(三)

Above scale industrial enterprises, the main energy consumption in the industrial sectors(3)

指　标	焦炉煤气（万立方米）	高炉煤气（万立方米）	转炉煤气（万立方米）	天然气（万立方米）	液化天然气（吨）
全部工业企业	**269797**	**1417715**	**80531**	**150392**	**1254**
一、按工业行业门类分					
（一）轻工业	171			2063	
（二）重工业	269626	1417715	80531	148329	1254
（三）采矿业	14794			9187	
煤炭开采和洗选业	14794			9187	
石油和天然气开采业					
黑色金属矿采选业					
（四）制造业	243303	1417715	80531	19158	1254
农副食品加工业				672	
食品制造业	122			881	
酒、饮料和精制茶制造业				87	
烟草制品业				341	
纺织业					
纺织服装、服饰业					
家具制造业				2	
造纸和纸制品业	49			27	
印刷和记录媒介复制业				8	
文教、工美、体育和娱乐用品制造业					
石油加工、炼焦和核燃料加工业	99278				
化学原料和化学制品制造业	4907			21	
医药制造业				24	
橡胶和塑料制品业	1558			482	
非金属矿物制品业	1445			347	1238
黑色金属冶炼和压延加工业	122921	1417697	80531	12402	
有色金属冶炼和压延加工业	4696			404	
金属制品业				553	
通用设备制造业				267	14
专用设备制造业	6815			153	
汽车制造业	77			63	
铁路、船舶、航空航天和其他运输设备制造业	1194			2086	
电气机械和器材制造业				34	
计算机、通信和其他电子设备制造业	241			249	
仪器仪表制造业				35	
废弃资源综合利用业				21	
金属制品、机械和设备修理业					
（五）电力、热力、燃气及水生产和供应业	11700			122048	
电力、热力生产和供应业	11700			122028	
燃气生产和供应业				20	
水的生产和供应业					

5-6　规模以上工业企业主要能源按工业行业分组消费量(四)

Above scale industrial enterprises, the main energy consumption in the industrial sectors(4)

指　　标	汽油(吨)	煤油(吨)	柴油(吨)	燃料油(吨)	液化石油气(吨)
全部工业企业	**8862**	**3260**	**64604**	**842**	**14**
一、按工业行业门类分					
(一)轻工业	1313		1492		
(二)重工业	7549	3260	63113	842	14
(三)采矿业	1720	3092	7458		
煤炭开采和洗选业	1720	3092	6968		
石油和天然气开采业					
黑色金属矿采选业			490		
(四)制造业	6707	167	56328	43	14
农副食品加工业	410		80		
食品制造业	288		234		
酒、饮料和精制茶制造业	116		345		
烟草制品业	15		27		
纺织业	7				
纺织服装、服饰业					
家具制造业	43		1		
造纸和纸制品业	22		27		
印刷和记录媒介复制业	196		630		
文教、工美、体育和娱乐用品制造业	10		5		
石油加工、炼焦和核燃料加工业	66	98	2375		
化学原料和化学制品制造业	137		1831		
医药制造业	42		5		
橡胶和塑料制品业	76	6	48		
非金属矿物制品业	302		18311	22	
黑色金属冶炼和压延加工业	2386		31136		
有色金属冶炼和压延加工业	127	7	104		14
金属制品业	507	1	254		
通用设备制造业	270	12	174	21	
专用设备制造业	649	7	354		
汽车制造业	10		29		
铁路、船舶、航空航天和其他运输设备制造业	108	35	229		
电气机械和器材制造业	108		26		
计算机、通信和其他电子设备制造业	326	1	104		
仪器仪表制造业	322				
废弃资源综合利用业					
金属制品、机械和设备修理业	165				
(五)电力、热力、燃气及水生产和供应业	434		818	799	
电力、热力生产和供应业	114		762	799	
燃气生产和供应业	217				
水的生产和供应业	103		56		

5-6 规模以上工业企业主要能源按工业行业分组消费量(五)

Above scale industrial enterprises, the main energy consumption in the industrial sectors(5)

指标	润滑油(吨)	石蜡(吨)	石油沥青(吨)	其它石油制品(吨)	热力(百万千焦)
全部工业企业	**23**	**1721**	**1788**	**5002**	**29301023**
一、按工业行业门类分					
(一)轻工业					258912
(二)重工业	23	1721	1788	5002	29042111
(三)采矿业	23				2993827
煤炭开采和洗选业	23				2993827
石油和天然气开采业					
黑色金属矿采选业					
(四)制造业		1721	1788	5002	26307196
农副食品加工业					
食品制造业					70949
酒、饮料和精制茶制造业					157646
烟草制品业					
纺织业					
纺织服装、服饰业					
家具制造业					
造纸和纸制品业					
印刷和记录媒介复制业					7530
文教、工美、体育和娱乐用品制造业					
石油加工、炼焦和核燃料加工业					883005
化学原料和化学制品制造业					1053652
医药制造业					18467
橡胶和塑料制品业					
非金属矿物制品业		1721	595		817
黑色金属冶炼和压延加工业					22456094
有色金属冶炼和压延加工业					
金属制品业			1193	4983	406454
通用设备制造业					664
专用设备制造业					605542
汽车制造业				15	20035
铁路、船舶、航空航天和其他运输设备制造业					25504
电气机械和器材制造业					1511
计算机、通信和其他电子设备制造业				4	599024
仪器仪表制造业					303
废弃资源综合利用业					
金属制品、机械和设备修理业					
(五)电力、热力、燃气及水生产和供应业					
电力、热力生产和供应业					
燃气生产和供应业					
水的生产和供应业					

5-6 规模以上工业企业主要能源按工业行业分组消费量(六)

Above scale industrial enterprises, the main energy consumption in the industrial sectors(6)

指 标	电力(万千瓦时)	煤矸石(用于燃料)(吨)	生物燃料(吨标准煤)	余热余压(百万千焦)	其他燃料(吨标准煤)
全部工业企业	**1500296**	**318938**	**2423**	**13384281**	**47**
一、按工业行业门类分					
(一)轻工业	25004		1776		
(二)重工业	1475292	318938	647	13384281	47
(三)采矿业	172169	318938		90633	
煤炭开采和洗选业	166309	318938		90633	
石油和天然气开采业	1715				
黑色金属矿采选业	4145				
(四)制造业	1126593		2423	13293648	47
农副食品加工业	2910				
食品制造业	3585				
酒、饮料和精制茶制造业	1919				
烟草制品业	1404				
纺织业	1744				
纺织服装、服饰业	27				
家具制造业	51				
造纸和纸制品业	743		1776		
印刷和记录媒介复制业	1572				
文教、工美、体育和娱乐用品制造业	24				
石油加工、炼焦和核燃料加工业	38838			570616	
化学原料和化学制品制造业	8783		91	990544	47
医药制造业	1353				
橡胶和塑料制品业	6790				
非金属矿物制品业	44300			229702	
黑色金属冶炼和压延加工业	785347			11502786	
有色金属冶炼和压延加工业	116551				
金属制品业	6718				
通用设备制造业	1982				
专用设备制造业	26003				
汽车制造业	3266				
铁路、船舶、航空航天和其他运输设备制造业	9674				
电气机械和器材制造业	4682				
计算机、通信和其他电子设备制造业	54655		556		
仪器仪表制造业	503				
废弃资源综合利用业	3083				
金属制品、机械和设备修理业	90				
(五)电力、热力、燃气及水生产和供应业	201534				
电力、热力生产和供应业	192734				
燃气生产和供应业	273				
水的生产和供应业	8528				

5-7 2006年以来节能减排情况

Energy saving and emission reduction since 2006

年 份	单位GDP能耗(吨标准煤/万元)	当年单位GDP能耗下降幅度(%)	完成目标进度(%)	累计下降幅度(%)
2006	2.29	2.62	8.44	2.62
2007	2.15	6.02	28.17	8.48
2008	1.96	8.93	57.89	16.65
2009	1.83	6.73	80.03	22.26
2010	1.71	6.28	100.64	27.15
2011	1.18	3.52	20.53	3.52
2012	1.13	5.01	49.99	8.35
2013	1.08	4.21	74.63	12.21
2014	1.05	2.71	90.38	14.59
2015	0.99	6.02	125.96	19.73
2016	0.91	5.42	34.30	5.14
2017	0.86	3.96	59.11	9.17

注：1.2010年以前年份GDP以2005年价格计算，2011-2015年按2010价格计算。
2. “十一五”节能降耗目标单位GDP能耗累计下降27%，“十二五”节能降耗目标单位GDP能耗累计下降16%。
3.根据第三次经济普查，对2011-2014年的数据进行了调整。

5-8 1949年以来能源工业固定资产投资及构成

Energy industry fixed assets investment and composition since 1949

年 份	全社会固定资产投资(万元)	能源工业投资				能源工业投资构成(%)		
		合 计	#煤炭	电力	焦炭	煤炭	电力	焦炭
1949	43							
1950	1278	14	13		1	92.86		7.14
1952	6335	215	129	69	17	60.00	32.09	7.91
1953	13861	1383	115	1258	10	8.32	90.96	0.72
1954	19852	5296	857	4421	18	16.18	83.48	0.34
1955	13878	3203	768	2264	171	23.98	70.68	5.34
1956	32901	4928	1810	3118		36.73	63.27	
1957	37299	5612	1891	3721		33.70	66.30	
1958	62552	7116	5177	1870	69	72.75	26.28	0.97
1959	62839	6369	5283	932	154	82.95	14.63	2.42
1960	55929	8253	4884	3358	11	59.18	40.69	
1961	16865	4380	3305	1075		75.46	24.54	
1962	7854	2190	1883	307		85.98	14.02	
1963	10807	2368	1673	695		70.65	29.35	
1964	14095	2504	1706	797	1	68.13	31.83	
1965	18622	1348	666	682		49.41	50.59	
1966	28255	2140	358	1780	1	16.73	83.18	
1967	10855	1140	80	1049	11	7.02	92.02	0.96
1968	17788	1870	88	1776	6	4.71	94.97	0.32
1969	11546	384	123	253	8	32.03	65.89	2.08
1970	20218	1009	52	957		5.15	94.85	
1971	25293	2291	1174	1117		51.24	48.76	
1972	23480	2212	927	1285		41.91	58.09	
1973	26636	2532	1276	1256		50.39	49.61	
1974	19757	2260	1604	656		70.97	29.03	
1975	16884	1820	1018	802		55.93	44.07	
1976	15310	1417	1034	383		72.97	27.03	

5-8　续表

年份	全社会固定资产投资(万元)	能源工业投资				能源工业投资构成(%)		
		合计	#煤炭	电力	焦炭	煤炭	电力	焦炭
1977	20398	2622	1889	723	10	72.04	27.57	0.38
1978	38930	4759	3794	965		79.72	20.28	
1979	49443	8264	7657	504	81	92.65	6.10	0.98
1980	61316	10609	9942	604	51	93.71	5.69	0.48
1981	66329	15640	13867	1710	52	88.66	10.93	0.33
1982	88769	18878	17746	1088		94.00	5.76	
1983	108722	32438	27433	1420	3492	84.57	4.38	10.77
1984	147907	50138	41994	2796	5331	83.76	5.58	10.63
1985	194510	52750	46010	3086	3617	87.22	5.85	6.86
1986	212774	64087	58409	3180	2422	91.14	4.96	3.78
1987	228535	47454	40854	4065	2535	86.09	8.57	5.34
1988	250602	63606	42294	19768	1489	66.49	31.08	2.34
1989	242409	84093	55145	26041	2771	65.58	30.97	3.30
1990	262924	98809	61195	35944	1566	61.93	36.38	1.58
1991	309434	104534	70720	32012	1402	67.65	30.62	1.34
1992	460913	139321	71679	57846	8336	51.45	41.52	5.98
1993	672115	182333	80821	88639		44.33	48.61	
1994	731619	143252	66561	67258	1305	46.46	46.95	0.91
1995	701894	139667	98796	23911	5076	70.74	17.12	3.63
1996	823902	193105	132367	33933	5587	68.55	17.57	2.89
1997	977429	270884	137407	120027	7477	50.73	44.31	2.76
1998	1093638	261055	95856	147601	4215	36.72	56.54	1.61
1999	917167	150674	35082	87721	1659	23.28	58.22	1.10
2000	1047702	140866	48973	87320	2315	34.77	61.99	1.64
2001	1227804	247617	57132	112246	45836	23.07	45.33	18.51
2002	1475955	249245	46749	120320	50786	18.76	48.27	20.38
2003	2044542	362697	112859	78596	95343	31.12	21.67	26.29
2004	3476681	687685	126505	216218	293877	18.40	31.44	42.73
2005	4385077	713589	267156	280121	123924	37.44	39.26	17.37
2006	5011273	787176	355268	298134	98559	45.13	37.87	12.52
2007	5767355	1064025	437367	289922	146505	41.10	27.25	13.77
2008	7022072	1320743	493574	656202	21776	37.20	49.70	1.70
2009	7820157	853252	312664	394037	41184	36.60	46.20	4.80
2010	9164811	871847	462297	274024	135526	53.03	31.43	15.54
2011	10241444	937383	671330	185035	81018	71.62	19.74	8.64
2012	13206257	1573142	896885	195623	48085	57.01	12.44	3.06
2013	16707390	1728739	975403	211450	16974	56.42	12.23	0.98
2014	17460868	1774826	812348	639702	9653	45.77	36.04	0.54
2015	20256080	1971010	527717	622754	6169	26.77	31.60	0.31
2016	20277123	1570711	569017	516299	1000	36.23	32.87	0.06
2017	9648632	744388	238483	275892	23459	32.04	37.06	3.15

注：2011年起，投资统计制度进行改革，用“固定资产投资额”代替了“全社会固定资产投资”统计口径。

第6篇

物价指数

Price Indicators

资料整理、审核

李玉琴　　焦昱红　　安立诚

6-1 城镇居民消费价格指数(以上年同期为100)

Consumer price index for urban residents (100) in the same period last year

指　标	2017	2016
居民消费价格总指数	**101.8**	**101.2**
一、食品烟酒	**99.4**	**103.3**
1.食品	98.7	103.7
(1)粮食	102.6	100.5
(2)薯类	99.9	109.1
(3)豆类	99.4	100.3
(4)食用油	100.3	101.3
(5)菜	93.5	111.4
(6)畜肉类	97.5	110.8
(7)禽肉类	98.6	99.9
(8)水产品	100.7	104.9
(9)蛋类	95.9	96.2
(10)奶类	100.6	99.1
(11)干鲜瓜果类	101.3	95.4
(12)糖果糕点类	99.6	100.6
(13)调味品	100.4	101.3
(14)其他食品类	95.8	105.6
2.茶及饮料	101.2	101.1
3.烟酒	100.9	102.6
(1)烟草	99.8	101.0
(2)酒类	102.4	105.1
4.在外餐饮	101.0	102.6
二、衣着	**100.4**	**101.4**
1.服装	101.2	102.2
2.服装材料	101.8	99.4
3.其他衣着及配件	99.6	100.9

6-1 续表

指 标	2017	2016
4.衣着加工服务费	100.7	102.7
5.鞋类	97.8	99.3
三、居住	**101.3**	**99.4**
1.租赁房房租	103.6	101.2
2.住房保养维修及管理	100.4	100.3
3.水电燃料	101.8	99.7
4.自有住房	101.0	98.9
四、生活用品及服务	**100.1**	**100.3**
1.家具及室内装饰品	101.9	99.6
2.家用器具	97.7	99.9
3.家用纺织品	99.8	99.4
4.家庭日用杂品	100.7	100.4
5.个人护理用品	100.6	101.1
6.家庭服务	102.3	101.9
五、交通和通信	**101.8**	**98.6**
1.交通	102.5	99.3
2.通信	100.4	97.2
六、教育文化和娱乐	**103.0**	**102.0**
1.教育	102.7	102.2
2.文化娱乐	103.3	101.6
七、医疗保健	**111.9**	**102.2**
1.药品及医疗器具	101.5	103.1
2.医疗服务	119.6	101.5
八、其他用品和服务	**102.4**	**101.4**
1.其他用品类	99.5	99.7
2.其他服务类	104.5	102.7

6–2 商品零售价格指数(以上年同期为100)

Commodity retail price index (100) in the same period last year

指　　标	2017	2016
商品零售价格指数	**101.7**	**100.8**
一、食品	**99.2**	**103.4**
1.粮食	102.6	100.5
2.薯类	99.9	109.1
3.豆类	99.4	100.3
4.食用油	100.3	101.3
5.菜	93.5	111.4
6.畜肉类	97.5	110.8
7.禽肉类	98.6	99.9
8.水产品	100.7	104.9
9.蛋类	95.9	96.2
10.奶类	100.6	99.1
11.干鲜瓜果类	101.3	95.4
12.糖果糕点类	99.6	100.6
13.调味品	100.4	101.3
14.其他食品类	95.8	105.6
15.在外餐饮	101.0	102.6
二、饮料、烟酒	**100.9**	**102.4**
1.茶及饮料	101.2	101.1
2.烟草	99.8	101.0
3.酒类	102.4	105.1
三、服装、鞋帽	**100.3**	**101.4**
1.服装	101.2	102.2
2.鞋帽袜	98.0	99.4
3.其他衣着配件	99.0	99.7
四、纺织品	**100.1**	**99.2**
1.服装材料	101.8	99.4
2.床上用品	99.8	99.2
五、家用电器及音像器材	**96.7**	**98.3**
1.家庭设备	97.6	99.9
2.文娱用耐用消费品	93.7	93.5
3.专业音像器材	97.4	100.4

6–2　续表

指　　标	2017	2016
六、文化办公用品	**100.3**	**99.6**
七、日用品	**100.1**	**101.0**
1.日用百货	100.9	102.3
2.厨具餐具茶具	100.3	100.8
3.清洗用品	100.2	99.9
4.其他日用品	99.0	99.8
八、体育娱乐用品	**100.6**	**100.9**
1.体育户外用品	99.9	100.0
2.娱乐用品	100.7	101.0
九、交通、通信用品	**99.6**	**99.0**
1.交通运输机械	99.3	100.3
2.通信器材	101.3	92.4
十、家具	**102.1**	**99.6**
十一、化妆品	**100.7**	**101.2**
十二、金银饰品	**100.4**	**99.6**
十三、中西药品及医疗保健用品	**101.5**	**103.1**
1.医疗卫生器具	99.9	99.9
2.中药	105.3	107.6
3.西药	99.0	101.1
4.保健器具及用品	105.8	106.2
十四、书报杂志及电子出版物	**101.0**	**100.8**
1.教材及参考书	101.9	101.6
2.书报杂志	100.0	100.0
3.计算机办公软件	100.3	100.5
十五、燃料	**118.3**	**98.4**
1.煤炭及制品	148.1	99.9
2.石油及制品	108.4	97.9
十六、建筑材料及五金电料	**101.1**	**100.7**
1.建筑装璜材料	100.9	100.7
2.五金水暖	101.9	100.7

6-3 工业生产者出厂价格指数(以上年价格为 100)

Industrial producer price index (with a price of 100 last year)

指　　标	2017	2016
全部工业品	**114.1**	**96.1**
(1)轻工业	100.5	94.4
1.以农产品为原料	99.8	94.3
2.以非农产品为原料	102.5	94.5
(2)重工业	115.1	96.2
1.采掘	116.0	82.1
2.原材料	126.2	93.1
3.加工	111.4	97.9
按行业分		
煤炭开采和洗选业	135.7	89.9
石油和天然气开采业	100.0	79.8
黑色金属矿采选业	115.0	79.8
农副食品加工业	97.5	95.1
食品制造业	99.0	90.6
酒、饮料和精制茶制造业	99.6	94.1
烟草制品业	99.8	96.2
纺织业	102.3	97.3
纺织服装、服饰业	105.0	95.7
家具制造业	103.2	95.4
造纸和纸制品业	130.8	96.7
印刷和记录媒介复制业	111.0	95.4
文教、工美、体育和娱乐用品制造业	91.0	95.5
石油加工、炼焦和核燃料加工业	155.1	101.9
化学原料和化学制品制造业	133.1	102.7
医药制造业	110.8	100.9
橡胶和塑料制品业	99.0	95.5
非金属矿物制品业	112.4	93.7
黑色金属冶炼和压延加工业	119.1	106.2
有色金属冶炼和压延加工业	105.3	96.0
金属制品业	87.1	89.2
通用设备制造业	99.3	91.2
专用设备制造业	103.6	94.6
汽车制造业	100.0	93.2
铁路、船舶、航空航天和其他运输设备制造业	104.9	94.9
电气机械和器材制造业	111.3	82.6
计算机、通信和其他电子设备制造业	102.5	89.3
仪器仪表制造业	100.1	91.1
其他制造业	100.0	93.7
电力、热力生产和供应业	103.5	83.5
燃气生产和供应业	100.1	93.0
水的生产和供应业	100.2	96.0

6-4 工业生产者购进价格指数(以上年价格为100)

Industrial producer price index (the price of the previous year was 100)

指 标	2017	2016
全部原材料	**116.6**	**98.0**
(1)燃料、动力类	127.0	102.3
(2)黑色金属材料类	112.7	90.8
1.钢材	116.7	97.2
2.其它	101.2	75.4
(3)有色金属材料及电线类	116.1	111.7
(4)化工原料类	101.7	96.5
(5)木材及纸浆类	108.3	94.3
(6)建筑材料及非金属类	107.8	97.0
(7)其它工业原材料及半成品类	109.7	101.0
(8)农副产品类	95.6	101.4
(9)纺织原料类	102.8	94.5
按行业分		
农业	99.1	97.8
林业	124.1	97.4
畜牧业	81.1	111.5
煤炭开采和洗选业	161.0	111.2
石油和天然气开采业	102.1	96.9
黑色金属矿采选业	100.0	72.9
有色金属矿采选业	100.9	99.2
非金属矿采选业	112.5	97.5
农副食品加工业	102.9	99.8
食品制造业	97.4	91.5
酒、饮料和精制茶制造业	113.4	98.7
烟草制品业	109.3	112.4
纺织业	102.8	94.5
木材加工和木、竹、藤、棕、草制品业	100.0	97.8
造纸和纸制品业	113.2	93.8
石油加工、炼焦和核燃料加工业	122.8	94.8
化学原料和化学制品制造业	101.5	96.5
医药制造业	143.0	94.1
橡胶和塑料制品业	113.4	98.8
非金属矿物制品业	103.4	96.6
黑色金属冶炼和压延加工业	116.0	97.2
有色金属冶炼和压延加工业	116.1	111.7
金属制品业	113.2	97.0
通用设备制造业	100.9	97.2
专用设备制造业	100.0	97.3
汽车制造业	100.0	99.1
铁路、船舶、航空航天和其他运输设备制造业	102.2	89.6
电气机械和器材制造业	102.5	96.8
计算机、通信和其他电子设备制造业	102.7	88.9
仪器仪表制造业	99.9	96.4
废弃资源综合利用业	113.8	99.0
电力、热力生产和供应业	98.3	95.5
燃气生产和供应业	100.2	107.6
水的生产和供应业	101.2	97.9

第7篇

住户调查

Household Survey

资料整理、审核

李　琰　　杜　鹃　　祁　静　　李　鹏

7-1 城镇居民家庭生活基本情况
Basic conditions of the urban residents

项　目	单 位	2017	2016
调查户数	户	625	638
平均每户家庭人口	人	2.81	2.83
平均每户就业人口数	人	1.3	1.33
平均每一个就业者负担人数	人	2.16	2.12
平均每人全年可支配收入	元	31469	29632
人均月可支配收入	元	2622	2469
平均每人全年消费性支出	元	18234	16775
人均月消费性支出	元	1520	1398

注：2014 年城乡一体化住户调查改革，主要变化为城乡分类口径变化，城中村统一归入城镇范围；统计内容也发生变化。因此，2014、2013 年数据均为新口径数据。

7-2 城镇住户基本情况
Basic situation of Urban Households

项　目	单 位	2017	2016
调查户数	**户**	**625**	**638**
家庭人口数	**人**	**1756**	**1805**
(一)有收入者人数	**人**	**1162**	**1142**
1.就业人口数	人	813	850
国有经济单位职工人数	人	308	331
个体经营者人数	人	89	106
离退休再就业者人数	人	1	25
其他就业者人数	人	415	388
2.离退休者人数	人	349	292
(二)无收入者人数	**人**	**594**	**663**

7-3 城镇居民家庭年末居住情况

Urban residents living in the end of the year

项 目	单 位	2017	2016
一、现住房房屋来源			
租赁公房	%	1.76	1.73
租赁私房	%	4.48	5.96
自建住房	%	23.04	22.76
购买商品房	%	29.76	28.67
购买房改住房	%	24.96	24.35
购买保障性住房	%	6.56	6.59
拆迁安置房	%	4.64	4.55
继承或获赠住房	%	0.8	0.79
免费借用房	%	0.32	0.63
其他来源	%	2.72	3.03
雇主提供免费住房	%	0.96	0.94
二、住户居住空间样式			
1.单栋楼房	%	11.36	10.99
2.单栋平房	%	11.84	11.30
3.四居室及以上单元房	%	3.04	2.94
4.三居室单元房	%	29.6	28.68
5.二居室单元房	%	36.8	36.52
6.一居室单元房	%	3.2	3.14
7.筒子楼或连片平房	%	3.68	5.80
8.其他	%	0.48	0.63
三、住户主要饮用水来源情况			
1.经过净化处理的自来水	%	84.32	83.83
2.受保护的井水和泉水	%	12.48	13.03
3.不受保护的井水和泉水	%	3.2	3.14
4.江河湖泊水	%		
四、住宅有管道供水情况			
1.管道供水入户	%	99.84	99.84
2.管道供水至公共取水点	%	0.16	0.16
五、住户厕所类型			
1.水冲式卫生厕所	%	86.4	84.46
2.水冲式非卫生厕所	%	0.16	0.16
3.卫生旱厕	%	1.76	1.73
4.普通旱厕	%	10.72	12.24
5.无厕所	%	0.96	1.41
六、住户厕所使用情况			
1.本住户独用	%	92.64	90.74

7-3 续表

项　目	单 位	2017	2016
2.几户合用	%	6.88	8.63
3.公用厕所	%	0.48	0.63
七、住户洗澡设施情况			
1.统一供热水	%	8.16	7.35
2.家庭自装热水器	%	68.16	67.54
3.其他	%	1.92	1.88
4.无洗澡设施	%	21.76	23.23
八、住户主要取暖设备状况			
1.由市政或小区集中供暖	%	88.64	84.15
2.自行供暖	%	10.4	14.91
3.无取暖设备	%	0.96	0.94
九、主要炊用能源状况			
1.柴草	%	0.8	0.78
2.煤炭	%	5.28	5.81
3.罐装液化石油气	%	3.68	4.55
4.管道液化石油气	%	0.96	0.94
5.管道煤气	%	12	11.61
6.管道天然气	%	56.96	55.12
7.电	%	14.4	15.54
8.其他	%	0.32	0.16
9.无炊用行为	%	5.6	5.49
十、信息化调查			
(1)接入互联网的移动电话	部/百户	141	133
(2)接入有线电视网络的电视机	部/百户	66	71
(3)接入互联网的计算机	台/百户	67	63

7-4　城镇住户家庭年人均现金收入情况
Annual per capita cash income of Urban Households

单位：元

项　目	2017	2016
可支配收入	**31469**	**29632**
(一)工薪收入	18480	17500
(二)经营净收入	2930	3017
(三)财产性收入	3697	3677
(四)转移性收入	6362	5438

7-5　城镇居民家庭年人均消费性支出情况
Annual per capita consumption expenditure of urban residents

单位：元

项　目	2017	2016
消费性支出	**18234**	**16775**
一、食品	3783	3538
二、衣着	1664	1488
三、家庭设备用品及服务	1199	1051
四、医疗保健	1625	1533
五、交通和通讯	2412	2149
六、教育文化娱乐服务	2526	2280
七、居住	4530	4242
八、其它商品和服务	495	494

7-6　城镇住户每百户期末主要消费品拥有量
Urban households per household consumption of major consumer goods

项　目	单　位	2017	2016
调查户数	**户**	**625**	**638**
摩托车	辆	4	5
助力车	辆	32	29
家用汽车	辆	37	35
洗衣机	台	101	99
电冰箱	台	99	96
彩色电视机	台	105	105
家用电脑	台	83	79
照相机	架	34	34
其他中高档乐器	件	5	3.2
微波炉	台	61	58
空调器	台	39	35
淋浴热水器	台	75	72
洗碗机	台	1.1	1.1
健身器材	套	6	6
固定电话	部	38	41
移动电话	部	229	219

7-7 农村住户人口与就业情况

Population and employment of rural household

指　标	单 位	2017	2016
一、调查户数	**户**	**394**	**393**
二、家庭常住人口	**人**	**1271**	**1275**
三、整半劳动力数	**人**	**922**	**923**
#整劳动力	人	468	477
四、劳动力文化程度			
1.不识字或识字很少	人	32	35
2.小学程度	人	172	180
3.初中程度	人	493	499
4.高中程度	人	149	148
5.大专及以上	人	76	61
五、劳动力就业情况			
1.第一产业	人	214	222
2.第二产业	人	109	122
(1)采矿业	人	30	30
(2)制造业	人	37	41
(3)电力、势力、燃气及水生产和供应业	人	12	10
(4)建筑业	人	30	41
3.第三产业	人	347	351
#(1)交通运输、仓储和邮政业	人	82	78
(2)批发和零售业	人	37	45

7-8 农村住户人均总收支

The total income and expenditure of rural households

单位：元

指　标	2017	2016
农民人均可支配收入	**15595**	**14591**
工资性收入	9056	8612
经营净收入	3201	3081
财产净收入	595	548
转移净收入	2743	2350

7-9 农村住户人均消费支出

Per capita consumption expenditure of rural households

单位：元

指 标	2017	2016
生活消费支出	**11546**	**10929**
食品烟酒消费	2809	2726
衣着消费	941	916
居住消费	3077	2985
生活用品及服务消费	503	480
交通通讯消费	1712	1541
教育文化娱乐消费	1334	1228
医疗保健消费	1025	916
其他用品和服务消费	145	137

7-10 农民家庭平均每人主要粮食消费品消费量

Per capita consumption of major consumer goods of rural households

单位：公斤

指 标	单位	2017	2016
粮食（原粮）	公斤	123.5	124.2
蔬菜	公斤	70.3	71.4
食油	公斤	6	5.7
肉禽及其制品	公斤	12	13.1
# 家禽	公斤	1	1
蛋类	公斤	7	8.3
水产品	公斤	1	1.6
食糖	公斤	1	0.7
酒	公斤	3	3.2

7-11 每百户农民主要耐用消费品拥有量

Mainly consumer goods per 100 rural households

指 标	单 位	2017	2016
家用轿车	辆	34	33
摩托车	辆	19	24
助力车	辆	49	46
电脑	台	44	42
彩电	台	104	106
热水器	台	39	38
照相机	架	12	11
空调	台	8	8
电冰箱	台	81	75
固定电话	部	20	30
手机	部	216	207
洗衣机	台	97	95

第8篇

公用事业

Public Utilities

资料整理、审核

苏人龙

8-1 城市基本情况
Urban fundamentals

指　　标	2017	2016
市区(县)面积	6988	6988
城区(县城)面积	1083	1080
建成区面积	382	374
城市规划建设用地面积	400	391
城市现状建设用地面积	381	365
合计中:居住用地	79	74
公共管理与公共服务用地	46	47
商业服务业设施用地	24	24
工业用地	84	82
物流仓储用地	12	12
道路与交通设施用地	54	51
公用设施用地	42	41
绿地与广场用地	38	35
本年征用土地面积	13	13
其中:耕地	12	12

注：1.2017年底，住建部对城市年报实施联网直报，对以前年度的指标和数据进行了口径调整，与以前年度数据不可比。
2.城市公用事业的指标集和数据采集于市住建委报送省建设厅的联网直报年报数据定库，数据统计范围为太原市全市，含六城区和三县一市。

8-2 城市道路桥梁
Urban roads and bridges

指　　标	单位	2017	2016
城市道路			
道路长度	**公里**	**2669**	**2477**
合计中:快速路	公里	285	213
主干路	公里	597	582
次干路	公里	684	646
其中:建成区	公里	1318	1289
道路面积	**万平方米**	**5662**	**5301**
合计中:车行道面积	万平方米	4404	4153
人行道面积	万平方米	1259	1157
其中:建成区	万平方米	4219	4144
桥梁			
桥梁座数	座	782	656
其中:大桥及特大桥	座	58	31
其中:立交桥	座	112	119
路灯			
道路照明灯盏数	盏	167123	163593
安装路灯道路长度	公里	2467	2405
停车场			
公共停车场停车位数	个	9274	6778
配建停车场停车位数	个	11059	9394
路内停车位数	个	1400	1200
地下综合管廊			
地下综合管廊长度	公里	11566	10526

8-3　城市集中供热
Urban central heating

指　标	供热能力（兆瓦、吨/小时）		供热总量（万吉焦）		供热面积（万平方米）	
	2017	2016	2017	2016	2017	2016
热水	**9375**	**8586**	**4759**	**4180**	**13858**	**11493**
热电厂	7039	6981	3414	2777	10168	8349
燃煤热水锅炉	5932	5932	1590	2043	6201	4913
燃气热水锅炉	1032	1032	764	720	3967	3436
区域锅炉房	2336	1605	1345	1403	3690	3144
燃煤热水锅炉	1406	1605	1246	1403	3481	3144
蒸汽	**397**	**397**	**189**	**184**	**570**	**550**
热电厂	397	397	189	184	570	550
燃煤蒸汽锅炉	397	397	189	184	570	550

8-4 城市公共供水(一)

Urban public water supply(1)

指标	2017				
	水厂个数(个)	综合生产能力(万立方米/日)	供水管道长度(公里)	最高日供水量(万立方米)	供水总量(万立方米)
太原供水集团有限公司	10	100	2151	81	24542
太原市黄河供水有限公司	1	40		27	9598
太原供水集团清徐分公司			93	2	475
阳曲县自来水公司	2	1	85	1	220
娄烦县自来水公司	1	1	19	1	277
古交市自来水公司	2	2	85	1	513
西山煤电(集团)有限公司古交给排水分公司	1	5	47	5	1118

8-4 城市公共供水(二)

Urban public water supply(2)

指标	2016				
	水厂个数(个)	综合生产能力(万立方米/日)	供水管道长度(公里)	最高日供水量(万立方米)	供水总量(万立方米)
太原供水集团有限公司	7	93	2100	68	22478
太原市黄河供水有限公司	1	40		26	9130
太原供水集团清徐分公司			88	1	300
阳曲县自来水公司	2	1	85	1	200
娄烦县自来水公司					
古交市自来水公司	2	2	82	1	433
西山煤电(集团)有限公司古交给排水分公司	1	5	45	5	1008

8-5 城市节约用水

Urban saving water

指标		单位	2017	2016
计划用水户管理情况	计划用水户数	户	2357	2340
	其中：自建设施供水计划用水户数	户	189	185
	实际用水量	万立方米	220776	233753
	其中：工业	万立方米	212749	226686
	新水取用量	万立方米	17626	17483
	其中：工业	万立方米	9659	10471
	重复利用量	万立方米	203150	216269
	其中：工业	万立方米	203090	216215
	超计划定额水量	万立方米	768	3137
节约用水量		万立方米	313	1519
其中：工业		万立方米	275	1343
节水措施投资总额		万元	2531	4104

8-6　城市排水
Urban drainage

指　标	单　位	2017	2016
污水排放			
污水排放总量	万立方米	30880	28102
污水收集总量	万立方米	29466	26421
排水管道长度	公里	1783	1670
合计中：污水管道	公里	797	731
雨水管道	公里	827	781
雨污合流管道	公里	159	158
其中：建成区	公里	86	68
已办理排水许可证的单位个数	个	337	91
污水再生利用			
市政再生水生产能力	万立方米/日	78	77
市政再生水利用量	万立方米	5029	4999
合计中：城市杂用	万立方米	788	135
工业	万立方米	1825	2606
景观环境	万立方米		
绿地灌溉	万立方米		
农业灌溉	万立方米	2416	2258
其他	万立方米		
市政再生水管道长度	公里	52	48
建筑中水利用量	万立方米	153	165

8-7　城市人工煤气
Urban artificial gas

指　标	单位	2017	2016
生产			
生产能力	万立方米/日	100	98
自制气量	万立方米		
管道			
供气管道长度	公里	620	616
供应			
储气能力	万立方米	12	13
最高日供气量	万立方米	95	73
供气总量	万立方米	27180	24594
销售气量	万立方米	26980	24456
其中：居民家庭	万立方米	7570	5990
燃气损失量	万立方米	200	138
服务			
用气户数	户	98410	97031
其中：居民家庭	户	97028	95682
用气人口	万人	30	29

8-8 城市市容环境卫生
Urban Environmental Hygiene

指标	单位	2017	2016
道路清扫保洁面积	万平方米	4628	4653
其中:机械化	万平方米	3842	3861
生活垃圾清运量	吨	1689109	1680586
其中:餐厨垃圾清运处置量	吨	36000	36000
建筑垃圾清运量	吨	5915	5820
生活垃圾转运站座数	座	165	165
合计中:大型(450吨/日以上)	座	2	
中型(150-450吨/日)	座	10	
小型(150吨/日以下)	座	153	6
生活垃圾转运站转运能力	吨/日	2790	2790
公共厕所数量	座	775	769
其中:三类以上	座	737	726
市容环卫专用车辆设备数	辆	2994	2989
其中:道路清扫保洁专用车辆	辆	11	1
生活垃圾运输专用车辆	辆	17	10

8-9 城市天然气
Urban natural gas

指标	单位	2017	2016
管道			
供气管道长度	公里	3310	2753
供应			
储气能力	万立方米	2	2
最高日供气量	万立方米	642	592
供气总量	万立方米	113325	94371
销售气量	万立方米	110714	90031
其中:居民家庭	万立方米	16085	15966
集中供热	万立方米	827	299
燃气汽车	万立方米	497	920
燃气损失量	万立方米	2611	2025
服务			
用气户数	户	1264261	1090698
其中:居民家庭	户	1259873	1086087
用气人口	万人	349	345
汽车加气站座数	座	1	1

8-14 全社会用电量

The whole society Electricity consumption in society

指 标	2017	2016
总 计	**2705500**	**2507000**
全行业用电合计	2270236	2099433
第一产业	20700	19428
第二产业	1775365	1653643
第三产业	474172	426362
城乡居民用电合计	**364411**	**341537**
城镇居民	322416	305065
乡村居民	41995	36473
全行业用电分类	**2270236**	**2099433**
农、林、牧、渔业	20699	19428
工业	1732496	1614558
建筑业	42870	39085
交通运输、仓储和邮政业	99246	94115
信息传输、计算机服务和软件业	25327	22916
商业、住宿和餐饮业	118455	105752
金融、房地产、商务及居民服务业	105348	88106
公共事业及管理组织	125796	115472

第9篇

农业

Agriculture

资料整理、审核

李建华　　姜　颖　　张妙莲　　杨　雷

丁永仙　　冀晓洁　　武卫东

9-1 农村基本情况
Basic situation of rural

指　标	单位	1995	2000	2005	2010	2014	2015	2016	2017
农村基层组织									
乡镇政府	个	83	83	79	52	52	52	52	52
#镇政府	个	22	24	21	21	21	21	21	21
村民委员会	个	1285	1287	1017	965	932	931	925	926
乡村户数、人口、劳动力									
乡村户数	户	267535	289188	305763	337761	365223	374352	369886	368429
乡村人口	人	1004788	1056552	1060881	1037667	1045172	1050038	1034676	1027610
乡村从业人员数（实有劳动力）	人	454648	481186	502875	491238	493271	495003	487422	485314
男劳动力	人	250465	266935	278965	269930	274275	273189	270450	269285
女劳动力	人	204183	214251	223910	221308	218996	221814	216972	216029
按行业分									
农林牧渔业	人	251582	271173	260224	233253	234729	239151	237033	235119
工业	人	92130	78455	82464	78812	78886	75069	73755	
建筑业	人	12394	15903	20951	23708	24262	25657	26010	
交通运输、仓储、邮电通信、信息传输、计算机业	人	39266	42795	52039	55320	58656	58618	55302	
批发和零售贸易业、住宿及餐饮业	人	18125	29092	40666	44792	46939	46642	47548	
其他行业	人	41151	43768	46531	55353	49799	49866	47774	

注：2009 年以后乡镇政府口径与此前不同，不包括农业街办。

9-2 农业

Conditions of

指 标	单位	合计	小店区	迎泽区	杏花岭区
一、农村基层组织情况					
乡镇个数	个	75	6	1	3
1.镇	个	21	1	1	
#城关镇	个	3			
2.乡	个	31	2		2
3.涉农街办	个	23	3		1
村委会个数	个	926	64	25	32
二、农村基础设施					
自来水受益村数	个	905	64	25	32
通汽车村数	个	926	64	25	32
通电话村数	个	926	64	25	32
三、乡村人口与从业人员					
乡村户数	户	368429	46030	9976	7695
乡村人口数	人	1027610	130385	28496	22030
1.男	人	523704	65297	14124	11002
2.女	人	503906	65088	14372	11028
乡村劳动力资源数	人	573892	79130	17924	13479
1.男	人	314781	42612	9827	6911
2.女	人	259111	36518	8097	6568
乡村从业人员数	人	485314	67109	13130	11665
1.男	人	269285	38475	7091	6278
2.女	人	216029	28634	6039	5387
#农业从业人员	人	235119	34891	974	2338
四、农业主要能源及物耗					
1.农村用电量	万千瓦时	57703.96	5876	2991.22	5104.6
2.农用化肥施用(实物量)	吨	88792.1	7873	7.5	79.1
#(1)氮肥	吨	36064.02	2821	2.8	40.5
(2)磷肥	吨	20128.15	1541	1.9	4.1
(3)钾肥	吨	3517.94	343		
(4)复合肥	吨	29081.99	3168	2.8	34.5
3.农用化肥施用量(折纯量)	吨	28281.21	2943	2.55	29.44
#(1)氮肥	吨	8295.8	826	0.67	9.7
(2)磷肥	吨	3340.7	300	0.34	0.74
(3)钾肥	吨	1603.32	154		
(4)复合肥	吨	15041.39	1663	1.54	19
4.农用塑料薄膜使用量	吨	3746.03	160		4.19
#地膜使用量	吨	2304.99	45		4.19
地膜覆盖面积	公顷吨	23979.12	680		33.4
5.农用柴油使用量	吨	14310.59	2830	16.3	58.3
6.农药使用量	吨	844.37	65	0.91	9.43

生产条件
agricultural production

尖草坪区	万柏林区	晋源区	清徐县	阳曲县	娄烦县	古交市
12	6	6	9	10	8	14
2		3	4	4	3	3
			1	1	1	
3	1		5	6	5	7
7	5	3				4
84	43	85	188	117	142	146
84	43	85	188	114	142	128
84	43	85	188	117	142	146
84	43	85	188	117	142	146
34432	12671	43060	99805	43090	33218	38452
103068	34344	136332	269623	104943	99849	98540
53480	17027	67571	135210	54955	52633	52405
49588	17317	68761	134413	49988	47216	46135
58226	19926	82113	146887	57058	57619	41530
31580	10336	44120	75840	34468	33786	25301
26646	9590	37993	71047	22590	23833	16229
49652	14308	67895	130834	50916	47651	32154
28120	8010	37963	67559	28998	27251	19540
21532	6298	29932	63275	21918	20400	12614
16696	2511	27974	71195	31260	30822	16458
7026	1967	6542.63	20016	4082.51	688	3410
2885	85.5	3199.13	41537.87	28124	2427	2574
1520	14.3	1642.33	16322.09	10761	1175	1765
330	0.46	718.84	10879.85	5838	362	452
70	0.03	103.93	1170.98	1490	145	195
965	70.71	734.03	13164.95	10035	745	162
979.2	42.42	901.1	13135	8645	841.5	762
364.8	3.43	375.2	3755	2195	281	485
59.4	0.08	120.54	1740	962	76.6	81
32	0.02	48.5	585	620	58.8	105
523	38.89	356.86	7055	4868	425.1	91
402	2.21	138.78	1498.45	1320	71.4	149
119	2.15	59.1	664.15	1215	71.4	125
798	15	472.73	6075.07	14429	532.92	943
589	20	247.1	6645.89	2631	148	1125
96	1.4	60.8	475.73	95	10.1	30

9-3 主要农业
Main agricultural

指 标	单 位	太原市	小店区	迎泽区	杏花岭区
一、农业机械总动力	**千瓦**	**436656**	**55557**	**476**	**5540**
柴油发动机	千瓦	318648	43000	356	3040
汽油发动机	千瓦	3206	57		1700
电动机	千瓦	114801	12500	119	800
二、耕作机械					
大中型拖拉机	台	2996	233	12	72
动力	千瓦	127338	16455	268	1501
小型拖拉机	台	4752	301	9	94
动力	千瓦	43466	1323	76	223
三、拖拉机配套农具					
大中型	部	5044	248	26	55
小型	部	5070	147	22	127
四、收获机械					
联合收获机	台	692	148		1
机动割晒机	台	110	83		
脱粒机	台	578	34		
五、农田基本建设机械	**台**	**501**	**16**		**1**

注：2016年农机报表取消农用运输车和三轮汽车，农用类汽车已交由公安交警部门管理。

机械拥有量
machinery

尖草坪区	万柏林区	晋源区	清徐县	阳曲县	娄烦县	古交市
7831	**800**	**40391**	**144657**	**104070**	**24952**	**52382**
7657	697	17725	104206	92290	18656	31021
		524			925	
174	103	22142	40451	11780	5371	21361
110	16	134	686	1179	318	236
3774	495	5543	35790	44725	12459	6329
133	7	162	433	2966	342	305
877	79	1125	4606	29569	3062	2526
300	20	252	876	2200	536	531
237	9	178	460	2886	573	431
9	1	11	302	209		11
		1	7	2	10	7
34	1	34	51	370	31	23
44		**65**	**261**	**56**	**31**	**27**

9-4 农作物
Sown Areas of

指 标	合计	小店区	迎泽区	杏花岭区
农作物总播种面积	**94795.2**	**10314.7**	**149.2**	**587.1**
一、粮食作物	**71342.7**	**7164.2**	**144.5**	**534.0**
(一)夏收粮食	**71.0**	**49.0**		
#冬小麦	71.0	49.0		
(二)秋收粮食	**71271.7**	**7115.2**	**144.5**	**534.0**
(一)谷物	60749.5	7136.2	126.7	378.6
1.稻谷	158.9			
2.玉米	49441.8	7082.7	73.1	259.0
3.谷子	6598.4		12.6	51.1
4.高粱	1255.1	4.5	4.7	15.2
5.秋杂谷物	3224.3		36.3	53.3
#燕麦	408.7			
荞麦	1329.2		27.6	46.7
6.小麦	71.0	49.0		
(二)豆类合计	4229.6	28.0	5.0	110.6
1.大豆	2979.8	26.6		99.7
2.秋杂豆	1249.8	1.4	5.0	10.9
#绿豆	205.9			0.5
红小豆	657.4			1.3
(三)薯类(折粮)	6363.6		12.8	44.8
1.马铃薯	6115.0		12.8	35.2
2.红薯	248.6			9.6
二、油料作物	**23452.5**	**3150.5**	**4.7**	**53.1**
1.花 生	17.9			
2.油菜籽				
3.芝麻				
4.胡麻籽	608.6			
5.葵花籽	483.1			2.5
6.其他油料	160.9			0.5
三、棉花	**2.5**			
四、药材类合计	**2242.7**			
五、蔬菜及食用菌	**19483.2**	**3150.0**	**4.7**	**50.1**
六、瓜果类	**158.7**	**0.5**		
#西瓜	47.7			
甜瓜	95.4			
七、其他农作物	**294.9**			
#青饲料	135.0			

播种面积
Farm Grops

单位：公顷

尖草坪区	万柏林区	晋源区	清徐县	阳曲县	娄烦县	古交市
5145.3	**451.8**	**4926.6**	**29869.1**	**23502.1**	**11681.4**	**8167.9**
4246.2	**410.9**	**2508.2**	**19650.9**	**20787.1**	**9145.6**	**6751.1**
			22.0			
			22.0			
4246.2	**410.9**	**2508.2**	**19628.9**	**20787.1**	**9145.6**	**6751.1**
3865.9	348.8	2443.7	19420.5	19358.4	4457.6	3213.1
		158.9				
3377.5	275.0	2209.9	18674.5	14594.1	1515.0	1381.0
311.7	39.0	1.7	6.3	3832.0	1510.0	834.0
58.4	2.0	73.2	717.7	131.4	218.0	30.0
118.3	32.8			800.9	1214.6	968.1
					248.7	160.0
				139.0	965.9	150.0
			22.0			
274.1	3.5	33.5	40.0	891.9	1238.0	1605.0
224.3	2.5	15.3	22.4	609.0	665.0	1315.0
49.8	1.0	18.2	17.6	282.9	573.0	290.0
			10.5	9.9	170.0	15.0
				13.1	403.0	240.0
106.2	58.6	31.0	190.4	536.8	3450.0	1933.0
81.9	58.6	24.8	2.0	519.7	3450.0	1930.0
24.3		6.2	188.4	17.1		3.0
899.1	**40.9**	**2418.4**	**10218.2**	**2715.0**	**2535.8**	**1416.8**
			17.9			
				55.6	452.0	101.0
40.9			6.8	29.9	178.0	225.0
				32.4	70.0	58.0
			2.5			
2.4	**1.7**		**38.1**	**389.7**	**1533.0**	**277.8**
839.9	**39.2**	**2413.1**	**9907.0**	**2161.3**	**259.3**	**658.6**
15.9		**5.3**	**63.3**	**20.8**	**43.5**	**9.4**
			18.1	3.1	22.0	4.5
15.7			44.5	11.6	20.0	3.6
			182.6	**25.3**		**87.0**
			33.3	14.7		87.0

9-5 农作物

Output of

指 标	合计	小店区	迎泽区	杏花岭区
一、粮食作物	**320963.0**	**56896.4**	**222.8**	**831.7**
(一)夏收粮食	**429.5**	**294.6**		
#冬小麦	429.5	294.6		
(二)秋收粮食	**320533.5**	**56601.8**	**222.8**	**831.7**
(一)谷物	301145.0	56859.6	203.6	604.3
1.稻谷	1036.4			
2.玉米	275489.9	56520.0	143.1	450.2
3.谷子	13964.8		26.6	64.2
4.高粱	5964.3	45.0	4.0	26.5
5.秋杂谷物	4260.1		29.9	63.4
#燕麦	561.0			
荞麦	1460.1		17.6	49.3
6.小麦	429.5	294.6		
(二)豆类合计	6100.0	36.8	4.3	112.7
1.大豆	4019.5	35.0		90.5
2.秋杂豆	2080.5	1.8	4.3	22.2
#:绿豆	332.2			0.5
红小豆	894.9			1.4
(三)薯类(折粮)	13717.9		14.9	114.7
1.马铃薯	12330.7		14.9	99.5
2.红薯	1387.2			15.2
二、油料作物	**1811.0**			**3.3**
1.花 生	35.6			
2.油菜籽				
3.芝麻				
4.胡麻籽	748.0			
5.葵花籽	777.4			2.6
6.其他油料	250.0			0.7
三、棉花	**5.6**			
四、药材类合计	**4857.2**			
五、蔬菜及食用菌	**1283639.7**	**215000.0**	**177.5**	**2305.3**
六、瓜果类	**4774.5**	**11.0**		
#西瓜	1625			
甜瓜	2800.9			

总产量
farm crops

单位：吨

尖草坪区	万柏林区	晋源区	清徐县	阳曲县	娄烦县	古交市
14880.6	**1147.6**	**21293.8**	**103560.6**	**94175.2**	**16999.3**	**10955.0**
			134.9			
			134.9			
14880.6	**1147.6**	**21293.8**	**103425.7**	**94175.2**	**16999.3**	**10955.0**
14257.5	1049.0	20990.8	102233.7	91075.6	7745.9	6125.0
		1036.4				
13129.4	835.0	19233.1	97761.0	79903.4	4264.7	3250.0
753.8	79.0	11.3	19.9	9434.8	1795.2	1780.0
151.3	12.0	710.0	4317.9	369.6	223.0	105.0
223.0	123.0			1367.8	1463.0	990.0
					381.0	180.0
				201.2	1082.0	110.0
			134.9			
536.6	4.8	110.4	64.2	1417.2	1903.0	1910.0
458.1	2.5	56.3	33.6	980.5	1013.0	1350.0
78.5	2.3	54.1	30.6	436.7	890.0	560.0
			18.3	18.4	275.0	20.0
				18.5	615.0	260.0
86.5	93.8	192.6	1262.7	1682.4	7350.4	2920.0
63.2	93.8	152.7	3.4	1642.7	7350.4	2910.0
23.3	0.0	39.9	1259.2	39.7		10.0
56.2			**50.3**	**228.2**	**979.0**	**494.0**
			35.6			
				106.0	520.0	122.0
56.2			14.7	57.9	349.0	297.0
				64.3	110.0	75.0
			5.6			
	13.0		**268.6**	**2755.6**	**1820.0**	
60820.0	**911.9**	**163835.6**	**686577.0**	**97436.6**	**11996.2**	**44579.6**
570.2		**129.1**	**1848.2**	**351.5**	**1727.0**	**137.5**
			587.3	52.4	940.0	45.3
564.0			1235.3	194.4	760.0	47.2

9-6 农作物

Single output

指 标	太原市	小店区	迎泽区	杏花岭区
一、粮食作物	**4498.9**	**7941.8**	**1541.9**	**1557.5**
(一)夏收粮食	**6049.3**	**6012.2**		
#冬小麦	6049.3	6012.2		
(二)秋收粮食	**4497.3**	**7955.1**	**1541.9**	**1557.5**
(一)谷物	4957.2	7967.8	1606.9	1596.1
1.稻谷	6522.0			
2.玉米	5572.0	7980.0	1957.6	1738.2
3.谷子	2116.4		2111.1	1256.4
4.高粱	4752.1	10000.0	851.1	1743.4
5.秋杂谷物	1321.2		823.7	1189.5
#燕麦	1372.6			
荞麦	1098.5		637.7	1055.7
6.小麦	6049.3	6012.2		
(二)豆类合计	1442.2	1314.3	860.0	1019.0
1.大豆	1348.9	1315.8		907.7
2.秋杂豆	1664.7	1285.7	860.0	2036.7
#绿豆	1613.4			1000.0
红小豆	1361.3			1076.9
(三)薯类(折粮)	2155.7		1164.1	2560.7
1.马铃薯	2016.5		1164.1	2827.3
2.红薯	5580.1			1583.3
二、油料作物	**1425.4**			**1100.0**
1.花 生	1989.0			
2.油菜籽				
3.芝麻				
4.胡麻籽	1229.1			
5.葵花籽	1609.2			1040.0
6.其他油料	1553.8			1400.0
三、棉花	**2240.0**			
四、药材类合计	**2165.8**			
五、蔬菜及食用菌	**65884.4**	**68254.0**	**37766.0**	**46014.0**
六、瓜果类	**2005.7**	**1466.7**		
#西瓜	34067.1			
甜瓜	29359.5			

单产量
of farm crops

单位：公斤/公顷

尖草坪区	万柏林区	晋源区	清徐县	阳曲县	娄烦县	古交市
3504.5	**2792.9**	**8489.7**	**5270.0**	**4530.5**	**1858.7**	**1622.7**
			6131.8			
			6131.8			
3504.5	**2792.9**	**8489.7**	**5269.1**	**4530.5**	**1858.7**	**1622.7**
3688.0	3007.5	8589.8	5264.2	4704.7	1737.7	1906.3
		6522.0				
3887.3	3036.4	8703.2	5235.0	5475.0	2815.0	2353.4
2418.4	2025.6	6647.1	3158.7	2462.1	1188.9	2134.3
2590.8	6000.0	9699.5	6016.3	2812.8	1022.9	3500.0
1885.0	3750.0			1707.8	1204.5	1022.6
					1532.0	1125.0
				1447.5	1120.2	733.3
			6131.8			
1957.7	1371.4	3295.5	1605.0	1589.0	1537.2	1190.0
2042.4	1000.0	3679.7	1500.0	1610.0	1523.3	1026.6
1576.3	2300.0	2972.5	1738.6	1543.7	1553.2	1931.0
			1742.9	1858.6	1617.6	1333.3
				1412.2	1526.1	1083.3
814.3	1600.7	6211.6	6631.6	3134.1	2130.6	1510.6
771.9	1600.7	6157.3	1720.0	3160.9	2130.6	1507.8
957.2		6429.0	6683.8	2320.5		3333.3
1374.1			**2036.4**	**1935.5**	**1398.6**	**1286.5**
			1989.0			
				1906.5	1150.4	1207.9
1374.1			2161.8	1936.5	1960.7	1320.0
				1984.6	1571.4	1293.1
			2240.0			
	7647.1		**7049.9**	**7071.1**	**1187.2**	
72413.4	**23262.8**	**67894.2**	**69302.2**	**45082.4**	**46263.8**	**67688.4**
2390.8		**1623.9**	**1946.5**	**1126.6**	**2646.7**	**975.2**
			32447.5	16903.2	42727.3	10066.7
35923.6			27759.6	16758.6	38000.0	13111.1

9-7 水果
Fruit

指标名称		单位	太原市	小店区	迎泽区	杏花岭区
茶叶	面积	公顷	1.3			
	产量	吨	3.2			
园林水果	面积	公顷	8662.1	274.1	62.7	602.2
	产量	吨	99061.4	1120.9	194.7	1179.5
苹果	面积	公顷	2787.6	18	6.7	370.3
	产量	吨	14139.5	248.4	65	512.5
#红富士苹果	面积	公顷	1234.6	13.4	6.7	106.9
	产量	吨	9065.2	208.4	65	202.8
国光苹果	面积	公顷	695.2			249.6
	产量	吨	2161.3			272.4
梨	面积	公顷	1264.7	48.9	50	27.2
	产量	吨	24605.9	276	81.3	100.2
#雪花梨	面积	公顷	244.1	10		6.9
	产量	吨	5486.4	80.3		7.9
鸭梨	面积	公顷	69.7	0.9		9.1
	产量	吨	1176.1	52.7		39.1
桃	面积	公顷	658.6	29.6		27.4
	产量	吨	6033.9	95		122.4
杏	面积	公顷	566	8.6	2	17
	产量	吨	3155.9	11.2	31.2	67.9
猕猴桃	面积	公顷				
	产量	吨				
葡萄	面积	公顷	2070.9	77	0.3	60.7
	产量	吨	46533.7	220.6	2	152.5
红枣	面积	公顷	750.9	90	3.7	18
	产量	吨	2485	259.7	15.2	113
柿子	面积	公顷	10			
	产量	吨	135.1			
沙果	面积	公顷	25.9			7.3
	产量	吨	91.1			35.9
其他园林水果	面积	公顷	527.5	2		74.3
	产量	吨	1881.3	10		75.1
食用坚果	产量	吨	2052	2.3	87	
核桃 仁用杏	面积	公顷	1339.3	4.8	28.7	
	产量产量	吨	2052	2.3	87	

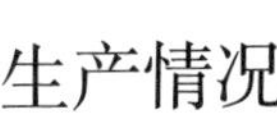

生产情况
production

尖草坪区	万柏林区	晋源区	清徐县	阳曲县	娄烦县	古交市
						1.3
						3.2
1319.9	79	457.6	2658.9	2192.4	250	765.3
28295.8	413	4118.8	56615.3	4576.8	1864	682.6
540.2	2.7	54.7	119.6	1404.6	96	174.8
7935.2	8	701.8	1777.2	2286.4	485	120
391.3	2.7	30.4	63	584.3	12	23.9
6018.3	8	280.4	926.2	1121.1	135	100
68.3		3.2	8.9	263.2	47	55
953.4		17.2	177	454.3	267	20
82	22.9	49.9	650.9	241.6	32	59.3
2438.6	92	421.5	19947.6	832.7	351	65
23.4		16.1	128.7	34.1	18.2	6.7
924.2		105.2	3923	146.8	244	55
24		7.5	6.1	21.1	1	
671		170.5	163.5	63.8	15.5	
26.3	1.4	60.4	300.9	152.8	18	41.8
673.2	11.9	1116.6	3286.9	559.9	140	28
27.2	24.6	64.5	76.8	37.9	62	245.4
316.2	77.1	1200.3	479.3	82.7	540	350
479.2	13.3	54.7	1250.1	109.6	12	14
15705.1	152	435.5	29388.5	318.5	79	80
106.4	6	140.1	114.1	204.9	30	37.7
442.3	12	236.1	828.4	305.7	269	3.6
	6.3		3.7			
	52		83.1			
14.7				3.9		
41.2				14		
43.9	1.8	33.3	142.8	37.1		192.3
744	8	7	824.3	176.9		36
30.6	3	128.3	170.3	588.5	1023	19
7.3	20	47.4	53.1	972.7	202	3.3
30.6	3	128.3	170.3	588.5	1023	19

9-8 畜牧业
Livestock

指标			单位	太原市	小店区	迎泽区	杏花岭区
畜禽存栏		猪	头	260226	19253	1116	13572
		能繁母猪	头	24998	2010	105	995
		牛	头	35824	8530	241	21
		1.肉 牛	头	14818	310	241	21
		2.奶 牛	头	21006	8220		
		羊	只	463797	18236	3572	6631
		1.山羊	只	119466	410	178	38
		2.绵羊	只	344331	17826	3394	6593
		家禽	万只	3466982	448356	34435	101288
		蛋鸡	万只	2586655	261352	34435	97662
畜禽出栏		猪	头	432308	28015	2294	20824
		牛	头	17062	2250	149	8
		羊	只	454687	13385	5407	9274
		家禽	万只	5382715	1154250	55546	79053
畜禽产品产量		猪肉	吨	36179.24	2170	184.81	1561.63
		牛肉	吨	2483.25	296	23.65	1.12
		羊肉	吨	8233.07	214	86.5	155.27
		禽肉	吨	7807.86	1620	78.64	110.63
		禽蛋	吨	34256.31	4150	226.8	462.54
		牛奶	吨	106048.5	42600		
大牲畜（除牛外）		年末存栏	头	3250	11	20	31
		当年出栏	头	1041			
		肉产量	吨	124.9			
	#1.马	年末存栏	头	162	2		7
		当年出栏	头	92			
		肉产量	吨	12.7			
	2.驴	年末存栏	头	1849		20	10
		当年出栏	头	437			
		肉产量	吨	48.8			
	3.骡	年末存栏	头	1236	9		13
		当年出栏	头	512			
		肉产量	吨	63.4			
	4.骆驼	年末存栏	头	3			1
兔		年末存栏	万只	1.42			
		当年出栏	万只	2.21			
		肉产量	吨	30.6			
其他奶产量			吨	248.3			
山羊毛产量			吨	110.9		0.1	
绵羊毛产量			吨	370.6	10	7.5	6
		细羊毛	吨	51.6		0.7	
		半细羊毛	吨	94.6		6.8	6
羊绒产量			吨	56.7			
蜂蜜产量			吨	93.1			
肉类总产量			吨	54858.92	4300.00	373.60	1828.65

生产情况
production

尖草坪区	万柏林区	晋源区	清徐县	阳曲县	娄烦县	古交市
25650	4666	15672	107136	36402	12540	24219
2308	406	1933	8795	4650	1306	2490
6301	125	2406	5153	7388	3089	2570
152	94	82	3464	4893	3089	2472
6149	31	2324	1689	2495		98
23227	433	10661	103424	145626	68821	83166
155	91	74	2256	28942	37094	50228
23072	342	10587	101168	116684	31727	32938
147000	26896	559930	782778	702464	110842	552993
121220	25316	499930	465096	699771	93379	288494
45044	10230	29203	190691	58497	14853	32657
1267	83	852	6360	3154	1573	1366
20705	851	9602	157765	130834	50634	56230
174824	36461	742239	1937650	374364	134950	693378
3643	863.1	2457.5	15829	5225.2	1267	2978
155	11.9	131.2	954	471.68	237.2	201.5
372.5	14.98	164.74	2685	2701.18	864.4	974.5
263	52.3	1060.9	2809	596.59	223	993.8
1580	331.1	5967.88	7112	8040.29	1020.7	5365
26650	180	11962.45	8170	16211.08		275
53		40	78	575	1313	1129
9			50	457	490	35
1.1			5.9	51.9	61.9	4.1
2		35	29	69	18	
			5	83	4	
			0.7	11.4	0.6	
42		1	18	309	982	467
6			22	179	210	20
0.7			2.4	18.7	25	2
9		2	31	197	313	662
3			23	195	276	15
0.4			2.8	21.8	36.3	2.1
		2				
			0.06	0.36	1	
			0.13	1.08	1	
			1.9	16.2	12.5	
5.8			230.5	12		
0.2	0.1		0.2	29.8	75.3	5.2
17	0.8		98.5	185.1	41	4.7
1.4				16.2	33	0.3
12.9				58.1	8	2.8
0.2				2.6	51.5	2.4
1.2	2	6.1	31.6	29.2	23	
4434.60	942.28	3814.34	22284.80	9062.75	2666.00	5151.90

9-9 农林牧渔业

Gross output value of agriculture,

指 标	太原市		小店区		迎泽区		杏花岭区	
	按现行价格	按可比价格	按现行价格	按可比价格	按现行价格	按可比价格	按现行价格	按可比价格
农林牧渔业总产值	**794015.3**	**791193.2**	**136917.9**	**130125.9**	**7315.2**	**7307.2**	**12183.1**	**11769.1**
一、农业产值	**451015.5**	**452830.6**	**88778.2**	**81392**	**277.4**	**272.1**	**1510.8**	**1543.5**
(一)谷物及其他作物	80538.7	84715.2	12412.1	16761.7	65.9	66.6	289.9	348.2
1.谷物	59433.3	63708.0	11277.4	15624.2	53	54.4	135.2	136.1
其中:小麦	109.5	85.9	70.7	72.2				
稻谷	269.5	243.6						
玉米	49588.2	54960.2	11191	15543	27.2	28.6	89.1	90
2.薯类	7905.9	7585.1			8.6	7.9	86	143.4
其中:马铃薯(土豆)	7139.5	6781.9			8.6	7.9	74.6	124.4
3.油料	1026.1	1040.8					1.4	1.4
其中:花生	24.9	26.0						
4.豆类	4312.4	4396.0	25.6	29.1	2.1	2.1	50.9	50.9
其中:大豆	2894.1	2894.0	24.5	28			39.8	39.8
5.棉花	15.6	12.0						
9.其他农作物	7845.4	7972.6	1109.1	1109.1	2.3	2.3	16.4	16.4
其中:青饲料(含青贮玉米)	148.5	148.5						
(二)蔬菜、食用菌及花卉盆景园艺产品	335033.6	332969.2	75900.8	64154.1	66.6	62	934.1	934.1
1.蔬菜(含菜用瓜)	319469.4	319167.4	74486.3	62738.1	57.6	53	351.3	351.2
2.食用菌	9127.0	7356.7	54	54	9	9	281.1	281.1
3.花卉	6384.5	6383.3	1360.5	1360.5			301.8	301.8
4.盆景园艺	52.8	52.8						
(三)水果、坚果、茶、饮料和香料作物	29690.3	29737.9	465.4	476.1	144.9	143.6	286.8	261.2
1.园林水果	25670.2	25700.3	462.1	472.9	79.6	78.4	286.8	261.2
其中:苹果	3110.7	3110.7	99.4	74.5	28.3	27.4	102.5	76.9
梨	5167.2	5167.2	96.6	96.6	30.5	30.5	20	20
红枣	994.0	994.0	90.9	155.8	8.3	8.3	56.5	56.5
2.食用坚果	3676.2	3693.6	3.2	3.2	65.3	65.3		
其中:核桃	3676.2	3693.6	3.2	3.2	65.3	65.3		
3.茶及其他饮料	288.0	288.0						
其中:茶叶	288.0	288.0						
4.香料原料	55.9	55.9						
其中:花椒	55.9	55.9						

总产值
forestry, animal husbandry and fishery

单位：万元

尖草坪区		万柏林区		晋源区		清徐县		阳曲县		娄烦县		古交市	
按现行价格	按可比价格	按现行价格	按可比价格	按现行价格	按可比价格	按现行价格	按可比价格	按现行价格	按可比价格	按现行价格	按可比价格	按现行价格	按可比价格
72779.5	**72332.7**	**10153.8**	**10145.3**	**81155.9**	**78585.3**	**265439.7**	**263745.1**	**107161.2**	**101930.6**	**41109.1**	**42186.1**	**49196.8**	**49623.4**
38078.3	**39403**	**802.9**	**808.1**	**54005.3**	**51205.1**	**177074.4**	**178331.3**	**51869.8**	**49597.4**	**18428.8**	**19334**	**15241.6**	**15416**
3897.3	3787.8	360.9	372.6	4882.7	5904.9	23409.8	22697.1	22474.4	21678.8	11212.4	12117.6	3565.8	3778.5
3009.3	2926	247.4	249.6	4104.5	5122.4	19911.7	19132.1	18657.2	17642.3	2727.1	2709.8	1707.6	1918.8
						35.1	35.1						
				259.1	238.4								
2573.4	2494.6	165.3	167	3654.3	4692.9	18574.6	18183.6	13583.6	11985.5	844.4	916.9	617.5	828.8
79.7	78.9	84.4	93.8	167.2	199.2	1073.4	1136.4	1441	1363.8	6835.9	7717.9	586	586
56.3	56.3	84.4	93.8	137.3	137.4	3.1	3.1	1396.3	1314.2	6835.9	7717.9	582	582
28.7	28.4					25.2	25.2	119.6	103.2	479.5	479.5	224.8	224.8
						17.8	17.8						
357.7	341.6	2.3	2.3	44.2	44.2	41.3	44.9	867.3	1049.6	937.3	937.3	808	808
288.6	274.9	1.3	1.3	22.5	22.5	16.8	16.8	600.1	706	428.5	428.5	675	675
						4.5	4.5						
422	403	26.8	26.8	566.9	539.2	2353.8	2353.8	1389.4	1520	232.6	273.3	239.5	240.9
						30	30	17.6	17.6			92.2	92.2
22693.6	21613	213.4	213.4	47746.5	43949.3	128910.5	130873.6	23362.4	21850.3	2045.2	2045.2	9991.4	9915
15814	14844.5	213.4	213.3	40281.4	36495.5	128711.3	125472	20524.8	19011.3	1996.8	1996.8	9902.9	9827
6798.6	6798.6			335.7	335.7	196.2	163.5	2816.5	2814.5	48.4	48.4	88.5	88.5
69.7	66.5			7088.1	7080.9	3	3	21.1	24.1				
11.4	11.4			41.4	41.4								
11487.4	14002.2	196.2	196.2	1376	1350.9	24393.9	24437.8	2690.2	2736.8	3163.2	3163.2	1684.4	1722.5
11426.2	13940.8	188.4	188.4	1343.8	1319.1	23967.2	23977.6	1748.6	1677.5	1117.2	1117.2	286.4	286.4
2380.6	3174.1	3.4	3.4	200	190.5	533.2	533.2	868.8	868.8	114	114	45.6	45.6
877.9	858.9	42.3	42.3	107.5	106	5984.3	5984.3	349.7	299.8	87.8	87.8	20.8	20.8
154.8	420.2	7.4	7.4	102.7	101.5	414.2	414.2	99.4	97.8	150.6	150.6	1.6	1.6
61.2	61.2	7.8	7.8	32.2	30.9	374.7	408.7	941.6	1059.3	2046	2046	38	76
61.2	61.2	7.8	7.8	32.2	30.9	374.7	408.7	941.6	1059.3	2046	2046	38	76
												1360	1360
												1360	1360
						52	52						
						52	52						

9-9 续表

指 标	太原市		小店区		迎泽区		杏花岭区	
	按现行价格	按可比价格	按现行价格	按可比价格	按现行价格	按可比价格	按现行价格	按可比价格
(四)中草药材	5752.9	5408.4						
二、林业产值	**81491.5**	**81378.2**	**8788.2**	**8767**	**5547.6**	**5575.5**	**5815**	**5368.4**
(一)林木的培育和种植	81068.1	80954.8	8724.5	8724.5	5547.6	5575.5	5815	5368.4
1.育种育苗	20856.0	22806.0	2424.5	2276.3	48.6	131.8	240	458.4
2.造林	6349.5	4548.0					1787.7	675
3.未成林、成林抚育管理面积	262.6	200.3						
(二)木材采运	423.4	423.4	63.7	42.4				
其中:村及村以下	423.4	423.4	63.7	53.1				
三、牧业产值	**219411.0**	**214752.3**	**35125.9**	**35741.4**	**1430.7**	**1400.1**	**4857.2**	**4857.2**
(一)牲畜饲养	89213.8	89915.1	24377.7	24443.7	664.4	640.7	750.7	750.7
1.牛的饲养	13649.6	13649.6	1734.2	1800	119.2	119.2	5.8	5.8
2.羊的饲养	38648.4	38080.0	1338.5	1338.5	541.2	517.5	741.9	741.9
3.其他牲畜饲养	416.4	416.4						
4.奶产品	34010.2	36280.3	21300	22791				
其中:生牛奶	33935.7	36215.7	21300	22791				
5.毛绒产品	2489.2	1488.1	5	5	4	4	3	3
其中:羊毛	1298.5	297.4	5	5	4	4	3	3
山羊绒	1190.7	1190.7						
6.其他牲畜副产品								
(二)猪的饲养	92513.9	87153.9	5042.7	5322.7	479.2	471.9	3540.1	3540.1
(三)家禽饲养	36995.9	36995.9	5705.5	5975	287.1	287.5	566.5	566.5
1.肉禽	11303.7	11303.7	2593	2654.9	96.6	96.6	178	178
2.禽蛋	25692.2	25692.2	3112.5	3320	190.5	191	388.5	388.5
(四)狩猎和捕捉动物								
(五)其他畜牧业	687.4	687.4						
家兔	53.0	53.0						
四、渔业产值(淡水产品)	**3097.3**	**3232.1**	**25.6**	**25.6**	**29.5**	**29.5**		
其中:养殖	3097.3	3232.1	25.6	25.6	29.5	29.5		
1.鱼类	3097.3	3232.0	25.6	22.4	29.5	31.3		
五、农林牧渔专业及辅助性活动	**39000.0**	**39000.0**	**4200**	**4200**	**30**	**30**		

单位：万元

尖草坪区		万柏林区		晋源区		清徐县		阳曲县		娄烦县		古交市	
按现行价格	按可比价格	按现行价格	按可比价格	按现行价格	按可比价格	按现行价格	按可比价格	按现行价格	按可比价格	按现行价格	按可比价格	按现行价格	按可比价格
		32.5	26			360.2	322.7	3342.8	3331.5	2008	2008		
8867.8	**8852.5**	**5535.5**	**5480.7**	**3237.1**	**2593**	**4728**	**4815**	**11025**	**10100.1**	**7445.6**	**7700.2**	**10144.4**	**9661.3**
8821.5	8821.5	5535.5	5480.7	3207.2	2565.1	4672.5	4734.6	10863.7	9954.8	7391.5	7646.1	10144.4	9661.3
8161.5	8724	33.5	23.5	982.8	1532.5	1410	1860.8	7264	7448	1582.5	1582.5	6664	7913.5
						1995	1606.5	789.8	224.9	1649	1055.4	2120.4	1364.4
30	30							20.9	17.3	100	20		
46.3	31			30	27.9	55.5	80.5	161.4	145.2	54.1	54.1		
46.3	48.1			30	27	55.5	80.5	161.4	145.2	54.1	54.1		
24781.5	**22997.2**	**2815.4**	**2814.8**	**22432.3**	**23331.2**	**72240.9**	**69105.6**	**41397.5**	**39397.5**	**12834.3**	**12834.3**	**19150.8**	**19886**
14027.9	12556.3	195.5	195.5	6523	7423.5	23235.3	21974	22821.2	20076.7	6759.7	6759.7	6276.4	6276.4
1115	1089.6	58.1	58.1	830.8	830.8	6360	6360	1843.8	1577	1415.7	1415.7	1027.2	1027.2
1967	1759.9	64.7	64.7	960.2	1920.4	13883.3	12621.2	13021.4	10466.7	4303.9	4303.9	5060.7	5060.7
5	3.7					35	35	91.4	73.1	235.2	235.2	14.2	14.2
10928.8	9729.5	72	72	4725.2	4665.4	2706.6	2706.6	7677.6	7781.3			99	99
10926.5	9727.3	72	72	4725.2	4665.4	2614.4	2614.4	7677.6	7781.3			99	99
12.2	12.1	0.8	0.8	6.8	6.7	69.1	69.1	187	178	804.9	804.9	75.3	75.3
12.2	12.1	0.6	0.6	6.8	6.7	69.1	69.1	116.8	110.4	32.4	32.4	70.5	70.5
		0.2	0.2					70.2	67.6	772.5	772.5	4.8	4.8
						181.3	181.3						
8783.6	8558.5	2250.6	2250.6	5256.5	5256.5	38138.2	35979.4	12044.5	12284.1	2777.5	2777.5	6858	6858
1680.2	1599.5	364.3	364.3	6115.5	6114.9	10036.2	10321.1	6394.4	6907.7	1152.4	1152.4	6016.4	6751.6
384.6	367.1	73	73	1484.4	1484.4	4631.1	4631.1	645.8	636.5	310.3	310.3	1456.1	1386.8
1295.6	1232.4	291.3	291.3	4631.1	4630.5	5405.1	5689.6	5748.6	6271.2	842.1	842.1	4560.3	5365
						60	60			2000	2000		
289.8	282.9	5	4.4	4537.2	4536.3	771.2	771.2	137.4	129.1	144.8	144.8		
						3.3	3.3	25.6	32	30	30		
252	**280**			**301.2**	**276**	**2146.5**	**2243.1**	**68.8**	**68.8**	**650.4**	**567.6**	**160**	**160**
										650.4	567.6	160	160
252	280			301.2	276	2146.5	2243.2	68.8	68.8	650.4	567.6	160	160
800	**800**	**1000**	**1041.7**	**1180**	**1180**	**9250**	**9250**	**2800**	**2766.8**	**1750**	**1750**	**4500**	**4500**

9-10 农林牧渔业

Intermediate consumption of agriculture,

指 标	太原市	小店区	迎泽区	杏花岭区
农林牧渔业中间消耗总计	**376027.2**	**61763.6**	**3896.2**	**6589.3**
一、农业中间消耗合计	**175399.6**	**35100.0**	**122.0**	**598.0**
(一)物质消耗	144441.6	25824.6	121.0	531.4
(1)用种量	14359.2	142.6	19.4	102.2
(2)役畜用饲料、饲草	809.6		0.2	0.1
(3)肥料	39710.3	1524.0	2.5	9.1
(4)燃料	16690.8	2665.3	4.2	85.1
(5)农药	3208.0	110.0	3.2	6.8
(6)农用塑料薄膜	3371.4	176.0		2.1
(7)用电量	14376.1	1903.0	78.1	300.0
(8)小农具购置	12353.0	4000.0	0.5	5.0
(9)办公用品购置	10100.0	7063.7		5.0
(10)其他	29463.2	8240.0	12.9	16.0
(二)生产服务支出	30958.0	9275.4	1.0	66.6
二、林业中间消耗合计	**40632.2**	**4796.8**	**2841.0**	**2919.9**
(一)物质消耗	35338.9	2679.6	2484.5	2212.1
1.用种量	24347.4	2238.6	1675.7	855.4
2.肥料	654.0	56.0	2.5	3.8
3.燃料	1360.4	233.0	4.9	100.3
4.农药	169.6	20.0	0.4	2.6
5.用电量	3219.5	20.0	671.0	800.0
6.小农机具购置	1850.0	100.0	50.0	250.0
7.办公用品购置	1650.0	2.0		
8.其他	2088.0	10.0	80.0	200.0
(二)生产服务支出	5293.3	2117.2	356.5	707.8
三、牧业中间消耗合计	**137349.0**	**19800.0**	**888.0**	**3071.4**
(一)物质消耗	119863.8	16038.1	880.8	2771.4
1.用种量	675.2	141.9	1.0	9.3
2.饲料、饲草	98320.5	8285.7	575.4	2533.5
3.燃料	1533.6	570.6	1.0	90.0
4.用电量	5564.7	1000.0	300.3	
5.畜牧用药品	4302.0	1800.0		
6.其他	9467.8	4239.9	3.1	138.6
(二)生产服务支出	17485.2	3761.9	7.2	300.0
四、渔业中间消耗合计	**1443.5**	**13.4**	**15.2**	
(一)物质消耗	1112.0	12.4	15.2	
1.饲料				
2.燃料	158.3	4.5	0.3	
3.用电量	533.7	5.0	14.9	
4.办公用品购置	120.0	1.9		
5.其他	300.0	1.0		
(二)生产服务支出	331.5	1.0		
五、农林牧渔服务业中间消耗合计	**21202.9**	**2053.4**	**30.0**	
(一)物质消耗	11101.9	1353.4	30.0	
(二)生产服务支出	10101.0	700.0		

中间消耗
forestry, animal husbandry and fishery

单位：万元

尖草坪区	万柏林区	晋源区	清徐县	阳曲县	娄烦县	古交市
35047.0	**5008.8**	**37631.3**	**122487.0**	**48808.7**	**20263.3**	**25451.2**
15250.0	**249.8**	**21292.4**	**72300.0**	**17900.0**	**7000.0**	**6060.0**
8448.2	244.1	11667.4	54103.0	17147.9	5008.6	5352.7
1283.0	59.2	2709.3	4994.6	2415.4	1418.3	2424.8
2.7	4.2	2.1	69.5	77.7	51.9	41.5
454.1	13.8	580.9	18485.7	5824.8	224.6	409.9
770.6	5.6	1147.4	7833.3	1947.6	137.0	665.0
155.0	2.0	91.2	2343.0	178.5	34.0	23.0
321.6	1.8	69.4	2097.9	1188.0	64.3	74.5
1760.0	68.2	1100.0	6830.2	1345.0	286.9	790.0
600.0	4.0	1310.0	1500.0	650.0	850.0	225.0
700.0	2.0	1000.0	2000.0	560.0	860.0	210.0
2401.2	83.3	3657.1	7948.8	2960.9	1081.6	489.0
6801.8	5.7	9625.0	18197.0	752.1	1991.4	707.3
4611.1	**2546.6**	**1552.1**	**2636.8**	**5283.2**	**3730.0**	**4823.2**
3863.1	1720.1	1363.3	2513.3	5218.2	2934.7	4710.9
2245.1	1139.1	268.1	2070.4	3994.6	2066.0	3709.1
34.9	3.4	183.5	27.5	486.0	189.1	177.3
53.1	2.2	316.4	16.9	582.7	30.4	312.5
37.0	0.8	67.2	35.5	21.0	3.8	7.0
66.0	84.6	332.1	273.0	22.5	41.4	395.0
700.0	150.0	80.0	40.0	49.4	200.0	50.0
412.0	140.0	16.0	40.0	50.0	48.0	20.0
315.0	200.0	100.0	10.0	12.0	356.0	40.0
748.0	826.5	188.8	123.5	65.0	795.3	112.3
14638.6	**1675.1**	**14020.3**	**41288.1**	**24231.1**	**8277.9**	**12032.4**
12648.6	1605.1	14020.3	40034.5	23040.2	5866.9	11579.4
12.5	0.8	96.0	4597.6	64.0	17.5	96.0
9407.4	1003.7	12654.6	33225.0	19596.8	4398.5	10416.8
61.1	3.4	65.7	165.0	388.9	180.7	255.6
440.0	244.4	538.6	1144.7	661.3	239.8	430.0
1312.3	60.0	200.0	60.0	680.0	360.0	100.0
1415.3	292.8	465.4	842.2	1649.2	670.4	281.0
1990.0	70.0		1253.6	1190.9	2411.0	453.0
136.6		**162.7**	**1164.4**	**37.5**	**347.7**	**87.3**
100.1		162.7	962.5	34.7	263.0	78.5
		126.6	162.0	3.5	140.7	9.0
51.8		19.4		9.7	28.8	35.7
8.3		10.6	630.5	16.0	17.5	20.3
5.0		3.3	20.0	2.0	26.0	6.0
35.0		2.8	150.0	3.5	50.0	7.5
36.5			201.9	2.8	84.7	8.8
410.7	**537.3**	**603.8**	**5097.7**	**1356.9**	**907.7**	**2448.3**
230.7	310.0	488.8		670.0	558.0	1448.3
180.0	227.3	115.0	5097.7	686.9	349.7	1000.0

9-11 林业渔业生产情况
Conditions of Forestry and fishery production

指 标	单位	合计	小店区	迎泽区	杏花岭区	尖草坪区	万柏林区	晋源区	清徐县	阳曲县	娄烦县	古交市	太原市直
林业生产情况													
一、当年造林面积	公顷	11813			150				700	833	6596	3534	
二、零星植树	万株	1340	126	130	121	126	131	134	169	151	116	136	
三、育苗面积	公顷	5214	607	27	120	727	67	613	827	760	633	833	
四、村及村以下木材采伐量	立方米	8468	1061			925		581	1387	3227	1287		
渔业生产情况													
1.养殖面积	公顷	1143	6	167		20		50	284	37	33	20	526
2.水产品产量	吨	2693	16	26		200		230	1402	43	516	160	100

第10篇

工业、交通运输和邮电

Industry, Transportation and Telecommunications

资料整理、审核

李春宝　　郭　瑞　　亢会明　　高　宏

张　越　　张明敏

10-1 全市规模以上工业企业单位数
The number of industrial enterprises above Designated Size in the city

单位：个

指　标	2017	2016
规模以上工业企业数	**376**	**355**
在总计中：国有及国有控股	98	93
(一) 按隶属关系分		
中央企业	27	31
省属企业	40	30
市属企业	41	33
县及县以下	268	261
(二) 按轻重工业分		
轻工业	83	77
重工业	293	278
(三) 按登记注册类型分		
国有企业	8	11
集体企业	13	13
股份合作企业	1	1
联营企业		
有限责任公司	123	111
股份有限公司	19	15
私营企业	192	184
其他企业		
港、澳、台商投资企业	4	3
外商投资企业	16	17
(四) 按企业规模分		
大型企业	24	22
中型企业	65	69
小型企业	287	264
纯小型企业	268	253
微型企业	19	11

10-2 全社会主要工业产品产量
Output of major industrial products

指　标	单 位	2017	2016
原煤	万吨	2837.11	2858.17
洗煤	万吨	2373.21	2426.95
# 洗精煤(用于炼焦)	万吨	1501.65	1582.34
生铁	万吨	777.70	771.68
粗钢	万吨	1182.81	1106.17
钢材	万吨	1102.40	1048.79
焦炭	万吨	1057.98	1069.21
水泥	万吨	503.96	527.72
机制纸及纸板	万吨	3.75	2.57
白酒(折 65 度,商品量)	千升	10090.44	7319.00
饮料酒	千升	127880.06	108456.95
精制食用植物油	万吨	2.24	5.77
食醋	万吨	45.00	46.39
乳制品	万吨	9.06	10.74
软饮料	万吨	37.13	26.37

10-3　规模以上工业企业主要产品产量

The main product output of Industrial Enterprises above Designated Size

指　标	单　位	2017	2016
原煤	万吨	2837.11	2858.17
洗煤	万吨	2373.21	2426.95
#洗精煤	万吨	1501.65	1582.34
发电量	亿千瓦小时	258.63	279.20
鲜、冷藏肉	吨	5798.37	5983.71
配混合饲料	万吨	4.11	11.65
精制食用植物油	万吨	2.24	5.77
白酒(折65度,商品量)	千升	10090.44	7319.00
啤酒	千升	117726.90	100588.95
软饮料	万吨	37.13	26.37
卷烟	亿支	150.00	155.50
家具	万件	1.20	1.47
焦炭	万吨	1057.98	1069.21
饮料酒	千升	127880.06	108456.95
单色印刷品	令	1608979.63	1615825.95
多色印刷品	对开色令	7122556.00	7124796
涂料(油漆)	万吨	1.15	1.22
橡胶轮胎外胎	万条	72.03	145.76
水泥	万吨	468.96	492.72
商品混凝土	万立方米	720.75	514.61
镁合金	吨	18974.00	13602
生铁	万吨	777.70	771.68
粗钢	万吨	1182.81	1106.17
钢材	万吨	1102.41	1048.79
铁合金	万吨	0.40	0.42
原铝(电解铝)	万吨	6.01	2.17
金属镁	万吨	0.68	1.07
钕铁硼	吨	1123.00	1328.44
电站锅炉	蒸发量吨	15776	14310
金属切削机床	台	12	13
起重机	吨	23087.00	11983
采矿专用设备	吨	49281	42811
交流电动机	万千瓦	187	142.68
乳制品	万吨	9.06	10.74
食醋	万吨	45.00	46.39
粗苯	万吨	6.30	6.29
车轮	万吨	11.87	8.08
车轴	万吨	5.36	7.57
汽车	辆	881	64
智能手机	万台	2047.72	2693.44
自来水生产量	亿立方米	3.38	3.16

10-4 规模以上工业主要产品生产能力

Above scale industrial production capacity

指　标	单 位	生产能力
原煤	吨	48510000
发电设备容量总计	万千瓦	703.6
卷烟	万支	2520000
移动通信手持机(手机)	台	20000000
焦炭	吨	12550000
棉纺锭纺纱量	吨	0.9
水泥	吨	10400000
硅酸盐水泥熟料	吨	6042500
生铁	吨	8450000
粗钢	吨	14230000
钢材	吨	14549833
铁合金	吨	5000
挖掘机	台	24
金属切削机床	台	12
汽车	辆	21000

10-5 规模以上工业企业

Major economic indicators of Industrial

指 标	企业单位数(个)	亏损企业	工业总产值(当年价格)	工业销售产值(当年价格)	出口交货值	年初存货
总 计	**376**	**104**	**27148208**	**27600696**	**7994466**	**4501861**
一、按登记注册类型分组:						
内资企业	356	98	20101240	19954394	2057715	3859418
国有企业	8	2	456803	460606	4389	52881
中央企业	3	1	176551	185404	20	16345
地方企业	5	1	280252	275202	4369	36536
集体企业	13	3	61485	56853		3841
股份合作企业	1	1	3127	3127		1182
有限责任公司	123	47	16732589	16591873	2041785	3390394
国有独资公司	21	7	9373800	9263033	1363830	1675228
其他有限责任公司	102	40	7358788	7328840	677956	1715165
股份有限公司	19	6	579460	567936	1102	90586
私营企业	192	39	2267777	2273999	10439	320534
私营独资企业	9	2	93645	93792		20619
私营有限责任公司	170	35	1994831	2000088	8837	267064
私营股份有限公司	13	2	179300	180119	1602	32852
港、澳、台商投资企业	4	1	5464254	5901578	5786407	466475
合资经营企业 (港或澳、台资)	3		5461717	5899042	5786407	463139
港澳台商独资经营企业	1	1	2537	2537		3336
外商投资企业	16	5	1582714	1744723	150344	175968
中外合资经营企业	10	3	572489	557575		158053
外资企业	5	2	998802	1175726	150344	16030
外商投资股份有限公司	1		11422	11422		1885
二、在总计中:亏损企业	**104**	**104**	**5868111**	**5794365**	**114876**	**1914586**
在总计中:国有控股企业	98	35	15217011	15102230	1474025	3054410
在总计中:轻工业	83	18	1638607	1631051	10502	190327
重工业	293	86	25509601	25969645	7983964	4311534
在总计中:大型企业	24	10	20485543	20957685	7902334	3535719
中型企业	65	15	3309896	3286897	32806	502131
小型企业	287	79	3352770	3356114	59326	464011
纯小型企业	268	73	3160227	3151788	57470	437464
微型企业	19	6	192543	204326	1857	26548
三、按行业大类分组						
煤炭开采和洗选业	28	10	2595572	2650720	224	883954

主要经济指标(一)
Enterprises above Designated Size(1)

单位：万元

产成品	资产总计	流动资产合计	应收账款	存货	产成品	固定资产合计	固定资产原价
1315730	**52478554**	**23563715**	**6929929**	**4882607**	**1328516**	**19096900**	**30105736**
1219107	44940333	17058524	4293509	4259910	1078514	18398572	28604540
30476	1947282	550940	94339	64853	34023	1383467	2205288
4919	535200	78468	31707	21812	4448	456688	894249
25558	1412082	472472	62633	43042	29575	926779	1311040
1367	40034	36137	17335	4276	1776	3255	9628
	4936	4494	2501	874		442	1938
1015246	39010776	14227556	3292944	3717681	852696	15923870	24771450
504603	19747640	6180289	1165379	1879662	379661	8284534	14132158
510642	19263136	8047267	2127565	1838019	473036	7639335	10639291
42471	795102	421830	163766	97308	47066	167514	221362
129547	3142203	1817566	722624	374918	142952	920024	1394874
12215	65579	50883	19681	18454	8126	5033	29557
114228	2798554	1641827	649466	321964	131679	824155	1244158
3105	278070	124857	53478	34501	3147	90836	121159
45666	5375140	4905797	1819187	442602	213403	341825	551259
44703	5366915	4901261	1819752	438719	210768	339048	546936
963	8225	4536	-566	3883	2635	2777	4323
50957	2163081	1599394	817233	180095	36599	356503	949937
42974	740555	456925	153738	109981	23118	131357	318356
7086	1407364	1132740	659835	66207	10185	220743	624262
897	15161	9729	3660	3907	3297	4402	7319
513551	**18738743**	**6923547**	**1689066**	**2097889**	**488422**	**8297323**	**11886738**
898019	37475754	12918742	2747039	3464496	806374	16591590	25800090
61695	2292144	1308982	308891	261451	72273	716368	957835
1254034	50186410	22254733	6621039	4621156	1256243	18380532	29147901
926649	40196285	17283856	4728725	3773976	931781	15312467	24437691
220090	6272488	3256687	1032314	558288	206101	1912841	2831297
168991	6009781	3023172	1168890	550342	190634	1871592	2836748
156380	5651046	2705605	1032878	526324	180641	1839557	2791521
12611	358735	317567	136012	24019	9993	32035	45227
226230	9126451	2884135	347618	964033	236490	4266956	6050500

10-5　续表 1-1

指　标	企业单位数(个)	亏损企业	工业总产值(当年价格)	工业销售产值(当年价格)	出口交货值	年初存货
石油和天然气开采业	1	1	7161	7161		596
黑色金属矿采选业	2	1	16530	15770		2388
农副食品加工业	11	3	71996	73874	6302	15863
食品制造业	17	3	448938	457919	122	43126
酒、饮料和精制茶制造业	5	2	101957	99408		18274
烟草制品业	1		414445	422259		21479
纺织业	1	1	8474	8535		1010
纺织服装、服饰业	1	1	6842	6996		696
家具制造业	2		7756	7756		1584
造纸和纸制品业	5		20293	20465		3821
印刷和记录媒介复制业	11	4	54012	56330		10956
文教、工美、体育和娱乐用品制造业	1		17909	11026		50
石油、煤炭及其他燃料加工业	9		1287234	1315247		243711
化学原料和化学制品制造业	14	2	271499	270920		224529
医药制造业	9	2	89835	80324	4078	16449
橡胶和塑料制品业	6	1	134995	118153	32538	28947
非金属矿物制品业	53	20	564526	560923		39871
黑色金属冶炼和压延加工业	8	2	7733927	7717399	1281159	723657
有色金属冶炼和压延加工业	11	5	277629	268599	1857	36685
金属制品业	33	6	849882	835003	7248	101809
通用设备制造业	18	3	249538	243626	24	169327
专用设备制造业	33	9	926816	804475	79410	889800
汽车制造业	8	3	143849	139788		24601
铁路、船舶、航空航天和其他运输设备制造业	11	4	664318	691685	30778	143953
电气机械和器材制造业	17	2	241359	249886	580	38941
计算机、通信和其他电子设备制造业	18	3	7173352	7729095	6509327	679339
仪器仪表制造业	13	2	277272	271159	1142	85371
其他制造业	1		72902	67233		
废弃资源综合利用业	1		18887	18887		1268
金属制品、机械和设备修理业	1		40633	40633		2292
电力、热力生产和供应业	14	6	1004903	985564		34117
燃气生产和供应业	9	5	1258193	1258193	39678	12839
水的生产和供应业	3	3	94776	95688		558

单位：万元

产成品	资产总计	流动资产合计	应收账款	存货	产成品	固定资产合计	固定资产原价
	108025	26825	24273	621		77348	101232
2388	48829	18530	7544	2452	1531	18910	27722
4915	167281	78874	10749	16848	6147	29269	54424
16132	418219	196909	48069	67960	22032	185663	246044
5368	94276	51420	2358	17133	4331	37241	84061
8749	481593	290326	63051	28657	8594	188173	154682
	38646	1766	1230	249	10	1097	1097
	4342	3326		3031		244	380
	15575	8206	836	2118		5001	8072
1674	25396	13656	6969	3458	2100	8367	9846
1396	110434	48165	11783	12894	2868	50896	80767
	12658	12379	9372	277		279	1186
75057	1974499	1076417	103080	138822	34356	301569	694209
20437	1379569	877600	314041	251389	16940	319157	451549
5187	119484	52836	6620	21720	7073	44698	70518
15397	251642	110151	52385	34010	15836	130089	200550
18869	989390	595562	328177	55540	24069	221285	520116
337626	12606982	2791816	217869	855322	242179	6036471	11419238
14316	193163	106746	18714	46773	17682	67056	102460
22575	1032862	685791	175529	124040	24837	256877	336061
73149	701120	444277	82531	180753	65225	104741	146153
222380	2991723	2284882	731627	966599	213182	490170	554178
11678	411194	140404	49084	61666	16186	118881	151447
30224	1331259	958513	564222	137156	23185	238923	354879
26076	576880	441047	193490	45179	28877	105107	52650
136093	7839081	6910260	3027828	638072	247483	695092	1292189
38053	520295	338425	169930	97983	48969	55470	80037
	1741144	388253		18806	7934	1195968	1196917
904	42126	5215	1616	770	297	34569	43899
	29659	27211	19490	538		2004	9058
334	3607196	977022	243208	49558	464	2321859	3761408
525	2979789	578102	74406	25787	9639	1234331	1441974
	507774	138672	22231	12394		253142	406236

10-5 规模以上工业企业

Major economic indicators of Industrial

指 标							
	房屋和构筑物	机器设备	运输工具	累计折旧	本年折旧	负债合计	流动负债合计
总 计	**7057442**	**14211378**	**334919**	**12387637**	**1326357**	**39034402**	**28742026**
一、按登记注册类型分组:							
内资企业	6854572	13691648	328226	11571288	1146304	33399236	23178717
国有企业	206172	721045	6845	904942	56292	1312451	400431
中央企业	182845	688593	3828	455589	32683	519884	-3010
地方企业	23327	32452	3017	449352	23608	792567	403441
集体企业	2276	3423	1142	6342	438	28772	28772
股份合作企业		1833	105	1496	145	2020	1394
有限责任公司	6173273	12498258	269210	10110712	981566	29304310	20496130
国有独资公司	3082919	8639703	169303	6114330	564934	13269033	9275117
其他有限责任公司	3090354	3858555	99907	3996382	416632	16035277	11221012
股份有限公司	95767	96134	5562	54226	13276	297081	249054
私营企业	377085	370956	45363	493570	94588	2454602	2002936
私营独资企业	795	6673	402	16598	3276	60191	59758
私营有限责任公司	294311	334511	41724	452680	86090	2292381	1851941
私营股份有限公司	81979	29771	3237	24291	5222	102030	91237
港、澳、台商投资企业	66350	207115	267	209014	120629	4540715	4539500
合资经营企业(港或澳、台资)	63541	205840	267	207468	120416	4536626	4536626
港澳台商独资经营企业	2809	1275		1546	212	4089	2874
外商投资企业	136520	312615	6426	607335	59424	1094451	1023809
中外合资经营企业	66956	146875	5746	199754	17815	523721	454457
外资企业	62245	165740	680	404665	41147	560156	559484
外商投资股份有限公司	7319			2917	462	10574	9869
二、在总计中:亏损企业	**2422096**	**3541711**	**99567**	**4896710**	**454877**	**16754576**	**10581230**
在总计中:国有控股企业	6023316	12817067	263725	10591570	977876	28147992	18742844
在总计中:轻工业	206389	246697	10703	365439	59352	1163759	1051090
重工业	6851053	13964681	324216	12022197	1267005	37870643	27690936
在总计中:大型企业	5942025	12075317	255152	10478107	1020504	30312223	22104520
中型企业	610555	1290579	25250	1096411	159242	4751026	3511762
小型企业	504862	845483	54517	813119	146611	3971153	3125743
纯小型企业	498512	834847	54139	798853	143794	3697979	2904372
微型企业	6350	10636	378	14266	2817	273174	221372
三、按行业大类分组							
煤炭开采和洗选业	1848362	1679766	66013	2807699	210340	8972778	5726038

主要经济指标(二)
Enterprises above Designated Size(2)

单位：万元

应付账款	非流动负债合计	所有者权益合计	实收资本	国家资本	集体资本	法人资本	个人资本	港澳台资本	外商资本	营业收入
8881396	**9726770**	**13444145**	**7341845**	**3041106**	**78367**	**2716750**	**580282**	**40875**	**884464**	**28969047**
5890876	9654914	11541090	6558465	3027730	63504	2682957	575557	1100	207616	21014706
189044	912000	634831	382315	377927		4388				476234
82023	522894	15316	8302	8302						185122
107021	389106	619515	374013	369625		4388				291112
18547		11262	7847		7017	732	98			65303
283	626	2916	2000				2000			3118
4850994	8296005	9706464	5313714	2644071	44540	2182392	235095		207616	17480102
1442773	3993403	6478607	1453284	1394557		58726				9934004
3408221	4302602	3227857	3860431	1249514	44540	2123665	235095		207616	7546098
121362	48027	498021	284176	5702	3000	257400	16974	1100		574260
710646	398257	687597	568412	30	8947	238045	321390			2415689
8096		5388	2768			1250	1518			98135
674938	387464	506170	509522	30	8947	211899	288647			2146792
27612	10793	176040	56122			24897	31225			170762
2339791	1215	834425	342562			600		30000	311962	5926107
2338677		830290	337562			600		25000	311962	5923570
1114	1215	4136	5000					5000		2537
650729	70642	1068630	440819	13377	14863	33193	4725	9775	364886	2028234
139519	69264	216834	110607	13377	14863	30991	4725	7872	38780	809341
510505	672	847209	328010					1903	326107	1207040
705	705	4587	2202			2202				11854
2802124	**6004194**	**1984164**	**3279765**	**1704595**	**6574**	**1418483**	**130924**	**8003**	**11185**	**6035364**
3901295	8907936	9327761	5112959	3005481	36216	2005253	57293	1100	7616	15900494
239274	101065	1128384	419845	47637	8131	216901	115583		31593	1623314
8642122	9625706	12315761	6922000	2993469	70236	2499849	464699	40875	852870	27345733
6641864	8056343	9884062	4678775	2129808		1638966	91725		818277	22101528
1006656	890592	1521461	1231434	618993	49875	425690	116847	8972	11057	3337407
1232875	779835	2038622	1431636	292306	28492	652094	371710	31903	55130	3530112
1098729	728117	1953062	1354779	239206	28492	642995	363956	25000	55130	3326712
134146	51718	85560	76857	53100		9100	7754	6903		203400
1097196	2904442	153673	1858066	581502	20458	1203317	43156	5000	4634	2779179

10-5　续表 2-1

指　标	房屋和构筑物	机器设备	运输工具	累计折旧	本年折旧	负债合计	流动负债合计
石油和天然气开采业	4172	95884	1144	23884	69	90891	90891
黑色金属矿采选业	9748	600		15920	8275	40661	25161
农副食品加工业	6099	6734	964	21155	2373	118855	82425
食品制造业	101054	60726	4858	64905	14052	188272	160578
酒、饮料和精制茶制造业	6355	11580	40	46089	4556	56148	56058
烟草制品业	45854	70232	505	79118	6614	106611	106611
纺织业				1002	117	13201	13201
纺织服装、服饰业		330	50	136	70	3875	3875
家具制造业				3071	436	4029	3960
造纸和纸制品业	1967	2321	149	3072	298	16890	16437
印刷和记录媒介复制业	5922	26405	453	47934	4126	62714	55996
文教、工美、体育和娱乐用品制造业		1186		907	111	10718	10718
石油、煤炭及其他燃料加工业	278777	229516	10869	413092	37062	1322466	1198884
化学原料和化学制品制造业	58119	99978	3140	120227	9912	1127024	745557
医药制造业	26512	14042	2079	15427	2851	71311	58171
橡胶和塑料制品业	70251	123484	1144	70461	46106	188500	100863
非金属矿物制品业	149612	145053	31778	196003	36039	718874	613203
黑色金属冶炼和压延加工业	2971881	8165377	161641	5382546	469993	7574366	5574070
有色金属冶炼和压延加工业	19600	60628	1602	21208	3738	168105	118250
金属制品业	43653	75109	3220	100183	23238	636693	597866
通用设备制造业	70113	31475	4330	42047	6481	386632	338116
专用设备制造业	40759	63693	5936	347931	20215	2418055	2170093
汽车制造业	19547	12119	1061	31396	9306	405500	375726
铁路、船舶、航空航天和其他运输设备制造业	106720	221766	13195	114062	26069	910969	576885
电气机械和器材制造业	6039	9341	984	13377	4271	377392	276948
计算机、通信和其他电子设备制造业	99138	412278	1878	615467	164003	5904942	5881564
仪器仪表制造业	41002	22612	3661	26102	6632	284148	258435
其他制造业	495982	698227	816	949		1340292	1047863
废弃资源综合利用业	23822	19658	257	8910	2037	6053	6053
金属制品、机械和设备修理业	1110	6683	1265	7055	505	11477	11477
电力、热力生产和供应业	415751	1536399	5053	1358823	129658	2785681	1239256
燃气生产和供应业	9358	1791	1143	226008	55860	2459010	1028589
水的生产和供应业	80166	306385	5692	161472	20947	251269	172206

单位：万元

应付账款	非流动负债合计	所有者权益合计	实收资本	国家资本	集体资本	法人资本	个人资本	港澳台资本	外商资本	营业收入
89447		17135	20000			20000				7482
16454		8167	1800			1800				12351
23946	36410	48425	27007	14094	3667	3072	6174			85873
29573	27622	229947	61176	138	2637	32582	25819			449354
16971	90	38128	31754	3140		2077	20301		6236	117542
54534		374982	61320			61320				416976
1774		25446	9000			9000				10114
36		467	50				50			6996
636	69	11546	2700				2700			7756
3723	64	8506	9038			520	8518			21618
8948	596	47720	32321	16738	1827	7660	6096			60830
10718		1940	5000				5000			11026
346449	123582	652033	282685		6163	139700	123025	5922	7875	1681691
263078	381467	252545	183330	134597	14968	7060	24492		2214	581178
12372	10289	48173	34708	6400		6802	21506			82029
43724	8300	63142	67286	30000		2339	11803		23144	130965
373594	94479	270514	177634	50620		57171	69844			564574
549831	2000296	5032615	812367	687887		114088	8489	1903		8010783
24445	49855	25058	43217	3988	232	21041	17956			243045
110344	36632	396169	188906	20000	10253	139982	18671			829894
98679	48515	314488	194320	39573	1772	129137	20670		3168	243497
635952	238750	573667	294652	169745	8700	52749	44987		18471	882954
68892	6017	5695	72139	10980		60194	965			152098
260865	262084	420289	213373	197413	787	570	9782		4821	688693
172927	100346	199488	153230	57380		48107	47743			263724
3585929	22866	1934138	900952	1200	5084	63757	20509		810402	7790173
149816	25663	236147	58837	7322		40169	8296	3050		260071
176567	292429	400852	407247			407247				67233
889		36073	25000					25000		19850
8527		18182	13000			13000				40633
410127	1546424	821515	673359	631688		31000	10672			1041939
122424	1430421	520779	310078	269500		34018	3060		3500	1310987
112011	79063	256505	116295	107202	1819	7274				95943

10-5　规模以上工业企业

Major economic indicators of Industrial

指　　标	主营业务收入	营业成本	主营业务成本	营业税金及附加	主营业务税金及附加
总　　计	**28116122**	**24441666**	**23915819**	**532051**	**508772**
一、按登记注册类型分组:					
内资企业	20289102	17063881	16627153	494309	471083
国有企业	468326	463849	460133	7842	5770
中央企业	183916	191041	191025	2790	719
地方企业	284411	272808	269108	5052	5051
集体企业	64208	59093	58021	591	590
股份合作企业	3118	2834	2834	18	18
有限责任公司	16844482	14009637	13637578	471360	450263
国有独资公司	9654285	8014225	7910967	85375	83659
其他有限责任公司	7190197	5995411	5726612	385985	366604
股份有限公司	568109	512398	508474	1463	1453
私营企业	2340859	2016070	1960113	13036	12989
私营独资企业	98134	90525	90525	320	320
私营有限责任公司	2072807	1808453	1752518	11428	11384
私营股份有限公司	169918	117092	117069	1288	1285
港、澳、台商投资企业	5902541	5757484	5751983	15198	15198
合资经营企业（港或澳、台资）	5900004	5755129	5749628	15197	15197
港澳台商独资经营企业	2537	2355	2355	1	1
外商投资企业	1924479	1620302	1536684	22544	22491
中外合资经营企业	736987	642480	583499	4385	4385
外资企业	1175685	970203	945585	18050	18050
外商投资股份有限公司	11807	7619	7600	109	56
二、在总计中:亏损企业	**5734956**	**5026524**	**4804226**	**194299**	**174360**
在总计中:国有控股企业	15295267	12731426	12370319	466714	444452
在总计中:轻工业	1590787	1132084	1105526	199750	197536
重工业	26525336	23309583	22810293	332301	311235
在总计中:大型企业	21448890	18837420	18438350	291950	274992
中型企业	3228919	2549770	2483421	218881	213411
小型企业	3438313	3054476	2994048	21221	20368
纯小型企业	3235811	2858392	2798206	20379	19526
微型企业	202502	196085	195843	842	842
三、按行业大类分组					
煤炭开采和洗选业	2558301	2074032	1880354	177938	164462

主要经济指标(三)
Enterprises above Designated Size(3)

单位：万元

其他业务收入	其他业务利润	销售费用	管理费用	财务费用			营业利润	资产减值损失
					利息收入	利息支出		
852925	**109670**	**655556**	**1645613**	**854849**	**-27786**	**951934**	**858818**	**145768**
725604	72331	610403	1471568	878918	44228	882196	507738	143715
7907	1475	5845	24148	44600	311	44912	-47670	772
1206	1190	897	2633	23381	7	23389	-34352	3
6701	285	4948	21514	21219	304	21523	-13317	769
1094	-26	138	6382	-64	12	-10	-837	
		43	377	32		32	-187	
635621	58204	491247	1295576	784662	44086	795283	419176	138541
279720	1333	290451	609446	374429	33987	392864	477699	92413
355901	56871	200795	686130	410233	10099	402418	-58523	46128
6152	130	18642	30073	2780	509	3243	6411	2562
74830	12549	94489	115013	46909	-690	38737	130844	1840
1	1	1657	1774	3707	1	3669	151	
73985	12298	79074	96396	41571	-644	33607	111329	584
844	249	13759	16843	1630	-48	1462	19365	1256
23566	18065	1005	63303	-23974	-66424	60006	115554	831
23566	18065	958	63069	-24048	-66424	60006	115729	831
		47	235	74			-175	
103755	19274	44147	110742	-96	-5590	9731	235526	1221
72354	12538	40881	28474	12107	327	9515	80203	849
31354	6736	2817	80106	-12313	-5918	151	154073	217
47		449	2162	110	1	65	1249	156
300408	**37436**	**218815**	**633255**	**543495**	**11049**	**546341**	**-571678**	**47709**
605227	39453	441507	1239978	794729	43868	813916	159827	138838
32527	1961	77130	103452	13494	-1181	21027	99433	1573
820398	107709	578426	1542162	841355	-26606	930907	759384	144194
652638	75377	431511	1211697	715582	-29955	833126	614108	120054
108487	25802	113236	245241	73459	2163	64545	142935	20185
91800	8491	110809	188675	65807	6	54263	101775	5529
90901	8488	109438	185811	61594	-32	53034	103776	5504
899	3	1370	2865	4214	38	1229	-2001	25
220878	20868	78480	427736	312859	7541	323283	-290712	23712

10-5　续表 3-1

指　标	主营业务收入	营业成本	主营业务成本	营业税金及附加	主营业务税金及附加
石油和天然气开采业	7161	11320	11024	173	173
黑色金属矿采选业	12351	8809	8809	1046	1046
农副食品加工业	85699	75000	75000	152	152
食品制造业	448111	351461	350304	1395	1395
酒、饮料和精制茶制造业	116950	81745	81256	7899	7899
烟草制品业	416697	159938	159732	186572	185666
纺织业	10114	9820	9820	144	14
纺织服装、服饰业	6996	6775	6775	1	1
家具制造业	7756	5057	5057	18	18
造纸和纸制品业	21557	20368	20368	68	68
印刷和记录媒介复制业	58933	50071	48679	602	439
文教、工美、体育和娱乐用品制造业	11026	10125	10125	71	71
石油、煤炭及其他燃料加工业	1564333	1367959	1285754	6117	5969
化学原料和化学制品制造业	517578	490984	453000	6139	6139
医药制造业	81467	48177	48152	1101	1101
橡胶和塑料制品业	129582	125458	125134	949	949
非金属矿物制品业	562683	496413	495600	2654	2630
黑色金属冶炼和压延加工业	7827341	6461233	6406610	69367	69364
有色金属冶炼和压延加工业	236205	231826	224006	351	351
金属制品业	796660	759798	732728	2978	1968
通用设备制造业	242268	196005	194901	1195	1182
专用设备制造业	882231	649927	649872	8965	8964
汽车制造业	144689	126446	122485	1916	844
铁路、船舶、航空航天和其他运输设备制造业	675598	532340	521743	5811	5811
电气机械和器材制造业	262834	243208	242465	1067	1067
计算机、通信和其他电子设备制造业	7729270	7340439	7308413	34143	34075
仪器仪表制造业	259961	199859	199859	1176	1176
其他制造业	64787	34773	32185		
废弃资源综合利用业	19850	6969	6969	236	236
金属制品、机械和设备修理业	40633	35908	35908	529	529
电力、热力生产和供应业	996040	1001758	995079	7155	2573
燃气生产和供应业	1224816	1129172	1069161	3227	1545
水的生产和供应业	95646	98493	98493	896	896

单位：万元

其他业务收入	其他业务利润	销售费用	管理费用	财务费用			营业利润	资产减值损失
					利息收入	利息支出		
320			1357	-2	3		-2923	76
		1036	1575	-2	-1		-113	
174	174	2888	7282	2294	-399	2462	-1744	
1243	86	34110	20442	5270	-31	5323	36859	2
592	95	12283	7520	610	-147	766	10619	
279	72	5510	24779	-2798	2807		42935	39
		2	165				-18	
		88	138				-5	
		1212	994	-6	6		482	
61	3	105	631	413		348	33	
1897	888	2137	6637	1234	11	745	389	2
		400	207	-1			225	
117358	35204	72912	30362	27561	2394	21787	256822	-67
63600	874	13739	63997	9931	8742	10946	-13246	1029
561	3	9057	14272	1375	-54	1471	7864	219
1383	1058	5139	7040	3613	403	3718	-12094	755
1891	2717	18117	34994	9051	-49	6211	19609	955
183442	2460	179461	420080	234054	22308	253698	555952	80512
6840	195	2387	11643	5568	28	5565	-18177	9473
33234	500	11782	36951	5617	-2777	10676	9895	2946
1230	3	10028	31387	5963	206	5241	-834	-349
722	188	43529	108181	72688	733	67208	-12692	13010
7409	74	7380	34247	4725	45	4962	-26635	1987
13095	1699	16984	51905	18355	340	8387	61595	1927
890	133	4109	12100	4253	177	1406	-715	178
60903	28412	10522	171485	-31499	-73185	61065	273616	1617
110	110	17443	24793	2207		2039	14416	2247
2446		1909	6595	7612			16344	
		452	4583	362	-31	399	6417	831
			2636	-15	-20		1579	-5
45899	13559	5772	28686	82914	760	84546	-43436	2080
86171		81462	35282	64988	2094	64072	-6165	2590
297	297	5120	14933	5657	312	5607	-27324	2

10-5 规模以上工业企业

Major economic indicators of Industrial

指　　标	公允价值变动收益	投资收益	其他收益	营业外收入	营业外支出
总　　计	**-19262**	**116067**	**68479**	**224117**	**182559**
一、按登记注册类型分组:					
内资企业	-19262	106631	68468	217759	161614
国有企业		615	22537	7256	1630
中央企业		122	1150	4595	1050
地方企业		494	21387	2661	580
集体企业				1252	36
股份合作企业				37	5
有限责任公司	-19262	104855	44506	186858	155656
国有独资公司	-19263	17368	11930	54148	54099
其他有限责任公司	1	87487	32576	132710	101558
股份有限公司		60	7	4960	351
私营企业		1101	1418	17396	3936
私营独资企业				127	112
私营有限责任公司		1038	1010	16448	3776
私营股份有限公司		63	407	821	48
港、澳、台商投资企业		3295		1348	16183
合资经营企业 (港或澳、台资)		3295		1348	16169
港澳台商独资经营企业					14
外商投资企业		6141	11	5011	4761
中外合资经营企业		27	11	3859	1297
外资企业		6114		1125	3309
外商投资股份有限公司				27	156
二、在总计中:亏损企业	**1**	**7447**	**49605**	**100787**	**94444**
在总计中:国有控股企业	-19262	25138	66653	183349	146194
在总计中:轻工业		257	3345	7131	3684
重工业	-19262	115810	65134	216987	178876
在总计中:大型企业	-19262	100782	39274	126367	165974
中型企业		14438	11864	60591	8205
小型企业		847	17341	37160	8380
纯小型企业		847	17341	36269	7915
微型企业				891	466
三、按行业大类分组					
煤炭开采和洗选业	1	8366	16500	76609	84214

主要经济指标(四)
Enterprises above Designated Size(4)

单位：万元

利润总额	所得税费用	亏损企业亏损总额	利税总额	应交税金及附加	本年应付职工薪酬	本年应交增值税	从业人员平均人数(人)	从业人员期末人数(人)
900374	**184690**	**565335**	**2344281**	**1628597**	**3018582**	**911856**	**315336**	**326438**
563880	147857	563456	1803421	1387398	2362883	745232	244626	259967
-42044	629	48103	-23571	19102	87033	10631	10483	12049
-30807	629	34752	-22827	8610	19355	5191	2711	2700
-11236		13352	-744	10492	67678	5441	7772	9349
379	51	97	5080	4752	12368	4110	3161	3126
-155		155	14	170	185	151	69	68
450378	132871	495865	1581689	1264182	2135375	659951	202831	217166
477748	35583	51119	837002	394837	668417	273879	68587	68300
-27370	97288	444746	744687	869345	1466958	386072	134244	148866
11019	3133	7482	19160	11274	25856	6678	4400	4317
144303	11173	11753	221049	87920	102065	63711	23682	23241
166	41	109	3309	3184	3195	2823	740	740
123999	8537	10895	190015	74553	86467	54587	20860	20441
20137	2595	749	27725	10183	12402	6301	2082	2060
100719	19793	189	116689	35764	587918	773	53766	49594
100908	19793		116715	35600	587887	610	53756	49584
-189		189	-26	164	31	162	10	10
235775	17040	1691	424171	205436	67781	165852	16944	16877
82764	8802	1087	126087	52124	28641	38938	4127	4149
151890	8025	604	296310	152445	37224	126370	12467	12378
1121	214		1774	867	1917	544	350	350
-565335	**45470**	**565335**	**-53162**	**557644**	**1320997**	**317875**	**135682**	**134376**
196981	100251	522012	1290380	1193650	2038740	626685	191793	190580
102880	18717	7292	372189	288026	114309	69559	17139	16346
797494	165973	558043	1972092	1340572	2904273	842297	298197	310092
574501	121235	452458	1564025	1110759	2570627	697575	246298	258505
195321	39028	73669	559256	402963	276902	145055	38526	38861
130552	24428	39208	221000	114875	171053	69227	30512	29072
132128	24100	34800	216105	108077	163685	63598	29323	28831
-1576	327	4409	4895	6798	7369	5629	1189	241
-298318	43293	350270	130407	472017	1039656	250786	91035	88988

10-5 续表 4-1

指 标	公允价值变动收益	投资收益	其他收益	营业外收入	营业外支出
石油和天然气开采业			2519	41	16
黑色金属矿采选业				14	5
农副食品加工业				372	1032
食品制造业		202	–16	514	217
酒、饮料和精制茶制造业		39	3093	285	829
烟草制品业				194	453
纺织业				3	
纺织服装、服饰业				5	1
家具制造业				35	3
造纸和纸制品业				72	1
印刷和记录媒介复制业		–15	257	479	404
文教、工美、体育和娱乐用品制造业					
石油、煤炭及其他燃料加工业		79950	26	5177	9681
化学原料和化学制品制造业		–8719	115	31294	5056
医药制造业		36		588	271
橡胶和塑料制品业		–105		527	364
非金属矿物制品业		15995	1226	2825	2914
黑色金属冶炼和压延加工业	–19263	9176	–38	9159	44836
有色金属冶炼和压延加工业		26		1065	80
金属制品业		73		5764	1212
通用设备制造业		–212	110	1706	496
专用设备制造业		631	26	6673	724
汽车制造业		–2417	386	16926	824
铁路、船舶、航空航天和其他运输设备制造业		–46	270	18389	1488
电气机械和器材制造业		347	130	328	376
计算机、通信和其他电子设备制造业		10151		4358	19564
仪器仪表制造业		740	1330	3443	524
其他制造业					
废弃资源综合利用业					10
金属制品、机械和设备修理业				18	1
电力、热力生产和供应业		656	42334	28240	3351
燃气生产和供应业		–430		7064	3023
水的生产和供应业		1623	213	1951	590

单位：万元

利润总额	所得税费用	亏损企业亏损总额	利税总额	应交税金及附加	本年应付职工薪酬	本年应交增值税	从业人员平均人数(人)	从业人员期末人数(人)
-2897		2897	-2261	637	1576	464	170	164
-104	252	670	1709	2064	481	767	203	121
-2404	32	3956	-1196	1240	5949	1056	1451	1463
37156	2638	716	44925	10407	16012	6374	4143	4203
10075	2579	849	25828	18332	14869	7854	1890	1897
42676	11239		270066	238629	35800	40817	949	942
-15		15	254	268	886	124	225	221
-1	2	1	10	13	280	11	120	139
513	5		632	124	1044	101	209	206
104	17		390	303	757	218	264	267
465	29	345	2479	2043	10042	1412	2526	2496
225			296	71	73		20	22
252318	33154		315901	96737	30379	57466	7253	7411
12993	1295	1189	39616	27919	53118	20484	8260	8044
8181	1272	638	13127	6218	8988	3845	1529	1603
-11932	490	13741	-9386	3036	8847	1597	2197	2019
19519	6162	10499	39644	26287	34119	17471	6541	6656
520275	17694	542	817044	314463	496221	227403	36743	36748
-17192	-1263	18869	-15174	756	9577	1667	1855	1747
14448	2476	2250	27948	15976	37686	10522	8279	7328
376	595	4267	9078	9296	29901	7506	5049	5068
-6743	2159	21076	46985	55887	110054	44763	15811	15777
-10533	325	15090	-3513	7346	24986	5105	2900	3134
78496	11585	5134	115533	48622	73099	31227	6104	5468
-763	325	3861	7068	8157	6238	6764	1683	1673
258410	26139	2146	424309	192039	764034	131756	78631	91570
17335	2529	2003	25408	10603	17770	6898	2623	2727
16344			16344		21882		2544	2542
6407	1602		7032	2227	2616	389	150	148
1596	136		6266	4806	13018	4141	910	899
-18547	10435	69205	2118	31101	93701	13511	9755	11304
-2125	7495	9145	6751	16370	32400	5648	10108	10184
-25962		25962	-21355	4608	22526	3711	3206	3259

10-5 规模以上工业企业

Major economic indicators of Industrial

指 标	平均用工人数（人）	期末用工人数((人）	主营业务收入利润率(%)	产品销售率(%)	资产负债率(%)
总 计	**326307**	**325156**	**3.20**	**101.67**	**74.38**
一、按登记注册类型分组:					
内资企业	255390	258619	2.78	99.27	74.32
国有企业	10450	9804	-8.98	100.83	67.40
中央企业	2714	2690	-16.75	105.01	97.14
地方企业	7736	7114	-3.95	98.20	56.13
集体企业	3142	3095	0.59	92.47	71.87
股份合作企业	69	68	-4.98	100.00	40.92
有限责任公司	213614	218329	2.67	99.16	75.12
国有独资公司	68547	68367	4.95	98.82	67.19
其他有限责任公司	145067	149962	-0.38	99.59	83.24
股份有限公司	4317	4338	1.94	98.01	37.36
私营企业	23798	22985	6.16	100.27	78.12
私营独资企业	960	727	0.17	100.16	91.78
私营有限责任公司	20643	20130	5.98	100.26	81.91
私营股份有限公司	2195	2128	11.85	100.46	36.69
港、澳、台商投资企业	53749	49594	1.71	108.00	84.48
合资经营企业（港或澳、台资)	53739	49584	1.71	108.01	84.53
港澳台商独资经营企业	10	10	-7.45	100.00	49.72
外商投资企业	17168	16943	12.25	110.24	50.60
中外合资经营企业	4141	4215	11.23	97.39	70.72
外资企业	12677	12378	12.92	117.71	39.80
外商投资股份有限公司	350	350	9.49	100.00	69.75
二、在总计中:亏损企业	**138700**	**138549**	**-9.86**	**98.74**	**89.41**
在总计中:国有控股企业	194321	189119	1.29	99.25	75.11
在总计中:轻工业	17449	16236	6.47	99.54	50.77
重工业	308858	308920	3.01	101.80	75.46
在总计中:大型企业	256542	258600	2.68	102.30	75.41
中型企业	39003	36716	6.05	99.31	75.74
小型企业	30762	29840	3.80	100.10	66.08
纯小型企业	28664	28711	4.08	99.73	65.44
微型企业	2098	1129	-0.78	106.12	76.15
三、按行业大类分组					
煤炭开采和洗选业	92911	89223	-11.66	102.12	98.32

主要经济指标(五)
Enterprises above Designated Size(5)

单位：万元

总资产贡献率(%)	人均主营业务收入(万元/人)	流动资产周转率(次/年)	每百元资产实现的主营业务收入(元)	产成品存货周转天数(天)	应收账款平均回收期(天)	成本费用利润率(%)
6.33	**86.2**	**1.23**	**53.58**	**20.00**	**88.73**	**3.26**
5.88	79.4	1.23	45.15	23.35	76.18	2.82
1.08	44.8	0.86	24.05	26.62	72.52	-7.81
0.10	67.8	2.36	34.36	8.38	62.06	-14.13
1.45	36.8	0.62	20.14	39.56	79.28	-3.51
12.63	20.4	1.81	160.38	11.02	97.19	0.58
0.92	45.2	0.69	63.17	0.00	288.75	-4.73
5.98	78.9	1.23	43.18	22.51	70.38	2.72
6.06	140.8	1.61	48.89	17.28	43.46	5.14
5.90	49.6	0.94	37.33	29.74	106.52	-0.38
2.75	131.6	1.36	71.45	33.32	103.78	1.95
8.29	98.4	1.33	74.50	26.26	111.13	6.35
10.64	102.2	1.93	149.64	32.32	72.20	0.17
8.01	100.4	1.31	74.07	27.05	112.80	6.12
10.51	77.4	1.37	61.11	9.68	113.30	13.49
4.52	109.8	1.21	109.81	13.36	110.95	1.74
4.53	109.8	1.21	109.93	13.20	111.04	1.74
-0.31	253.7	0.56	30.84	402.75	-80.26	-6.97
20.32	112.1	1.27	88.97	8.57	152.87	13.28
18.27	178.0	1.77	99.52	14.26	75.10	11.43
21.49	92.7	1.07	83.54	3.88	202.04	14.59
12.12	33.7	1.22	77.87	156.18	111.61	10.84
2.57	**41.4**	**0.87**	**30.60**	**36.60**	**106.03**	**-8.80**
5.50	78.7	1.23	40.81	23.47	64.66	1.30
17.21	91.2	1.24	69.40	23.53	69.90	7.76
5.84	85.9	1.23	52.85	19.83	89.86	3.04
6.04	83.6	1.28	53.36	18.19	79.37	2.71
9.91	82.8	1.02	51.48	29.88	115.10	6.55
4.58	111.8	1.17	57.21	22.92	122.39	3.82
4.76	112.9	1.23	57.26	23.24	114.91	4.11
1.70	96.5	0.64	56.45	18.37	241.80	-0.77
4.89	27.5	0.96	28.03	45.28	48.92	-10.31

10-5 续表 5-1

指 标	平均用工人数（人）	期末用工人数((人)	主营业务收入利润率(%)	产品销售率(%)	资产负债率(%)
石油和天然气开采业	164	164	-40.46	100.00	84.14
黑色金属矿采选业	243	116	-0.84	95.40	83.27
农副食品加工业	1428	1439	-2.80	102.61	71.05
食品制造业	4290	4316	8.29	102.00	45.02
酒、饮料和精制茶制造业	1904	1958	8.62	97.50	59.56
烟草制品业	949	942	10.24	101.89	22.14
纺织业	225	221	-0.15	100.72	34.16
纺织服装、服饰业	140	139	-0.01	102.24	89.25
家具制造业	209	206	6.62	100.00	25.87
造纸和纸制品业	264	267	0.48	100.85	66.51
印刷和记录媒介复制业	2511	2403	0.79	104.29	56.79
文教、工美、体育和娱乐用品制造业	20	22	2.04	61.57	84.67
石油、煤炭及其他燃料加工业	7266	7367	16.13	102.18	66.98
化学原料和化学制品制造业	8251	8044	2.51	99.79	81.69
医药制造业	1532	1603	10.04	89.41	59.68
橡胶和塑料制品业	2147	1877	-9.21	87.52	74.91
非金属矿物制品业	6479	6618	3.47	99.36	72.66
黑色金属冶炼和压延加工业	36698	36651	6.65	99.79	60.08
有色金属冶炼和压延加工业	1905	1808	-7.28	96.75	87.03
金属制品业	8503	7302	1.81	98.25	61.64
通用设备制造业	4982	5063	0.16	97.63	55.14
专用设备制造业	15656	15728	-0.76	86.80	80.82
汽车制造业	3323	3184	-7.28	97.18	98.62
铁路、船舶、航空航天和其他运输设备制造业	6176	6037	11.62	104.12	68.43
电气机械和器材制造业	2307	2498	-0.29	103.53	65.42
计算机、通信和其他电子设备制造业	86775	91574	3.34	107.75	75.33
仪器仪表制造业	2585	2718	6.67	97.80	54.61
其他制造业	2544		25.23	92.22	76.98
废弃资源综合利用业	150	148	32.28	100.00	14.37
金属制品、机械和设备修理业	910	899	3.93	100.00	38.70
电力、热力生产和供应业	9713	11328	-1.86	98.08	77.23
燃气生产和供应业	9884	9970	-0.17	100.00	82.52
水的生产和供应业	3263	3323	-27.14	100.96	49.48

单位：万元

总资产贡献率(%)	人均主营业务收入(万元/人)	流动资产周转率(次/年)	每百元资产实现的主营业务收入(元)	产成品存货周转天数(天)	应收账款平均回收期(天)	成本费用利润率(%)
-2.10	43.7	0.28	6.63		1220.24	-22.86
3.50	50.8	0.67	25.29	62.58	219.87	-0.91
1.00	60.0	1.09	51.23	29.51	45.15	-2.75
12.02	104.5	2.28	107.15	22.64	38.62	9.03
28.36	61.4	2.29	124.05	19.19	7.26	9.86
55.49	439.1	1.44	86.52	19.37	54.47	22.77
0.66	45.0	5.73	26.17	0.37	43.78	-0.15
0.24	50.0	2.10	161.12			-0.01
4.02	37.1	0.95	49.80		38.80	7.07
2.90	81.7	1.58	84.88	37.12	116.38	0.48
2.91	23.5	1.26	53.37	21.21	71.97	0.77
2.34	551.3	0.89	87.11	0.00	306.00	2.10
16.98	215.3	1.56	79.23	9.62	23.72	16.83
3.03	62.7	0.66	37.52	13.46	218.43	2.25
12.26	53.2	1.55	68.18	52.88	29.25	11.23
-2.41	60.4	1.19	51.49	45.56	145.53	-8.45
4.64	86.9	0.95	56.87	17.48	209.97	3.49
8.32	213.3	2.87	62.09	13.61	10.02	7.13
-4.99	124.0	2.28	122.28	28.42	28.52	-6.84
4.01	93.7	1.21	77.13	12.20	79.32	1.77
2.01	48.6	0.55	34.55	120.48	122.64	0.15
3.79	56.4	0.39	29.49	118.09	298.55	-0.77
0.34	43.5	1.08	35.19	47.57	122.13	-6.10
9.28	109.4	0.72	50.75	16.00	300.65	12.67
1.44	113.9	0.60	45.56	42.88	265.02	-0.29
7.13	89.1	1.13	98.60	12.19	141.02	3.45
5.28	100.6	0.77	49.96	88.21	235.32	7.10
0.94	25.5	0.17	3.72	88.75	0.00	32.12
17.71	132.3	3.81	47.12	15.36	29.31	51.81
21.19	44.7	1.49	137.00	0.00	172.68	4.14
2.38	102.6	1.07	27.61	0.17	87.90	-1.66
2.31	123.9	2.27	41.10	3.25	21.87	-0.16
-3.16	29.3	0.69	18.84		83.67	-20.90

10-6 国有控股工业企业

Main economic indicators of state

指 标	企业单位数(个)	亏损企业	工业总产值(当年价格)	工业销售产值(当年价格)	出口交货值	年初存货
总 计	**98**	**35**	**15217011**	**15102230**	**1474025**	**3054410**
煤炭开采和洗选业	9	4	2401205	2421260	224	853472
石油和天然气开采业	1	1	7161	7161		596
农副食品加工业	2		17868	17537	6302	2964
食品制造业	3		46678	46586		2950
酒、饮料和精制茶制造业	2		51769	49382		6108
烟草制品业	1		414445	422259		21479
印刷和记录媒介复制业	4	3	23887	25174		3157
化学原料和化学制品制造业	5		129504	130691		210111
医药制造业	1	1	2035	2026		446
橡胶和塑料制品业	1	1	79031	70785	32538	15867
非金属矿物制品业	7	3	94526	97842		14918
黑色金属冶炼和压延加工业	3		7266879	7266226	1278978	666622
有色金属冶炼和压延加工业	4	3	237395	230914		26865
金属制品业	3		350988	341070	5053	44673
通用设备制造业	5		166533	160702		139552
专用设备制造业	8	2	785518	659833	77642	844691
汽车制造业	2	1	15794	15451		6397
铁路、船舶、航空航天和其他运输设备制造业	4	1	414858	443584	30778	86502
电气机械和器材制造业	3	1	187063	195076	580	29352
计算机、通信和其他电子设备制造业	3	2	48047	46882	1167	19213
仪器仪表制造业	4	1	30524	30582	1085	9752
其他制造业	1		72902	67233		
金属制品、机械和设备修理业	1		40633	40633		2292
电力、热力生产和供应业	10	4	983380	964040		33047
燃气生产和供应业	9	5	1258193	1258193	39678	12839
水的生产和供应业	2	2	90199	91110		548

主要经济指标(一)
holding Industrial Enterprises(1)

单位：万元

产成品	资产总计	流动资产合计	应收账款	存货	产成品	固定资产合计	固定资产原价
898019	**37475754**	**12918742**	**2747039**	**3464496**	**806374**	**16591590**	**25800090**
211382	8423976	2744676	327748	920726	211702	3909099	5655903
	108025	26825	24273	621		77348	101232
2771	62484	36824	2874	4476	4137	6305	17656
1149	28425	21100	5185	2886	966	3558	18854
1903	48429	31092	1364	4962	1168	13279	24945
8749	481593	290326	63051	28657	8594	188173	154682
1214	58315	20920	4919	3914	1406	28217	41341
12961	1286977	810165	274397	239995	12265	310001	412232
146	9568	1434	664	330	201	6301	6391
10254	156355	46220	22352	13713	6766	104910	145063
9467	328820	160286	20430	27086	12004	64037	200574
296264	12238139	2646351	205676	773864	196467	5870703	11137993
9475	140401	75576	7585	36006	11099	49237	77320
11615	751624	501341	114832	62749	9321	178218	214480
49301	376588	292765	52932	164262	55376	66174	83817
211558	2681879	2070653	644415	918023	200817	428932	428730
2838	54136	18585	5971	7995	1348	8745	17325
26236	1052919	704614	455548	84977	19698	219800	272715
23164	470339	349761	142858	35926	26083	99055	43550
2710	148632	82985	32408	21256	4302	54112	78338
4340	39839	26692	5755	8373	5081	11368	10856
	1741144	388253		18806	7934	1195968	1196917
	29659	27211	19490	538		2004	9058
	3298215	829714	217138	46183		2208722	3602389
525	2979789	578102	74406	25787	9639	1234331	1441974
	479485	136275	20769	12384		252997	405758

10-6 国有控股工业企业

Main economic indicators of state

指 标	房屋和构筑物	机器设备	运输工具	累计折旧	本年折旧	负债合计	流动负债合计
总 计	**6023316**	**12817067**	**263725**	**10591570**	**977876**	**28147992**	**18742844**
煤炭开采和洗选业	1730567	1585027	59352	2767244	196060	8359350	5310823
石油和天然气开采业	4172	95884	1144	23884	69	90891	90891
农副食品加工业	390	859	40	9978	1393	42325	37251
食品制造业	1608	13325	188	15296	1661	10951	9979
酒、饮料和精制茶制造业	3311	2200	40	11740	1583	18222	18132
烟草制品业	45854	70232	505	79118	6614	106611	106611
印刷和记录媒介复制业	4195	18970	272	26084	922	42558	38149
化学原料和化学制品制造业	53963	91519	1931	97615	6533	1086119	704766
医药制造业				1705	328	5213	5163
橡胶和塑料制品业	63554	81191	319	40154	40154	133857	46220
非金属矿物制品业	84589	45025	9627	59221	6765	200967	120959
黑色金属冶炼和压延加工业	2857198	8029274	156129	5279694	455912	7066192	5258308
有色金属冶炼和压延加工业	19409	49664	1278	11964	3440	131600	82750
金属制品业	17732	7603	571	60937	17313	491160	458704
通用设备制造业	51255	19813	2952	17643	3867	276706	253176
专用设备制造业	2137	9461	3373	284829	13936	2208924	1999698
汽车制造业		2650	26	8580	340	36337	31118
铁路、船舶、航空航天和其他运输设备制造业	104832	142688	12248	53196	19257	756751	423586
电气机械和器材制造业	5668	6432	464	9044	3681	332066	231862
计算机、通信和其他电子设备制造业				24227	2136	131756	120854
仪器仪表制造业	2122	3388	41	5942	878	21778	21678
其他制造业	495982	698227	816	949		1340292	1047863
金属制品、机械和设备修理业	1110	6683	1265	7055	505	11477	11477
电力、热力生产和供应业	384146	1529029	4425	1308328	117779	2552884	1117303
燃气生产和供应业	9358	1791	1143	226008	55860	2459010	1028589
水的生产和供应业	80166	306134	5577	161139	20890	233996	166933

主要经济指标(二)
holding Industrial Enterprises(2)

单位：万元

应付账款	非流动负债合计	所有者权益合计	实收资本	国家资本	集体资本	法人资本	个人资本	港澳台资本	外商资本	营业收入
3901295	**8907936**	**9327761**	**5112959**	**3005481**	**36216**	**2005253**	**57293**	**1100**	**7616**	**15900494**
996436	2706803	64627	1758441	573102	20458	1158431	6450			2505255
89447		17135	20000			20000				7482
5060	5054	20159	14064	14064						20302
6390	900	17474	13077			11717	1360			53696
7953	90	30207	23140	3140			20000			53249
54534		374982	61320			61320				416976
5814	3085	15757	14734	8238		6400	96			23734
250442	381353	200858	156946	132470	14968	5000	4508			441182
31	50	4355	8000	6400		1600				2026
32357	8300	22497	30000	30000						85006
46210	80008	127853	66630	50620		16010				102665
460735	1807885	5171946	743076	687887		50000	5189			7542864
13273	48850	8801	28110	3988		14121	10000			205052
79421	30306	260464	105350	20000		85350				319610
63813	23530	99883	44841	39573	790	4388	90			156162
578961	209204	472955	213256	169745		37654	1741		4116	739861
6963	5219	17799	14947	10980		3504	463			20067
208084	261164	296168	189070	185882			3188			437394
151152	100204	138273	97170	57380		39040	750			196946
38506	10390	16876	27866	1200		26266	400			48940
3574	50	18061	7709	2422		4187		1100		30292
176567	292429	400852	407247			407247				67233
8527		18182	13000			13000				40633
383209	1435580	745331	637688	631688		6000				981515
122424	1430421	520779	310078	269500		34018	3060		3500	1310987
111413	67063	245489	107202	107202						91365

10-6　国有控股工业企业

Main economic indicators of state

指　标	主营业务收入	营业成本	主营业务成本	营业税金及附加	主营业务税金及附加
总　计	**15295267**	**12731426**	**12370319**	**466714**	**444452**
煤炭开采和洗选业	2305921	1841920	1668956	170960	157504
石油和天然气开采业	7161	11320	11024	173	173
农副食品加工业	20128	13520	13520	34	34
食品制造业	52521	45794	44637	212	212
酒、饮料和精制茶制造业	53194	36756	36637	5897	5897
烟草制品业	416697	159938	159732	186572	185666
印刷和记录媒介复制业	22907	19086	18731	356	356
化学原料和化学制品制造业	378580	369593	332206	5572	5572
医药制造业	2024	617	615	103	103
橡胶和塑料制品业	83705	85702	85378	669	669
非金属矿物制品业	102129	79645	79400	744	744
黑色金属冶炼和压延加工业	7372498	6060640	6021387	68357	68357
有色金属冶炼和压延加工业	198686	196204	188664	213	213
金属制品业	293290	275421	252588	1666	657
通用设备制造业	154973	122093	120989	639	638
专用设备制造业	739425	536676	536670	7726	7725
汽车制造业	19577	14399	14275	562	5
铁路、船舶、航空航天和其他运输设备制造业	425101	357472	346875	3438	3438
电气机械和器材制造业	196520	185815	185472	794	794
计算机、通信和其他电子设备制造业	47942	38673	38140	664	596
仪器仪表制造业	30292	21387	21387	187	187
其他制造业	64787	34773	32185		
金属制品、机械和设备修理业	40633	35908	35908	529	529
电力、热力生产和供应业	950693	964096	960979	6769	2188
燃气生产和供应业	1224816	1129172	1069161	3227	1545
水的生产和供应业	91068	94806	94806	651	651

主要经济指标(三)

holding Industrial Enterprises(3)

单位：万元

其他业务收入	其他业务利润	销售费用	管理费用	财务费用			营业利润	资产减值损失
					利息收入	利息支出		
605227	**39453**	**441507**	**1239978**	**794729**	**43868**	**813916**	**159827**	**138838**
199335	20868	73411	415361	305256	7534	316864	-300529	23714
320			1357	-2	3		-2923	76
174	174	917	4492	-361	-398		1701	
1175	17	4059	2104	-18	-68	48	1721	
55	-64	256	2756	-151	-152	1	10828	
279	72	5510	24779	-2798	2807		42935	39
827	716	122	4266	326	-17	344	-374	2
62602	466	8464	55348	5807	8784	6865	-13212	969
3		624	657	161	2	163	-321	185
1301	976	3664	4816	3351	473	3434	-13951	755
536	291	5788	15642	1068	-99	1105	16162	871
170366	72	177425	412504	224971	23219	243737	508345	80499
6366		2023	9691	3884	13	3852	-16409	9473
26320	489	6445	25287	4038	-2765	9283	4542	2210
1189	-36	6422	22454	2910	245	2964	1522	193
437		38986	93204	68694	607	65370	-17024	12184
491		536	4255	80	33	110	-2865	1070
12293	1695	14294	35913	14571	185	6273	10500	1428
426	71	1825	6841	3643	160	1129	-1675	178
998		973	9989	197	111	279	-1875	327
		1052	5248	426	-20	444	1943	3
2446		1909	6595	7612			16344	
			2636	-15	-20		1579	-5
30822	13349	221	23975	81198	828	82737	-53962	2080
86171		81462	35282	64988	2094	64072	-6165	2590
297	297	5120	14526	4894	312	4844	-27010	

10-6 国有控股工业企业

Main economic indicators of state

指 标	公允价值变动收益	投资收益	其他收益	营业外收入	营业外支出
总 计	**-19262**	**25138**	**66653**	**183349**	**146194**
煤炭开采和洗选业	1	8349	16488	76606	83148
石油和天然气开采业			2519	41	16
农副食品加工业				99	818
食品制造业		176		183	33
酒、饮料和精制茶制造业			3093	219	184
烟草制品业				194	453
印刷和记录媒介复制业		-15	65	383	206
化学原料和化学制品制造业		-8746	104	30989	5025
医药制造业				11	53
橡胶和塑料制品业				500	290
非金属矿物制品业		16029	1226	246	1182
黑色金属冶炼和压延加工业	-19263	9176	-38	8788	44632
有色金属冶炼和压延加工业		26		29	60
金属制品业				3834	529
通用设备制造业			70	1212	150
专用设备制造业		586		6267	339
汽车制造业		-2417	386	1577	517
铁路、船舶、航空航天和其他运输设备制造业		-46	270	17973	1362
电气机械和器材制造业		344	130	106	249
计算机、通信和其他电子设备制造业		7		738	30
仪器仪表制造业		-54	7	492	68
其他制造业					
金属制品、机械和设备修理业				18	1
电力、热力生产和供应业		529	42334	23831	3237
燃气生产和供应业		-430		7064	3023
水的生产和供应业		1623		1950	590

主要经济指标(四)

holding Industrial Enterprises(4)

单位：万元

利润总额	所得税费用	亏损企业亏损总额	利税总额	应交税金及附加	本年应付职工薪酬	本年应交增值税	从业人员平均人数(人)	从业人员期末人数(人)
196981	**100251**	**522012**	**1290380**	**1193650**	**2038740**	**626685**	**191793**	**190580**
-307070	42116	348627	106858	456044	1026331	242968	88203	86599
-2897		2897	-2261	637	1576	464	170	164
981	22		991	33	1360	-23	291	300
1871	359		3165	1654	2539	1083	489	494
10863	2579		21043	12759	5286	4283	767	779
42676	11239		270066	238629	35800	40817	949	942
-197		253	904	1101	5210	745	1003	1001
12752	1061		34189	22498	48278	15865	6851	6617
-363		363	-8	355	607	252	84	81
-13741		13741	-13002	739	6426	70	1600	1465
15225	4762	3419	21007	10544	14022	5038	1716	1672
472501	17545		758448	303492	486240	217590	33853	33777
-16439	-1282	17513	-15998	-841	6770	229	972	969
7847	1111		14786	8050	15829	5273	3378	3370
2583	176		8576	6169	20634	5354	3352	3404
-11096	1381	18027	36556	49033	90941	39926	12509	12452
-1804	97	2016	-499	1402	4761	743	507	478
27111	3854	4880	43341	20083	62603	12791	4830	4199
-1818	146	3272	4183	6147	3659	5208	997	998
-1167	21	1275	431	1619	12460	934	2239	2212
2367	598	1790	3875	2107	6927	1322	1129	1087
16344			16344		21882		2544	2542
1596	136		6266	4806	13018	4141	910	899
-33368	6837	69145	-14267	25937	91481	12332	9221	10722
-2125	7495	9145	6751	16370	32400	5648	10108	10184
-25649		25649	-21364	4285	21700	3634	3121	3173

10-6 国有控股工业企业

Main economic indicators of state

指　标	平均用工人数（人）	期末用工人数((人)	主营业务收入利润率(%)	产品销售率(%)	资产负债率(%)
总　计	**194321**	**189119**	**1.29**	**99.25**	**75.11**
煤炭开采和洗选业	90178	86367	-13.32	100.84	99.23
石油和天然气开采业	164	164	-40.46	100.00	84.14
农副食品加工业	300	300	4.87	98.15	67.74
食品制造业	489	494	3.56	99.80	38.53
酒、饮料和精制茶制造业	760	779	20.42	95.39	37.63
烟草制品业	949	942	10.24	101.89	22.14
印刷和记录媒介复制业	1027	941	-0.86	105.39	72.98
化学原料和化学制品制造业	6854	6611	3.37	100.92	84.39
医药制造业	84	81	-17.96	99.57	54.48
橡胶和塑料制品业	1600	1465	-16.42	89.57	85.61
非金属矿物制品业	1675	1642	14.91	103.51	61.12
黑色金属冶炼和压延加工业	33853	33777	6.41	99.99	57.74
有色金属冶炼和压延加工业	1022	1030	-8.27	97.27	93.73
金属制品业	3377	3345	2.68	97.17	65.35
通用设备制造业	3363	3404	1.67	96.50	73.48
专用设备制造业	12403	12463	-1.50	84.00	82.36
汽车制造业	591	598	-9.22	97.83	67.12
铁路、船舶、航空航天和其他运输设备制造业	4918	4793	6.38	106.92	71.87
电气机械和器材制造业	1677	1874	-0.93	104.28	70.60
计算机、通信和其他电子设备制造业	2239	2212	-2.43	97.58	88.65
仪器仪表制造业	1070	1074	7.81	100.19	54.66
其他制造业	2544		25.23	92.22	76.98
金属制品、机械和设备修理业	910	899	3.93	100.00	38.70
电力、热力生产和供应业	9212	10657	-3.51	98.03	77.40
燃气生产和供应业	9884	9970	-0.17	100.00	82.52
水的生产和供应业	3178	3237	-28.17	101.01	48.80

主要经济指标(五)

holding Industrial Enterprises(5)

单位：万元

总资产贡献率(%)	人均主营业务收入(万元/人)	流动资产周转率(次/年)	每百元资产实现的主营业务收入(元)	产成品存货周转天数(天)	应收账款平均回收期(天)	成本费用利润率(%)
5.50	**78.71**	**1.23**	**40.81**	**23.47**	**64.66**	**1.30**
4.94	25.57	0.91	27.37	45.66	51.17	-11.65
-2.10	43.67	0.28	6.63		1220.24	-22.86
2.22	67.09	0.55	32.21	110.16	51.41	5.28
11.54	107.41	2.54	184.77	7.79	35.54	3.60
43.77	69.99	1.71	109.84	11.47	9.23	27.42
55.49	439.09	1.44	86.52	19.37	54.47	22.77
2.17	22.30	1.13	39.28	27.02	77.31	-0.83
2.51	55.23	0.54	29.42	13.29	260.93	2.90
1.59	24.09	1.41	21.15	117.58	118.09	-17.65
-6.42	52.32	1.84	53.54	28.53	96.13	-14.09
6.75	60.97	0.64	31.06	54.42	72.02	14.91
8.00	217.78	2.85	60.24	11.75	10.04	6.87
-8.66	194.41	2.71	141.51	21.18	13.74	-7.76
3.57	86.85	0.64	39.02	13.28	140.95	2.52
3.00	46.08	0.53	41.15	164.77	122.96	1.68
3.78	59.62	0.36	27.57	134.71	313.74	-1.50
-0.78	33.12	1.08	36.16	33.98	109.80	-9.36
4.69	86.44	0.62	40.37	20.44	385.78	6.42
1.10	117.19	0.56	41.78	50.63	261.70	-0.92
0.40	21.41	0.59	32.26	40.61	243.35	-2.34
10.89	28.31	1.13	76.04	85.53	68.39	8.42
0.94	25.47	0.17	3.72	88.75		32.12
21.19	44.65	1.49	137.00		172.68	4.14
2.05	103.20	1.18	28.82		82.22	-3.12
2.31	123.92	2.27	41.10	3.25	21.87	-0.16
-3.51	28.66	0.67	18.99	0.00	82.10	-21.49

10-7 集体工业企业

Main economic indicators of

指 标	企业单位数（个）		工业总产值（当年价格）	工业销售产值（当年价格）		年初存货		资产总计
		亏损企业			出口交货值		产成品	
总 计	**13**	**3**	**61485**	**56853**		**3841**	**1367**	**40034**
印刷和记录媒介复制业	1		341	341		308		3290
有色金属冶炼和压延加工业	2		9119	8990		1061	7	10650
金属制品业	7	1	35231	30773		1666	1360	13837
通用设备制造业	1		9849	9804		47		2840
铁路、船舶、航空航天和其他运输设备制造业	2	2	6946	6946		759		9417

10-7 集体工业企业

Main economic indicators of

指 标	运输工具	累计折旧	本年折旧	负债合计	流动负债合计	应付账款	非流动负债合计	所有者权益合计
总 计	**1142**	**6342**	**438**	**28772**	**28772**	**18547**		**11262**
印刷和记录媒介复制业		968	20	1540	1540	1532		1750
有色金属冶炼和压延加工业	202	801	20	7687	7687	6985		2963
金属制品业	372	2453	192	9124	9124	3380		4713
通用设备制造业	321	844	120	1607	1607	764		1233
铁路、船舶、航空航天和其他运输设备制造业	246	1275	87	8814	8814	5888		603

主要经济指标(一)

collective industrial enterprises(1)

单位：万元

流动资产合计				固定资产合计	固定资产原价		
	应收账款	存货				房屋和构筑物	机器设备
			产成品				
36137	**17335**	**4276**	**1776**	**3255**	**9628**	**2276**	**3423**
2862	290	450	359	57	1025		
9908	7195	398	20	644	1476	191	85
12352	2610	2328	873	1312	3766	1453	1177
2066	1077	569	524	774	1618	543	755
8949	6163	530		467	1742	90	1407

主要经济指标(二)

collective industrial enterprises(2)

单位：万元

实收资本							营业收入		营业成本		营业税金及附加
	国家资本	集体资本	法人资本	个人资本	港澳台资本	外商资本		主营业务收入		主营业务成本	
7847		**7017**	**732**	**98**			**65303**	**64208**	**59093**	**58021**	**591**
1827		1827					3601	2590	3279	2242	18
330		232		98			8824	8824	8781	8781	104
3921		3189	732				35579	35495	31829	31794	283
982		982					10057	10057	9014	9014	104
787		787					7243	7243	6190	6190	82

10-7　集体工业企业

Main economic indicators of

指　标	主营业务税金及附加	其他业务收入	其他业务利润	销售费用	管理费用	财务费用	利息收入	利息支出
总　计	**590**	**1094**	**-26**	**138**	**6382**	**-64**	**12**	**-10**
印刷和记录媒介复制业	18	1011	-26		319	-8	-9	
有色金属冶炼和压延加工业	104			12	476	-2	2	
金属制品业	283	84			3427	-25	-1	
通用设备制造业	104				886	-2	2	
铁路、船舶、航空航天和其他运输设备制造业	82			126	1274	-27	17	-10

10-7　集体工业企业

Main economic indicators of

指　标	应交税金及附加	本年应付职工薪酬	本年应交增值税	从业人员平均人数(人)	从业人员期末人数(人)	平均用工人数(人)	期末用工人数(人)	主营业务收入利润率(%)
总　计	**4752**	**12368**	**4110**	**3161**	**3126**	**3142**	**3095**	**0.59**
印刷和记录媒介复制业	136		117	228	224	228	224	0.08
有色金属冶炼和压延加工业	1091	446	984	153	153	153	153	3.24
金属制品业	1925	5907	1607	1851	1819	1832	1788	0.30
通用设备制造业	855	4401	739	597	601	597	601	0.52
铁路、船舶、航空航天和其他运输设备制造业	746	1614	664	332	329	332	329	-0.92

主要经济指标(三)
collective industrial enterprises(3)

单位：万元

营业利润	资产减值损失	公允价值变动收益	投资收益	其他收益	营业外收入	营业外支出	利润总额	所得税费用	亏损企业亏损总额	利税总额
-837					**1252**	**36**	**379**	**51**	**97**	**5080**
-8					10		2	1		137
-547					833		286	2		1374
65					55	15	106	34	31	1996
55					18	21	53	13		895
-402					335		-67		67	679

主要经济指标(四)
collective industrial enterprises(4)

单位：万元

产品销售率(%)	资产负债率(%)	总资产贡献率(%)	人均主营业务收入(万元/人)	流动资产周转率(次/年)	每百元资产实现的主营业务收入(元)	产成品存货周转天数(天)	应收账款平均回收期(天)	成本费用利润率(%)
92.47	**71.87**	**12.63**	**20.44**	**1.81**	**160.38**	**11.02**	**97.19**	**0.58**
100.00	46.80	4.43	11.36	1.26	78.73	57.59	40.27	0.06
98.58	72.18	12.88	57.67	0.89	82.85	0.80	293.54	3.08
87.35	65.94	14.43	19.38	2.88	256.52	9.89	26.47	0.30
99.54	56.59	31.43	16.85	4.87	354.12	20.94	38.57	0.53
100.00	93.59	6.92	21.82	0.81	76.91	0.00	306.33	-0.88

10-8 私营工业企业

Major economic indicators of

指　　标	企业单位数（个）	亏损企业	工业总产值（当年价格）	工业销售产值（当年价格）	出口交货值	年初存货
总　　计	**192**	**39**	**2267777**	**2273999**	**10439**	**320534**
煤炭开采和洗选业	15	4	144415	156960		23505
黑色金属矿采选业	2	1	16530	15770		2388
农副食品加工业	6	2	30563	33127		9668
食品制造业	10	2	311107	325314	17	23875
酒、饮料和精制茶制造业	1	1	4477	4729		7456
纺织服装、服饰业	1	1	6842	6996		696
家具制造业	2		7756	7756		1584
造纸和纸制品业	5		20293	20465		3821
印刷和记录媒介复制业	5	1	23343	23343		5741
文教、工美、体育和娱乐用品制造业	1		17909	11026		50
石油、煤炭及其他燃料加工业	3		145710	153288		35390
化学原料和化学制品制造业	7		115741	115483		10746
医药制造业	5		33685	31083	4078	3859
橡胶和塑料制品业	4		33892	32348		11002
非金属矿物制品业	36	13	378740	374137		15077
黑色金属冶炼和压延加工业	3		441831	426078	2181	28630
有色金属冶炼和压延加工业	5	2	31114	28695	1857	8760
金属制品业	17	2	99458	100727	2195	21985
通用设备制造业	10	2	50936	50237	24	24081
专用设备制造业	20	5	97041	102871	31	23431
汽车制造业	3		23186	23833		16138
铁路、船舶、航空航天和其他运输设备制造业	1	1	1272	2012		2152
电气机械和器材制造业	12	1	50668	51169		6878
计算机、通信和其他电子设备制造业	9		70118	69603		8197
仪器仪表制造业	6		100660	96461	56	24535
电力、热力生产和供应业	3	1	10491	10491		889

主要经济指标(一)

private industrial enterprises(1)

单位：万元

产成品	资产总计	流动资产合计	应收账款	存货	产成品	固定资产合计	固定资产原价
129547	**3142203**	**1817566**	**722624**	**374918**	**142952**	**920024**	**1394874**
12877	304587	104804	15478	27585	17019	156849	188475
2388	48829	18530	7544	2452	1531	18910	27722
1310	42459	25977	6035	9667	1247	12139	19648
6027	251784	109161	34660	49306	12331	130379	157596
304	11918	7905		7141	128	3049	4517
	4342	3326		3031		244	380
	15575	8206	836	2118		5001	8072
1674	25396	13656	6969	3458	2100	8367	9846
182	33674	19808	4367	7923	1103	13465	21939
	12658	12379	9372	277		279	1186
21266	153081	93590	7017	19472	10503	27979	87690
6379	65624	44391	26676	7459	3083	5232	26552
1282	61702	26270	3552	7927	2556	27784	30912
5143	61046	49253	26992	17756	9069	5841	9373
5482	491584	364382	273278	18990	8881	104683	192394
16570	314939	102068	2228	52834	27190	155261	256488
4834	42112	21262	3934	10369	6563	17175	23664
6149	136324	104504	48880	26767	8760	22495	42494
18910	112437	85150	23695	10517	7160	20870	38037
2911	190980	146955	59103	25941	3322	25194	51151
7943	67202	31197	12128	15680	7450	12284	15941
1102	7155	6814	2981	1694	985	332	2047
1151	86578	73854	44232	6281	1391	5872	8729
1838	116478	80297	30479	7664	2464	24059	12821
3491	190190	120159	48206	29539	7650	14935	26361
334	293552	143671	23982	3074	464	101345	130840

10-8 私营工业企业

Major economic indicators of

指 标						负债合计	流动负债合计
	房屋和构筑物	机器设备	运输工具	累计折旧	本年折旧		
总 计	**377085**	**370956**	**45363**	**493570**	**94588**	**2454602**	**2002936**
煤炭开采和洗选业	40953	47783	5854	32987	8251	268056	254400
黑色金属矿采选业	9748	600		15920	8275	40661	25161
农副食品加工业	1685	1142	448	4712	543	18741	18741
食品制造业	57851	22817	1461	29230	9345	96166	89581
酒、饮料和精制茶制造业	3045	1472		1557	262	10705	10705
纺织服装、服饰业		330	50	136	70	3875	3875
家具制造业				3071	436	4029	3960
造纸和纸制品业	1967	2321	149	3072	298	16890	16437
印刷和记录媒介复制业	1727	7435	181	13579	2179	22734	20526
文教、工美、体育和娱乐用品制造业		1186		907	111	10718	10718
石油、煤炭及其他燃料加工业	27876	34384	1478	61207	3593	195943	191125
化学原料和化学制品制造业	3723	2240	720	13289	2991	34025	33911
医药制造业	19828	6242	906	4737	1409	26863	16644
橡胶和塑料制品业		3745	587	3531	684	45642	45642
非金属矿物制品业	19893	42829	19577	89101	23010	415545	392466
黑色金属冶炼和压延加工业	114683	134515	5422	88560	12190	455378	262966
有色金属冶炼和压延加工业		10879	122	8443	278	28818	27813
金属制品业	4393	20775	1365	21419	2866	79129	79036
通用设备制造业	4519	3112	456	17426	1391	89162	64176
专用设备制造业	12377	6622	2189	24113	3679	138579	123335
汽车制造业	6369	8249	769	3657	872	41076	17319
铁路、船舶、航空航天和其他运输设备制造业		1857	190	1715	-599	2386	2386
电气机械和器材制造业	371	2801	280	4150	543	35714	35474
计算机、通信和其他电子设备制造业	4846	2701	1066	7132	1319	68661	63895
仪器仪表制造业	15117	2657	1479	6507	1183	83329	80601
电力、热力生产和供应业	26114	2263	614	33414	9411	221777	112042

主要经济指标(二)
private industrial enterprises(2)

单位：万元

应付账款	非流动负债合计	所有者权益合计	实收资本	国家资本	集体资本	法人资本	个人资本	港澳台资本	外商资本	营业收入
710646	**398257**	**687597**	**568412**	**30**	**8947**	**238045**	**321390**			**2415689**
42393	13081	36530	37037			7487	29550			201424
16454		8167	1800			1800				12351
10893		23718	7661	30		1457	6174			32725
15326	6585	155618	36340			11881	24459			315614
1134		1212	301				301			4737
36		467	50				50			6996
636	69	11546	2700				2700			7756
3723	64	8506	9038			520	8518			21618
6300	2209	10939	7260			1260	6000			23428
10718		1940	5000				5000			11026
28247	4818	-42861	23300			16000	7300			174099
10463	114	31599	17045			2060	14985			115671
3625	7367	34839	14708			702	14006			31696
10727		15403	14142			2339	11803			30897
278373	12884	76038	60832			23312	37520			376568
83992	192412	-140439	62388			59188	3200			444029
4187	1005	13293	14778			6920	7858			29168
20412	49	57194	22498		6863	3400	12235			112212
21434	24985	23275	25960			5380	20580			54218
33056	15244	52400	45821			14945	30876			102781
2325		26127	26810			26308	502			23573
780		4769	5000				5000			2012
18728	142	50864	45560			3567	41993			62473
25109	4766	47817	20084		2084	5987	12013			72827
34739	2728	106861	31628			23532	8096			96400
26836	109735	71775	30672			20000	10672			49392

10-8　私营工业企业

Major economic indicators of

指　　标	主营业务收入	营业成本	主营业务成本	营业税金及附加	主营业务税金及附加
总　　计	**2340859**	**2016070**	**1960113**	**13036**	**12989**
煤炭开采和洗选业	179881	180784	160070	1845	1825
黑色金属矿采选业	12351	8809	8809	1046	1046
农副食品加工业	32725	30745	30745	43	43
食品制造业	315546	246186	246186	955	955
酒、饮料和精制茶制造业	4729	2808	2808	1350	1350
纺织服装、服饰业	6996	6775	6775	1	1
家具制造业	7756	5057	5057	18	18
造纸和纸制品业	21557	20368	20368	68	68
印刷和记录媒介复制业	23369	20707	20707	65	65
文教、工美、体育和娱乐用品制造业	11026	10125	10125	71	71
石油、煤炭及其他燃料加工业	158313	135641	122678	884	884
化学原料和化学制品制造业	114692	100642	100055	457	457
医药制造业	31140	13966	13944	440	440
橡胶和塑料制品业	30896	27141	27141	59	59
非金属矿物制品业	376568	343481	343481	1441	1429
黑色金属冶炼和压延加工业	431008	378156	362786	1008	1005
有色金属冶炼和压延加工业	28695	26841	26561	35	35
金属制品业	111139	101594	101246	465	465
通用设备制造业	54179	44100	44100	257	244
专用设备制造业	102549	84922	84894	727	727
汽车制造业	23277	19609	19237	134	134
铁路、船舶、航空航天和其他运输设备制造业	2012	1910	1910	24	24
电气机械和器材制造业	62009	53901	53501	266	266
计算机、通信和其他电子设备制造业	67846	50752	49440	394	394
仪器仪表制造业	96290	72918	72918	658	658
电力、热力生产和供应业	34315	28135	24573	329	329

主要经济指标(三)
private industrial enterprises(3)

单位：万元

其他业务收入	其他业务利润	销售费用	管理费用	财务费用			营业利润	资产减值损失
					利息收入	利息支出		
74830	**12549**	**94489**	**115013**	**46909**	**-690**	**38737**	**130844**	**1840**
21543		4910	7696	1650		532	4569	-2
		1036	1575	-2	-1		-113	
		658	669	360	2	225	250	
68	68	23265	11809	4363	34	4378	29044	2
8		178	210	449		449	-218	
		88	138				-5	
		1212	994	-6	6		482	
61	3	105	631	413		348	33	
59	40	156	1803	576	22	401	153	
		400	207	-1			225	
15787	2824	15196	4082	5622	185	5388	12683	
980	408	3122	6054	4170	8	4080	1226	
556		5443	4883	168	-83	240	6797	35
1	1	960	1549	456	3	406	732	
	2271	10324	12046	6101	35	4167	3174	
13021	2388	1971	5648	9084	-911	9961	48149	14
474	195	352	1477	1686	13	1713	-1221	
1073		2109	4352	697	1	652	2928	68
40	40	2240	4324	3099	29	2229	232	
232	186	3225	9104	3221	-6	877	1393	260
296	76	2282	4946	249		58	-3648	
			150	21		21	-94	
463	61	2165	4733	457	17	126	955	
4981	3669	3461	10674	1992	17	576	5473	81
110	110	5271	10825	364	5	100	7106	1383
15077	210	4359	4438	1719	-65	1809	10540	

10-8 私营工业企业

Major economic indicators of

指 标	公允价值变动收益	投资收益	其他收益	营业外收入	营业外支出
总 计		**1101**	**1418**	**17396**	**3936**
煤炭开采和洗选业		18	12	2	416
黑色金属矿采选业				14	5
农副食品加工业				232	205
食品制造业		26	-16	310	14
酒、饮料和精制茶制造业		39			1
纺织服装、服饰业				5	1
家具制造业				35	3
造纸和纸制品业				72	1
印刷和记录媒介复制业			34	56	23
文教、工美、体育和娱乐用品制造业					
石油、煤炭及其他燃料加工业		8		84	157
化学原料和化学制品制造业				210	7
医药制造业		36		40	32
橡胶和塑料制品业				11	67
非金属矿物制品业				1082	1304
黑色金属冶炼和压延加工业				371	205
有色金属冶炼和压延加工业				202	20
金属制品业				1088	258
通用设备制造业		-4	39	163	307
专用设备制造业		45	26	217	249
汽车制造业				6958	86
铁路、船舶、航空航天和其他运输设备制造业					94
电气机械和器材制造业		3		159	82
计算机、通信和其他电子设备制造业		1		730	3
仪器仪表制造业		803	1323	911	284
电力、热力生产和供应业		127		4444	114

主要经济指标(四)
private industrial enterprises(4)

单位：万元

利润总额	所得税费用	亏损企业亏损总额	利税总额	应交税金及附加	本年应付职工薪酬	本年应交增值税	从业人员平均人数(人)	从业人员期末人数(人)
144303	**11173**	**11753**	**221049**	**87920**	**102065**	**63711**	**23682**	**23241**
4155	1076	418	11191	8112	6625	5191	1455	1477
-104	252	670	1709	2064	481	767	203	121
276	10	138	358	91	1317	39	391	392
29341	1282	648	33316	5258	8142	3021	2034	2095
-219		219	1592	1811	481	462	146	182
-1	2	1	10	13	280	11	120	139
513	5		632	124	1044	101	209	206
104	17		390	303	757	218	264	267
187	13	92	734	560	1553	482	422	398
225			296	71	73		20	22
12611			22263	9652	4624	8768	1203	1256
1429	184		5626	4381	4401	3740	1034	1059
6805	993		9404	3591	4626	2158	764	838
675	113		1145	583	1329	411	351	339
2952	1187	4471	13959	12193	14925	9566	3668	3855
48316	149		59111	10945	9133	9788	2677	2762
-1038	17	1357	-549	506	2361	455	730	625
3758	211	166	6679	3132	10831	2457	2077	1201
88	76	598	1810	1798	2449	1466	769	764
1361	571	2189	5776	4986	10893	3689	2024	2060
3224	14		4027	817	2598	669	612	552
-188		188	33	220	290	196	78	78
1031	176	589	2813	1958	2203	1516	594	589
6200	377		10545	4722	3746	3951	768	794
7733	853		12359	5479	5016	3969	637	690
14870	3599	10	15820	4550	1887	622	432	480

10-8　私营工业企业

Major economic indicators of

指　　标	平均用工人数(人)	期末用工人数((人)	主营业务收入利润率(%)	产品销售率(%)	资产负债率(%)
总　　计	**23798**	**22985**	**6.16**	**100.27**	**78.12**
煤炭开采和洗选业	1454	1491	2.31	108.69	88.01
黑色金属矿采选业	243	116	-0.84	95.40	83.27
农副食品加工业	378	381	0.84	108.39	44.14
食品制造业	2151	2183	9.30	104.57	38.19
酒、饮料和精制茶制造业	146	182	-4.63	105.64	89.83
纺织服装、服饰业	140	139	-0.01	102.24	89.25
家具制造业	209	206	6.62	100.00	25.87
造纸和纸制品业	264	267	0.48	100.85	66.51
印刷和记录媒介复制业	383	366	0.80	100.00	67.51
文教、工美、体育和娱乐用品制造业	20	22	2.04	61.57	84.67
石油、煤炭及其他燃料加工业	1209	1210	7.97	105.20	128.00
化学原料和化学制品制造业	1055	1065	1.25	99.78	51.85
医药制造业	764	838	21.85	92.27	43.54
橡胶和塑料制品业	301	197	2.19	95.44	74.77
非金属矿物制品业	3655	3850	0.78	98.78	84.53
黑色金属冶炼和压延加工业	2632	2665	11.21	96.43	144.59
有色金属冶炼和压延加工业	730	625	-3.62	92.22	68.43
金属制品业	2276	1186	3.38	101.28	58.05
通用设备制造业	745	759	0.16	98.63	79.30
专用设备制造业	1987	2015	1.33	106.01	72.56
汽车制造业	612	552	13.85	102.79	61.12
铁路、船舶、航空航天和其他运输设备制造业	80	73	-9.33	158.20	33.35
电气机械和器材制造业	538	538	1.66	100.99	41.25
计算机、通信和其他电子设备制造业	769	796	9.14	99.26	58.95
仪器仪表制造业	658	694	8.03	95.83	43.81
电力、热力生产和供应业	399	569	43.33	100.00	75.55

主要经济指标(五)
private industrial enterprises(5)

单位：万元

总资产贡献率(%)	人均主营业务收入(万元/人)	流动资产周转率(次/年)	每百元资产实现的主营业务收入(元)	产成品存货周转天数(天)	应收账款平均回收期(天)	成本费用利润率(%)
8.29	**98.36**	**1.33**	**74.50**	**26.26**	**111.13**	**6.35**
3.85	123.71	1.92	59.06	38.28	30.98	2.13
3.50	50.83	0.67	25.29	62.58	219.87	-0.91
1.37	86.57	1.26	77.07	14.60	66.39	0.85
14.96	146.70	2.89	125.32	18.03	39.54	10.27
17.13	32.39	0.60	39.68	16.44	0.00	-6.01
0.24	49.97	2.10	161.12			-0.01
4.02	37.11	0.95	49.80		38.80	7.07
2.90	81.65	1.58	84.88	37.12	116.38	0.48
3.31	61.02	1.18	69.40	19.18	67.28	0.80
2.34	551.31	0.89	87.11	0.00	306.00	2.10
17.94	130.94	1.86	103.42	30.82	15.96	7.86
14.78	108.71	2.61	174.77	11.09	83.73	1.25
15.76	40.76	1.21	50.47	65.99	41.06	27.82
2.54	102.64	0.63	50.61	120.29	314.52	2.24
3.68	103.03	1.03	76.60	9.31	261.25	0.79
22.22	163.76	4.35	136.85	26.98	1.86	12.24
2.73	39.31	1.37	68.14	88.95	49.36	-3.42
5.38	48.83	1.07	81.53	31.15	158.33	3.46
3.57	72.72	0.64	48.19	58.45	157.45	0.16
3.49	51.61	0.70	53.70	14.09	207.48	1.35
6.08	38.03	0.76	34.64	139.42	187.57	11.90
0.76	25.14	0.30	28.11	185.73	533.42	-9.01
3.38	115.26	0.85	71.62	9.36	256.79	1.68
9.53	88.23	0.91	58.25	17.94	161.73	9.27
6.55	146.34	0.80	50.63	37.77	180.23	8.65
6.03	86.00	0.34	11.69	6.80	251.59	38.47

10-9 外商投资和港澳台商

The main economic indicators of Industrial Enterprises with

指　　标	企业单位数(个)	亏损企业	工业总产值(当年价格)	工业销售产值(当年价格)	出口交货值	年初存货	产成品	资产总计
总　　计	**20**	**6**	**7046968**	**7646302**	**5936751**	**642443**	**96623**	**7538221**
煤炭开采和洗选业	2	1	13497	13497		6793	1971	78747
食品制造业	1		3210	2955		239	170	1459
酒、饮料和精制茶制造业	2	1	45712	45297		4710	3161	33930
石油、煤炭及其他燃料加工业	2		183346	169345		66032	25387	223001
化学原料和化学制品制造业	1	1	15447	14922		2572	1069	19504
橡胶和塑料制品业	1		22072	15021		2079		34241
非金属矿物制品业	1	1	2136	2162		706	640	4492
黑色金属冶炼和压延加工业	1	1	3982	3982		333		1411
通用设备制造业	1		17950	18533		3392	2683	16474
专用设备制造业	2	1	14920	15533	1737	6278	1470	21685
汽车制造业	1		11422	11422		1885	897	15161
铁路、船舶、航空航天和其他运输设备制造业	1		227753	227753		49364	2886	250766
计算机、通信和其他电子设备制造业	2		6392978	7013336	5935013	468683	48032	6672117
仪器仪表制造业	1		73657	73657		28110	7351	123106
废弃资源综合利用业	1		18887	18887		1268	904	42126

10-9 外商投资和港澳台商

The main economic indicators of Industrial Enterprises with

指　　标	运输工具	累计折旧	本年折旧	负债合计	流动负债合计	应付账款	非流动负债合计	所有者权益合计
总　　计	**6693**	**816349**	**180053**	**5635166**	**5563309**	**2990520**	**71857**	**1903055**
煤炭开采和洗选业	160	1706	266	73660	10624	8418	63036	5087
食品制造业		236	43	310	310	192		1149
酒、饮料和精制茶制造业		32792	2711	27221	27221	7885		6709
石油、煤炭及其他燃料加工业	3474	71689	5204	219173	218615	49022	558	3828
化学原料和化学制品制造业	488	9092	368	3811	3811	2224		15693
橡胶和塑料制品业	239	26776	5269	9001	9001	640		25241
非金属矿物制品业	647	5595	67	4233	4233	4233		260
黑色金属冶炼和压延加工业	91	1560	138	838	838	5		573
通用设备制造业	142	1147	638	11913	11913	9463		4561
专用设备制造业	98	17313	1134	14067	13395	4019	672	7618
汽车制造业		2917	462	10574	9869	705	705	4587
铁路、船舶、航空航天和其他运输设备制造业	268	56491	7278	135055	134135	41380	920	115711
计算机、通信和其他电子设备制造业	220	573448	153426	5063721	5063721	2835599		1608396
仪器仪表制造业	612	6678	1013	55536	49571	25847	5965	67570
废弃资源综合利用业	257	8910	2037	6053	6053	889		36073

投资工业企业主要经济指标(一)
Hong Kong, Macao and Taiwan and foreign fonds(1)

单位：万元

流动资产合计	应收账款	存货		固定资产合计	固定资产原价		
			产成品			房屋和构筑物	机器设备
6505191	**2636420**	**622696**	**250002**	**698328**	**1501196**	**202870**	**519730**
13629	2402	6160	2781	4187	5894	3697	1765
1236	256	358	256	224	460		460
12423	994	5030	3035	20913	54600		7908
118928	18859	20932	6517	72083	128542	48210	30439
15656	6889	2835	1565	3848	12458	433	6219
14678	3041	2541		19338	46114	6697	38548
2199	877	486	410	870	6465	4526	1293
1249		411		162	1722		1588
10785	23	2994	1366	5502	5502	4193	998
12872	5015	5460	1702	8812	26109	5994	19950
9729	3660	3907	3297	4402	7319	7319	
227744	94160	46742	2501	17713	76281	1799	73964
5994404	2470480	496063	219034	499982	1073430	91074	310257
64446	28148	28008	7241	5723	12401	5106	6683
5215	1616	770	297	34569	43899	23822	19658

投资工业企业主要经济指标(二)
Hong Kong, Macao and Taiwan and foreign fonds(2)

单位：万元

实收资本							营业收入		营业成本		营业税金及附加
	国家资本	集体资本	法人资本	个人资本	港澳台资本	外商资本		主营业务收入		主营业务成本	
783380	**13377**	**14863**	**33793**	**4725**	**39775**	**676848**	**7954341**	**7827020**	**7377785**	**7288666**	**37742**
10588			954		5000	4634	13497	13497	12601	12601	55
600			600				2955	2954	2148	2148	28
8313			2077			6236	59556	59027	42182	41812	652
43585		6163	18900	4725	5922	7875	414679	343713	362859	304273	1058
4340	2127					2214	14492	14481	11863	11860	86
23144						23144	15062	14981	12615	12615	221
6010			6010				2009	2009	1544	1544	68
1903					1903		3982	3982	3810	3810	3
3168						3168	18534	18533	15276	15276	150
23055		8700				14355	15535	15484	11615	11594	191
2202			2202				11854	11807	7619	7600	109
16071	11250					4821	228552	227753	156091	156091	2146
610402						610402	7068172	7013336	6682417	6652298	32609
5000			3050		1950		65614	65614	48177	48177	132
25000					25000		19850	19850	6969	6969	236

10-9 外商投资和港澳台商

The main economic indicators of Industrial Enterprises with

指 标	主营业务税金及附加	其他业务收入	其他业务利润	销售费用	管理费用	财务费用	利息收入	利息支出
总 计	**37689**	**127321**	**37339**	**45153**	**174045**	**–24070**	**–72014**	**69738**
煤炭开采和洗选业	55			152	334	123		50
食品制造业	28			30	107	–1	–2	
酒、饮料和精制茶制造业	652	529	159	11849	4555	311	4	315
石油、煤炭及其他燃料加工业	1058	70966	12380	18411	3764	7018	240	6051
化学原料和化学制品制造业	86	11		1759	1168	–48	–50	
橡胶和塑料制品业	221	81	81	516	675	–194	–73	–122
非金属矿物制品业	68			142	308	149		
黑色金属冶炼和压延加工业	3			19	242			
通用设备制造业	150	1		1048	543	–13	–14	1
专用设备制造业	191	51		635	1759	279	2	340
汽车制造业	56	47		449	2162	110	1	65
铁路、船舶、航空航天和其他运输设备制造业	2146	799		2465	12336	3796	138	2103
计算机、通信和其他电子设备制造业	32609	54836	24718	1570	136791	–36640	–72223	59721
仪器仪表制造业	132			5655	4720	679	–7	814
废弃资源综合利用业	236			452	4583	362	–31	399

10-9 外商投资和港澳台商

The main economic indicators of Industrial Enterprises with

指 标	应交税金及附加	本年应付职工薪酬	本年应交增值税	从业人员平均人数(人)	从业人员期末人数(人)	平均用工人数(人)	期末用工人数(人)	主营业务收入利润率(%)
总 计	**241199**	**655700**	**166625**	**70710**	**66471**	**70917**	**66537**	**4.30**
煤炭开采和洗选业	493	243	337	74	71	72	71	1.62
食品制造业	409	466	220	133	148	133	148	21.77
酒、饮料和精制茶制造业	3762	9102	3110	977	936	998	997	–0.96
石油、煤炭及其他燃料加工业	18486	7019	17429	1661	1662	1663	1667	7.00
化学原料和化学制品制造业	773	201	671	294	287	287	287	–2.03
橡胶和塑料制品业	1714	1092	1116	246	215	246	215	7.57
非金属矿物制品业	93	152	25	50	50	50	50	–8.08
黑色金属冶炼和压延加工业	27	58	24	13	13	13	13	–2.30
通用设备制造业	521	272	40	46	45	46	45	7.13
专用设备制造业	155	3161	–36	257	263	257	263	6.00
汽车制造业	867	1917	544	350	350	350	350	9.49
铁路、船舶、航空航天和其他运输设备制造业	26585	6940	16748	520	516	520	516	22.52
计算机、通信和其他电子设备制造业	183183	620302	125226	65593	61351	65786	61351	3.48
仪器仪表制造业	1906	2161	781	346	416	346	416	10.08
废弃资源综合利用业	2227	2616	389	150	148	150	148	32.28

投资工业企业主要经济指标(三)

Hong Kong, Macao and Taiwan and foreign fonds(3)

单位：万元

营业利润	资产减值损失	公允价值变动收益	投资收益	其他收益	营业外收入	营业外支出	利润总额	所得税费用	亏损企业亏损总额	利税总额
351080	**2052**		**9436**	**11**	**6359**	**20945**	**336494**	**36833**	**1880**	**540860**
232					1	14	218	102	189	610
643							643	161		891
8					67	643	−569		631	3193
21568					2931	455	24044			42530
−358	60		27	11	81	17	−294	15	294	464
1125			−105		17	7	1135	377		2472
−201					39		−162		162	−70
−91							−91		91	−65
1312	217				9		1322	330		1512
956	100				68	95	928		513	1083
1249	156				27	156	1121	214		1774
51220	499				80	20	51280	7692		70173
260939			9514		2417	19460	243896	25348		401731
6061	190				623	67	6617	993		7531
6417	831					10	6407	1602		7032

投资工业企业主要经济指标(四)

Hong Kong, Macao and Taiwan and foreign fonds(4)

单位：万元

产品销售率(%)	资产负债率(%)	总资产贡献率(%)	人均主营业务收入(万元/人)	流动资产周转率(次/年)	每百元资产实现的主营业务收入(元)	产成品存货周转天数(天)	应收账款平均回收期(天)	成本费用利润率(%)
108.50	**74.75**	**9.06**	**110.37**	**1.22**	**103.83**	**12.35**	**121.26**	**4.44**
100.00	93.54	0.84	187.45	0.99	17.14	79.46	64.07	1.65
92.04	21.26	61.18	22.21	2.39	202.44	42.84	31.15	28.17
99.09	80.23	10.33	59.15	4.79	173.97	26.13	6.06	−0.97
92.36	98.28	21.68	206.68	3.49	154.13	7.71	19.75	6.13
96.60	19.54	2.63	50.46	0.93	74.25	47.51	171.26	−1.99
68.05	26.29	7.08	60.90	1.03	43.75		73.06	8.34
101.25	94.22	−1.55	40.18	0.91	44.72	95.72	157.12	−7.58
100.00	59.39	−4.58	306.31	3.19	282.21			−2.25
103.25	72.31	9.26	402.89	1.72	112.50	32.18	0.44	7.84
104.11	64.87	6.55	60.25	1.21	71.40	52.84	116.61	6.50
100.00	69.75	12.12	33.73	1.22	77.87	156.18	111.61	10.84
100.00	53.86	28.77	437.99	1.00	90.82	5.77	148.83	29.36
109.70	75.89	8.00	106.61	1.18	105.11	11.85	126.81	3.60
100.00	45.11	6.78	189.63	1.02	53.30	54.11	154.44	11.17
100.00	14.37	17.71	132.33	3.81	47.12	15.36	29.31	51.81

10-10 大中型工业企业

Major economic indicators of large

指 标	企业单位数(个)	亏损企业	工业总产值(当年价格)	工业销售产值(当年价格)	出口交货值	年初存货
总 计	**89**	**25**	**23795439**	**24244582**	**7935139**	**4037850**
煤炭开采和洗选业	9	4	2418777	2453829	224	853555
农副食品加工业	1	1	20996	20963		2452
食品制造业	5	1	151711	147076	122	19225
酒、饮料和精制茶制造业	3		92576	89971		10730
烟草制品业	1		414445	422259		21479
印刷和记录媒介复制业	2		16746	18461		3205
石油、煤炭及其他燃料加工业	8		1222816	1255228		243711
化学原料和化学制品制造业	6		204862	207100		213130
医药制造业	1		29584	22279		8068
橡胶和塑料制品业	1	1	79031	70785	32538	15867
非金属矿物制品业	2		61273	56186		3479
黑色金属冶炼和压延加工业	2		7603212	7590269	1278978	683446
有色金属冶炼和压延加工业	2	2	205502	199159		25373
金属制品业	7		382283	365632	5053	49407
通用设备制造业	4		168567	162690		138895
专用设备制造业	6	1	761509	642943	77642	829451
汽车制造业	5	3	128900	125101		16657
铁路、船舶、航空航天和其他运输设备制造业	4	1	638464	658337	30778	131759
电气机械和器材制造业	1		31378	30733	580	18326
计算机、通信和其他电子设备制造业	5	2	7077048	7633307	6508160	655736
仪器仪表制造业	4	2	153913	153368	1065	57554
其他制造业	1		72902	67233		
金属制品、机械和设备修理业	1		40633	40633		2292
电力、热力生产和供应业	4	4	576543	568361		22772
燃气生产和供应业	2	1	1151570	1151570		10734
水的生产和供应业	2	2	90199	91110		548

主要经济指标(一)

and medium sized industrial enterprises(1)

单位：万元

产成品	资产总计	流动资产合计	应收账款	存货	产成品	固定资产合计	固定资产原价
1146739	**46468773**	**20540543**	**5761039**	**4332264**	**1137882**	**17225308**	**27268988**
211382	8563570	2758626	325883	917580	208440	4004842	5761698
73	52540	12973	784	1976	52	4625	10533
9167	211286	73114	9786	19622	8816	107564	138087
5055	78261	42800	2186	9808	4092	30809	71092
8749	481593	290326	63051	28657	8594	188173	154682
512	49064	13460	4273	2654	553	26741	34045
75057	1930212	1063051	101625	137534	33457	295603	666499
14973	1310314	823414	280574	243190	14258	310027	430024
581	27447	18921	915	9456	1840		16284
10254	156355	46220	22352	13713	6766	104910	145063
2356	207261	111880	8478	10502	4509	5453	101959
308029	12429266	2711250	201490	813048	218102	5951085	11293052
8842	108827	49118	5068	24908	10425	46723	74109
15818	774610	519403	122064	66471	11396	182695	227507
49106	367084	287347	50459	163283	55708	62159	79759
208281	2634820	2033594	621308	902028	197133	425200	441223
11415	351806	112674	36170	49657	15924	111075	141409
26066	1292414	924098	546616	128246	20041	234502	343761
15467	155447	71986	24382	24424	18807	75104	8949
132990	7657802	6777544	2978355	615130	243146	664444	1264588
32568	311749	194079	114183	60946	38440	40270	51159
	1741144	388253		18806	7934	1195968	1196917
	29659	27211	19490	538		2004	9058
	2335850	515772	136019	34047		1781244	2886455
	2730909	537154	64762	23655	9451	1121092	1315321
	479485	136275	20769	12384		252997	405758

10-10 大中型工业企业

Major economic indicators of large

指 标	房屋和构筑物	机器设备	运输工具	累计折旧	本年折旧	负债合计	流动负债合计
总 计	**6552580**	**13365896**	**280402**	**11574518**	**1179746**	**35063249**	**25616282**
煤炭开采和洗选业	1754936	1614953	60096	2777112	201792	8473712	5385837
农副食品加工业	4024	4733	477	5908	412	55324	23969
食品制造业	91484	41143	4093	30523	5821	106351	83055
酒、饮料和精制茶制造业	3311	2200	40	39462	3544	40715	40625
烟草制品业	45854	70232	505	79118	6614	106611	106611
印刷和记录媒介复制业	2452	11656	130	19698	1679	22486	21243
石油、煤炭及其他燃料加工业	272234	209593	9625	389851	36338	1296445	1172863
化学原料和化学制品制造业	54217	92727	2420	107350	9074	1109545	728143
医药制造业	6683	7801	1173	7783	813	24789	24789
橡胶和塑料制品业	63554	81191	319	40154	40154	133857	46220
非金属矿物制品业	30816	5738	3498	20144	3529	147640	78201
黑色金属冶炼和压延加工业	2971881	8159621	161550	5359384	466648	7493433	5493137
有色金属冶炼和压延加工业	19275	48950	1242	9639	3309	119326	71075
金属制品业	20425	16870	1451	69580	18022	503735	471280
通用设备制造业	47322	19481	3188	17600	3634	272975	249446
专用设备制造业	7927	22923	3165	301028	13631	2187326	1966018
汽车制造业	13672	8404	770	29165	8972	373586	367569
铁路、船舶、航空航天和其他运输设备制造业	104797	214373	12231	107167	26282	886324	552240
电气机械和器材制造业	3024	5480	444	5281	362	101377	48497
计算机、通信和其他电子设备制造业	94291	409577	690	600144	161766	5795199	5782876
仪器仪表制造业	26730	19417	1218	17342	5293	187372	163524
其他制造业	495982	698227	816	949		1340292	1047863
金属制品、机械和设备修理业	1110	6683	1265	7055	505	11477	11477
电力、热力生产和供应业	335633	1287450	4076	1177716	92193	1783584	657696
燃气生产和供应业	781	338	343	194228	48470	2255770	855096
水的生产和供应业	80166	306134	5577	161139	20890	233996	166933

主要经济指标(二)
and medium sized industrial enterprises(2)

单位：万元

应付账款	非流动负债合计	所有者权益合计	实收资本	国家资本	集体资本	法人资本	个人资本	港澳台资本	外商资本	营业收入
7648521	**8946936**	**11405523**	**5910209**	**2748800**	**49875**	**2064656**	**208572**	**8972**	**829334**	**25438935**
1002703	2746152	89857	1765441	562952	20458	1162031	20000			2536448
6844	31356	-2785	3667		3667					20963
16084	23296	104935	26278		2637	17765	5876			134170
15418	90	37546	31453	3140		2077	20000		6236	109000
54534		374982	61320			61320				416976
-3189	-3555	26577	12581	12581						21109
333146	123582	633767	277685		6163	134700	123025	5922	7875	1622313
256652	381402	200768	153146	132470	14968		5708			517224
3529		2659	4500			4500				23217
32357	8300	22497	30000	30000						85006
18360	69439	59621	10840	6740			4100			58090
529832	2000296	4935833	726356	667468		58888				7873050
13037	48251	-10499	13064	3064			10000			173023
79671	30306	270875	108582	20000	1000	85582	2000			346593
61857	23530	94109	44223	38853	982	4388				157942
560676	221286	447494	187668	160031		24416	3220			721669
65340	6017	-21780	43824	10980		32281	563			138049
245283	262084	406090	196959	188950			3188		4821	655959
25398	52880	54070	5030	4280			750			27126
3551073	12323	1862603	862668			44170	8096		810402	7690090
113012	23848	124376	23089	5702		12291	2046	3050		140906
176567	292429	400852	407247			407247				67233
8527		18182	13000			13000				40633
306254	1125887	552266	542388	542388						607267
64143	1400674	475139	252000	252000						1163517
111413	67063	245489	107202	107202						91365

10-10 大中型工业企业

Major economic indicators of large

指　标	主营业务收入	营业成本	主营业务成本	营业税金及附加	主营业务税金及附加
总　计	**24677810**	**21387190**	**20921771**	**510830**	**488404**
煤炭开采和洗选业	2337432	1858270	1685626	173291	159835
农副食品加工业	20963	19787	19787	76	76
食品制造业	134101	93671	93671	711	711
酒、饮料和精制茶制造业	108798	74496	74375	6549	6549
烟草制品业	416697	159938	159732	186572	185666
印刷和记录媒介复制业	20803	15606	15483	349	186
石油、煤炭及其他燃料加工业	1504955	1323210	1241006	5897	5749
化学原料和化学制品制造业	454622	437385	399998	5868	5868
医药制造业	23214	11948	11948	282	282
橡胶和塑料制品业	83705	85702	85378	669	669
非金属矿物制品业	58090	46284	46284	62	62
黑色金属冶炼和压延加工业	7689776	6333799	6279176	68992	68992
有色金属冶炼和压延加工业	168061	167952	162974	89	89
金属制品业	320226	299626	276794	1949	939
通用设备制造业	157215	124045	123282	664	663
专用设备制造业	721457	520319	520319	7689	7689
汽车制造业	130640	113491	109531	1807	735
铁路、船舶、航空航天和其他运输设备制造业	642867	504527	493930	5451	5451
电气机械和器材制造业	26713	22954	22612	74	74
计算机、通信和其他电子设备制造业	7634938	7269728	7239402	33594	33536
仪器仪表制造业	140906	108678	108678	449	449
其他制造业	64787	34773	32185		
金属制品、机械和设备修理业	40633	35908	35908	529	529
电力、热力生产和供应业	580084	628464	625431	5733	1769
燃气生产和供应业	1105060	1001821	963457	2834	1186
水的生产和供应业	91068	94806	94806	651	651

主要经济指标(三)

and medium sized industrial enterprises(3)

单位：万元

其他业务收入	其他业务利润	销售费用	管理费用	财务费用	利息收入	利息支出	营业利润	资产减值损失
761125	**101179**	**544747**	**1456938**	**789041**	**-27792**	**897671**	**757043**	**140239**
199016	20868	73313	419978	304637	7520	316272	-291894	23702
		909	1752	2291	-2	2234	-3851	
68	68	14217	10773	1833	11	1807	12973	2
202	81	12105	7310	160	-147	317	11474	
279	72	5510	24779	-2798	2807		42935	39
306	371	1964	2309	384	18	47	683	
117358	35204	62782	29072	25725	2394	19951	255669	-67
62602	466	10565	57294	9792	8790	10760	-13289	969
3	3	2826	5602	784	26	805	1775	
1301	976	3664	4816	3351	473	3434	-13951	755
		4789	6409	1425	-144	943	13832	958
183274	2388	176400	414960	233995	22286	253655	554630	80149
4962		1483	7538	3770	12	3748	-17143	9334
26367	489	6726	27546	4022	-2770	9283	4515	2210
727	-36	6107	22727	2895	245	2964	1461	113
213		37908	92474	68819	721	65572	-17194	11946
7409	74	7096	29936	4490	43	4837	-23100	1912
13092	1695	16506	47168	18369	324	8376	62238	1923
414	71	978	3299	136	98	230	29	
55152	24743	5768	156314	-33699	-73216	60269	267249	1287
		11257	13076	1462	19	1606	6432	1209
2446		1909	6595	7612			16344	
			2636	-15	-20		1579	-5
27183	13349		17482	62064	359	62349	-77878	1967
58457		74847	30566	62645	2051	63372	-11464	1836
297	297	5120	14526	4894	312	4844	-27010	

10-10　大中型工业企业
Major economic indicators of large

指　标	公允价值变动收益	投资收益	其他收益	营业外收入	营业外支出
总　计	**-19262**	**115220**	**51138**	**186958**	**174179**
煤炭开采和洗选业	1	8349	16500	76607	83363
农副食品加工业				41	8
食品制造业		26	-16	274	97
酒、饮料和精制茶制造业			3093	278	827
烟草制品业				194	453
印刷和记录媒介复制业			186	30	185
石油、煤炭及其他燃料加工业		79950	26	5172	9675
化学原料和化学制品制造业		-8746	104	31017	5032
医药制造业				10	176
橡胶和塑料制品业				500	290
非金属矿物制品业		15669		218	940
黑色金属冶炼和压延加工业	-19263	9176	-38	9057	44794
有色金属冶炼和压延加工业				16	54
金属制品业				3947	543
通用设备制造业			70	983	164
专用设备制造业		294		5793	356
汽车制造业		-2417		9968	745
铁路、船舶、航空航天和其他运输设备制造业		-46	270	17251	1342
电气机械和器材制造业		344		105	3
计算机、通信和其他电子设备制造业		10150		2685	19544
仪器仪表制造业		749	906	2176	340
其他制造业					
金属制品、机械和设备修理业				18	1
电力、热力生产和供应业		529	30036	11814	3081
燃气生产和供应业		-430		6854	1578
水的生产和供应业		1623		1950	590

主要经济指标(四)

and medium sized industrial enterprises(4)

单位：万元

利润总额	所得税费用	亏损企业亏损总额	利税总额	应交税金及附加	本年应付职工薪酬	本年应交增值税	从业人员平均人数(人)	从业人员期末人数(人)
769822	**160263**	**526127**	**2123281**	**1513722**	**2847529**	**842629**	**284824**	**297366**
-298650	43070	348627	121828	463549	1032838	247187	89170	87549
-3818		3818	-2702	1115	3201	1040	624	626
13150	2043	623	18419	7311	9655	4558	2607	2764
10925	2579		24726	16380	14209	7252	1717	1688
42676	11239		270066	238629	35800	40817	949	942
528	16		1308	796	5396	431	1373	1360
251165	33154		310924	92913	28939	53862	7019	7125
12697	1024		37342	25669	51119	18778	7596	7382
1609	241		2245	877	2248	354	380	390
-13741		13741	-13002	739	6426	70	1600	1465
13110	3582		15859	6331	5533	2688	1294	1343
518893	17549		812548	311203	491598	224663	36004	36078
-17181	-1396	17181	-17576	-1791	4592	-483	826	822
7919	1127		16846	10053	21237	6978	4963	4906
2280	155		8513	6388	23740	5569	3799	3851
-11757	1116	17445	36179	49053	93507	40247	13043	13005
-13878	298	15090	-7029	7147	23479	5042	2639	2883
78147	11472	4880	112993	46317	66371	29395	5108	4476
131	31		1174	1073	1954	969	794	795
250390	25369	1237	411115	186094	756724	127130	77361	90271
8268	1357	2003	11010	4099	7766	2293	1551	1595
16344			16344		21882		2544	2542
1596	136		6266	4806	13018	4141	910	899
-69145	-8	69145	-50324	18813	85071	13087	8622	10123
-6188	6111	6689	-424	11874	19526	2929	9210	9313
-25649		25649	-21364	4285	21700	3634	3121	3173

10-10　大中型工业企业

Major economic indicators of large

指　　标	平均用工人数（人）	期末用工人数((人)	主营业务收入利润率(%)	产品销售率(%)	资产负债率(%)
总　　计	**295545**	**295316**	**3.12**	**101.89**	**75.46**
煤炭开采和洗选业	91136	87297	-12.78	101.45	98.95
农副食品加工业	621	626	-18.21	99.84	105.30
食品制造业	2753	2853	9.81	96.94	50.33
酒、饮料和精制茶制造业	1730	1749	10.04	97.19	52.02
烟草制品业	949	942	10.24	101.89	22.14
印刷和记录媒介复制业	1386	1311	2.54	110.24	45.83
石油、煤炭及其他燃料加工业	6966	7067	16.69	102.65	67.17
化学原料和化学制品制造业	7617	7378	2.79	101.09	84.68
医药制造业	382	390	6.93	75.31	90.31
橡胶和塑料制品业	1600	1465	-16.42	89.57	85.61
非金属矿物制品业	1294	1343	22.57	91.70	71.23
黑色金属冶炼和压延加工业	35967	35981	6.75	99.83	60.29
有色金属冶炼和压延加工业	878	884	-10.22	96.91	109.65
金属制品业	5011	4918	2.47	95.64	65.03
通用设备制造业	3799	3851	1.45	96.51	74.36
专用设备制造业	12929	13005	-1.63	84.43	83.02
汽车制造业	3068	2933	-10.62	97.05	106.19
铁路、船舶、航空航天和其他运输设备制造业	5193	5080	12.16	103.11	68.58
电气机械和器材制造业	794	795	0.49	97.94	65.22
计算机、通信和其他电子设备制造业	85504	90271	3.28	107.86	75.68
仪器仪表制造业	1518	1586	5.87	99.65	60.10
其他制造业	2544		25.23	92.22	76.98
金属制品、机械和设备修理业	910	899	3.93	100.00	38.70
电力、热力生产和供应业	8609	10143	-11.92	98.58	76.36
燃气生产和供应业	9209	9312	-0.56	100.00	82.60
水的生产和供应业	3178	3237	-28.17	101.01	48.80

主要经济指标(五)
and medium sized industrial enterprises(5)

单位：万元

总资产贡献率(%)	人均主营业务收入(万元/人)	流动资产周转率(次/年)	每百元资产实现的主营业务收入(元)	产成品存货周转天数(天)	应收账款平均回收期(天)	成本费用利润率(%)
6.56	**83.50**	**1.24**	**53.11**	**19.58**	**84.04**	**3.18**
5.03	25.65	0.92	27.30	44.52	50.19	-11.24
-0.89	33.76	1.62	39.90	0.94	13.46	-15.43
9.57	48.71	1.84	63.47	33.88	26.27	10.91
32.19	62.89	2.55	139.02	19.81	7.23	11.61
55.49	439.09	1.44	86.52	19.37	54.47	22.77
2.73	15.01	1.57	42.40	12.85	73.95	2.61
17.02	216.04	1.53	77.97	9.71	24.31	17.43
3.00	59.69	0.63	34.70	12.83	222.18	2.47
11.02	60.77	1.23	84.58	55.43	14.20	7.60
-6.42	52.32	1.84	53.54	28.53	96.13	-14.09
8.18	44.89	0.52	28.03	35.07	52.54	22.26
8.40	213.80	2.90	61.87	12.50	9.43	7.25
-12.72	191.41	3.52	154.43	23.03	10.86	-9.51
3.73	63.90	0.67	41.34	14.82	137.22	2.34
3.06	41.38	0.55	42.83	162.67	115.54	1.46
3.83	55.80	0.35	27.38	136.39	310.03	-1.63
-0.64	42.58	1.23	37.13	52.34	99.67	-8.95
9.37	123.79	0.71	49.74	14.61	306.10	13.32
0.84	33.64	0.38	17.18	299.43	328.59	0.48
7.11	89.29	1.13	99.70	12.09	140.43	3.38
4.04	92.82	0.73	45.20	127.33	291.72	6.15
0.94	25.47	0.17	3.72	88.75		32.12
21.19	44.65	1.49	137.00		172.68	4.14
0.50	67.38	1.18	24.83		84.41	-9.77
2.23	120.00	2.17	40.46	3.53	21.10	-0.53
-3.51	28.66	0.67	18.99		82.10	-21.49

10-11　民用汽车拥有量
Namber of civil Motor vehicles

单位：辆

指　标	2017	2016	比2016年增长（%）
总　计	**1458289**	**1293324**	**12.8**
一、汽车	1436290	1272333	12.9
#载客汽车	1331940	1174425	13.4
载货汽车	98669	92344	6.8
其他汽车	5681	5564	2.1
#个人汽车	1294585	1143419	13.2
二、电车	127	147	-13.6
三、摩托车	2779	1105	151.5
四、拖拉机	7748	10499	-26.2
五、挂车	11194	9064	23.5
六、其他类型	151	176	-14.2

10-12　公路运输线路长度
Length of Highway transportation route

单位：公里

指　标	2017	2016
公路线路里程	**7449.253**	**7400.98**
#等级公路	7331.143	7282.87
#晴雨通车里程	7381.397	7333.12
#高速公路	286.889	286.89
小 店 区	955.689	956.03
迎 泽 区	177.817	177.82
杏花岭区	274.42	274.42
尖草坪区	649.33	649.33
万柏林区	516.47	516.47
晋 源 区	550.26	550.26
清 徐 县	1336.479	1336.13
阳 曲 县	1209.886	1209.89
娄 烦 县	770.044	728.3
古 交 市	1008.865	1002.34
每百平方公里平均里程	**106.6**	**105.9**

10-13　旅客运输量及周转量
Passenger transport and turnover volume

指　标	2017	比2016年增长（%）
旅客发送量总计（万人）		
铁　路	2756.30	4.3
民　航	1240.11	25.9
旅客周转量总计（百万人公里）		
铁　路	5911.85	1.0

10-14 货物运输量及周转量
Freight traffic and turnover volume

指 标	2017	比2016年增长（%）
货物运输量总计（万吨）		
铁 路	3415.35	0.3
民 航	4.84	-1.4
货物周转量总计（百万吨公里）		
铁 路	58377.30	24.3

10-15 公路通车里程
Lenth of highway

指 标	单 位	2017	比2016年增长（%、百分点）
公路通车里程	**公里**	**7449.25**	**0.7**
按隶属关系分			
国道	公里	618.31	持平
省道	公里	252.87	持平
县公路	公里	1009.66	持平
乡公路	公里	1711.12	持平
村道	公里	3754.87	1.3
专用公路	公里	102.42	持平
按等级分			
等级里程	公里	7331.14	0.7
高速	公里	286.89	持平
一级	公里	227.98	3.0
二级	公里	946.26	-0.4
三级	公里	1259.87	0.4
四级	公里	4610.16	0.9
等外里程	公里	118.11	持平
等级公路占总里程比重	%	98.0	-0.4
按铺装质量分			
有铺装路面里程	公里	5895.25	0.9
占总里程比重	%	79.0	持平
简易铺装路面里程	公里	731.65	持平
占总里程比重	%	10.0	1.0
未铺装路面里程	公里	822.36	-0.2
占总里程比重	%	11.0	-0.9
百平方公里公路网密度	**公里**	**106.60**	**0.7**

10-16 公路绿化里程
Lengh of afforest highways

指　标	单 位	2017	比 2016 年增长（%、百分点）
公路绿化里程	**公里**	**2276.40**	**0.2**
国道	公里	476.48	0.1
省道	公里	170.99	持平
县公路	公里	674.06	0.1
乡公路	公里	615.33	持平
村道	公里	253.172	0.9
专用公路	公里	86.36	持平
县级以下公路绿化率	**公里**	**62.68**	**持平**
县公路	%	73.89	0.1
乡公路	%	49.70	持平
村道	%	48.81	-6.0
专用公路	%	93.27	持平

10-17 乡镇、村通公路、通油路情况
Traffic connection of towns, townships and villages

指　标	单　位	数 量
乡镇总数	个	52
通油路乡镇数	个	52
乡镇通油路率	%	100.0
行政村总数	个	896
通公路行政村数	个	894
行政村通公路率	%	99.8
通油路行政村数	个	894
行政村通油路率	%	99.8

10-18 铁路线路长度

Length of railway line

线路名称	起始地点	营业里程 (公里)	延展里程 (公里)
太原铁路局		**2628.71**	**7039.29**
京包线	郭磊庄	155.50	434.06
太焦线	修文	190.80	249.87
南同蒲线	榆次	478.48	1288.37
侯月线	侯马北	150.29	433.78
北同蒲线	大同	335.48	1136.01
京原线	灵丘	174.74	257.84
石太线	赛鱼	123.40	525.06
口泉线	平旺	9.73	100.50
宁岢线	宁武	95.37	170.13
忻河线	忻州	39.94	58.14
兰村线	汾河	12.66	16.64
太岚线	太北一场	7.19	17.57
西山线	太北四场	15.62	36.53
介西线	介休	46.91	118.57
二峰山线	翼城东	4.32	7.49
礼垣线	礼元	44.28	53.09
大秦线	韩家岭	652.00	1823.85
秦皇岛进出港线	东信号所	0.30	9.96
湖大线	湖东	21.76	64.80
大秦四期煤码头线	柳村南	7.64	68.51
秦东联络线	秦皇岛	14.42	79.89
大秦津蓟上联线	蓟县西	5.10	5.10
榆次联络线	榆北	1.80	0.85
南联线	东信号所	1.23	1.23
龙联线	秦皇岛东	1.90	10.29
同蒲大秦上联线	西韩岭	0.23	6.91
同蒲大秦下联线	西韩岭	5.75	5.81
茶高线	茶坞	5.95	2.95
大段上联线	大石庄	8.00	6.65
大段下联线	大石庄	5.00	6.26
玉门沟线	太原西	12.93	42.61

10-19 邮政线路及通信工具拥有量

The amount of the post office (the) post and telecommunications lines and communication tools

指 标	单 位	2017	2016	比2016年增长%
邮路总条数	条	128	98	30.6
邮路总长度	公里	81673	72786	12.2
汽车邮路	公里	44710	24220	84.6
铁路邮路	公里		8306	
航空邮路	公里	36963	40260	-8.2
函件	万件	11392.31	13362.68	-14.7
包件	万件	114.06	104.62	9.0
快递包裹	万件	12702.32	5004.02	153.8
汇票	万笔	33.9	40.3	-15.9
定销报纸	万份	8251.24	8477.42	-2.7
定销杂志	万份	328.57	324.17	1.4
已通电话的行政村	个	876	933	-6.1
长途电话通话时长	万分钟	18836	24919	-24.4
局用电话交换机容量	门	173720	207982	-16.5
接入网交换机容量	门		8134	
软交换接入设备容量	门	948897	1111590	-14.6
IMS网络	门	372000		

注：2017年山西电信固网语音业务由IMS网络承载。

10-20 邮电业务量

Volume of Postal and Telecommunication Services

指 标	单 位	2017	2016	比2016年增长%
邮电业务总量	**万 元**	**1430480**	**1028892**	**39.0**
邮政业务总量	万 元	83333	67021	24.3
电信业务总量	万 元	1347147	961871	40.1
全市电话用户	户	8194290	7749465	5.7
固定电话用户	户	767111	837229	-8.4
# 住宅电话	户	223600	359069	-37.7
无线市话	户	4613	5046	-8.6
公用电话	部	145247	148655	-2.3
#IC电话	部	13163	13180	-0.1
移动电话用户	户	7427179	6912236	7.4
#3G用户	户	348371	585486	-40.5
4G用户	户	5676520	4472768	26.9
互联网用户	户	1414397	1351211	4.7
宽带用户	户	1388470	1322714	5.0

第11篇

国内外贸易和旅游

Domestic and Foreign trade , Tourism

资料整理、审核

李红令　　郑慧华　　马　娜　　陶姝钰

11-1 社会消费品零售总额
Total retail sales of social consumer goods

单位：万元

指　　标	2017	2016	比 2016 年增长%
社会消费品零售额	**17678210**	**16662362**	**6.1**
一、按销售地区分			
城镇	16980006	15989416	6.2
# 城区	15138296	14117512	7.2
乡村	698204	672947	3.8
二、按行业分			
批发和零售业	16785623	15805199	6.2
住宿和餐饮业	892587	857163	4.1

11-2 限额以上连锁零售餐饮业经营情况
Management of chain enterprises above designated size and catering service

指　　标	单位	总计		
			直营店	加盟店
门店总数	个	2992	1320	1672
营业面积	平方米	1840842	1733987	106855
从业人员	人	29849	21440	8409
销售额	万元	2518208	2287936	230272
# 零售额	万元	2462734	2232462	230272
比 2016 年增长速度				
门店总数	%	2.7	3.2	1.9
营业面积	%	10.1	10.4	5.1
从业人员	%	-0.5	-1.7	2.5
销售额	%	4.9	5.2	1.2
# 零售额	%	5.1	5.4	1.2

11-3　限额以上批发和零售业法人商品购进、销售、库存总额

The purchase, sale and inventory of legal persons in the wholesale and retail trade of the above Designated Size

单位：万元

指　标	法人企业数（个）	从业人员期末人数（人）	商品购进额	#进口	商品销售额	批发额	#出口	零售额	期末商品库存额
总计	**738**	**65815**	**31811951.9**	**405160.0**	**35456612.2**	**27871443.7**	**458742.3**	**7585168.5**	**2398350.6**
一、批发业	**333**	**24210**	**24597101.6**	**225132.3**	**26825945.1**	**26474810.0**	**457465.9**	**351135.1**	**1024373.9**
农、林、牧产品批发	6	258	25077.7		29606.1	29606.1			11000.2
谷物、豆及薯类批发	6	258	25077.7		29606.1	29606.1			11000.2
食品、饮料及烟草制品批发	32	4327	951748.3		1166232.7	1063458.7		102774.0	75061.9
米、面制品及食用油批发	3	142	64782.7		63832.1	57295.9		6536.2	2570.8
糕点、糖果及糖批发	1	5	5129.5		5270.4	5270.4			386.9
果品、蔬菜批发	2	653	200201.6		199888.6	198810.0		1078.6	8807.9
肉、禽、蛋、奶及水产品批发	4	582	33518.3		35346.7	22865.6		12481.1	732.6
盐及调味品批发	4	899	59624.8		75922.9	75513.5		409.4	1371.4
营养和保健品批发	1	36	8290.8		9274.2	9274.2			233.5
酒、饮料及茶叶批发	11	434	57549.2		70592.3	66959.9		3632.4	23929.1
烟草制品批发	1	844	411372.0		584425.0	584425.0			32161.6
其他食品批发	5	732	111279.4		121680.5	43044.2		78636.3	4868.1
纺织、服装及家庭用品批发	23	5198	835873.0		936137.3	831859.8	362578.4	104277.5	108281.8
服装批发	8	4183	404577.4		495441.4	462975.8	353384.6	32465.6	50022.5
鞋帽批发	2	29	9219.0		11035.8	11035.8			1727.0
化妆品及卫生用品批发	1	65	10076.1		9392.5	9392.5			2061.8
厨房、卫生间用具及日用杂货批发	1	68	3179.2		4049.3	4049.3	4049.3		
家用电器批发	10	788	398745.1		406825.7	335013.8	5144.5	71811.9	52708.3
其他家庭用品批发	1	65	10076.2		9392.6	9392.6			1762.2
文化、体育用品及器材批发	11	503	448533.9		490497.2	490497.1	17898.6	0.1	32817.6
文具用品批发	4	156	129828.0		132736.5	132736.4		0.1	21995.4
体育用品及器材批发	2	84	21984.0		22969.0	22969.0	17898.6		20.5
图书批发	2	223	175697.4		211728.7	211728.7			4875.4
首饰、工艺品及收藏品批发	3	40	121024.5		123063.0	123063.0			5926.3
医药及医疗器材批发	64	5950	1687010.7	3747.2	1906026.3	1882647.9		23378.4	189218.6
西药批发	21	3592	1153604.4		1245227.7	1237199.0		8028.7	122367.7
中药批发	21	1419	280106.9		367269.8	367111.4		158.4	39485.8

11-3 续表 1

单位：万元

指标	法人企业数(个)	从业人员期末人数(人)	商品购进额	#进口	商品销售额	批发额	#出口	零售额	期末商品库存额
医疗用品及器材批发	22	939	253299.4	3747.2	293528.8	278337.5		15191.3	27365.1
矿产品、建材及化工产品批发	138	6592	19019104.4	216175.4	20593416.5	20504545.2	44272.9	88871.3	540460.9
煤炭及制品批发	53	3876	9693328.1	37935.3	10619118.0	10598698.3	18.6	20419.7	267117.6
石油及制品批发	14	810	668028.3		1161783.5	1153293.6		8489.9	105241.4
非金属矿及制品批发	2	21	3672.2		3826.6	3826.6	3684.6		1049.6
金属及金属矿批发	48	1060	4286052.0	178218.7	4364570.1	4304770.0	26055.6	59800.1	118177.6
建材批发	11	314	239984.0		267191.3	267029.7	179.9	161.6	19959.7
化肥批发	4	240	4016416.4		4018730.8	4018730.8	10433.3		24930.0
其他化工产品批发	6	271	111623.4	21.4	158196.2	158196.2	3900.9		3985.0
机械设备、五金产品及电子产品批发	48	1104	1572936.9	1169.9	1633673.8	1601840.0	32716.0	31833.8	36515.6
农业机械批发	2	91	2090.8		1164.6	1164.6			764.3
汽车批发	4	50	83962.8		89706.8	70765.7		18941.1	2165.0
汽车零配件批发	2	92	16103.0		17942.9	12829.5		5113.4	499.4
摩托车及零配件批发	1	37	7337.8		9498.5	9498.5	9498.5		370.4
五金产品批发	5	95	11271.2		13205.7	11393.8		1811.9	1441.9
电气设备批发	4	75	10664.3		12019.2	11909.8		109.4	2113.7
计算机、软件及辅助设备批发	4	38	11848.1		13788.2	12940.8		847.4	1461.1
通讯及广播电视设备批发	2	96	10487.9		11501.5	11501.5			1674.4
其他机械设备及电子产品批发	24	530	1419171.0	1169.9	1464846.4	1459835.8	23217.5	5010.6	26025.4
其他批发业	11	278	56816.7	4039.8	70355.2	70355.2			31017.3
再生物资回收与批发	2	70	406.0		379.6	379.6			296.2
其他未列明批发业	9	208	56410.7	4039.8	69975.6	69975.6			30721.1
农、林、牧、渔产品批发	6	258	25077.7		29606.1	29606.1			11000.2
谷物、豆及薯类批发	6	258	25077.7		29606.1	29606.1			11000.2
食品、饮料及烟草制品批发	32	4327	951748.3		1166232.7	1063458.7		102774.0	75061.9
米、面制品及食用油批发	3	142	64782.7		63832.1	57295.9		6536.2	2570.8
糕点、糖果及糖批发	1	5	5129.5		5270.4	5270.4			386.9
果品、蔬菜批发	2	653	200201.6		199888.6	198810.0		1078.6	8807.9
肉、禽、蛋、奶及水产品批发	4	582	33518.3		35346.7	22865.6		12481.1	732.6
盐及调味品批发	4	899	59624.8		75922.9	75513.5		409.4	1371.4
营养和保健品批发	1	36	8290.8		9274.2	9274.2			233.5
酒、饮料及茶叶批发	11	434	57549.2		70592.3	66959.9		3632.4	23929.1
烟草制品批发	1	844	411372.0		584425.0	584425.0			32161.6

11-3　续表 2

单位：万元

指　　标	法人企业数(个)	从业人员期末人数(人)	商品购进额	#进口	商品销售额	批发额	#出口	零售额	期末商品库存额
其他食品批发	5	732	111279.4		121680.5	43044.2		78636.3	4868.1
纺织、服装及家庭用品批发	23	5198	835873.0		936137.3	831859.8	362578.4	104277.5	108281.8
服装批发	8	4183	404577.4		495441.4	462975.8	353384.6	32465.6	50022.5
鞋帽批发	2	29	9219.0		11035.8	11035.8			1727.0
化妆品及卫生用品批发	1	65	10076.1		9392.5	9392.5			2061.8
厨具卫具及日用杂品批发	1	68	3179.2		4049.3	4049.3	4049.3		
家用视听设备批发	4	286	176610.6		176018.2	166354.1	5144.5	9664.1	48214.6
日用家电批发	6	502	222134.5		230807.5	168659.7		62147.8	4493.7
其他家庭用品批发	1	65	10076.2		9392.6	9392.6			1762.2
文化、体育用品及器材批发	11	503	448533.9		490497.2	490497.1	17898.6	0.1	32817.6
文具用品批发	4	156	129828.0		132736.5	132736.4		0.1	21995.4
体育用品及器材批发	2	84	21984.0		22969.0	22969.0	17898.6		20.5
图书批发	2	223	175697.4		211728.7	211728.7			4875.4
首饰、工艺品及收藏品批发	3	40	121024.5		123063.0	123063.0			5926.3
医药及医疗器材批发	64	5950	1687010.7	3747.2	1906026.3	1882647.9		23378.4	189218.6
西药批发	20	3559	1152065.6		1243074.0	1235045.3		8028.7	122325.2
中药批发	20	1375	276054.2		362361.2	362202.8		158.4	38713.1
动物用药品批发	5	298	93321.0		104056.4	96862.7		7193.7	8313.5
医疗用品及器材批发	19	718	165569.9	3747.2	196534.7	188537.1		7997.6	19866.8
矿产品、建材及化工产品批发	138	6592	19019104.4	216175.4	20593416.5	20504545.2	44272.9	88871.3	540460.9
煤炭及制品批发	53	3876	9693328.1	37935.3	10619118.0	10598698.3	18.6	20419.7	267117.6
石油及制品批发	14	810	668028.3		1161783.5	1153293.6		8489.9	105241.4
非金属矿及制品批发	2	21	3672.2		3826.6	3826.6	3684.6		1049.6
金属及金属矿批发	48	1060	4286052.0	178218.7	4364570.1	4304770.0	26055.6	59800.1	118177.6
建材批发	11	314	239984.0		267191.3	267029.7	179.9	161.6	19959.7
化肥批发	4	240	4016416.4		4018730.8	4018730.8	10433.3		24930.0
其他化工产品批发	6	271	111623.4	21.4	158196.2	158196.2	3900.9		3985.0
机械设备、五金产品及电子产品批发	48	1104	1572936.9	1169.9	1633673.8	1601840.0	32716.0	31833.8	36515.6
农业机械批发	2	91	2090.8		1164.6	1164.6			764.3

11-3 续表 3

单位：万元

指　标	法人企业数(个)	从业人员期末人数(人)	商品购进额	#进口	商品销售额	批发额	#出口	零售额	期末商品库存额
汽车及零配件批发	6	142	100065.8		107649.7	83595.2		24054.5	2664.4
五金产品批发	4	85	12741.4		15551.9	15462.8	9498.5	89.1	1218.6
电气设备批发	6	112	18394.9		22361.5	20586.6		1774.9	1893.5
计算机、软件及辅助设备批发	4	49	11304.6		12687.8	11783.1		904.7	2255.4
通讯设备批发	3	108	11549.5		13179.2	13179.2			2158.3
其他机械设备及电子产品批发	23	517	1416789.9	1169.9	1461079.1	1456068.5	23217.5	5010.6	25561.1
其他批发业	11	278	56816.7	4039.8	70355.2	70355.2			31017.3
再生物资回收与批发	2	70	406.0		379.6	379.6			296.2
其他未列明批发业	9	208	56410.7	4039.8	69975.6	69975.6			30721.1
内资企业	328	22317	23114191.0	46913.6	25311363.0	24964793.1	457465.9	346569.9	985838.0
国有企业	18	1880	594105.0		778867.3	763091.9		15775.4	69935.5
集体企业	3	232	70048.0		77978.0	77978.0			139.4
有限责任公司	97	9604	16793512.5	37935.3	18000876.1	17871851.1	14482.6	129025.0	480263.8
国有独资公司	20	1552	4493704.8	37935.3	4861050.1	4857549.6		3500.5	136223.5
其他有限责任公司	77	8052	12299807.7		13139826.0	13014301.5	14482.6	125524.5	344040.3
股份有限公司	8	2699	2553572.0		3058499.2	3038321.0	353384.6	20178.2	120797.7
私营企业	202	7902	3102953.5	8978.3	3395142.4	3213551.1	89598.7	181591.3	314701.6
私营有限责任公司	200	7739	3065394.8	8978.3	3351623.4	3170139.7	89598.7	181483.7	310689.4
私营股份有限公司	2	163	37558.7		43519.0	43411.4		107.6	4012.2
港、澳、台商投资企业	4	1698	1473282.6	178218.7	1505000.5	1505000.5			38417.4
与港澳台商合资经营企业	2	250	1411017.9	178218.7	1420859.9	1420859.9			15048.0
港澳台商独资企业	2	1448	62264.7		84140.6	84140.6			23369.4
外商投资企业	1	195	9628.0		9581.6	5016.4		4565.2	118.5
中外合资经营企业	1	195	9628.0		9581.6	5016.4		4565.2	118.5
国有控股	80	7955	18815951.9	216154.0	19837812.6	19749022.3	10433.3	88790.3	533413.9
集体控股	5	296	173526.5		181437.7	181437.7			362.8
私人控股	223	11852	3966451.7	8978.3	4372894.6	4135266.6	442983.3	237628.0	398539.3
港澳台商控股	3	1698	100302.3		123624.2	123624.2			23376.6

11-3　续表 4

单位：万元

指　标	法人企业数（个）	从业人员期末人数（人）	商品购进额	#进口	商品销售额	批发额	#出口	零售额	期末商品库存额
其他	22	2409	1540869.2		2310176.0	2285459.2	4049.3	24716.8	68681.3
独立门店	201	13239	13290528.7	220465.6	14240024.5	13973928.3	416304.4	266096.2	542875.4
其他	132	10971	11306572.9	4666.7	12585920.6	12500881.7	41161.5	85038.9	481498.5
大型	14	8930	6600261.8		7239388.3	7082074.2	353384.6	157314.1	322750.0
中型	122	11480	13450464.1	42583.5	14867326.5	14784377.0	45708.9	82949.5	533758.7
小型	128	2980	1112464.8	4330.1	1254535.1	1198624.2	53227.9	55910.9	120571.2
微型	69	820	3433910.9	178218.7	3464695.2	3409734.6	5144.5	54960.6	47294.0
二、零售业	**405**	**41605**	**7214850.3**	**180027.7**	**8630667.1**	**1396633.7**	**1276.4**	**7234033.4**	**1373976.7**
综合零售	30	11479	956004.0	881.9	1668244.7	21117.9		1647126.8	76909.5
百货零售	16	2836	451315.3	811.3	587677.8	21117.9		566559.9	34375.0
超级市场零售	12	7937	327176.5	70.6	901095.9			901095.9	38558.4
其他综合零售	2	706	177512.2		179471.0			179471.0	3976.1
食品、饮料及烟草制品专门零售	43	2347	266497.0		297270.2	135320.3		161949.9	28604.0
粮油零售	9	224	8297.3		8823.1	2181.7		6641.4	1314.6
糕点、面包零售	1	505	11981.9		20031.0			20031.0	45.1
果品、蔬菜零售	8	192	142587.2		145843.9	99107.1		46736.8	378.3
肉、禽、蛋、奶及水产品零售	2	699	31018.4		36330.4			36330.4	239.9
酒、饮料及茶叶零售	14	415	46907.8		52709.2	29022.1		23687.1	20311.5
烟草制品零售	2	95	6635.6		10519.0			10519.0	1554.4
其他食品零售	7	217	19068.8		23013.6	5009.4		18004.2	4760.2
纺织、服装及日用品专门零售	42	3753	281846.3	1155.6	477512.6	22837.5		454675.1	112104.7
纺织品及针织品零售	2	158	22542.2		32640.7	896.9		31743.8	14314.6
服装零售	32	2727	228087.7	1155.6	376873.2	19130.3		357742.9	92952.8
鞋帽零售	1	375	16854.7		23456.1			23456.1	1805.0
化妆品及卫生用品零售	2	356	2022.0		28467.4			28467.4	2012.6
钟表、眼镜零售	3	83	10606.3		14061.0	2093.9		11967.1	773.9
厨房用具及日用杂品零售	1	44	1075.6		1277.9	421.9		856.0	89.1
其他日用品零售	1	10	657.8		736.3	294.5		441.8	156.7
文化、体育用品及器材专门零售	31	1212	144757.9	1530.0	157983.1	49529.9	1276.4	108453.2	70857.5

11-3 续表 5

单位：万元

指标	法人企业数(个)	从业人员期末人数(人)	商品购进额	#进口	商品销售额	批发额	#出口	零售额	期末商品库存额
文具用品零售	5	55	13664.3	1530.0	14839.5	8783.6		6055.9	855.3
体育用品及器材零售	2	12	1299.0		1473.2	1285.8	1276.4	187.4	100.0
图书、报刊零售	7	442	30115.5		31243.1			31243.1	11802.1
珠宝首饰零售	9	593	90982.8		98328.7	37932.2		60396.5	52678.2
工艺美术品及收藏品零售	1	18	2235.1		2659.6			2659.6	1969.3
乐器零售	4	76	5082.8		7978.7	672.6		7306.1	2361.6
照相器材零售	2	13	664.3		599.6			599.6	683.2
其他文化用品零售	1	3	714.1		860.7	855.7		5.0	407.8
医药及医疗器材专门零售	22	8289	972760.3		1098905.3	794491.0		304414.3	113268.5
药品零售	20	8254	969466.2		1093770.4	790902.2		302868.2	113214.7
医疗用品及器材零售	2	35	3294.1		5134.9	3588.8		1546.1	53.8
汽车、摩托车、燃料及零配件专门零售	167	11729	3950816.6	176460.2	4124263.8	174580.9		3949682.9	926896.5
汽车零售	120	8961	3255748.0	176460.2	3351469.2	63689.4		3287779.8	900191.1
汽车零配件零售	12	91	37785.4		40650.2	36514.7		4135.5	4042.6
机动车燃料零售	35	2677	657283.2		732144.4	74376.8		657767.6	22662.8
家用电器及电子产品专门零售	40	1782	363560.2		490547.7	110358.2		380189.5	33059.0
家用视听设备零售	1	21	1055.2		1146.9			1146.9	282.3
日用家电设备零售	10	894	184390.3		293385.8	5412.2		287973.6	12000.0
计算机、软件及辅助设备零售	17	534	90651.5		103547.3	55066.5		48480.8	15491.1
通信设备零售	10	321	84035.2		88967.2	49811.3		39155.9	4880.1
其他电子产品零售	2	12	3428.0		3500.5	68.2		3432.3	405.5
五金、家具及室内装饰材料专门零售	16	308	178380.5		194573.9	58306.5		136267.4	7781.0
五金零售	8	73	66892.6		76682.9	44764.1		31918.8	1287.1
家具零售	3	75	37710.2		42688.4	3618.0		39070.4	4644.9

11-3　续表 6

单位：万元

指　标	法人企业数(个)	从业人员期末人数(人)	商品购进额	#进口	商品销售额	批发额	#出口	零售额	期末商品库存额
陶瓷、石材装饰材料零售	3	128	70206.9		70623.5	9924.4		60699.1	1457.6
其他室内装饰材料零售	2	32	3570.8		4579.1			4579.1	391.4
货摊、无店铺及其他零售业	14	706	100227.5		121365.8	30091.5		91274.3	4496.0
互联网零售	9	552	93248.0		113559.7	28790.0		84769.7	3922.3
其他未列明零售业	5	154	6979.5		7806.1	1301.5		6504.6	573.7
综合零售	30	11479	956004.0	881.9	1668244.7	21117.9		1647126.8	76909.5
百货零售	16	2836	451315.3	811.3	587677.8	21117.9		566559.9	34375.0
超级市场零售	12	7937	327176.5	70.6	901095.9			901095.9	38558.4
其他综合零售	2	706	177512.2		179471.0			179471.0	3976.1
食品、饮料及烟草制品专门零售	43	2347	266497.0		297270.2	135320.3		161949.9	28604.0
粮油零售	9	224	8297.3		8823.1	2181.7		6641.4	1314.6
糕点、面包零售	1	505	11981.9		20031.0			20031.0	45.1
果品、蔬菜零售	8	192	142587.2		145843.9	99107.1		46736.8	378.3
肉、禽、蛋、奶及水产品零售	2	699	31018.4		36330.4			36330.4	239.9
酒、饮料及茶叶零售	14	415	46907.8		52709.2	29022.1		23687.1	20311.5
烟草制品零售	2	95	6635.6		10519.0			10519.0	1554.4
其他食品零售	7	217	19068.8		23013.6	5009.4		18004.2	4760.2
纺织、服装及日用品专门零售	42	3753	281846.3	1155.6	477512.6	22837.5		454675.1	112104.7
纺织品及针织品零售	2	158	22542.2		32640.7	896.9		31743.8	14314.6
服装零售	32	2727	228087.7	1155.6	376873.2	19130.3		357742.9	92952.8
鞋帽零售	1	375	16854.7		23456.1			23456.1	1805.0
化妆品及卫生用品零售	2	356	2022.0		28467.4			28467.4	2012.6
厨具卫具及日用杂品零售	2	51	1614.1		1804.2	421.9		1382.3	312.1
钟表、眼镜零售	2	76	10067.8		13534.7	2093.9		11440.8	550.9
其他日用品零售	1	10	657.8		736.3	294.5		441.8	156.7
文化、体育用品及器材专门零售	31	1212	144757.9	1530.0	157983.1	49529.9	1276.4	108453.2	70857.5
文具用品零售	5	55	13664.3	1530.0	14839.5	8783.6		6055.9	855.3
体育用品及器材零售	2	12	1299.0		1473.2	1285.8	1276.4	187.4	100.0
图书、报刊零售	7	442	30115.5		31243.1			31243.1	11802.1

11-3　续表 7

单位：万元

指　　标	法人企业数(个)	从业人员期末人数(人)	商品购进额	#进口	商品销售额	批发额	#出口	零售额	期末商品库存额
珠宝首饰零售	9	593	90982.8		98328.7	37932.2		60396.5	52678.2
工艺美术品及收藏品零售	1	18	2235.1		2659.6			2659.6	1969.3
乐器零售	4	76	5082.8		7978.7	672.6		7306.1	2361.6
照相器材零售	2	13	664.3		599.6			599.6	683.2
其他文化用品零售	1	3	714.1		860.7	855.7		5.0	407.8
医药及医疗器材专门零售	21	8272	970843.3		1096801.3	794491.0		302310.3	113132.7
西药零售	16	8046	958597.6		1082782.2	790902.2		291880.0	109889.5
中药零售	2	140	8242.0		7582.7			7582.7	3026.1
动物用药品零售	1	51	709.6		1301.5			1301.5	163.3
医疗用品及器材零售	2	35	3294.1		5134.9	3588.8		1546.1	53.8
汽车、摩托车、零配件和燃料及其他动力销售	167	11729	3950816.6	176460.2	4124263.8	174580.9		3949682.9	926896.5
汽车新车零售	119	8776	3170509.1	176460.2	3265075.9	63689.4		3201386.5	897716.8
汽车旧车零售	5	221	107998.0		110246.3	22437.1		87809.2	3770.2
汽车零配件零售	8	55	15026.3		16797.2	14077.6		2719.6	2746.7
摩托车及零配件零售	9	1028	397891.0		399542.2	63703.7		335838.5	16018.9
机动车燃油零售	24	1459	246784.1		317438.9	816.1		316622.8	6227.1
机动车燃气零售	2	190	12608.1		15163.3	9857.0		5306.3	416.8
家用电器及电子产品专门零售	40	1782	363560.2		490547.7	110358.2		380189.5	33059.0
家用视听设备零售	1	21	1055.2		1146.9			1146.9	282.3
日用家电零售	10	894	184390.3		293385.8	5412.2		287973.6	12000.0
计算机、软件及辅助设备零售	17	534	90651.5		103547.3	55066.5		48480.8	15491.1
通信设备零售	10	321	84035.2		88967.2	49811.3		39155.9	4880.1
其他电子产品零售	2	12	3428.0		3500.5	68.2		3432.3	405.5
五金、家具及室内装饰材料专门零售	16	308	178380.5		194573.9	58306.5		136267.4	7781.0

11-3　续表 8

单位：万元

指　标	法人企业数（个）	从业人员期末人数（人）	商品购进额	#进口	商品销售额	批发额	#出口	零售额	期末商品库存额
五金零售	8	73	66892.6		76682.9	44764.1		31918.8	1287.1
家具零售	3	75	37710.2		42688.4	3618.0		39070.4	4644.9
陶瓷、石材装饰材料零售	3	128	70206.9		70623.5	9924.4		60699.1	1457.6
其他室内装饰材料零售	2	32	3570.8		4579.1			4579.1	391.4
货摊、无店铺及其他零售业	13	672	99328.8		120125.5	30091.5		90034.0	4362.2
互联网零售	7	386	45562.0		51242.5	28734.6		22507.9	3778.2
自动售货机零售	2	166	47686.0		62317.2	55.4		62261.8	144.1
其他未列明零售业	4	120	6080.8		6565.8	1301.5		5264.3	439.9
内资企业	394	39652	6936585.7	118957.0	8301097.6	1366521.8	1276.4	6934575.8	1305888.6
国有企业	14	762	45296.1		48978.2	1500.0		47478.2	10999.9
集体企业	9	355	17244.3		26476.7	715.1		25761.6	2915.7
股份合作企业	1	35	7037.0		8679.1			8679.1	155.3
有限责任公司	61	12014	1969716.6	42661.1	2222954.8	843359.3		1379595.5	208587.1
国有独资公司	3	302	27574.2		27715.4	17332.9		10382.5	9890.4
其他有限责任公司	58	11712	1942142.4	42661.1	2195239.4	826026.4		1369213.0	198696.7
股份有限公司	4	1456	531356.8		563549.0	66755.7		496793.3	18171.5
私营企业	302	24970	4364420.1	76295.9	5428507.8	453908.7	1276.4	4974599.1	1065019.1
私营独资企业	9	155	12813.9		14087.3			14087.3	1099.0
私营有限责任公司	288	18325	4097093.8	76295.9	4592878.9	453908.7	1276.4	4138970.2	1032909.6
私营股份有限公司	5	6490	254512.4		821541.6			821541.6	31010.5
其他企业	3	60	1514.8		1952.0	283.0		1669.0	40.0
港、澳、台商投资企业	8	1152	223473.0	61070.7	266656.1	30111.9		236544.2	46930.5
与港澳台商合资经营企业	4	469	107601.7	1155.6	116788.6	27253.4		89535.2	37473.9
港澳台商独资企业	4	683	115871.3	59915.1	149867.5	2858.5		147009.0	9456.6
外商投资企业	3	801	54791.6		62913.4			62913.4	21157.6
中外合资经营企业	1	150	10896.5		10396.5			10396.5	1504.3
外资企业	1	530	31196.4		33418.9			33418.9	4052.6
其他外商投资企业	1	121	12698.7		19098.0			19098.0	15600.7
国有控股	32	8141	1696946.0	811.3	1896598.4	859557.5		1037040.9	139399.2

11-3 续表 9

单位：万元

指 标	法人企业数（个）	从业人员期末人数（人）	商品购进额	#进口	商品销售额	批发额	#出口	零售额	期末商品库存额
集体控股	18	1737	181249.9		206525.2	5217.6		201307.6	31647.0
私人控股	324	28612	4645126.7	76295.9	5746435.6	469276.8	1276.4	5277158.8	1092122.1
港澳台商控股	8	1152	223473.0	61070.7	266656.1	30111.9		236544.2	46930.5
外商控股	2	680	42092.9		43815.4			43815.4	5556.9
其他	21	1283	425961.8	41849.8	470636.4	32469.9		438166.5	58321.0
独立门店	338	22358	5239373.0	180027.7	5782736.1	1238403.3	1276.4	4544332.8	1209064.6
连锁总店	26	10815	1367368.7		1630520.3	70963.0		1559557.3	107954.0
连锁直营店	4	6927	274020.3		847430.5			847430.5	28086.5
其他	37	1505	334088.3		369980.2	87267.4		282712.8	28871.6
大型	21	20305	3110985.6		4020256.5	851985.5		3168271.0	820771.0
中型	128	16553	2947155.8	155084.1	3318616.7	178578.7		3140038.0	396992.6
小型	176	4218	894646.7	18746.5	1004498.9	274008.0		730490.9	127193.8
微型	80	529	262062.2	6197.1	287295.0	92061.5	1276.4	195233.5	29019.3
有店铺零售	380	40543	7085372.4	180027.7	8478052.8	1358053.0	1276.4	7119999.8	1362688.6
食杂店	1	20	3304.3		3541.7			3541.7	42.3
便利店	2	706	177512.2		179471.0			179471.0	3976.1
超市	14	627	58153.1		61919.8			61919.8	3981.0
大型超市	9	8028	319809.5	70.6	895921.9			895921.9	40763.6
百货店	24	2864	457310.0	811.3	603819.5	22394.3	1276.4	581425.2	49014.0
专业店	179	16836	3490896.7	23702.3	3874923.5	1130854.4		2744069.1	891951.0
专卖店	126	9292	2329916.7	155443.5	2467371.3	177819.6		2289551.7	317480.9
家居建材商店	3	128	70206.9		70623.5	9924.4		60699.1	1457.6
购物中心	8	1459	117450.2		240430.6	2090.0		238340.6	35770.1
厂家直销中心	14	583	60812.8		80030.0	14970.3		65059.7	18252.0
无店铺零售	25	1062	129477.9		152614.3	38580.7		114033.6	11288.1
网上商店	13	674	85449.4		108366.8	3546.3		104820.5	4191.1
其他	12	388	44028.5		44247.5	35034.4		9213.1	7097.0

11-4 限额以上住宿业和餐饮业经营情况(一)

Management of chain enterprises above designated size in hotel and catering service(1)

单位：万元

指标	法人企业数(个)	从业人员期末人数(人)	营业额	#使用银行卡支付的营业额	客房收入	#通过公共网络实现的客房收入	#通过非自营平台实现的客房收入	餐费收入
总计	**170**	**23065**	**364637.1**	**62673.2**	**86511.0**	**4575.3**	**1446.7**	**253444.7**
一、住宿业	**75**	**8986**	**125639.3**	**18122.2**	**63038.7**	**3986.9**	**1418.4**	**43895.2**
旅游饭店	46	7623	106417.6	15762.4	51308.8	3543.6	1197.0	40710.3
一般旅馆	28	1315	18564.4	2357.8	11667.9	438.8	221.4	3184.9
其他住宿业	1	48	657.3	2.0	62.0	4.5		
旅游饭店	47	7629	106417.6	15762.4	51308.8	3543.6	1197.0	40710.3
旅游饭店	47	7629	106417.6	15762.4	51308.8	3543.6	1197.0	40710.3
一般旅馆	27	1309	18564.4	2357.8	11667.9	438.8	221.4	3184.9
经济型连锁酒店	1	23	212.1		212.1			
其他一般旅馆	26	1286	18352.3	2357.8	11455.8	438.8	221.4	3184.9
其他住宿业	1	48	657.3	2.0	62.0	4.5		
其他住宿业	1	48	657.3	2.0	62.0	4.5		
内资企业	75	8986	125639.3	18122.2	63038.7	3986.9	1418.4	43895.2
国有企业	16	4051	56656.3	9234.9	24010.0	1697.2	657.2	26668.9
集体企业	2	147	970.9	2.0	839.3	4.6		22.1
有限责任公司	16	1835	30303.6	3966.3	14282.1	543.3	43.6	8713.3
国有独资公司	2	299	4541.9	2224.1	2282.9	346.7		1822.3
其他有限责任公司	14	1536	25761.7	1742.2	11999.2	196.6	43.6	6891.0
股份有限公司	2	198	2588.7		1869.3			415.3
私营企业	38	2650	34148.9	4919.0	21338.8	1741.8	717.6	7804.4
私营独资企业	1	223	3596.4		3185.1			378.5
私营有限责任公司	36	2187	28421.3	4919.0	17469.5	1741.8	717.6	6079.6
私营股份有限公司	1	240	2131.2		684.2			1346.3
其他企业	1	105	970.9		699.2			271.2
国有控股	26	5222	74829.5	11459.0	33091.0	2087.7	657.2	32033.0
集体控股	2	147	970.9	2.0	839.3	4.6		22.1
私人控股	43	2872	39290.7	4919.0	23931.4	1741.8	717.6	7818.7
其他	4	745	10548.2	1742.2	5177.0	152.8	43.6	4021.4
独立门店	69	8599	119826.6	17626.1	59550.6	3824.6	1256.1	43299.1
连锁总店	1	22	566.0		543.4			5.6
连锁直营店	2	84	2006.4	277.9	1960.3	145.0	145.0	5.9
连锁加盟店	1	23	212.1		212.1			
其他	2	258	3028.2	218.2	772.3	17.3	17.3	584.6
大型	1	600	14963.8		6127.3			7848.0
中型	13	4417	58484.4	9234.6	24861.5	1733.3	476.4	25129.0
小型	56	3889	51142.7	8820.8	31608.1	2248.4	941.8	10906.9
微型	5	80	1048.4	66.8	441.8	5.2	0.2	11.3

11-4 续表 1-1

单位：万元

指标	法人企业数（个）	从业人员期末人数（人）	营业额	#使用银行卡支付的营业额	客房收入	#通过公共网络实现的客房收入	#通过非自营平台实现的客房收入	餐费收入
五星	3	1463	25113.9	2451.0	10333.7	331.2	331.2	12878.9
四星	10	1361	16603.9	2678.3	8588.8	125.1		5763.4
三星	20	2942	38850.0	8907.0	18263.7	807.2	369.6	15748.7
二星	2	192	1885.3	2.0	1246.0			530.5
其他	40	3028	43186.2	4083.9	24606.5	2723.4	717.6	8973.7
二、餐饮业	**95**	**14079**	**238997.8**	**44551.0**	**23472.3**	**588.4**	**28.3**	**209549.5**
正餐服务	91	8875	145755.4	34490.1	23472.3	588.4	28.3	116307.1
快餐服务	4	5204	93242.4	10060.9				93242.4
正餐服务	91	8875	145755.4	34490.1	23472.3	588.4	28.3	116307.1
正餐服务	91	8875	145755.4	34490.1	23472.3	588.4	28.3	116307.1
快餐服务	4	5204	93242.4	10060.9				93242.4
快餐服务	4	5204	93242.4	10060.9				93242.4
内资企业	93	9707	156295.5	34490.1	23472.3	588.4	28.3	126847.2
国有企业	5	488	4793.4	1064.5	1753.2	34.7	13.3	2661.6
股份合作企业	1	45	412.7	246.1	182.0			215.7
有限责任公司	16	2779	44165.4	6231.1	6967.4	342.8		33701.2
其他有限责任公司	16	2779	44165.4	6231.1	6967.4	342.8		33701.2
私营企业	71	6395	106924.0	26948.4	14569.7	210.9	15.0	90268.7
私营独资企业	6	226	2530.4	149.3	99.4			2429.8
私营有限责任公司	64	6099	103684.8	26799.1	13905.2	210.9	15.0	87695.2
私营股份有限公司	1	70	708.8		565.1			143.7
港、澳、台商投资企业	1	1283	18432.4	10060.9				18432.4
港澳台商独资企业	1	1283	18432.4	10060.9				18432.4
外商投资企业	1	3089	64269.9					64269.9
外资企业	1	3089	64269.9					64269.9
国有控股	8	1161	15504.5	1064.5	4698.4	34.7	13.3	8011.3
私人控股	80	8145	132798.9	33179.5	17502.1	533.3	15.0	112330.5
港澳台商控股	1	1283	18432.4	10060.9				18432.4
外商控股	1	3089	64269.9					64269.9
其他	5	401	7992.1	246.1	1271.8	20.4		6505.4
独立门店	86	7441	117550.6	33617.2	22415.7	568.0	28.3	89487.6
连锁总店	3	4526	97583.9	10060.9				97455.1
其他	6	2112	23863.3	872.9	1056.6	20.4		22606.8
大型	2	4372	82702.3	10060.9				82702.3
中型	22	6117	103362.1	27663.7	13763.4	490.3	15.0	85964.9
小型	61	3548	52157.8	6726.4	9664.1	98.1	13.3	40251.5
微型	10	42	775.6	100.0	44.8			630.8

11-4　限额以上住宿业和餐饮业经营情况(二)

Management of chain enterprises above designated size in hotel and catering service(2)

单位：万元

指　　标	#通过公共网络实现的餐费收入	#通过非自营平台实现的餐费收入	商品销售额收入	其他收入	客房数(间)	床位数(个)	餐位数(位)	年末餐饮营业面积(平方米)
总计	**23383.1**	**528.5**	**1139.2**	**23542.2**	**14634**	**24569**	**87258**	**458148.0**
一、住宿业	**851.7**	**410.5**	**278.3**	**18427.1**	**10554**	**17561**	**22108**	**113176.0**
旅游饭店	801.1	410.5	244.0	14154.5	7517	12323	18879	94827.0
一般旅馆	50.6		34.3	3677.3	2967	5088	3229	18349.0
其他住宿业				595.3	70	150		
旅游饭店	801.1	410.5	244.0	14154.5	7517	12323	18879	94827.0
旅游饭店	801.1	410.5	244.0	14154.5	7517	12323	18879	94827.0
一般旅馆	50.6		34.3	3677.3	2967	5088	3229	18349.0
经济型连锁酒店					120	144		
其他一般旅馆	50.6		34.3	3677.3	2847	4944	3229	18349.0
其他住宿业				595.3	70	150		
其他住宿业				595.3	70	150		
内资企业	851.7	410.5	278.3	18427.1	10554	17561	22108	113176.0
国有企业	415.9	265.9	22.3	5955.1	2853	4759	7632	42054.0
集体企业				109.5	222	425	150	300.0
有限责任公司	2.9	0.2	41.9	7266.3	2468	3728	4266	29310.0
国有独资公司	2.6			436.7	389	597	426	2500.0
其他有限责任公司	0.3	0.2	41.9	6829.6	2079	3131	3840	26810.0
股份有限公司				304.1	208	360	272	1400.0
私营企业	432.9	144.4	214.1	4791.6	4711	8099	9438	37878.0
私营独资企业			28.7	4.1	290	550	600	4500.0
私营有限责任公司	432.9	144.4	84.7	4787.5	4261	7249	7938	32378.0
私营股份有限公司			100.7		160	300	900	1000.0
其他企业				0.5	92	190	350	2234.0
国有控股	418.6	265.9	37.9	9667.6	4476	7358	10758	60988.0
集体控股				109.5	222	425	150	300.0
私人控股	432.9	144.4	214.1	7326.5	5203	8670	9510	38288.0
其他	0.2	0.2	26.3	1323.5	653	1108	1690	13600.0
独立门店	851.7	410.5	238.8	16738.1	9664	16226	21318	111846.0
连锁总店			10.9	6.1	143	214	20	120.0
连锁直营店			6.3	33.9	391	561	40	60.0
连锁加盟店					120	144		
其他			22.3	1649.0	236	416	730	1150.0
大型				988.5	401	527	600	4000.0
中型	268.6	265.9	155.7	8338.2	3109	5127	9939	45704.0
小型	583.1	144.6	122.6	8505.1	6874	11607	11557	61982.0
微型				595.3	170	300	12	1490.0

11-4 续表 2-1

单位：万元

指　　标	#通过公共网络实现的餐费收入	#通过非自营平台实现的餐费收入	商品销售额收入	其他收入	客房数(间)	床位数(个)	餐位数(位)	年末餐饮营业面积(平方米)
五星	**15.1**	**15.1**	**26.3**	**1875.0**	**950**	**1421**	**2320**	**18860.0**
四星	46.8		149.7	2102.0	1709	2696	3936	12008.0
三星	401.1	251.0	23.3	4814.3	2820	4998	7700	39319.0
二星				108.8	305	574	173	620.0
其他	388.7	144.4	79.0	9527.0	4770	7872	7979	42369.0
二、餐饮业	**22531.4**	**118.0**	**860.9**	**5115.1**	**4080**	**7008**	**65150**	**344972.0**
正餐服务	20294.5	118.0	860.9	5115.1	4080	7008	51055	306493.0
快餐服务	2236.9						14095	38479.0
正餐服务	20294.5	118.0	860.9	5115.1	4080	7008	51055	306493.0
正餐服务	20294.5	118.0	860.9	5115.1	4080	7008	51055	306493.0
快餐服务	2236.9						14095	38479.0
快餐服务	2236.9						14095	38479.0
内资企业	20294.5	118.0	860.9	5115.1	4080	7008	52945	309793.0
国有企业	4.5	4.5	49.4	329.2	433	820	2227	10167.0
股份合作企业				15.0	24	50	300	2000.0
有限责任公司	126.5		454.6	3042.2	1101	1861	8639	66984.0
其他有限责任公司	126.5		454.6	3042.2	1101	1861	8639	66984.0
私营企业	20163.5	113.5	356.9	1728.7	2522	4277	41779	230642.0
私营独资企业				1.2	45	90	1810	4853.0
私营有限责任公司	20163.5	113.5	356.9	1727.5	2291	3843	38969	216339.0
私营股份有限公司					186	344	1000	9450.0
港、澳、台商投资企业	2236.9						2525	8229.0
港澳台商独资企业	2236.9						2525	8229.0
外商投资企业							9680	26950.0
外资企业							9680	26950.0
国有控股	4.5	4.5	125.9	2668.9	815	1508	3817	31372.0
私人控股	20177.4	113.5	735.0	2231.3	3015	5032	46410	260944.0
港澳台商控股	2236.9						2525	8229.0
外商控股							9680	26950.0
其他	112.6			214.9	250	468	2718	17477.0
独立门店	5597.5	47.2	860.9	4786.4	3876	6630	41900	259838.0
连锁总店	16918.9	70.8		128.8			12855	45179.0
其他	15.0			199.9	204	378	10395	39955.0
大型	2236.9						12205	35179.0
中型	19192.8	106.3	540.3	3093.5	1725	2648	24534	144435.0
小型	1101.7	11.7	320.6	1921.6	2115	3880	26808	148743.0
微型				100.0	240	480	1603	16615.0

11-5　限额以上批发和

The financial condition of the legal person enterprises in

指　标	法人企业数（个）	执行《2006年企业会计准则》企业数（个）	一、年初存货	二、期末资产负债	
				流动资产合计	应收帐款
总计	**738**	**615**	**1703126.3**	**15785899.3**	**2874790.5**
一、批发业	**333**	**277**	**969537.7**	**12223004.5**	**2449152.3**
农、林、牧产品批发	6	6	18160.8	25353.0	1465.1
谷物、豆及薯类批发	6	6	18160.8	25353.0	1465.1
食品、饮料及烟草制品批发	32	27	70344.9	364367.1	50555.7
米、面制品及食用油批发	3	1	4757.0	14492.7	959.5
糕点、糖果及糖批发	1	1	451.1	1191.9	
果品、蔬菜批发	2	2	9490.8	61124.9	28133.8
肉、禽、蛋、奶及水产品批发	4	3	622.4	5196.0	2143.2
盐及调味品批发	4	3	5373.1	48517.6	5347.2
营养和保健品批发	1	1	284.3	2826.3	2125.8
酒、饮料及茶叶批发	11	11	18093.0	41788.3	2783.4
烟草制品批发	1	1	26524.3	163760.7	2043.4
其他食品批发	5	4	4748.9	25468.7	7019.4
纺织、服装及家庭用品批发	23	20	89909.7	1227310.4	42112.7
服装批发	8	7	53833.2	1038574.7	23554.1
鞋帽批发	2	2	1216.6	11904.3	9846.8
化妆品及卫生用品批发	1	1	929.6	6012.4	2471.1
厨房、卫生间用具及日用杂货批发	1			741.9	253.6
家用电器批发	10	9	31693.2	164057.9	3516.0
其他家庭用品批发	1	1	2237.1	6019.2	2471.1
文化、体育用品及器材批发	11	10	46051.4	264976.7	74553.7
文具用品批发	4	4	12559.4	95075.2	26295.0
体育用品及器材批发	2	2	13.3	24261.4	15545.4
图书批发	2	2	28517.5	133479.4	26951.2
首饰、工艺品及收藏品批发	3	2	4961.2	12160.7	5762.1
医药及医疗器材批发	64	47	166644.4	1026168.5	529923.6
西药批发	21	16	107973.9	587927.1	264572.1
中药批发	21	15	37148.2	244311.3	139716.2
医疗用品及器材批发	22	16	21522.3	193930.1	125635.3
矿产品、建材及化工产品批发	138	119	508999.1	8804568.5	1518450.7
煤炭及制品批发	53	50	237829.0	6967233.8	1075444.4
石油及制品批发	14	13	74352.4	319046.4	109360.0
非金属矿及制品批发	2	2	1055.8	1873.1	229.2
金属及金属矿批发	48	37	159226.9	942466.8	155327.9
建材批发	11	9	17263.8	221393.3	104463.9
化肥批发	4	3	14405.0	268784.8	63823.0
其他化工产品批发	6	5	4866.2	83770.3	9802.3
机械设备、五金产品及电子产品批发	48	40	35323.6	458097.4	226343.8
农业机械批发	2	2	374.5	5021.8	2349.0

零售业法人企业财务状况(一)

the wholesale and retail trade of the above designated size(1)

单位：万元

存货	固定资产合计	固定资产原价	累计折旧	本年折旧	在建工程	非流动资产合计	资产总计
1727276.1	**2228296.6**	**2943782.5**	**784955.7**	**145687.3**	**1408890.7**	**8848806.8**	**24663478.2**
994676.0	**1892816.0**	**2381104.1**	**522649.1**	**117064.9**	**1354833.1**	**7997398.9**	**20242361.2**
16509.3	13876.3	16482.4	6615.9	188.4	21.2	14594.0	39947.0
16509.3	13876.3	16482.4	6615.9	188.4	21.2	14594.0	39947.0
72454.8	75777.3	116405.7	51924.0	11761.9	6021.1	144576.7	512550.2
4816.1	9249.3	6833.9	3690.5	100.9	6002.8	13898.3	28391.0
330.7	0.9	7.6	6.7	0.5		0.9	1192.8
10894.8	29961.2	33212.9	8401.6	8396.1	12.7	29961.2	91086.1
685.8	150.7	743.8	593.1	100.0		123.7	8896.6
4461.2	5527.4	13079.9	7552.7	424.1		39654.9	88172.5
196.9	34.3	233.4	199.1	8.8		34.3	2860.6
18746.4	3853.7	10283.5	6469.4	256.0		5643.2	47431.5
27504.7	24337.8	46976.1	22638.3	1949.0	5.6	29634.5	193395.2
4818.2	2662.0	5034.6	2372.6	526.5		25625.7	51123.9
136128.8	7892.1	13185.3	5485.1	1440.3	22.7	2002939.3	3230581.3
78872.4	7340.6	11983.4	4834.7	1027.5	22.7	2002292.9	3041096.1
1475.9	39.8	55.0	15.2	9.6		39.8	11944.1
1762.2	6.7	16.7	10.0	2.9		13.4	6025.8
	0.4	1.0	0.6	0.2		0.4	742.3
52256.1	497.9	1112.5	614.6	397.1		586.1	164747.1
1762.2	6.7	16.7	10.0	3.0		6.7	6025.9
31384.3	17348.7	27231.9	9883.2	1096.9		97374.0	362350.7
18799.6	953.8	2448.9	1495.1	137.2		3715.3	98790.5
18.3	724.7	1201.3	476.6	65.3		4206.4	28467.8
7073.3	15540.8	23289.6	7748.8	858.2		89322.9	222802.3
5493.1	129.4	292.1	162.7	36.2		129.4	12290.1
171206.9	41030.1	55220.8	18779.0	7619.5	8149.2	101706.0	1133500.0
109208.3	28338.4	39093.9	10810.7	5661.7	5016.4	84584.7	678124.7
36380.5	10610.2	10456.0	4378.9	1098.5	3132.8	14478.8	258790.1
25618.1	2081.5	5670.9	3589.4	859.3		2642.5	196585.2
499907.6	1704861.7	2098796.2	404745.0	88111.7	1337927.5	5593145.3	14397907.3
243136.8	1622652.9	1970015.9	349721.3	81431.7	1167050.4	4894844.1	11862077.9
91691.5	35846.9	53651.8	23965.9	1896.4	74386.8	162936.1	481982.5
1002.0	67.8	329.0	261.3	8.7		287.8	2160.9
117350.6	12000.8	24325.8	13846.4	2597.7	84896.1	464274.2	1406934.5
19272.4	18771.3	28270.4	9499.1	1280.1		30479.8	251873.1
23358.7	8691.6	12052.8	3632.1	478.4	150.9	17657.9	286442.7
4095.6	6830.4	10150.5	3818.9	418.7	11443.3	22665.4	106435.7
36158.4	25035.4	40036.1	18315.5	6263.9	2541.4	38745.0	503665.4
751.9	4202.5	5972.0	1769.5	50.7		4302.5	9324.3

11-5 续表 1-1

指 标	法人企业数(个)	执行《2006年企业会计准则》企业数(个)	一、年初存货	二、期末资产负债	
				流动资产合计	应收帐款
汽车批发	4	4	2403.5	22645.8	10502.5
汽车零配件批发	2	2	555.9	4356.2	1055.7
摩托车及零配件批发	1	1	639.6	2697.6	4.6
五金产品批发	5	5	1800.9	8357.7	4479.6
电气设备批发	4	3	2960.0	8553.6	3502.2
计算机、软件及辅助设备批发	4	3	1085.5	5600.2	2841.1
通讯及广播电视设备批发	2	2	1669.1	2360.3	88.9
其他机械设备及电子产品批发	24	18	23834.6	398504.2	201520.2
其他批发业	11	8	34103.8	52162.9	5747.0
再生物资回收与批发	2	2	207.7	3087.1	246.0
其他未列明批发业	9	6	33896.1	49075.8	5501.0
农、林、牧、渔产品批发	6	6	18160.8	25353.0	1465.1
谷物、豆及薯类批发	6	6	18160.8	25353.0	1465.1
食品、饮料及烟草制品批发	32	27	70344.9	364367.1	50555.7
米、面制品及食用油批发	3	1	4757.0	14492.7	959.5
糕点、糖果及糖批发	1	1	451.1	1191.9	
果品、蔬菜批发	2	2	9490.8	61124.9	28133.8
肉、禽、蛋、奶及水产品批发	4	3	622.4	5196.0	2143.2
盐及调味品批发	4	3	5373.1	48517.6	5347.2
营养和保健品批发	1	1	284.3	2826.3	2125.8
酒、饮料及茶叶批发	11	11	18093.0	41788.3	2783.4
烟草制品批发	1	1	26524.3	163760.7	2043.4
其他食品批发	5	4	4748.9	25468.7	7019.4
纺织、服装及家庭用品批发	23	20	89909.7	1227310.4	42112.7
服装批发	8	7	53833.2	1038574.7	23554.1
鞋帽批发	2	2	1216.6	11904.3	9846.8
化妆品及卫生用品批发	1	1	929.6	6012.4	2471.1
厨具卫具及日用杂品批发	1			741.9	253.6
家用视听设备批发	4	4	29497.5	149534.4	2503.6
日用家电批发	6	5	2195.7	14523.5	1012.4
其他家庭用品批发	1	1	2237.1	6019.2	2471.1
文化、体育用品及器材批发	11	10	46051.4	264976.7	74553.7
文具用品批发	4	4	12559.4	95075.2	26295.0
体育用品及器材批发	2	2	13.3	24261.4	15545.4
图书批发	2	2	28517.5	133479.4	26951.2
首饰、工艺品及收藏品批发	3	2	4961.2	12160.7	5762.1
医药及医疗器材批发	64	47	166644.4	1026168.5	529923.6
西药批发	20	15	107868.9	586247.5	263056.7
中药批发	20	14	36360.5	243286.4	139365.3
动物用药品批发	5	5	7524.3	70868.1	49473.8

单位：万元

存货	固定资产合计	固定资产原价	累计折旧	本年折旧	在建工程	非流动资产合计	资产总计
1927.0	145.5	271.7	126.2	13.1		145.5	22791.3
816.5	254.3	403.9	149.6	51.3		336.2	4692.4
370.4	353.9	648.7	294.8	294.8		353.9	3051.5
2224.9	59.4	428.4	369.0	25.9		71.7	8429.4
1992.2	135.6	290.0	155.7	40.3		178.6	8732.2
1346.0	9.2	69.8	64.6	4.4		11.3	5611.5
1674.4	34.3	111.0	76.7	8.1		34.3	2394.6
25055.1	19840.7	31840.6	15309.4	5775.3	2541.4	33311.0	438638.2
30925.9	6994.4	13745.7	6901.4	582.3	150.0	4318.6	61859.3
213.7	1216.4	1689.4	473.0			2638.8	5725.9
30712.2	5778.0	12056.3	6428.4	582.3	150.0	1679.8	56133.4
16509.3	13876.3	16482.4	6615.9	188.4	21.2	14594.0	39947.0
16509.3	13876.3	16482.4	6615.9	188.4	21.2	14594.0	39947.0
72454.8	75777.3	116405.7	51924.0	11761.9	6021.1	144576.7	512550.2
4816.1	9249.3	6833.9	3690.5	100.9	6002.8	13898.3	28391.0
330.7	0.9	7.6	6.7	0.5		0.9	1192.8
10894.8	29961.2	33212.9	8401.6	8396.1	12.7	29961.2	91086.1
685.8	150.7	743.8	593.1	100.0		123.7	8896.6
4461.2	5527.4	13079.9	7552.7	424.1		39654.9	88172.5
196.9	34.3	233.4	199.1	8.8		34.3	2860.6
18746.4	3853.7	10283.5	6469.4	256.0		5643.2	47431.5
27504.7	24337.8	46976.1	22638.3	1949.0	5.6	29634.5	193395.2
4818.2	2662.0	5034.6	2372.6	526.5		25625.7	51123.9
136128.8	7892.1	13185.3	5485.1	1440.3	22.7	2002939.3	3230581.3
78872.4	7340.6	11983.4	4834.7	1027.5	22.7	2002292.9	3041096.1
1475.9	39.8	55.0	15.2	9.6		39.8	11944.1
1762.2	6.7	16.7	10.0	2.9		13.4	6025.8
	0.4	1.0	0.6	0.2		0.4	742.3
48214.6	196.4	421.1	224.7	48.4		232.0	149766.4
4041.5	301.5	691.4	389.9	348.7		354.1	14980.7
1762.2	6.7	16.7	10.0	3.0		6.7	6025.9
31384.3	17348.7	27231.9	9883.2	1096.9		97374.0	362350.7
18799.6	953.8	2448.9	1495.1	137.2		3715.3	98790.5
18.3	724.7	1201.3	476.6	65.3		4206.4	28467.8
7073.3	15540.8	23289.6	7748.8	858.2		89322.9	222802.3
5493.1	129.4	292.1	162.7	36.2		129.4	12290.1
171206.9	41030.1	55220.8	18779.0	7619.5	8149.2	101706.0	1133500.0
109165.8	28334.2	39069.7	10790.7	5661.7	5016.4	84494.3	676354.7
35719.9	10580.9	10340.7	4292.9	1088.9	3132.8	14434.7	257721.1
7797.3	543.5	1636.0	1092.5	185.1		833.1	71701.2

11-5　续表 1-2

指　　标	法人企业数(个)	执行《2006年企业会计准则》企业数(个)	一、年初存货	二、期末资产负债 流动资产合计	应收帐款
医疗用品及器材批发	19	13	14890.7	125766.5	78027.8
矿产品、建材及化工产品批发	138	119	508999.1	8804568.5	1518450.7
煤炭及制品批发	53	50	237829.0	6967233.8	1075444.4
石油及制品批发	14	13	74352.4	319046.4	109360.0
非金属矿及制品批发	2	2	1055.8	1873.1	229.2
金属及金属矿批发	48	37	159226.9	942466.8	155327.9
建材批发	11	9	17263.8	221393.3	104463.9
化肥批发	4	3	14405.0	268784.8	63823.0
其他化工产品批发	6	5	4866.2	83770.3	9802.3
机械设备、五金产品及电子产品批发	48	40	35323.6	458097.4	226343.8
农业机械批发	2	2	374.5	5021.8	2349.0
汽车及零配件批发	6	6	2959.4	27002.0	11558.2
五金产品批发	4	4	1562.1	8419.5	3009.3
电气设备批发	6	5	2957.6	14336.7	9558.1
计算机、软件及辅助设备批发	4	3	2794.9	9190.5	4933.0
通讯设备批发	3	3	2143.7	3734.7	162.4
其他机械设备及电子产品批发	23	17	22531.4	390392.2	194773.8
其他批发业	11	8	34103.8	52162.9	5747.0
再生物资回收与批发	2	2	207.7	3087.1	246.0
其他未列明批发业	9	6	33896.1	49075.8	5501.0
内资企业	328	272	907216.2	12026167.8	2429989.5
国有企业	18	18	65991.7	357173.5	55029.3
集体企业	3	3	2410.1	35588.8	7252.7
有限责任公司	97	90	443408.9	5578541.1	1619779.9
国有独资公司	20	19	103216.0	2617844.0	584870.2
其他有限责任公司	77	71	340192.9	2960697.1	1034909.7
股份有限公司	8	8	118285.9	4493648.5	230180.5
私营企业	202	153	277119.6	1561215.9	517747.1
私营有限责任公司	200	152	272139.6	1531222.3	496510.6
私营股份有限公司	2	1	4980.0	29993.6	21236.5
港、澳、台商投资企业	4	4	62283.7	196334.0	18912.6
合资经营企业(港或澳、台资)	2	2	46803.9	153203.7	17598.2
港、澳、台商独资经营企业	2	2	15479.8	43130.3	1314.4
外商投资企业	1	1	37.8	502.7	250.2
中外合资经营企业	1	1	37.8	502.7	250.2
国有控股	80	78	522251.4	8410028.3	1676203.7
集体控股	5	5	8877.2	264883.2	32516.4
私人控股	223	172	365229.1	2895070.5	628247.1
港澳台商控股	3	3	15492.2	46311.6	1314.4
其他	22	19	57687.8	606710.9	110870.7

单位：万元

存货	固定资产合计	固定资产原价	累计折旧	本年折旧	在建工程	非流动资产合计	资产总计
18523.9	1571.5	4174.4	2602.9	683.8		1943.9	127723.0
499907.6	1704861.7	2098796.2	404745.0	88111.7	1337927.5	5593145.3	14397907.3
243136.8	1622652.9	1970015.9	349721.3	81431.7	1167050.4	4894844.1	11862077.9
91691.5	35846.9	53651.8	23965.9	1896.4	74386.8	162936.1	481982.5
1002.0	67.8	329.0	261.3	8.7		287.8	2160.9
117350.6	12000.8	24325.8	13846.4	2597.7	84896.1	464274.2	1406934.5
19272.4	18771.3	28270.4	9499.1	1280.1		30479.8	251873.1
23358.7	8691.6	12052.8	3632.1	478.4	150.9	17657.9	286442.7
4095.6	6830.4	10150.5	3818.9	418.7	11443.3	22665.4	106435.7
36158.4	25035.4	40036.1	18315.5	6263.9	2541.4	38745.0	503665.4
751.9	4202.5	5972.0	1769.5	50.7		4302.5	9324.3
2743.5	399.8	675.6	275.8	64.4		481.7	27483.7
1680.2	398.5	897.9	499.4	316.4		410.8	8830.3
2093.4	156.8	421.6	266.1	33.4		157.8	14494.5
2210.6	8.5	61.1	56.6	13.1		52.1	9242.6
2088.0	39.5	180.8	141.3	12.5		40.0	3774.7
24590.8	19829.8	31827.1	15306.8	5773.4	2541.4	33300.1	430515.3
30925.9	6994.4	13745.7	6901.4	582.3	150.0	4318.6	61859.3
213.7	1216.4	1689.4	473.0			2638.8	5725.9
30712.2	5778.0	12056.3	6428.4	582.3	150.0	1679.8	56133.4
959404.7	1879836.3	2362251.9	514578.8	112238.1	1352363.0	7952920.3	20001045.9
69329.4	53697.0	82710.3	39145.7	2444.7	6046.3	80673.1	437846.6
2222.8	6969.2	14800.9	7831.8	380.1		48421.6	84010.4
459994.5	1693308.2	2075625.6	400275.3	98927.5	1329152.3	4262935.7	9841623.3
124414.9	1577911.3	1904712.6	327135.1	79562.8	1164468.5	3484647.1	6102491.1
335579.6	115396.9	170913.0	73140.2	19364.7	164683.8	778288.6	3739132.2
135454.3	30937.2	43221.3	12865.1	2558.9	1254.4	3331478.0	7825126.5
292403.7	94924.7	145893.8	54460.9	7926.9	15910.0	229411.9	1812439.1
288196.0	93038.2	143237.9	53691.5	7715.7	15910.0	226804.5	1779735.0
4207.7	1886.5	2655.9	769.4	211.2		2607.4	32704.1
35152.8	12872.0	18231.7	7557.5	4743.4	2470.1	44370.9	240704.9
15046.9	23.6	47.1	23.5	0.4		26971.0	180174.7
20105.9	12848.4	18184.6	7534.0	4743.0	2470.1	17399.9	60530.2
118.5	107.7	620.5	512.8	83.4		107.7	610.4
118.5	107.7	620.5	512.8	83.4		107.7	610.4
492888.6	1713555.1	2107308.2	416693.0	90279.7	1335056.8	5016629.5	13426657.8
2446.1	9784.8	19138.6	9354.0	1038.9		280307.7	545190.9
411163.2	131816.3	191533.0	68436.9	17639.4	15943.7	2262553.2	5179435.0
20112.0	12860.3	18196.5	7534.0	4743.0	2470.1	17411.8	63723.4
68066.1	24799.5	44927.8	20631.2	3363.9	1362.5	420496.7	1027354.1

11-5　续表 1-3

指　　标	法人企业数（个）	执行《2006 年企业会计准则》企业数（个）	一、年初存货	二、期末资产负债 流动资产合计	应收帐款
独立门店	201	160	559098.8	5071711.4	1113671.1
其他	132	117	410438.9	7151293.1	1335481.2
大型	14	12	282495.5	3446328.0	645858.8
中型	122	107	485714.1	7006530.6	1248401.6
小型	128	97	103397.4	683584.9	187448.3
微型	69	61	97930.7	1086561.0	367443.6
二、零售业	**405**	**338**	**733588.6**	**3562894.8**	**425638.2**
综合零售	30	28	70266.9	677005.7	16580.8
百货零售	16	14	9136.6	529291.8	14052.3
超级市场零售	12	12	59203.1	122785.0	1568.1
其他综合零售	2	2	1927.2	24928.9	960.4
食品、饮料及烟草制品专门零售	43	35	30342.9	101588.6	17356.2
粮油零售	9	7	8578.7	19911.6	2814.3
糕点、面包零售	1	1	423.8	1746.6	959.0
果品、蔬菜零售	8	7	296.4	3106.1	2597.2
肉、禽、蛋、奶及水产品零售	2	2	573.3	8059.9	913.7
酒、饮料及茶叶零售	14	11	14003.6	43087.0	6701.3
烟草制品零售	2	2	2137.7	6598.5	43.7
其他食品零售	7	5	4329.4	19078.9	3327.0
纺织、服装及日用品专门零售	42	37	87753.3	301888.0	47980.6
纺织品及针织品零售	2	2	14292.5	23420.7	9097.7
服装零售	32	29	70684.9	260807.5	36745.6
鞋帽零售	1	1	13.0	4856.2	
化妆品及卫生用品零售	2	2	1723.1	5843.1	669.3
钟表、眼镜零售	3	1	504.2	5501.8	957.7
厨房用具及日用杂品零售	1	1	418.9	794.3	66.7
其他日用品零售	1	1	116.7	664.4	443.6
文化、体育用品及器材专门零售	31	21	57655.2	115261.7	27699.1
文具用品零售	5	2	1089.4	9384.8	2337.7
体育用品及器材零售	2		100.0	354.0	72.6
图书、报刊零售	7	6	7689.1	16122.1	677.1
珠宝首饰零售	9	6	42879.8	82138.8	24598.2
工艺美术品及收藏品零售	1		2393.8	2308.8	19.4
乐器零售	4	4	2560.8	3321.1	-526.4
照相器材零售	2	2	532.1	1217.9	517.5
其他文化用品零售	1	1	410.2	414.2	3.0
医药及医疗器材专门零售	22	20	96146.9	539477.0	188206.5
药品零售	20	19	95537.8	536449.0	186021.5
医疗用品及器材零售	2	1	609.1	3028.0	2185.0
汽车、摩托车、燃料及零配件专门零售	167	145	352880.0	1600154.3	89538.0

单位：万元

存货	固定资产合计	固定资产原价	累计折旧		在建工程	非流动资产合计	资产总计
				本年折旧			
538666.3	1736256.9	2134229.5	418188.8	97349.9	1253645.1	5966595.1	11054287.6
456009.7	156559.1	246874.6	104460.3	19715.0	101188.0	2030803.8	9188073.6
326710.0	1630637.2	1977217.1	351729.9	94222.7	1227751.7	5452807.8	8899705.2
493810.0	186956.8	291873.3	120436.9	17799.1	108488.8	2281079.0	9305047.4
113511.3	47361.7	77046.2	32629.5	4098.6	178.2	82685.9	770088.8
60644.7	27860.3	34967.5	17852.8	944.5	18414.4	180826.2	1267519.8
732600.1	**335480.6**	**562678.4**	**262306.6**	**28622.4**	**54057.6**	**851407.9**	**4421117.0**
59837.3	74848.0	143452.3	80191.5	1761.5	4180.2	268369.3	945375.0
15381.5	12454.8	28411.1	16612.2	1339.5	2941.9	116909.7	646201.5
40479.7	57568.7	106629.8	59817.0	-162.2	378.9	132311.2	255096.2
3976.1	4824.5	8411.4	3762.3	584.2	859.4	19148.4	44077.3
36336.2	17833.4	33476.9	15780.9	1200.1	36464.4	70579.3	174384.8
8934.1	6550.9	10475.6	3938.2	166.2	53.5	11564.6	33693.1
358.2	1167.3	2663.6	1496.3	83.0	33709.5	37261.6	39008.2
209.0	807.4	850.2	65.3	21.2	36.4	6624.4	9730.5
272.1	296.4	440.1	143.7	58.0	2381.7	4308.8	12368.7
17009.6	7654.2	15153.6	7588.5	656.3	283.3	9351.9	52438.9
1554.4	106.3	632.8	526.5	41.9		112.1	6710.6
7998.8	1250.9	3261.0	2022.4	173.5		1355.9	20434.8
85321.3	37908.5	75793.8	38065.7	4589.8	1806.6	74338.3	376226.3
12234.8	3153.3	3819.8	766.5	254.1		8067.3	31488.0
69746.2	27952.5	64111.5	36233.9	3842.8	72.4	55278.6	316086.1
1.3	5607.3	6145.0	537.7	34.7	1734.2	7341.5	12197.7
1962.1	1094.4	1527.6	438.7	438.7		3078.0	8921.1
709.0	92.5	165.8	73.3	3.9		564.4	6066.2
533.9	7.7	13.6	5.9	5.9		7.7	802.0
134.0	0.8	10.5	9.7	9.7		0.8	665.2
61109.7	15278.8	29325.0	14303.6	1066.1		28149.1	143410.8
1248.5	119.2	305.9	186.7	36.9		119.2	9504.0
100.7	91.1	113.6	22.5	7.2		91.1	445.1
7147.8	3063.0	6272.5	3259.1	336.1		4517.7	20639.8
46893.2	11895.1	22173.3	10485.5	660.4		23290.4	105429.2
1973.4	18.8	113.6	94.8	15.9		25.7	2334.5
2752.1	74.6	151.0	76.4	5.5		87.9	3409.0
586.2	1.5	176.5	175.0	0.5		1.5	1219.4
407.8	15.5	18.6	3.6	3.6		15.6	429.8
115730.3	18438.3	17340.2	7975.9	1313.9	7634.2	81462.3	620939.3
115583.6	18276.0	17079.5	7877.5	1263.0	7634.2	81300.0	617749.0
146.7	162.3	260.7	98.4	50.9		162.3	3190.3
333956.3	156288.8	246729.5	99065.5	17288.2	3972.2	297851.3	1900151.3

11-5　续表 1-4

指　　标	法人企业数(个)	执行《2006 年企业会计准则》企业数(个)	一、年初存货	二、期末资产负债 流动资产合计	应收帐款
汽车零售	120	108	320036.3	1006787.1	69795.3
汽车零配件零售	12	9	3167.2	17691.8	6204.0
机动车燃料零售	35	28	29676.5	575675.4	13538.7
家用电器及电子产品专门零售	40	32	30131.6	132953.1	21810.1
家用视听设备零售	1		240.5	377.6	
日用家电设备零售	10	9	12441.9	70093.3	4388.4
计算机、软件及辅助设备零售	17	12	13963.6	46249.4	12757.5
通信设备零售	10	9	3215.4	14216.7	3800.6
其他电子产品零售	2	2	270.2	2016.1	863.6
五金、家具及室内装饰材料专门零售	16	12	6071.7	62344.6	12797.4
五金零售	8	5	697.1	20652.5	7353.9
家具零售	3	2	4299.7	7078.9	252.8
陶瓷、石材装饰材料零售	3	3	590.1	32689.9	3940.4
其他室内装饰材料零售	2	2	484.8	1923.3	1250.3
货摊、无店铺及其他零售业	14	8	2340.1	32221.8	3669.5
互联网零售	9	6	1725.7	27251.0	3080.5
其他未列明零售业	5	2	614.4	4970.8	589.0
综合零售	30	28	70266.9	677005.7	16580.8
百货零售	16	14	9136.6	529291.8	14052.3
超级市场零售	12	12	59203.1	122785.0	1568.1
其他综合零售	2	2	1927.2	24928.9	960.4
食品、饮料及烟草制品专门零售	43	35	30342.9	101588.6	17356.2
粮油零售	9	7	8578.7	19911.6	2814.3
糕点、面包零售	1	1	423.8	1746.6	959.0
果品、蔬菜零售	8	7	296.4	3106.1	2597.2
肉、禽、蛋、奶及水产品零售	2	2	573.3	8059.9	913.7
酒、饮料及茶叶零售	14	11	14003.6	43087.0	6701.3
烟草制品零售	2	2	2137.7	6598.5	43.7
其他食品零售	7	5	4329.4	19078.9	3327.0
纺织、服装及日用品专门零售	42	37	87753.3	301888.0	47980.6
纺织品及针织品零售	2	2	14292.5	23420.7	9097.7
服装零售	32	29	70684.9	260807.5	36745.6
鞋帽零售	1	1	13.0	4856.2	
化妆品及卫生用品零售	2	2	1723.1	5843.1	669.3
厨具卫具及日用杂品零售	2	1	418.9	1271.3	330.7
钟表、眼镜零售	2	1	504.2	5024.8	693.7
其他日用品零售	1	1	116.7	664.4	443.6
文化、体育用品及器材专门零售	31	21	57655.2	115261.7	27699.1
文具用品零售	5	2	1089.4	9384.8	2337.7
体育用品及器材零售	2		100.0	354.0	72.6

单位：万元

存货	固定资产合计	固定资产原价	累计折旧	本年折旧	在建工程	非流动资产合计	资产总计
319274.2	128448.1	204274.8	79348.3	14952.7	2775.6	198335.9	1207148.6
3684.8	72.4	238.5	166.1	21.3	0.8	107.6	17799.4
10997.3	27768.3	42216.2	19551.1	2314.2	1195.8	99407.8	675203.3
28984.3	6422.7	4774.7	3167.3	209.8		15430.5	148383.6
241.3	0.3	1.2	0.9	0.4		0.3	377.9
9671.9	5410.8	2212.1	1350.7	78.6		9207.0	79300.3
15055.3	450.6	1613.3	1174.7	83.4		5467.0	51716.4
3637.3	560.5	904.6	598.0	45.6		755.7	14972.4
378.5	0.5	43.5	43.0	1.8		0.5	2016.6
7031.1	4552.0	6746.1	2323.1	659.4		4650.9	67003.8
1646.8	120.3	237.1	116.8	23.3		115.0	20775.8
3766.2	4359.7	6243.7	1980.0	620.6		4359.7	11438.6
1226.7	10.2	97.2	87.0	7.5		47.3	32737.2
391.4	61.8	168.1	139.3	8.0		128.9	2052.2
4293.6	3910.1	5039.9	1433.1	533.6		10576.9	45242.1
3739.3	1649.0	2305.0	787.2	371.2		5342.4	35036.8
554.3	2261.1	2734.9	645.9	162.4		5234.5	10205.3
59837.3	74848.0	143452.3	80191.5	1761.5	4180.2	268369.3	945375.0
15381.5	12454.8	28411.1	16612.2	1339.5	2941.9	116909.7	646201.5
40479.7	57568.7	106629.8	59817.0	-162.2	378.9	132311.2	255096.2
3976.1	4824.5	8411.4	3762.3	584.2	859.4	19148.4	44077.3
36336.2	17833.4	33476.9	15780.9	1200.1	36464.4	70579.3	174384.8
8934.1	6550.9	10475.6	3938.2	166.2	53.5	11564.6	33693.1
358.2	1167.3	2663.6	1496.3	83.0	33709.5	37261.6	39008.2
209.0	807.4	850.2	65.3	21.2	36.4	6624.4	9730.5
272.1	296.4	440.1	143.7	58.0	2381.7	4308.8	12368.7
17009.6	7654.2	15153.6	7588.5	656.3	283.3	9351.9	52438.9
1554.4	106.3	632.8	526.5	41.9		112.1	6710.6
7998.8	1250.9	3261.0	2022.4	173.5		1355.9	20434.8
85321.3	37908.5	75793.8	38065.7	4589.8	1806.6	74338.3	376226.3
12234.8	3153.3	3819.8	766.5	254.1		8067.3	31488.0
69746.2	27952.5	64111.5	36233.9	3842.8	72.4	55278.6	316086.1
1.3	5607.3	6145.0	537.7	34.7	1734.2	7341.5	12197.7
1962.1	1094.4	1527.6	438.7	438.7		3078.0	8921.1
746.9	9.1	15.6	6.5	6.1		9.9	1281.2
496.0	91.1	163.8	72.7	3.7		562.2	5587.0
134.0	0.8	10.5	9.7	9.7		0.8	665.2
61109.7	15278.8	29325.0	14303.6	1066.1		28149.1	143410.8
1248.5	119.2	305.9	186.7	36.9		119.2	9504.0
100.7	91.1	113.6	22.5	7.2		91.1	445.1

11-5 续表 1-5

指 标	法人企业数(个)	执行《2006 年企业会计准则》企业数(个)	一、年初存货	二、期末资产负债 流动资产合计	应收帐款
图书、报刊零售	7	6	7689.1	16122.1	677.1
珠宝首饰零售	9	6	42879.8	82138.8	24598.2
工艺美术品及收藏品零售	1		2393.8	2308.8	19.4
乐器零售	4	4	2560.8	3321.1	-526.4
照相器材零售	2	2	532.1	1217.9	517.5
其他文化用品零售	1	1	410.2	414.2	3.0
医药及医疗器材专门零售	21	19	96100.8	539006.2	188016.7
西药零售	16	15	93558.2	530917.7	184605.9
中药零售	2	2	1717.9	4696.2	1074.2
动物用药品零售	1	1	215.6	364.3	151.6
医疗用品及器材零售	2	1	609.1	3028.0	2185.0
汽车、摩托车、零配件和燃料及其他动力销售	167	145	352880.0	1600154.3	89538.0
汽车新车零售	119	108	316575.3	1001580.3	69729.9
汽车旧车零售	5	3	4588.9	14147.8	3089.1
汽车零配件零售	8	6	2039.3	8750.8	3180.3
摩托车及零配件零售	9	7	23245.9	142344.5	8142.0
机动车燃油零售	24	19	5905.4	426894.2	3429.2
机动车燃气零售	2	2	525.2	6436.7	1967.5
家用电器及电子产品专门零售	40	32	30131.6	132953.1	21810.1
家用视听设备零售	1		240.5	377.6	
日用家电零售	10	9	12441.9	70093.3	4388.4
计算机、软件及辅助设备零售	17	12	13963.6	46249.4	12757.5
通信设备零售	10	9	3215.4	14216.7	3800.6
其他电子产品零售	2	2	270.2	2016.1	863.6
五金、家具及室内装饰材料专门零售	16	12	6071.7	62344.6	12797.4
五金零售	8	5	697.1	20652.5	7353.9
家具零售	3	2	4299.7	7078.9	252.8
陶瓷、石材装饰材料零售	3	3	590.1	32689.9	3940.4
其他室内装饰材料零售	2	2	484.8	1923.3	1250.3
货摊、无店铺及其他零售业	13	7	2208.2	31991.7	3654.1
互联网零售	7	4	1547.3	24416.8	3080.5
自动售货机零售	2	2	178.4	2834.2	
其他未列明零售业	4	1	482.5	4740.7	573.6
内资企业	394	327	689563.3	3446117.7	417161.0
国有企业	14	12	13597.0	32693.2	2341.5
集体企业	9	7	5319.7	16308.4	2023.6
股份合作企业	1	1	55.6	1022.8	101.7
有限责任公司	61	55	170955.2	858610.5	205975.6
国有独资公司	3	3	6469.7	18953.9	1210.6
其他有限责任公司	58	52	164485.5	839656.6	204765.0

单位：万元

存货	固定资产合计	固定资产原价	累计折旧	本年折旧	在建工程	非流动资产合计	资产总计
7147.8	3063.0	6272.5	3259.1	336.1		4517.7	20639.8
46893.2	11895.1	22173.3	10485.5	660.4		23290.4	105429.2
1973.4	18.8	113.6	94.8	15.9		25.7	2334.5
2752.1	74.6	151.0	76.4	5.5		87.9	3409.0
586.2	1.5	176.5	175.0	0.5		1.5	1219.4
407.8	15.5	18.6	3.6	3.6		15.6	429.8
115594.5	15758.3	14604.8	7920.5	1310.8	7528.8	78676.9	617683.1
112274.4	15489.6	14078.1	7662.4	1222.0	7528.8	78390.6	609308.3
3010.1	91.9	215.1	123.3	33.5		95.6	4791.8
163.3	14.5	50.9	36.4	4.4		28.4	392.7
146.7	162.3	260.7	98.4	50.9		162.3	3190.3
333956.3	156288.8	246729.5	99065.5	17288.2	3972.2	297851.3	1900151.3
316799.9	128236.5	203890.0	79175.0	14903.3	2775.6	197900.8	1201506.7
4034.9	242.7	501.8	259.2	62.9		501.4	14649.2
2124.2	41.3	121.5	80.2	7.8	0.8	41.3	8792.1
4271.0	4488.8	11937.1	8042.3	308.8	594.1	57446.5	199791.0
6156.7	21753.6	27240.6	9995.8	1759.6	601.7	39807.2	466821.5
569.6	1525.9	3038.5	1513.0	245.8		2154.1	8590.8
28984.3	6422.7	4774.7	3167.3	209.8		15430.5	148383.6
241.3	0.3	1.2	0.9	0.4		0.3	377.9
9671.9	5410.8	2212.1	1350.7	78.6		9207.0	79300.3
15055.3	450.6	1613.3	1174.7	83.4		5467.0	51716.4
3637.3	560.5	904.6	598.0	45.6		755.7	14972.4
378.5	0.5	43.5	43.0	1.8		0.5	2016.6
7031.1	4552.0	6746.1	2323.1	659.4		4650.9	67003.8
1646.8	120.3	237.1	116.8	23.3		115.0	20775.8
3766.2	4359.7	6243.7	1980.0	620.6		4359.7	11438.6
1226.7	10.2	97.2	87.0	7.5		47.3	32737.2
391.4	61.8	168.1	139.3	8.0		128.9	2052.2
4179.2	3406.1	4321.2	1218.4	513.1		10072.9	44508.0
3595.2	1392.6	1812.0	550.6	269.8		1375.7	28235.9
144.1	256.4	493.0	236.6	101.4		3966.7	6800.9
439.9	1757.1	2016.2	431.2	141.9		4730.5	9471.2
684987.7	303784.1	494111.4	225429.3	24507.6	54056.3	808553.1	4261485.1
13401.1	11180.2	19091.9	7925.3	667.7	53.5	18321.1	53231.2
7552.8	3218.5	11267.6	8049.2	268.1	39.4	4626.8	21055.3
132.8	129.2	250.2	193.5	28.0		169.2	1192.0
201202.5	52467.1	79077.3	38983.2	7983.0	44806.5	184959.9	1043709.4
7146.8	8529.3	18160.0	9641.3	531.3		9643.9	28597.8
194055.7	43937.8	60917.3	29341.9	7451.7	44806.5	175316.0	1015111.6

11-5　续表 1-6

指　　标	法人企业数(个)	执行《2006 年企业会计准则》企业数(个)	一、年初存货	二、期末资产负债	
				流动资产合计	应收帐款
股份有限公司	4	4	23350.8	528079.6	6343.6
私营企业	302	245	476108.0	2008672.1	199841.4
私营独资企业	9	7	926.6	3293.8	1416.3
私营有限责任公司	288	234	426311.9	1906956.0	196761.5
私营股份有限公司	5	4	48869.5	98422.3	1663.6
其他企业	3	3	177.0	731.1	533.6
港、澳、台商投资企业	8	8	38815.3	105558.7	8377.1
合资经营企业 (港或澳、台资)	4	4	29619.4	47393.9	5977.2
港、澳、台商独资经营企业	4	4	9195.9	58164.8	2399.9
外商投资企业	3	3	5210.0	11218.4	100.1
中外合资经营企业	1	1	1190.7	2278.1	
外资企业	1	1	4007.0	4801.3	6.0
其他外商投资企业	1	1	12.3	4139.0	94.1
国有控股	32	30	127058.1	1121410.7	184234.8
集体控股	18	14	36029.3	64811.3	8864.3
私人控股	324	266	497960.5	2096908.9	215971.5
港澳台商控股	8	8	38815.3	105558.7	8377.1
外商控股	2	2	5197.7	7079.4	6.0
其他	21	18	28527.7	167125.8	8184.5
独立门店	338	283	576063.7	2364749.8	369760.2
连锁总店	26	25	91416.3	977299.0	40642.8
连锁直营店	4	4	47180.6	103163.8	453.3
其他	37	26	18928.0	117682.2	14781.9
大型	21	21	249294.6	1722970.4	200877.4
中型	128	114	341038.3	1241757.8	111353.0
小型	176	140	121659.6	450212.6	80220.2
微型	80	63	21596.1	147954.0	33187.6
有店铺零售	380	323	723831.1	3505773.9	417997.3
食杂店	1		295.2	3645.9	2029.2
便利店	2	2	1927.2	24928.9	960.4
超市	14	14	3560.6	15194.1	4229.9
大型超市	9	9	61933.2	118050.0	721.7
百货店	24	19	8601.2	567078.0	14408.5
专业店	179	149	291628.0	1656224.1	264397.1
专卖店	126	110	302062.0	910948.5	104198.6
家居建材商店	3	3	590.1	32689.9	3940.4
购物中心	8	7	29111.9	119583.0	5234.0
厂家直销中心	14	10	24121.7	57431.5	17877.5
无店铺零售	25	15	9757.5	57120.9	7640.9
网上商店	13	7	1894.8	25568.2	2306.4
其他	12	8	7862.7	31552.7	5334.5

单位：万元

存货	固定资产合计	固定资产原价	累计折旧	本年折旧	在建工程	非流动资产合计	资产总计
5358.6	14614.0	14965.2	4619.5	875.5		64331.0	592410.6
457168.4	221347.7	368597.1	165586.2	14662.4	9120.5	529500.7	2542511.1
1021.3	546.4	558.0	11.6	0.1		546.4	3840.2
426591.0	165729.2	281793.3	123852.1	14375.7	9120.5	399467.1	2310761.4
29556.1	55072.1	86245.8	41722.5	286.6		129487.2	227909.5
171.5	827.4	862.1	72.4	22.9	36.4	6644.4	7375.5
42780.9	14374.9	36690.8	22321.4	3437.2		24754.1	130312.8
34025.1	8913.0	18105.1	9192.1	727.8		17282.6	64676.5
8755.8	5461.9	18585.7	13129.3	2709.4		7471.5	65636.3
4831.5	17321.6	31876.2	14555.9	677.6	1.3	18100.7	29319.1
1265.1	198.5	5122.3	4925.1	–824.5	1.3	198.5	2476.6
3554.9	1555.6	3495.6	1940.0	584.1		2334.1	7135.4
11.5	15567.5	23258.3	7690.8	918.0		15568.1	19707.1
126384.1	55884.0	75024.7	32618.4	4166.6	8202.7	170228.4	1293856.0
37092.7	8609.4	23679.7	15350.1	2667.4	33748.9	49133.0	114064.4
483454.2	225994.1	374424.4	168316.1	15190.6	11676.3	565485.4	2666871.6
42780.9	14374.9	36690.8	22321.4	3437.2		24754.1	130312.8
4820.0	1754.1	8617.9	6865.1	–240.4	1.3	2532.6	9612.0
38068.2	28864.1	44240.9	16835.5	3401.0	428.4	39274.4	206400.2
612698.6	245631.3	404944.2	177848.2	22218.5	19284.7	542802.3	2914366.4
69193.0	35130.1	68139.2	38642.5	5107.2	34570.2	168951.3	1146250.3
28113.8	45743.5	73442.5	38260.0	191.5		116230.3	219394.1
22594.7	8975.7	16152.5	7555.9	1105.2	202.7	23424.0	141106.2
222428.2	148830.9	209727.2	85812.3	8052.7	9122.2	421136.8	2144107.2
346803.2	140311.5	277779.4	141705.6	15077.2	43499.0	358055.0	1602996.6
119790.8	42123.8	68582.1	32097.8	4992.8	1228.1	64828.5	518322.6
43577.9	4214.4	6589.7	2690.9	499.7	208.3	7387.6	155690.6
721118.6	330989.6	555266.9	259241.4	28127.3	54057.6	836117.2	4346262.0
37.4							3645.9
3976.1	4824.5	8411.4	3762.3	584.2	859.4	19148.4	44077.3
2933.3	3982.5	7281.8	3352.9	372.0	171.7	5109.2	20303.3
42185.1	55389.2	103251.2	58617.9	75.7	207.2	129864.5	247914.5
14713.3	34786.1	70129.4	36003.3	2107.1	3014.3	141163.9	708241.9
308678.9	136850.0	181430.5	65727.1	11725.7	12343.4	347964.4	2005677.7
290202.9	85043.7	157041.6	74065.3	10142.9	37408.1	174780.6	1086742.8
1226.7	10.2	97.2	87.0	7.5		47.3	32737.2
30208.1	2744.8	15995.8	13253.3	2228.2		7429.0	127012.0
26956.8	7358.6	11628.0	4372.3	884.0	53.5	10609.9	69909.4
11481.5	4491.0	7411.5	3065.2	495.1		15290.7	74855.0
3958.4	1855.0	2711.0	987.2	411.2		10484.5	38496.1
7523.1	2636.0	4700.5	2078.0	83.9		4806.2	36358.9

11-5 限额以上批发和

The financial condition of the legal person enterprises in

指 标	流动负债合计	应付帐款	负债合计	所有者权益合计
总计	**13099650.0**	**2642330.2**	**17625593.7**	**7037884.5**
一、批发业	**10256634.8**	**2015146.8**	**14069785.0**	**6172576.2**
农、林、牧产品批发	23795.7	1543.4	28846.3	11100.7
谷物、豆及薯类批发	23795.7	1543.4	28846.3	11100.7
食品、饮料及烟草制品批发	259867.1	131625.6	284386.5	228163.7
米、面制品及食用油批发	13665.7	3063.6	21412.8	6978.2
糕点、糖果及糖批发	711.7	51.8	711.7	481.1
果品、蔬菜批发	75020.9	60661.2	89020.9	2065.2
肉、禽、蛋、奶及水产品批发	10819.4	4336.7	10819.4	-1922.8
盐及调味品批发	52092.0	26015.6	52966.9	35205.6
营养和保健品批发	2386.0	735.6	2532.0	328.6
酒、饮料及茶叶批发	50614.8	15126.4	51254.3	-3822.8
烟草制品批发	27754.2	13303.4	27754.2	165641.0
其他食品批发	26802.4	8331.3	27914.3	23209.6
纺织、服装及家庭用品批发	734609.4	61726.9	758460.8	2472120.5
服装批发	534717.3	23806.7	558568.6	2482527.5
鞋帽批发	11798.3	4460.4	11798.3	145.8
化妆品及卫生用品批发	3436.5	-1050.5	3436.5	2589.3
厨房、卫生间用具及日用杂货批发	611.2	145.9	611.2	131.1
家用电器批发	177785.5	34675.0	177785.6	-13038.5
其他家庭用品批发	6260.6	-310.6	6260.6	-234.7
文化、体育用品及器材批发	223817.3	116122.5	224349.3	138001.4
文具用品批发	85037.6	23994.7	85114.6	13675.9
体育用品及器材批发	24847.8	24799.1	24862.8	3605.0
图书批发	102244.4	63559.4	102684.4	120117.9
首饰、工艺品及收藏品批发	11687.5	3769.3	11687.5	602.6
医药及医疗器材批发	903195.9	322599.0	913640.6	219859.4
西药批发	540840.2	180162.8	548885.8	129238.9
中药批发	209356.2	79120.8	211755.3	47034.8
医疗用品及器材批发	152999.5	63315.4	152999.5	43585.7
矿产品、建材及化工产品批发	7643229.2	1113967.5	11390012.1	3007895.2
煤炭及制品批发	6084514.7	657973.5	9612375.7	2249702.2
石油及制品批发	373123.1	205099.3	467181.6	14800.9
非金属矿及制品批发	1893.7	230.9	1893.7	267.2
金属及金属矿批发	577225.4	103284.9	697758.9	709175.6
建材批发	259232.8	78515.8	259232.8	-7359.7
化肥批发	245484.0	40978.0	249794.1	36648.6
其他化工产品批发	101755.5	27885.1	101775.3	4660.4
机械设备、五金产品及电子产品批发	414128.0	253351.8	414633.8	89031.6
农业机械批发	7312.7	4206.3	7455.7	1868.6

零售业法人企业财务状况(二)

the wholesale and retail trade of the above designated size(2)

单位：万元

实收资本	国家资本	集体资本	法人资本	个人资本	港澳台资本	外商资本
4867143.7	**927725.5**	**100637.5**	**3403397.5**	**393132.3**	**38926.7**	**3324.2**
3149458.6	**787970.3**	**92575.6**	**2023610.5**	**220317.3**	**24808.7**	**176.2**
8343.5	8343.5					
8343.5	8343.5					
64605.2	11374.5	5213.8	34656.9	13360.0		
1749.3	1599.3		150.0			
50.0			50.0			
18000.0			18000.0			
1650.0			1150.0	500.0		
8650.9		5000.9	3000.0	650.0		
200.0			200.0			
21740.3	8091.4	212.9	1526.0	11910.0		
1683.8	1683.8					
10880.9			10580.9	300.0		
156629.3			144743.7	8009.0	3876.6	
148437.6			143161.0	1400.0	3876.6	
115.0				115.0		
2500.0				2500.0		
110.0				110.0		
5416.7			1582.7	3834.0		
50.0				50.0		
22305.8	14955.8		3100.0	4250.0		
1795.4	1695.4		100.0			
3100.0				3100.0		
15260.4	13260.4		2000.0			
2150.0			1000.0	1150.0		
155236.7	2750.0	31.0	76918.6	75537.1		
84514.7		31.0	41996.3	42487.4		
38593.6	2750.0		14507.0	21336.6		
32128.4			20415.3	11713.1		
2640973.3	709892.3	85914.2	1751944.6	93222.2		
2086995.1	369780.2	6021.0	1692540.5	18653.4		
41725.8	9850.8	3195.9	16147.1	12532.0		
500.0				500.0		
450263.7	316891.2	70727.3	35796.0	26849.2		
33650.0	5000.0		7461.0	21189.0		
17971.1	4570.1	2200.0		11201.0		
9867.6	3800.0	3770.0		2297.6		
87466.8	39261.0	138.8	12246.7	14712.0	20932.1	176.2
1329.5	1190.7	138.8				

11-5 续表 2-1

指　　标	流动负债合计	应付帐款	负债合计	所有者权益合计
汽车批发	21192.5	18719.6	21192.5	1598.8
汽车零配件批发	3340.4	934.9	3407.7	1284.7
摩托车及零配件批发	2982.6	2982.6	2982.6	68.9
五金产品批发	4590.3	3646.4	4590.3	3839.1
电气设备批发	11319.4	9911.0	11319.4	-2587.2
计算机、软件及辅助设备批发	3247.9	1431.4	3247.9	2363.6
通讯及广播电视设备批发	2132.1	2087.9	2132.1	262.5
其他机械设备及电子产品批发	358010.1	209431.7	358305.6	80332.6
其他批发业	53992.2	14210.1	55455.6	6403.7
再生物资回收与批发	2036.6	693.9	3296.9	2429.0
其他未列明批发业	51955.6	13516.2	52158.7	3974.7
农、林、牧、渔产品批发	23795.7	1543.4	28846.3	11100.7
谷物、豆及薯类批发	23795.7	1543.4	28846.3	11100.7
食品、饮料及烟草制品批发	259867.1	131625.6	284386.5	228163.7
米、面制品及食用油批发	13665.7	3063.6	21412.8	6978.2
糕点、糖果及糖批发	711.7	51.8	711.7	481.1
果品、蔬菜批发	75020.9	60661.2	89020.9	2065.2
肉、禽、蛋、奶及水产品批发	10819.4	4336.7	10819.4	-1922.8
盐及调味品批发	52092.0	26015.6	52966.9	35205.6
营养和保健品批发	2386.0	735.6	2532.0	328.6
酒、饮料及茶叶批发	50614.8	15126.4	51254.3	-3822.8
烟草制品批发	27754.2	13303.4	27754.2	165641.0
其他食品批发	26802.4	8331.3	27914.3	23209.6
纺织、服装及家庭用品批发	734609.4	61726.9	758460.8	2472120.5
服装批发	534717.3	23806.7	558568.6	2482527.5
鞋帽批发	11798.3	4460.4	11798.3	145.8
化妆品及卫生用品批发	3436.5	-1050.5	3436.5	2589.3
厨具卫具及日用杂品批发	611.2	145.9	611.2	131.1
家用视听设备批发	156727.8	25057.1	156727.8	-6961.4
日用家电批发	21057.7	9617.9	21057.8	-6077.1
其他家庭用品批发	6260.6	-310.6	6260.6	-234.7
文化、体育用品及器材批发	223817.3	116122.5	224349.3	138001.4
文具用品批发	85037.6	23994.7	85114.6	13675.9
体育用品及器材批发	24847.8	24799.1	24862.8	3605.0
图书批发	102244.4	63559.4	102684.4	120117.9
首饰、工艺品及收藏品批发	11687.5	3769.3	11687.5	602.6
医药及医疗器材批发	903195.9	322599.0	913640.6	219859.4
西药批发	539749.5	179096.0	547795.1	128559.6
中药批发	208421.8	79440.7	210820.9	46900.2
动物用药品批发	59418.6	27388.1	59418.6	12282.6

单位：万元

实收资本	国家资本	集体资本	法人资本	个人资本	港澳台资本	外商资本
1640.0			975.0	665.0		
800.0			623.8			176.2
68.9			68.9			
4005.0			300.0	3705.0		
1810.0			1810.0			
2100.0				2100.0		
510.0			510.0			
75203.4	38070.3		7959.0	8242.0	20932.1	
13898.0	1393.2	1277.8		11227.0		
1777.8		1277.8		500.0		
12120.2	1393.2			10727.0		
8343.5	8343.5					
8343.5	8343.5					
64605.2	11374.5	5213.8	34656.9	13360.0		
1749.3	1599.3		150.0			
50.0			50.0			
18000.0			18000.0			
1650.0			1150.0	500.0		
8650.9		5000.9	3000.0	650.0		
200.0			200.0			
21740.3	8091.4	212.9	1526.0	11910.0		
1683.8	1683.8					
10880.9			10580.9	300.0		
156629.3			144743.7	8009.0	3876.6	
148437.6			143161.0	1400.0	3876.6	
115.0				115.0		
2500.0				2500.0		
110.0				110.0		
3916.6			582.6	3334.0		
1500.1			1000.1	500.0		
50.0				50.0		
22305.8	14955.8		3100.0	4250.0		
1795.4	1695.4		100.0			
3100.0				3100.0		
15260.4	13260.4		2000.0			
2150.0			1000.0	1150.0		
155236.7	2750.0	31.0	76918.6	75537.1		
83696.7		31.0	41996.3	41669.4		
38293.6	2750.0		14507.0	21036.6		
7718.0			3415.0	4303.0		

11-5 续表 2-2

指 标	流动负债合计	应付帐款	负债合计	所有者权益合计
医疗用品及器材批发	95606.0	36674.2	95606.0	32117.0
矿产品、建材及化工产品批发	7643229.2	1113967.5	11390012.1	3007895.2
煤炭及制品批发	6084514.7	657973.5	9612375.7	2249702.2
石油及制品批发	373123.1	205099.3	467181.6	14800.9
非金属矿及制品批发	1893.7	230.9	1893.7	267.2
金属及金属矿批发	577225.4	103284.9	697758.9	709175.6
建材批发	259232.8	78515.8	259232.8	-7359.7
化肥批发	245484.0	40978.0	249794.1	36648.6
其他化工产品批发	101755.5	27885.1	101775.3	4660.4
机械设备、五金产品及电子产品批发	414128.0	253351.8	414633.8	89031.6
农业机械批发	7312.7	4206.3	7455.7	1868.6
汽车及零配件批发	24532.9	19654.5	24600.2	2883.5
五金产品批发	5515.4	5194.0	5515.4	3314.9
电气设备批发	10436.2	3393.0	10436.2	4058.3
计算机、软件及辅助设备批发	11837.3	8963.1	11837.3	-2594.7
通讯设备批发	2603.0	2509.2	2603.0	1171.7
其他机械设备及电子产品批发	351890.5	209431.7	352186.0	78329.3
其他批发业	53992.2	14210.1	55455.6	6403.7
再生物资回收与批发	2036.6	693.9	3296.9	2429.0
其他未列明批发业	51955.6	13516.2	52158.7	3974.7
内资企业	10190538.5	1976301.0	14003688.7	5997357.2
国有企业	220892.6	61234.6	236356.1	201490.5
集体企业	44265.3	30529.7	46400.5	37609.9
有限责任公司	5416421.0	1297697.5	8228531.6	1613091.7
国有独资公司	2598015.2	310182.8	5131573.5	970917.6
其他有限责任公司	2818405.8	987514.7	3096958.1	642174.1
股份有限公司	2968310.3	143061.9	3945871.9	3879254.6
私营企业	1540649.3	443777.3	1546528.6	265910.5
私营有限责任公司	1518355.7	434849.6	1524235.0	255500.0
私营股份有限公司	22293.6	8927.7	22293.6	10410.5
港、澳、台商投资企业	63751.4	36748.2	63751.4	176953.5
合资经营企业（港或澳、台资）	41946.7	30893.9	41946.7	138228.0
港、澳、台商独资经营企业	21804.7	5854.3	21804.7	38725.5
外商投资企业	2344.9	2097.6	2344.9	-1734.5
中外合资经营企业	2344.9	2097.6	2344.9	-1734.5
国有控股	7408134.0	1270217.9	11066948.6	2359709.2
集体控股	196303.7	50423.7	198764.1	346426.8
私人控股	2366390.5	587133.9	2418293.3	2761141.7
港澳台商控股	24769.5	7394.5	24769.5	38953.9
其他	261037.1	99976.8	361009.5	666344.6

单位：万元

实收资本	国家资本	集体资本	法人资本	个人资本	港澳台资本	外商资本
25528.4			17000.3	8528.1		
2640973.3	709892.3	85914.2	1751944.6	93222.2		
2086995.1	369780.2	6021.0	1692540.5	18653.4		
41725.8	9850.8	3195.9	16147.1	12532.0		
500.0				500.0		
450263.7	316891.2	70727.3	35796.0	26849.2		
33650.0	5000.0		7461.0	21189.0		
17971.1	4570.1	2200.0		11201.0		
9867.6	3800.0	3770.0		2297.6		
87466.8	39261.0	138.8	12246.7	14712.0	20932.1	176.2
1329.5	1190.7	138.8				
2440.0			1598.8	665.0		176.2
3373.9			68.9	3305.0		
4010.0			3610.0	400.0		
1800.0			500.0	1300.0		
1310.0			510.0	800.0		
73203.4	38070.3		5959.0	8242.0	20932.1	
13898.0	1393.2	1277.8		11227.0		
1777.8		1277.8		500.0		
12120.2	1393.2			10727.0		
2974599.8	637970.3	92575.6	2023560.4	220317.3		176.2
23319.8	18886.0	138.8	4295.0			
7378.7		7378.7				
882540.0	607484.3	85027.1	155528.7	34323.7		176.2
342800.8	323952.3		18848.5			
539739.2	283532.0	85027.1	136680.2	34323.7		176.2
774841.6	11600.0		756499.8	6741.8		
1286519.7		31.0	1107236.9	179251.8		
1279604.3		31.0	1107236.9	172336.4		
6915.4				6915.4		
174808.8	150000.0		0.1		24808.7	
150000.1	150000.0		0.1			
24808.7					24808.7	
50.0			50.0			
50.0			50.0			
1108383.1	787770.3	7668.6	299424.2	13520.0		
80106.0		78106.0	2000.0			
1488997.5		31.0	1282303.0	206487.3		176.2
24808.8			0.1		24808.7	
447163.2	200.0	6770.0	439883.2	310.0		

11-5　续表 2-3

指　　标	流动负债合计	应付帐款	负债合计	所有者权益合计
独立门店	4341989.4	909121.8	6861063.5	4193224.1
其他	5914645.4	1106025.0	7208721.5	1979352.1
大型	2941438.4	498171.5	5408142.1	3491563.1
中型	5558382.8	990129.7	6802827.5	2502219.9
小型	544467.2	194339.2	633405.8	136683.0
微型	1212346.4	332506.4	1225409.6	42110.2
二、零售业	**2843015.2**	**627183.4**	**3555808.7**	**865308.3**
综合零售	621188.1	91798.2	795731.6	149643.4
百货零售	322630.1	61542.1	495146.3	151055.2
超级市场零售	267215.4	29243.7	268050.1	-12953.9
其他综合零售	31342.6	1012.4	32535.2	11542.1
食品、饮料及烟草制品专门零售	116486.1	41870.4	146322.9	28061.9
粮油零售	21545.6	2536.8	29146.9	4546.2
糕点、面包零售	35741.1	7062.3	56859.1	-17850.9
果品、蔬菜零售	1843.2	822.3	1888.1	7842.4
肉、禽、蛋、奶及水产品零售	10643.8	2035.4	10643.8	1724.9
酒、饮料及茶叶零售	33361.5	17745.7	34146.1	18292.8
烟草制品零售	482.3	272.4	482.3	6228.3
其他食品零售	12868.6	11395.5	13156.6	7278.2
纺织、服装及日用品专门零售	301300.6	88586.4	336717.4	39508.9
纺织品及针织品零售	16503.6	10598.3	16503.6	14984.4
服装零售	275189.1	75406.6	310605.9	5480.2
鞋帽零售	1099.6		1099.6	11098.1
化妆品及卫生用品零售	5178.5	1264.5	5178.5	3742.6
钟表、眼镜零售	2501.7	809.8	2501.7	3564.5
厨房用具及日用杂品零售	701.9	383.7	701.9	100.1
其他日用品零售	126.2	123.5	126.2	539.0
文化、体育用品及器材专门零售	104537.2	33990.6	105451.5	37959.3
文具用品零售	5795.1	3932.9	5795.1	3708.9
体育用品及器材零售	232.1	229.9	232.1	213.0
图书、报刊零售	17447.3	11736.1	17567.3	3072.5
珠宝首饰零售	79572.6	18059.9	80366.9	25062.3
工艺美术品及收藏品零售	123.6	4.5	123.6	2210.9
乐器零售	597.7	-169.4	597.7	2811.3
照相器材零售	418.0	185.0	418.0	801.4
其他文化用品零售	350.8	11.7	350.8	79.0
医药及医疗器材专门零售	421074.9	186021.9	424693.4	196245.9
药品零售	418399.1	184984.9	422017.6	195731.4
医疗用品及器材零售	2675.8	1037.0	2675.8	514.5
汽车、摩托车、燃料及零配件专门零售	1078587.2	143395.6	1545813.0	354338.3

单位：万元

实收资本						
	国家资本	集体资本	法人资本	个人资本	港澳台资本	外商资本
857632.4	383741.9	83179.9	263913.0	126621.4		176.2
2291826.2	404228.4	9395.7	1759697.5	93695.9	24808.7	
454131.3	231341.8	4921.0	198662.9	15329.0	3876.6	
1268728.2	313118.1	82255.1	739712.0	112534.7	20932.1	176.2
1158361.7	32523.2	3982.9	1052950.6	68905.0		
268237.4	210987.2	1416.6	32285.0	23548.6		
1717685.1	**139755.2**	**8061.9**	**1379787.0**	**172815.0**	**14118.0**	**3148.0**
171916.9	2772.1	833.2	116277.0	49386.6		2648.0
136252.9	1035.7	833.2	105030.0	26706.0		2648.0
33664.0	1736.4		11247.0	20680.6		
2000.0				2000.0		
42674.3	28748.0	644.9	5216.2	7395.0	670.2	
5537.2	4193.0		680.0	664.2		
1926.6			1926.6			
923.4	30.0	50.0	238.6	604.8		
3010.0				3010.0		
29311.2	24515.0		1414.0	2712.0	670.2	
400.5		220.5	180.0			
1565.4	10.0	374.4	777.0	404.0		
48050.4			33913.7	8036.7	6100.0	
5110.0			5000.0	110.0		
40029.4			27642.7	7286.7	5100.0	
200.0			160.0	40.0		
1002.9			2.9		1000.0	
1200.0			1100.0	100.0		
8.1			8.1			
500.0				500.0		
26365.0	40.3	2327.7	12583.3	10265.9	1147.8	
3770.0			3050.0	720.0		
210.0				210.0		
2250.1	40.1		2010.0	200.0		
15714.9	0.2	1529.2	6153.3	6884.4	1147.8	
1000.0		798.5		201.5		
2770.0			770.0	2000.0		
600.0			600.0			
50.0				50.0		
129893.7	102433.3		20466.5	6993.9		
129393.7	102433.3		20136.5	6823.9		
500.0			330.0	170.0		
1252898.5	4478.5	3947.1	1179976.1	57796.8	6200.0	500.0

11-5　续表 2-4

指　　标	流动负债合计	应付帐款	负债合计	所有者权益合计
汽车零售	921079.8	124490.5	977620.4	229528.2
汽车零配件零售	14144.1	10214.0	14144.1	3655.3
机动车燃料零售	143363.3	8691.1	554048.5	121154.8
家用电器及电子产品专门零售	111989.9	12374.1	113227.7	35155.9
家用视听设备零售	123.7	110.8	273.7	104.2
日用家电设备零售	71350.1	2711.9	71726.8	7573.5
计算机、软件及辅助设备零售	28830.6	6213.9	29541.7	22174.7
通信设备零售	10273.2	2298.7	10273.2	4699.2
其他电子产品零售	1412.3	1038.8	1412.3	604.3
五金、家具及室内装饰材料专门零售	55867.0	18871.2	55867.0	11136.8
五金零售	19105.3	16766.2	19105.3	1670.5
家具零售	3663.9	874.4	3663.9	7774.7
陶瓷、石材装饰材料零售	31592.8	603.0	31592.8	1144.4
其他室内装饰材料零售	1505.0	627.6	1505.0	547.2
货摊、无店铺及其他零售业	31984.2	10275.0	31984.2	13257.9
互联网零售	29257.6	9845.0	29257.6	5779.2
其他未列明零售业	2726.6	430.0	2726.6	7478.7
综合零售	621188.1	91798.2	795731.6	149643.4
百货零售	322630.1	61542.1	495146.3	151055.2
超级市场零售	267215.4	29243.7	268050.1	-12953.9
其他综合零售	31342.6	1012.4	32535.2	11542.1
食品、饮料及烟草制品专门零售	116486.1	41870.4	146322.9	28061.9
粮油零售	21545.6	2536.8	29146.9	4546.2
糕点、面包零售	35741.1	7062.3	56859.1	-17850.9
果品、蔬菜零售	1843.2	822.3	1888.1	7842.4
肉、禽、蛋、奶及水产品零售	10643.8	2035.4	10643.8	1724.9
酒、饮料及茶叶零售	33361.5	17745.7	34146.1	18292.8
烟草制品零售	482.3	272.4	482.3	6228.3
其他食品零售	12868.6	11395.5	13156.6	7278.2
纺织、服装及日用品专门零售	301300.6	88586.4	336717.4	39508.9
纺织品及针织品零售	16503.6	10598.3	16503.6	14984.4
服装零售	275189.1	75406.6	310605.9	5480.2
鞋帽零售	1099.6		1099.6	11098.1
化妆品及卫生用品零售	5178.5	1264.5	5178.5	3742.6
厨具卫具及日用杂品零售	1081.1	638.9	1081.1	200.1
钟表、眼镜零售	2122.5	554.6	2122.5	3464.5
其他日用品零售	126.2	123.5	126.2	539.0
文化、体育用品及器材专门零售	104537.2	33990.6	105451.5	37959.3
文具用品零售	5795.1	3932.9	5795.1	3708.9
体育用品及器材零售	232.1	229.9	232.1	213.0

单位：万元

实收资本	国家资本	集体资本	法人资本	个人资本	港澳台资本	外商资本
1193787.5	3627.5	3498.9	1126746.5	53214.6	6200.0	500.0
3597.0			3253.0	344.0		
55514.0	851.0	448.2	49976.6	4238.2		
29120.2		309.0	10121.1	18690.1		
100.0			100.0			
10176.7		309.0	3149.8	6717.9		
15321.5			4471.3	10850.2		
3422.0			2360.0	1062.0		
100.0			40.0	60.0		
3096.8			979.8	2117.0		
1428.8			627.8	801.0		
1060.0				1060.0		
500.0			352.0	148.0		
108.0				108.0		
13669.3	1283.0		253.3	12133.0		
6463.3			253.3	6210.0		
7206.0	1283.0			5923.0		
171916.9	2772.1	833.2	116277.0	49386.6		2648.0
136252.9	1035.7	833.2	105030.0	26706.0		2648.0
33664.0	1736.4		11247.0	20680.6		
2000.0				2000.0		
42674.3	28748.0	644.9	5216.2	7395.0	670.2	
5537.2	4193.0		680.0	664.2		
1926.6			1926.6			
923.4	30.0	50.0	238.6	604.8		
3010.0				3010.0		
29311.2	24515.0		1414.0	2712.0	670.2	
400.5		220.5	180.0			
1565.4	10.0	374.4	777.0	404.0		
48050.4			33913.7	8036.7	6100.0	
5110.0			5000.0	110.0		
40029.4			27642.7	7286.7	5100.0	
200.0			160.0	40.0		
1002.9			2.9		1000.0	
108.1			108.1			
1100.0			1000.0	100.0		
500.0				500.0		
26365.0	40.3	2327.7	12583.3	10265.9	1147.8	
3770.0			3050.0	720.0		
210.0				210.0		

11-5 续表 2-5

指 标	流动负债合计	应付帐款	负债合计	所有者权益合计
图书、报刊零售	17447.3	11736.1	17567.3	3072.5
珠宝首饰零售	79572.6	18059.9	80366.9	25062.3
工艺美术品及收藏品零售	123.6	4.5	123.6	2210.9
乐器零售	597.7	-169.4	597.7	2811.3
照相器材零售	418.0	185.0	418.0	801.4
其他文化用品零售	350.8	11.7	350.8	79.0
医药及医疗器材专门零售	418213.6	185684.9	421832.1	195851.0
西药零售	410979.5	182030.7	414598.0	194710.3
中药零售	4220.3	2306.9	4220.3	571.5
动物用药品零售	338.0	310.3	338.0	54.7
医疗用品及器材零售	2675.8	1037.0	2675.8	514.5
汽车、摩托车、零配件和燃料及其他动力销售	1078587.2	143395.6	1545813.0	354338.3
汽车新车零售	917805.3	122659.9	974345.9	227160.8
汽车旧车零售	11332.9	8529.1	11332.9	3316.3
汽车零配件零售	6085.7	3515.5	6085.7	2706.4
摩托车及零配件零售	113089.4	2283.5	115014.2	84776.8
机动车燃油零售	17038.2	5232.0	425798.6	41022.9
机动车燃气零售	13235.7	1175.6	13235.7	-4644.9
家用电器及电子产品专门零售	111989.9	12374.1	113227.7	35155.9
家用视听设备零售	123.7	110.8	273.7	104.2
日用家电零售	71350.1	2711.9	71726.8	7573.5
计算机、软件及辅助设备零售	28830.6	6213.9	29541.7	22174.7
通信设备零售	10273.2	2298.7	10273.2	4699.2
其他电子产品零售	1412.3	1038.8	1412.3	604.3
五金、家具及室内装饰材料专门零售	55867.0	18871.2	55867.0	11136.8
五金零售	19105.3	16766.2	19105.3	1670.5
家具零售	3663.9	874.4	3663.9	7774.7
陶瓷、石材装饰材料零售	31592.8	603.0	31592.8	1144.4
其他室内装饰材料零售	1505.0	627.6	1505.0	547.2
货摊、无店铺及其他零售业	31012.4	10017.4	31012.4	13495.6
互联网零售	24037.3	5594.2	24037.3	4198.6
自动售货机零售	5220.3	4250.8	5220.3	1580.6
其他未列明零售业	1754.8	172.4	1754.8	7716.4
内资企业	2716732.3	589336.1	3430159.4	831325.7
国有企业	38348.3	12417.2	45908.9	7322.3
集体企业	11484.3	8979.0	13697.1	7358.2
股份合作企业	849.7		849.7	342.3
有限责任公司	741543.8	277140.0	795864.1	247845.3
国有独资公司	19713.9	9340.0	20822.2	7775.6
其他有限责任公司	721829.9	267800.0	775041.9	240069.7

单位：万元

实收资本	国家资本	集体资本	法人资本	个人资本	港澳台资本	外商资本
2250.1	40.1		2010.0	200.0		
15714.9	0.2	1529.2	6153.3	6884.4	1147.8	
1000.0		798.5		201.5		
2770.0			770.0	2000.0		
600.0			600.0			
50.0				50.0		
129593.7	102433.3		20466.5	6693.9		
127983.7	101873.3		20136.5	5973.9		
550.0				550.0		
560.0	560.0					
500.0			330.0	170.0		
1252898.5	4478.5	3947.1	1179976.1	57796.8	6200.0	500.0
1192287.5	3627.5	3498.9	1126746.5	51714.6	6200.0	500.0
2410.0			910.0	1500.0		
2687.0			2343.0	344.0		
5965.7		0.6	3141.9	2823.2		
48565.1	200.0	398.6	46551.5	1415.0		
983.2	651.0	49.0	283.2			
29120.2		309.0	10121.1	18690.1		
100.0			100.0			
10176.7		309.0	3149.8	6717.9		
15321.5			4471.3	10850.2		
3422.0			2360.0	1062.0		
100.0			40.0	60.0		
3096.8			979.8	2117.0		
1428.8			627.8	801.0		
1060.0				1060.0		
500.0			352.0	148.0		
108.0				108.0		
13166.3	780.0		253.3	12133.0		
4063.3			253.3	3810.0		
2400.0				2400.0		
6703.0	780.0			5923.0		
1686557.6	139755.2	8061.9	1373521.8	164518.7	200.0	500.0
8018.2	5565.1	69.9	2383.2			
1302.5	10.0	877.4	315.1	100.0		
200.0		200.0				
236358.6	133949.9	5176.0	78841.1	17891.6		500.0
21351.4	21351.4					
215007.2	112598.5	5176.0	78841.1	17891.6		500.0

11-5　续表 2-6

指　　标	流动负债合计	应付帐款	负债合计	所有者权益合计
股份有限公司	107251.6		515108.3	77302.3
私营企业	1816918.7	291491.8	2058356.9	484154.2
私营独资企业	2831.2	1642.5	2831.2	1009.0
私营有限责任公司	1603807.7	286443.2	1843651.9	467109.5
私营股份有限公司	210279.8	3406.1	211873.8	16035.7
其他企业	335.9	-691.9	374.4	7001.1
港、澳、台商投资企业	72926.3	30968.7	71338.0	58974.8
合资经营企业（港或澳、台资）	38899.5	18320.6	38899.5	25777.0
港、澳、台商独资经营企业	34026.8	12648.1	32438.5	33197.8
外商投资企业	53356.6	6878.6	54311.3	-24992.2
中外合资经营企业	17693.6	702.1	17693.6	-15217.0
外资企业	10809.7	4179.2	11764.4	-4629.0
其他外商投资企业	24853.3	1997.3	24853.3	-5146.2
国有控股	562162.8	208558.2	983643.9	310212.1
集体控股	92897.0	40320.7	116538.7	-2474.3
私人控股	1911338.9	317360.2	2152808.8	514062.8
港澳台商控股	72926.3	30968.7	71338.0	58974.8
外商控股	28503.3	4881.3	29458.0	-19846.0
其他	175186.9	25094.3	202021.3	4378.9
独立门店	1984029.2	536914.5	2236402.8	677963.6
连锁总店	557970.6	63878.4	1017504.3	128746.0
连锁直营店	204684.4	5968.7	204684.4	14709.7
其他	96331.0	20421.8	97217.2	43889.0
大型	1149804.8	228211.5	1669794.3	474312.9
中型	1159702.8	260393.1	1323688.1	279308.5
小型	409093.6	95970.6	437065.0	81257.6
微型	124414.0	42608.2	125261.3	30429.3
有店铺零售	2791925.6	612861.9	3501391.3	844870.7
食杂店	3494.4	3361.0	3494.4	151.5
便利店	31342.6	1012.4	32535.2	11542.1
超市	13929.1	6540.0	14763.8	5539.5
大型超市	268752.8	29584.3	269707.5	-21793.0
百货店	384848.0	69978.0	576559.5	131682.4
专业店	1030603.6	304031.6	1496532.4	509145.3
专卖店	897756.1	135492.2	930543.0	156199.8
家居建材商店	31592.8	603.0	31592.8	1144.4
购物中心	81784.7	37228.7	97196.4	29815.6
厂家直销中心	47821.5	25030.7	48466.3	21443.1
无店铺零售	51089.6	14321.5	54417.4	20437.6
网上商店	24550.3	10113.6	25261.4	13234.7
其他	26539.3	4207.9	29156.0	7202.9

实收资本	国家资本	集体资本	法人资本	个人资本	港澳台资本	外商资本
2000.0		309.0	633.0	1058.0		
1438563.3	200.2	1379.6	1291324.4	145459.1	200.0	
743.9			530.0	213.9		
1429616.4	200.2	350.0	1288386.0	140480.2	200.0	
8203.0		1029.6	2408.4	4765.0		
115.0	30.0	50.0	25.0	10.0		
24979.5			2765.2	8296.3	13918.0	
16988.8			1444.7	8296.3	7247.8	
7990.7			1320.5		6670.2	
6148.0			3500.0			2648.0
3000.0			3000.0			
2648.0						2648.0
500.0			500.0			
190510.1	138635.0	118.9	49559.2	2197.0		
12545.6	10.0	6204.4	5541.7	789.5		
1468116.7	280.2	1688.6	1309075.9	156872.0	200.0	
24979.5			2765.2	8296.3	13918.0	
5648.0			3000.0			2648.0
15885.2	830.0	50.0	9845.0	4660.2		500.0
1632270.8	136995.2	7552.9	1354156.0	125818.9	7247.8	500.0
50754.2	1900.0	200.0	17823.1	21312.9	6870.2	2648.0
7510.0			500.0	7010.0		
27150.1	860.0	309.0	7307.9	18673.2		
265591.9	101700.0		115976.0	44267.9	1000.0	2648.0
1330634.4	29186.7	5811.4	1210530.8	72357.7	12247.8	500.0
88933.0	3717.1	2017.2	38426.2	43902.3	870.2	
32525.8	5151.4	233.3	14854.0	12287.1		
1692133.9	136068.4	8061.9	1374501.7	156235.9	14118.0	3148.0
100.0			100.0			
2000.0				2000.0		
4301.9	2296.4		1162.9	842.6		
33395.0			10247.0	20500.0		2648.0
146213.1	1035.7	1053.7	114607.7	29516.0		
310713.5	104283.8	3787.0	158060.8	42811.7	1770.2	
1170291.8	28142.5	2846.8	1076711.3	54743.4	7347.8	500.0
500.0			352.0	148.0		
15000.0			7050.0	2950.0	5000.0	
9618.6	310.0	374.4	6210.0	2724.2		
25551.2	3686.8		5285.3	16579.1		
11368.5			613.3	10755.2		
14182.7	3686.8		4672.0	5823.9		

11-5　限额以上批发和
The financial condition of the legal person enterprises in

指　　标	三、损益及分配				
	营业收入	主营业务收入	营业成本	主营业务成本	税金及附加
总计	**31300121.6**	**31022530.1**	**29362121.7**	**29257913.3**	**121351.3**
一、批发业	**23717089.4**	**23550474.6**	**22560556.1**	**22473833.9**	**97879.1**
农、林、牧产品批发	29692.2	29602.2	28624.6	28623.8	0.6
谷物、豆及薯类批发	29692.2	29602.2	28624.6	28623.8	0.6
食品、饮料及烟草制品批发	1046353.6	1040587.8	838425.7	836066.3	71254.7
米、面制品及食用油批发	57158.0	57104.5	56110.8	56110.8	22.2
糕点、糖果及糖批发	4504.6	4504.6	3984.5	3984.5	5.9
果品、蔬菜批发	187325.9	186592.4	181732.9	181732.9	38.7
肉、禽、蛋、奶及水产品批发	31200.8	30625.8	26473.1	26087.0	95.5
盐及调味品批发	74975.2	74464.1	54855.0	54850.2	388.5
营养和保健品批发	7970.5	7970.5	7584.1	7584.1	8.8
酒、饮料及茶叶批发	62505.7	61873.3	49499.6	49274.4	201.3
烟草制品批发	499577.8	499508.6	350624.8	350624.8	70230.1
其他食品批发	121135.1	117944.0	107560.9	105817.6	263.7
纺织、服装及家庭用品批发	814389.6	782034.4	656850.5	639108.8	1032.3
服装批发	424895.9	401257.0	288870.2	278264.6	561.6
鞋帽批发	9432.4	9432.4	9011.4	9011.4	12.8
化妆品及卫生用品批发	8430.0	8027.8	7175.9	6782.3	18.8
厨房、卫生间用具及日用杂货批发	4049.3	4049.3	3307.6	3307.6	0.1
家用电器批发	359152.0	351240.0	341309.5	334960.5	420.1
其他家庭用品批发	8430.0	8027.9	7175.9	6782.4	18.9
文化、体育用品及器材批发	394811.7	394155.4	360107.0	360092.3	383.2
文具用品批发	113607.7	113450.0	109087.6	109072.9	157.7
体育用品及器材批发	22507.6	22232.3	21277.2	21277.2	13.7
图书批发	153514.4	153291.1	125222.1	125222.1	169.7
首饰、工艺品及收藏品批发	105182.0	105182.0	104520.1	104520.1	42.1
医药及医疗器材批发	1650413.2	1642087.5	1468124.2	1467534.4	4316.9
西药批发	1077708.7	1070293.3	988650.7	988060.9	2364.7
中药批发	319763.5	319676.5	266611.7	266611.7	1199.0
医疗用品及器材批发	252941.0	252117.7	212861.8	212861.8	753.2
矿产品、建材及化工产品批发	18319259.8	18201963.5	17780645.3	17715158.4	19327.1
煤炭及制品批发	9199567.8	9105371.0	8802233.5	8748258.2	11181.2
石油及制品批发	1007172.3	995035.5	951243.2	941838.2	1877.0
非金属矿及制品批发	3270.6	3270.6	2995.0	2995.0	2.0
金属及金属矿批发	3740124.6	3734096.9	3678980.3	3677996.2	4456.6
建材批发	232121.6	228719.9	222657.6	221923.1	251.4
化肥批发	4018032.1	4017786.7	4007141.3	4007141.3	1404.2
其他化工产品批发	118970.8	117682.9	115394.4	115006.4	154.7
机械设备、五金产品及电子产品批发	1400950.1	1398897.1	1371577.0	1371048.1	1440.6
农业机械批发	1437.2	1160.4	821.9	821.9	2.3

零售业法人企业财务状况(三)
the wholesale and retail trade of the above designated size(3)

单位：万元

主营业务税金及附加	其他业务利润	销售费用	管理费用	财务费用	利息收入
116675.7	**145810.1**	**942915.1**	**540949.5**	**256876.3**	**24647.6**
93654.3	**101726.0**	**519211.6**	**337688.1**	**195292.7**	**18606.1**
0.6	25.6	1226.7	2039.1	141.7	86.0
0.6	25.6	1226.7	2039.1	141.7	86.0
71241.1	7708.7	38790.0	35356.8	-1246.4	6439.6
21.9	53.4	778.8	540.4	104.6	7.1
5.9		343.0		-0.1	0.4
38.7	733.3	5356.5	1308.0	3187.9	
95.5	188.9	4651.0	651.5	45.6	-3.2
388.5	6291.1	11904.9	4871.0	105.2	-99.1
8.8		291.4	45.3	20.0	
201.3	410.4	7764.8	2967.9	900.0	91.7
70230.1		4994.4	20484.9	-6439.0	6440.7
250.4	31.6	2705.2	4487.8	829.4	2.0
1032.3	-87.0	105723.2	13783.3	2958.1	214.9
561.6	35.3	93470.7	10214.8	1858.6	50.4
12.8			307.7	87.1	0.8
18.8		749.2	372.9	137.0	0.6
0.1		217.4	505.4	8.3	1.3
420.1	-122.3	10536.7	2009.5	730.1	156.1
18.9		749.2	373.0	137.0	5.7
382.6	660.3	8430.9	12245.5	-247.2	1173.3
157.1	143.1	1837.4	1551.1	533.3	149.5
13.7	275.2	322.8	606.7	73.6	79.0
169.7		5910.8	9945.5	-921.6	943.1
42.1	242.0	359.9	142.2	67.5	1.7
4307.2	7568.9	76953.7	91694.9	18438.9	3295.8
2355.0	2883.7	35304.7	63060.0	13070.3	2756.2
1199.0	3999.5	26103.9	17422.7	3828.5	468.4
753.2	685.7	15545.1	11212.2	1540.1	71.2
15126.7	85628.5	272538.6	169885.0	172251.2	7168.8
8670.2	37461.8	215895.2	147668.1	156416.0	8113.1
1862.6	42508.2	16572.1	2051.8	3913.1	587.4
2.0	16.0	256.5	42.4	10.0	
2782.4	5230.1	33004.0	11590.7	8651.9	442.5
250.6	409.0	777.1	4252.8	266.9	34.1
1404.2	3.4	4831.8	2663.6	2001.9	-2568.3
154.7		1201.9	1615.6	991.4	560.0
1440.6	149.3	10644.6	10642.3	2781.2	215.9
2.3		468.5	506.8	-0.3	1.0

11-5　续表 3-1

指　　标	三、损益及分配				
	营业收入	主营业务收入	营业成本	主营业务成本	营业税金及附加
汽车批发	76800.5	76800.5	76448.2	76448.1	10.3
汽车零配件批发	15762.0	15762.0	14154.1	14154.1	33.4
摩托车及零配件批发	8118.4	8118.4	7337.8	7337.8	0.2
五金产品批发	11292.8	11292.8	10563.5	10563.5	16.4
电气设备批发	10273.0	10273.0	9207.5	9207.5	24.7
计算机、软件及辅助设备批发	11812.6	11812.6	11109.1	11109.1	18.8
通讯及广播电视设备批发	9830.4	9830.4	8958.8	8958.8	14.8
其他机械设备及电子产品批发	1255623.2	1253847.0	1232976.1	1232447.3	1319.7
其他批发业	61219.2	61146.7	56201.8	56201.8	123.7
再生物资回收与批发	377.6	377.6	291.4	291.4	5.0
其他未列明批发业	60841.6	60769.1	55910.4	55910.4	118.7
农、林、牧、渔产品批发	29692.2	29602.2	28624.6	28623.8	0.6
谷物、豆及薯类批发	29692.2	29602.2	28624.6	28623.8	0.6
食品、饮料及烟草制品批发	1046353.6	1040587.8	838425.7	836066.3	71254.7
米、面制品及食用油批发	57158.0	57104.5	56110.8	56110.8	22.2
糕点、糖果及糖批发	4504.6	4504.6	3984.5	3984.5	5.9
果品、蔬菜批发	187325.9	186592.4	181732.9	181732.9	38.7
肉、禽、蛋、奶及水产品批发	31200.8	30625.8	26473.1	26087.0	95.5
盐及调味品批发	74975.2	74464.1	54855.0	54850.2	388.5
营养和保健品批发	7970.5	7970.5	7584.1	7584.1	8.8
酒、饮料及茶叶批发	62505.7	61873.3	49499.6	49274.4	201.3
烟草制品批发	499577.8	499508.6	350624.8	350624.8	70230.1
其他食品批发	121135.1	117944.0	107560.9	105817.6	263.7
纺织、服装及家庭用品批发	814389.6	782034.4	656850.5	639108.8	1032.3
服装批发	424895.9	401257.0	288870.2	278264.6	561.6
鞋帽批发	9432.4	9432.4	9011.4	9011.4	12.8
化妆品及卫生用品批发	8430.0	8027.8	7175.9	6782.3	18.8
厨具卫具及日用杂品批发	4049.3	4049.3	3307.6	3307.6	0.1
家用视听设备批发	169406.1	161538.7	158533.6	152184.6	250.1
日用家电批发	189745.9	189701.3	182775.9	182775.9	170.0
其他家庭用品批发	8430.0	8027.9	7175.9	6782.4	18.9
文化、体育用品及器材批发	394811.7	394155.4	360107.0	360092.3	383.2
文具用品批发	113607.7	113450.0	109087.6	109072.9	157.7
体育用品及器材批发	22507.6	22232.3	21277.2	21277.2	13.7
图书批发	153514.4	153291.1	125222.1	125222.1	169.7
首饰、工艺品及收藏品批发	105182.0	105182.0	104520.1	104520.1	42.1
医药及医疗器材批发	1650413.2	1642087.5	1468124.2	1467534.4	4316.9
西药批发	1075868.0	1068452.6	987315.7	986725.9	2353.5
中药批发	315568.1	315481.1	263026.9	263026.9	1186.9
动物用药品批发	89486.7	89345.8	80051.8	80051.8	191.5

单位：万元

主营业务税金及附加	其他业务利润	销售费用	管理费用	财务费用	
					利息收入
10.3		172.0	193.4	91.6	
33.4		1064.4		6.0	
0.2		412.2	380.5	12.1	
16.4		128.1	598.4	2.2	0.1
24.7		1008.8	396.0	0.2	–0.4
18.8	124.7	167.2	333.8	40.3	0.8
14.8		919.2	204.5	–25.2	0.8
1319.7	24.6	6304.2	8028.9	2654.3	213.6
123.2	71.7	4903.9	2041.2	215.2	11.8
5.0			84.5	–1.5	1.5
118.2	71.7	4903.9	1956.7	216.7	10.3
0.6	25.6	1226.7	2039.1	141.7	86.0
0.6	25.6	1226.7	2039.1	141.7	86.0
71241.1	7708.7	38790.0	35356.8	–1246.4	6439.6
21.9	53.4	778.8	540.4	104.6	7.1
5.9		343.0		–0.1	0.4
38.7	733.3	5356.5	1308.0	3187.9	
95.5	188.9	4651.0	651.5	45.6	–3.2
388.5	6291.1	11904.9	4871.0	105.2	–99.1
8.8		291.4	45.3	20.0	
201.3	410.4	7764.8	2967.9	900.0	91.7
70230.1		4994.4	20484.9	–6439.0	6440.7
250.4	31.6	2705.2	4487.8	829.4	2.0
1032.3	–87.0	105723.2	13783.3	2958.1	214.9
561.6	35.3	93470.7	10214.8	1858.6	50.4
12.8			307.7	87.1	0.8
18.8		749.2	372.9	137.0	0.6
0.1		217.4	505.4	8.3	1.3
250.1	–166.9	4548.0	1728.2	564.0	152.9
170.0	44.6	5988.7	281.3	166.1	3.2
18.9		749.2	373.0	137.0	5.7
382.6	660.3	8430.9	12245.5	–247.2	1173.3
157.1	143.1	1837.4	1551.1	533.3	149.5
13.7	275.2	322.8	606.7	73.6	79.0
169.7		5910.8	9945.5	–921.6	943.1
42.1	242.0	359.9	142.2	67.5	1.7
4307.2	7568.9	76953.7	91694.9	18438.9	3295.8
2343.8	2883.7	34892.5	62904.8	13070.3	2756.2
1186.9	3999.5	25748.0	17177.6	3828.7	469.1
191.5		4015.0	2381.8	938.5	34.8

11-5　续表 3-2

指　标	三、损益及分配				
	营业收入	主营业务收入	营业成本	主营业务成本	税金及附加
医疗用品及器材批发	169490.4	168808.0	137729.8	137729.8	585.0
矿产品、建材及化工产品批发	18319259.8	18201963.5	17780645.3	17715158.4	19327.1
煤炭及制品批发	9199567.8	9105371.0	8802233.5	8748258.2	11181.2
石油及制品批发	1007172.3	995035.5	951243.2	941838.2	1877.0
非金属矿及制品批发	3270.6	3270.6	2995.0	2995.0	2.0
金属及金属矿批发	3740124.6	3734096.9	3678980.3	3677996.2	4456.6
建材批发	232121.6	228719.9	222657.6	221923.1	251.4
化肥批发	4018032.1	4017786.7	4007141.3	4007141.3	1404.2
其他化工产品批发	118970.8	117682.9	115394.4	115006.4	154.7
机械设备、五金产品及电子产品批发	1400950.1	1398897.1	1371577.0	1371048.1	1440.6
农业机械批发	1437.2	1160.4	821.9	821.9	2.3
汽车及零配件批发	92562.5	92562.5	90602.3	90602.2	43.7
五金产品批发	13298.1	13298.1	11991.7	11991.7	11.1
电气设备批发	19112.6	19112.6	17766.5	17766.5	25.6
计算机、软件及辅助设备批发	10872.0	10872.0	10403.8	10403.8	12.9
通讯设备批发	11264.5	11264.5	10071.6	10071.6	25.3
其他机械设备及电子产品批发	1252403.2	1250627.0	1229919.2	1229390.4	1319.7
其他批发业	61219.2	61146.7	56201.8	56201.8	123.7
再生物资回收与批发	377.6	377.6	291.4	291.4	5.0
其他未列明批发业	60841.6	60769.1	55910.4	55910.4	118.7
内资企业	22420946.9	22254977.4	21292742.2	21206038.6	96890.6
国有企业	671129.6	669934.8	515111.8	514391.5	70441.2
集体企业	79316.9	78871.6	71398.1	71278.1	313.5
有限责任公司	16111946.0	15993183.1	15560104.6	15488915.7	16745.9
国有独资公司	4195329.7	4107982.2	3912956.6	3858979.2	6617.0
其他有限责任公司	11916616.3	11885200.9	11647148.0	11629936.5	10128.9
股份有限公司	2623782.7	2598728.1	2418105.2	2409094.3	2725.5
私营企业	2934771.7	2914259.8	2728022.5	2722359.0	6664.5
私营有限责任公司	2897131.2	2876619.3	2694739.2	2689075.7	6529.7
私营股份有限公司	37640.5	37640.5	33283.3	33283.3	134.8
港、澳、台商投资企业	1287770.9	1287307.8	1260945.1	1260926.5	961.5
合资经营企业（港或澳、台资）	1215816.0	1215392.7	1206725.6	1206708.5	734.0
港、澳、台商独资经营企业	71954.9	71915.1	54219.5	54218.0	227.5
外商投资企业	8371.6	8189.4	6868.8	6868.8	27.0
中外合资经营企业	8371.6	8189.4	6868.8	6868.8	27.0
国有控股	17644297.2	17531819.3	16980950.6	16916424.9	87113.5
集体控股	170950.8	167298.7	160090.0	159721.3	425.4
私人控股	3808272.9	3759987.5	3447985.1	3426711.1	7994.3
港澳台商控股	105976.3	105936.5	86735.7	86734.2	264.3
其他	1987592.2	1985432.6	1884794.7	1884242.4	2081.6

单位：万元

主营业务税金及附加	其他业务利润	销售费用	管理费用	财务费用	利息收入
585.0	685.7	12298.2	9230.7	601.4	35.7
15126.7	85628.5	272538.6	169885.0	172251.2	7168.8
8670.2	37461.8	215895.2	147668.1	156416.0	8113.1
1862.6	42508.2	16572.1	2051.8	3913.1	587.4
2.0	16.0	256.5	42.4	10.0	
2782.4	5230.1	33004.0	11590.7	8651.9	442.5
250.6	409.0	777.1	4252.8	266.9	34.1
1404.2	3.4	4831.8	2663.6	2001.9	-2568.3
154.7		1201.9	1615.6	991.4	560.0
1440.6	149.3	10644.6	10642.3	2781.2	215.9
2.3		468.5	506.8	-0.3	1.0
43.7		1236.4	193.4	97.6	
11.1		489.4	796.1	12.0	0.1
25.6		796.8	499.8	2.3	-0.2
12.9	124.7	377.2	401.5	41.8	2.4
25.3		972.1	367.7	-26.6	-0.8
1319.7	24.6	6304.2	7877.0	2654.4	213.4
123.2	71.7	4903.9	2041.2	215.2	11.8
5.0			84.5	-1.5	1.5
118.2	71.7	4903.9	1956.7	216.7	10.3
92665.8	101508.5	503832.1	333136.9	196419.1	18733.1
70440.3	581.4	8945.2	27995.3	-4831.6	6898.5
261.9	6312.1	911.0	3544.1	40.6	-101.1
14269.9	78840.5	242502.5	179768.0	178948.6	6351.9
4142.8	31323.8	126651.0	125204.9	120023.6	5395.5
10127.1	47516.7	115851.5	54563.1	58925.0	956.4
2725.5	4477.4	154094.6	19508.2	6283.2	3181.1
4968.2	11297.1	97378.8	102321.3	15978.3	2402.7
4833.4	11297.1	95282.5	101505.6	15180.8	2399.5
134.8		2096.3	815.7	797.5	3.2
961.5	35.3	13344.2	4329.5	-1143.0	-127.0
734.0		5403.1	1472.4	-1827.6	-248.4
227.5	35.3	7941.1	2857.1	684.6	121.4
27.0	182.2	2035.3	221.7	16.6	
27.0	182.2	2035.3	221.7	16.6	
84636.6	80243.8	224244.7	196990.6	165891.1	15180.7
373.8	9270.2	979.0	5040.5	2776.1	-87.1
6298.0	11866.8	201672.4	118777.7	21880.7	2968.9
264.3	35.3	9249.0	2900.0	710.9	121.4
2081.6	309.9	83066.5	13979.3	4033.9	422.2

11-5　续表 3-3

指　　标	三、损益及分配				
	营业收入	#主营业务收入	营业成本	#主营业务成本	税金及附加
独立门店	12902730.8	12770372.4	12102722.8	12029204.7	84336.3
其他	10814358.6	10780102.2	10457833.3	10444629.2	13542.8
大型	6258617.5	6146365.6	5624212.5	5559393.3	78420.9
中型	13416322.7	13368690.9	12979831.8	12959606.5	13979.7
小型	1084239.9	1080507.0	1022995.2	1022089.4	3473.8
微型	2957909.3	2954911.1	2933516.6	2932744.7	2004.7
二、零售业	**7583032.2**	**7472055.5**	**6801565.6**	**6784079.4**	**23472.2**
综合零售	1496872.4	1441155.8	1279995.7	1273763.3	6087.8
百货零售	520413.2	501535.4	421991.3	419793.1	4121.2
超级市场零售	820637.9	783799.1	715152.0	711117.8	1305.9
其他综合零售	155821.3	155821.3	142852.4	142852.4	660.7
食品、饮料及烟草制品专门零售	254211.2	253700.3	227572.2	227087.9	603.8
粮油零售	8333.7	8333.7	7856.9	7856.9	6.4
糕点、面包零售	11878.0	11714.0	9733.4	9484.3	25.9
果品、蔬菜零售	125604.4	125604.4	121840.6	121840.6	19.2
肉、禽、蛋、奶及水产品零售	31051.7	31051.7	27343.8	27343.8	89.2
酒、饮料及茶叶零售	46691.5	46460.6	37085.3	36850.1	314.7
烟草制品零售	9672.5	9672.5	7883.3	7883.3	46.7
其他食品零售	20979.4	20863.4	15828.9	15828.9	101.7
纺织、服装及日用品专门零售	407389.6	395050.0	328446.1	327776.7	2474.0
纺织品及针织品零售	27898.1	27700.0	19440.9	19371.3	200.9
服装零售	340352.0	328211.9	281465.5	280865.7	2063.4
鞋帽零售	855.0	855.0	170.0	170.0	3.2
化妆品及卫生用品零售	24331.0	24331.0	15755.3	15755.3	145.7
钟表、眼镜零售	12068.9	12067.5	10073.2	10073.2	56.9
厨房用具及日用杂品零售	1255.3	1255.3	1006.0	1006.0	2.4
其他日用品零售	629.3	629.3	535.2	535.2	1.5
文化、体育用品及器材专门零售	136701.2	135870.6	122070.2	122030.6	1122.0
文具用品零售	12712.5	12712.5	11849.4	11849.4	14.9
体育用品及器材零售	1259.1	1259.1	1117.4	1117.4	0.6
图书、报刊零售	28107.8	27277.2	22518.3	22478.7	116.5
珠宝首饰零售	84100.3	84100.3	77383.1	77383.1	972.1
工艺美术品及收藏品零售	2382.8	2382.8	2157.0	2157.0	4.1
乐器零售	6890.4	6890.4	5905.8	5905.8	12.8
照相器材零售	512.7	512.7	431.7	431.7	0.9
其他文化用品零售	735.6	735.6	707.5	707.5	0.1
医药及医疗器材专门零售	955885.9	947518.0	822689.6	822689.3	2902.7
药品零售	951234.2	942866.3	819015.0	819014.7	2873.5
医疗用品及器材零售	4651.7	4651.7	3674.6	3674.6	29.2
汽车、摩托车、燃料及零配件专门零售	3606972.4	3577200.6	3379115.6	3370089.6	6384.7

单位：万元

主营业务税金及附加	其他业务利润	销售费用	管理费用	财务费用	利息收入
81815.9	49166.7	341427.9	256968.6	120514.7	8952.5
11838.4	52559.3	177783.7	80719.5	74778.0	9653.6
75962.8	32539.3	260092.6	196775.5	112645.1	12486.0
13888.3	67078.3	219670.1	101869.2	45386.2	5969.5
1800.3	1954.7	28683.0	28030.2	5681.7	172.2
2002.9	153.7	10765.9	11013.2	31579.7	−21.6
23021.4	**44084.1**	**423703.5**	**203261.4**	**61583.6**	**6041.5**
5982.5	18599.0	133124.2	41436.7	22702.7	4020.1
4028.1	8852.0	40688.5	27083.1	15700.8	3941.5
1293.7	9747.0	86074.1	11024.0	6986.2	62.7
660.7		6361.6	3329.6	15.7	15.9
595.0	226.8	13697.1	9942.2	2744.0	153.2
6.4		634.2	616.9	67.4	70.0
25.9		1005.5	1295.4	2556.4	25.1
19.2		2217.3	1229.5	56.7	1.6
89.2		3452.5	170.8	44.7	3.8
305.9	110.8	4992.0	3461.3	48.2	7.6
46.7		247.4	1232.1	6.8	0.4
101.7	116.0	1148.2	1936.2	−36.2	44.7
2297.6	3539.4	33028.1	30929.9	4591.5	259.6
200.9		3210.4	2019.0	95.4	
1894.7	3165.8	23932.3	27253.1	4410.7	259.2
3.2			312.0	72.0	
145.7	373.6	4674.5	1055.4	12.3	0.1
49.2		966.2	204.5	1.1	0.3
2.4		187.6	56.7		
1.5		57.1	29.2		
1072.6	1107.7	9974.6	4757.2	1360.2	20.3
14.9		307.0	457.8	14.0	5.1
0.6		87.4	60.0	4.9	0.1
67.2	744.4	4539.4	1672.5	1.2	8.7
972.1	163.5	4010.2	2242.8	1309.2	4.7
4.1		230.6	91.3	5.8	0.7
12.8	199.8	741.7	162.5	24.5	0.9
0.9		45.4	57.3	0.1	
		12.9	13.0	0.5	0.1
2902.7	2358.9	73422.3	23350.7	5601.7	579.9
2873.5	2358.9	73322.5	22572.0	5601.8	580.4
29.2		99.8	778.7	−0.1	−0.5
6276.4	16416.6	116696.5	69601.1	22288.5	946.1

11-5　续表3-4

指　　标	三、损益及分配				
	营业收入	主营业务收入	营业成本	主营业务成本	税金及附加
汽车零售	2941435.5	2916871.4	2772507.1	2767257.8	5306.8
汽车零配件零售	34757.5	34622.0	33445.8	33426.6	23.9
机动车燃料零售	630779.4	625707.2	573162.7	569405.2	1054.0
家用电器及电子产品专门零售	430262.3	427034.0	382015.2	380983.0	780.9
家用视听设备零售	1032.2	980.3	901.1	901.1	7.7
日用家电设备零售	253811.5	251794.5	223866.3	223347.6	548.3
计算机、软件及辅助设备零售	93204.8	92559.2	82425.8	82037.3	135.9
通信设备零售	79141.5	78708.1	71935.4	71875.4	84.9
其他电子产品零售	3072.3	2991.9	2886.6	2821.6	4.1
五金、家具及室内装饰材料专门零售	184051.9	183960.5	163610.2	163610.2	2961.7
五金零售	73016.2	73016.2	66027.0	66027.0	17.5
家具零售	40801.1	40801.1	35819.1	35819.1	72.8
陶瓷、石材装饰材料零售	66071.8	66050.8	58193.3	58193.3	2860.1
其他室内装饰材料零售	4162.8	4092.4	3570.8	3570.8	11.3
货摊、无店铺及其他零售业	110685.3	110565.7	96050.8	96048.8	154.6
互联网零售	102992.5	102900.3	89869.9	89869.9	110.9
其他未列明零售业	7692.8	7665.4	6180.9	6178.9	43.7
综合零售	1496872.4	1441155.8	1279995.7	1273763.3	6087.8
百货零售	520413.2	501535.4	421991.3	419793.1	4121.2
超级市场零售	820637.9	783799.1	715152.0	711117.8	1305.9
其他综合零售	155821.3	155821.3	142852.4	142852.4	660.7
食品、饮料及烟草制品专门零售	254211.2	253700.3	227572.2	227087.9	603.8
粮油零售	8333.7	8333.7	7856.9	7856.9	6.4
糕点、面包零售	11878.0	11714.0	9733.4	9484.3	25.9
果品、蔬菜零售	125604.4	125604.4	121840.6	121840.6	19.2
肉、禽、蛋、奶及水产品零售	31051.7	31051.7	27343.8	27343.8	89.2
酒、饮料及茶叶零售	46691.5	46460.6	37085.3	36850.1	314.7
烟草制品零售	9672.5	9672.5	7883.3	7883.3	46.7
其他食品零售	20979.4	20863.4	15828.9	15828.9	101.7
纺织、服装及日用品专门零售	407389.6	395050.0	328446.1	327776.7	2474.0
纺织品及针织品零售	27898.1	27700.0	19440.9	19371.3	200.9
服装零售	340352.0	328211.9	281465.5	280865.7	2063.4
鞋帽零售	855.0	855.0	170.0	170.0	3.2
化妆品及卫生用品零售	24331.0	24331.0	15755.3	15755.3	145.7
厨具卫具及日用杂品零售	1754.6	1754.6	1468.1	1468.1	3.2
钟表、眼镜零售	11569.6	11568.2	9611.1	9611.1	56.1
其他日用品零售	629.3	629.3	535.2	535.2	1.5
文化、体育用品及器材专门零售	136701.2	135870.6	122070.2	122030.6	1122.0
文具用品零售	12712.5	12712.5	11849.4	11849.4	14.9
体育用品及器材零售	1259.1	1259.1	1117.4	1117.4	0.6

主营业务税金及附加	其他业务利润	销售费用	管理费用	财务费用	利息收入
5288.6	15829.9	77492.8	54702.4	20696.3	712.8
23.9	1.7	540.2	501.6	0.9	0.1
963.9	585.0	38663.5	14397.1	1591.3	233.2
778.3	1296.5	30619.9	13704.3	1566.6	28.0
7.7		89.7	18.5		
548.3	774.2	20194.6	8622.9	872.3	6.0
135.9	163.2	5868.8	3094.6	538.0	20.3
82.3	343.8	4430.6	1845.7	156.3	1.7
4.1	15.3	36.2	122.6		
2961.7	439.6	3603.4	3353.1	176.1	3.0
17.5		110.6	352.7	2.3	0.1
72.8	439.6	1151.8	558.5	13.2	
2860.1		2120.6	2117.9	151.1	2.5
11.3		220.4	324.0	9.5	0.4
154.6	99.6	9537.4	6186.2	552.3	31.3
110.9	92.2	9230.6	5267.3	488.2	26.2
43.7	7.4	306.8	918.9	64.1	5.1
5982.5	18599.0	133124.2	41436.7	22702.7	4020.1
4028.1	8852.0	40688.5	27083.1	15700.8	3941.5
1293.7	9747.0	86074.1	11024.0	6986.2	62.7
660.7		6361.6	3329.6	15.7	15.9
595.0	226.8	13697.1	9942.2	2744.0	153.2
6.4		634.2	616.9	67.4	70.0
25.9		1005.5	1295.4	2556.4	25.1
19.2		2217.3	1229.5	56.7	1.6
89.2		3452.5	170.8	44.7	3.8
305.9	110.8	4992.0	3461.3	48.2	7.6
46.7		247.4	1232.1	6.8	0.4
101.7	116.0	1148.2	1936.2	-36.2	44.7
2297.6	3539.4	33028.1	30929.9	4591.5	259.6
200.9		3210.4	2019.0	95.4	
1894.7	3165.8	23932.3	27253.1	4410.7	259.2
3.2			312.0	72.0	
145.7	373.6	4674.5	1055.4	12.3	0.1
3.2		187.9	91.2	0.7	
48.4		965.9	170.0	0.4	0.3
1.5		57.1	29.2		
1072.6	1107.7	9974.6	4757.2	1360.2	20.3
14.9		307.0	457.8	14.0	5.1
0.6		87.4	60.0	4.9	0.1

11-5 续表 3-5

指 标	三、损益及分配				
	营业收入	主营业务收入	营业成本	主营业务成本	税金及附加
图书、报刊零售	28107.8	27277.2	22518.3	22478.7	116.5
珠宝首饰零售	84100.3	84100.3	77383.1	77383.1	972.1
工艺美术品及收藏品零售	2382.8	2382.8	2157.0	2157.0	4.1
乐器零售	6890.4	6890.4	5905.8	5905.8	12.8
照相器材零售	512.7	512.7	431.7	431.7	0.9
其他文化用品零售	735.6	735.6	707.5	707.5	0.1
医药及医疗器材专门零售	954104.7	945736.8	821210.0	821209.7	2901.4
西药零售	941810.5	933442.6	811313.2	811312.9	2853.8
中药零售	6520.7	6520.7	5460.4	5460.4	11.5
动物用药品零售	1121.8	1121.8	761.8	761.8	6.9
医疗用品及器材零售	4651.7	4651.7	3674.6	3674.6	29.2
汽车、摩托车、零配件和燃料及其他动力销售	3606972.4	3577200.6	3379115.6	3370089.6	6384.7
汽车新车零售	2861615.2	2837435.9	2698025.3	2692784.4	5119.6
汽车旧车零售	100220.9	99700.6	94274.5	94246.9	197.2
汽车零配件零售	14356.9	14356.9	13653.1	13653.1	13.9
摩托车及零配件零售	342883.6	342283.6	330805.3	330805.3	337.3
机动车燃油零售	274273.9	269802.2	230005.5	226248.0	698.9
机动车燃气零售	13621.9	13621.4	12351.9	12351.9	17.8
家用电器及电子产品专门零售	430262.3	427034.0	382015.2	380983.0	780.9
家用视听设备零售	1032.2	980.3	901.1	901.1	7.7
日用家电零售	253811.5	251794.5	223866.3	223347.6	548.3
计算机、软件及辅助设备零售	93204.8	92559.2	82425.8	82037.3	135.9
通信设备零售	79141.5	78708.1	71935.4	71875.4	84.9
其他电子产品零售	3072.3	2991.9	2886.6	2821.6	4.1
五金、家具及室内装饰材料专门零售	184051.9	183960.5	163610.2	163610.2	2961.7
五金零售	73016.2	73016.2	66027.0	66027.0	17.5
家具零售	40801.1	40801.1	35819.1	35819.1	72.8
陶瓷、石材装饰材料零售	66071.8	66050.8	58193.3	58193.3	2860.1
其他室内装饰材料零售	4162.8	4092.4	3570.8	3570.8	11.3
货摊、无店铺及其他零售业	109616.2	109504.0	95262.9	95260.9	140.8
互联网零售	48918.6	48826.4	42034.1	42034.1	103.3
自动售货机零售	54073.9	54073.9	47835.8	47835.8	7.6
其他未列明零售业	6623.7	6603.7	5393.0	5391.0	29.9
内资企业	7283276.8	7181408.1	6550791.3	6536241.5	21674.3
国有企业	43530.1	42692.1	36340.6	36301.0	180.0
集体企业	24968.3	24252.3	18674.4	18674.4	187.2
股份合作企业	7418.0	7418.0	6937.9	6937.9	26.1
有限责任公司	1929689.9	1901962.8	1680471.4	1677819.4	6424.8
国有独资公司	26036.2	26036.2	19880.9	19880.9	205.2
其他有限责任公司	1903653.7	1875926.6	1660590.5	1657938.5	6219.6

主营业务税金及附加	其他业务利润	销售费用	管理费用	财务费用	
					利息收入
67.2	744.4	4539.4	1672.5	1.2	8.7
972.1	163.5	4010.2	2242.8	1309.2	4.7
4.1		230.6	91.3	5.8	0.7
12.8	199.8	741.7	162.5	24.5	0.9
0.9		45.4	57.3	0.1	
		12.9	13.0	0.5	0.1
2901.4	2358.9	73320.0	23231.0	5577.5	579.8
2853.8	2295.8	72443.7	21891.7	5512.2	580.2
11.5	63.1	664.7	343.1	64.1	0.1
6.9		111.8	217.5	1.3	
29.2		99.8	778.7	-0.1	-0.5
6276.4	16416.6	116696.5	69601.1	22288.5	946.1
5101.4	15453.5	76051.7	53838.1	19708.0	712.8
197.2	376.4	1727.9	1083.5	988.4	-0.2
13.9	1.7	253.4	282.4	0.8	0.3
335.3	585.0	14754.7	6753.4	412.4	29.3
619.5		21949.9	6682.1	740.2	128.1
9.1		1958.9	961.6	438.7	75.8
778.3	1296.5	30619.9	13704.3	1566.6	28.0
7.7		89.7	18.5		
548.3	774.2	20194.6	8622.9	872.3	6.0
135.9	163.2	5868.8	3094.6	538.0	20.3
82.3	343.8	4430.6	1845.7	156.3	1.7
4.1	15.3	36.2	122.6		
2961.7	439.6	3603.4	3353.1	176.1	3.0
17.5		110.6	352.7	2.3	0.1
72.8	439.6	1151.8	558.5	13.2	
2860.1		2120.6	2117.9	151.1	2.5
11.3		220.4	324.0	9.5	0.4
140.8	92.2	9519.8	5887.9	550.2	31.3
103.3	92.2	5486.1	2943.2	385.2	26.2
7.6		3744.5	2324.1	103.0	
29.9		289.2	620.6	62.0	5.1
21236.7	40067.5	396662.1	195341.1	59778.4	5745.1
130.6	751.8	6312.4	3154.2	106.1	78.6
185.2	116.0	1462.8	3233.7	62.5	-2.4
26.1			389.4	2.7	2.1
6312.0	9469.0	125266.4	56733.5	14634.1	783.7
205.2		2599.5	3328.5	74.9	9.4
6106.8	9469.0	122666.9	53405.0	14559.2	774.3

11-5　续表 3-6

指　　标	三、损益及分配				
	营业收入	#主营业务收入	营业成本	#主营业务成本	税金及附加
股份有限公司	483322.9	478796.8	461448.1	457684.3	431.9
私营企业	4792396.1	4724334.6	4345108.3	4337013.9	14423.7
私营独资企业	13218.6	13218.6	11882.1	11882.1	13.4
私营有限责任公司	4042195.4	4001034.6	3683049.9	3678803.8	12824.4
私营股份有限公司	736982.1	710081.4	650176.3	646328.0	1585.9
其他企业	1951.5	1951.5	1810.6	1810.6	0.6
港、澳、台商投资企业	243420.1	236394.6	205786.8	202850.4	1569.7
合资经营企业（港或澳、台资）	112899.7	108302.8	98515.5	95579.1	581.9
港、澳、台商独资经营企业	130520.4	128091.8	107271.3	107271.3	987.8
外商投资企业	56335.3	54252.8	44987.5	44987.5	228.2
中外合资经营企业	9241.8	8333.9	7079.8	7079.8	1.7
外资企业	29595.8	29595.8	23278.0	23278.0	37.4
其他外商投资企业	17497.7	16323.1	14629.7	14629.7	189.1
国有控股	1634218.0	1620174.8	1446007.0	1441854.7	4365.1
集体控股	182466.6	179990.3	163982.6	163709.6	587.1
私人控股	5074737.1	5001315.0	4586111.4	4577480.7	15264.4
港澳台商控股	243420.1	236394.6	205786.8	202850.4	1569.7
外商控股	38837.6	37929.7	30357.8	30357.8	39.1
其他	409352.8	396251.1	369320.0	367826.2	1646.8
独立门店	5063672.4	4998398.4	4581303.9	4572844.6	17129.4
连锁总店	1422141.8	1408329.7	1247567.1	1242978.2	3774.5
连锁直营店	760921.0	732247.2	668368.1	664519.8	1713.7
其他	336297.0	333080.2	304326.5	303736.8	854.6
大型	3522583.4	3469426.0	3146739.1	3136142.2	8162.3
中型	2911626.8	2857152.3	2591659.9	2585659.3	10785.9
小型	886590.9	883491.3	820624.1	819992.7	1391.1
微型	262231.1	261985.9	242542.5	242285.2	3132.9
有店铺零售	7440431.9	7330296.6	6678372.7	6661298.3	23307.0
食杂店	3536.5	3536.5	3500.0	3500.0	0.7
便利店	155821.3	155821.3	142852.4	142852.4	660.7
超市	58974.1	57396.0	49753.7	49582.9	126.6
大型超市	812482.2	777151.1	706961.5	703098.1	1250.8
百货店	537578.5	516103.3	437552.3	435351.5	4532.8
专业店	3343834.1	3323041.4	3031137.1	3026531.7	6861.2
专卖店	2175367.8	2152844.9	2017775.2	2011821.8	5261.1
家居建材商店	66071.8	66050.8	58193.3	58193.3	2860.1
购物中心	217766.6	209675.3	176515.2	176323.4	1426.5
厂家直销中心	68999.0	68676.0	54132.0	54043.2	326.5
无店铺零售	142600.3	141758.9	123192.9	122781.1	165.2
网上商店	99043.5	98930.2	85821.3	85819.3	50.1
其他	43556.8	42828.7	37371.6	36961.8	115.1

主营业务税金及附加	其他业务利润	销售费用	管理费用	财务费用	利息收入
352.5	774.2	23196.7	7141.7	776.4	5.8
14229.7	28956.5	240361.2	124594.9	44147.2	4877.3
13.4		823.0	397.2	15.0	0.1
12630.4	28793.0	169241.2	115343.0	38150.6	4894.7
1585.9	163.5	70297.0	8854.7	5981.6	-17.5
0.6		62.6	93.7	49.4	
1556.5	1934.1	17223.3	6568.8	1073.4	256.2
568.7	1622.3	5965.0	1904.4	843.8	31.2
987.8	311.8	11258.3	4664.4	229.6	225.0
228.2	2082.5	9818.1	1351.5	731.8	40.2
1.7	907.9	1890.0	311.3	546.2	4.2
37.4		5915.9	370.7	143.2	1.5
189.1	1174.6	2012.2	669.5	42.4	34.5
4227.6	6531.7	106462.3	33645.4	7653.5	808.9
481.2	1657.7	7228.8	8805.3	2910.5	21.4
15070.2	30384.0	270380.6	136592.3	44969.8	4796.0
1556.5	1934.1	17223.3	6568.8	1073.4	256.2
39.1	907.9	7805.9	682.0	689.4	5.7
1646.8	2668.7	14602.6	16967.6	4287.0	153.3
16802.1	39057.2	213205.4	143044.1	45314.3	5488.3
3695.1	2726.7	116968.2	40936.9	9961.9	453.5
1713.7		75705.0	8360.9	5372.1	0.9
810.5	2300.2	17824.9	10919.5	935.3	98.8
8082.9	9794.9	227074.3	72491.1	26185.5	777.7
10453.3	30659.5	158591.5	100269.4	31646.6	5052.4
1352.4	3134.4	32118.0	26409.3	3320.3	159.7
3132.8	495.3	5919.7	4091.6	431.2	51.7
22867.1	43920.2	412308.3	195343.7	60944.4	6005.1
0.7		33.6	223.3		
660.7		6361.6	3329.6	15.7	15.9
119.0	1380.2	5508.3	1582.7	151.2	26.2
1246.2	8428.6	87827.5	10445.1	7029.9	38.5
4282.1	11397.5	38441.0	30130.5	18639.3	3998.3
6702.7	7172.9	176666.5	74029.0	11918.3	1026.3
5242.8	15020.0	75442.2	48262.0	21798.6	684.0
2860.1		2120.6	2117.9	151.1	2.5
1426.3	396.1	13961.0	19580.2	1137.4	209.8
326.5	124.9	5946.0	5643.4	102.9	3.6
154.3	163.9	11395.2	7917.7	639.2	36.4
50.1	92.2	8115.0	6279.0	656.7	4.0
104.2	71.7	3280.2	1638.7	-17.5	32.4

11-5　限额以上批发和

The financial condition of the legal person enterprises in

指　　标	利息支出	资产减值损失	公允价值变动收益	投资收益	其他收益
总计	**221365.2**	**92848.4**	**234.4**	**26134.5**	**525.6**
一、批发业	**183993.9**	**91303.9**	**224.1**	**23920.9**	**520.6**
农、林、牧产品批发	227.6	243.0			
谷物、豆及薯类批发	227.6	243.0			
食品、饮料及烟草制品批发	423.0	266.5		-31.8	
米、面制品及食用油批发	9.7				
糕点、糖果及糖批发					
果品、蔬菜批发		146.5		-110.4	
肉、禽、蛋、奶及水产品批发	46.3				
盐及调味品批发	1.9	155.8			
营养和保健品批发					
酒、饮料及茶叶批发	64.5	-41.3		78.6	
烟草制品批发		5.5			
其他食品批发	300.6				
纺织、服装及家庭用品批发	1206.8	542.8		3137.3	
服装批发	73.3	567.2		3137.3	
鞋帽批发	87.3				
化妆品及卫生用品批发	54.9				
厨房、卫生间用具及日用杂货批发					
家用电器批发	870.1	-24.4			
其他家庭用品批发	121.2				
文化、体育用品及器材批发	641.2	881.0		1895.1	23.0
文具用品批发	576.3	91.0			23.0
体育用品及器材批发					
图书批发		790.0		1890.0	
首饰、工艺品及收藏品批发	64.9			5.1	
医药及医疗器材批发	15461.3	646.4		-251.7	
西药批发	11395.5	649.7		-19.3	
中药批发	2982.2	92.3		-233.9	
医疗用品及器材批发	1083.6	-95.6		1.5	
矿产品、建材及化工产品批发	163092.4	87338.4	223.7	19146.6	497.6
煤炭及制品批发	146761.4	70446.1	230.4	12852.0	33.2
石油及制品批发	2931.5	1046.9		-17.7	
非金属矿及制品批发					
金属及金属矿批发	9046.8	13013.1	-6.7	6585.2	434.2
建材批发	252.2	2833.8		-700.0	
化肥批发	3655.8	-1.3		2.9	
其他化工产品批发	444.7	-0.2		424.2	30.2
机械设备、五金产品及电子产品批发	2753.9	1269.5	0.3	25.4	
农业机械批发					

零售业法人企业财务状况(四)

the wholesale and retail trade of the above designated size(4)

单位：万元

				四、人工成本及增值税	
营业利润	营业外收入	利润总额	所得税费用	应付职工薪酬(本年贷方累计发生额)	应交增值税
51632.7	**76343.0**	**108129.7**	**79321.1**	**671568.3**	**1405786.0**
-21246.2	**67240.0**	**39656.5**	**54791.0**	**490434.6**	**1304996.3**
-2557.9	2104.7	33.9	2.7	786.6	7.1
-2557.9	2104.7	33.9	2.7	786.6	7.1
63506.1	2489.1	65901.7	17736.2	31315.6	38825.2
-398.8	379.8	41.0	2.2	250.2	181.2
171.3		171.3	43.2	25.0	49.1
-4555.0	1139.8	-3470.9		2355.3	
-715.9	34.5	-695.3	5.0	2450.6	626.4
2694.8	347.3	3038.4	778.7	5941.6	7927.1
20.9		20.8	5.2	139.4	72.2
1292.0	514.8	1796.4	26.2	2965.1	368.3
59677.1	12.1	59628.2	15444.8	12937.1	24881.7
5319.7	60.8	5371.8	1430.9	4251.3	4719.2
36640.3	49.5	36645.2	5340.8	17112.8	5663.4
32490.1	34.9	32487.5	5177.3	12181.8	1995.4
13.4	0.4	12.6	3.3	78.6	95.2
-23.8		-23.8		239.2	106.8
10.5		10.5	1.1	254.5	0.7
4174.1	14.2	4182.4	159.1	4119.5	3358.5
-24.0		-24.0		239.2	106.8
14929.4	65.9	14927.0	4757.2	3745.3	668.7
372.6	26.6	397.6	27.3	1440.7	575.2
213.6	37.6	250.4	2.2	379.0	30.5
14287.9	1.7	14214.3	4708.8	1710.6	
55.3		64.7	18.9	215.0	63.0
29015.4	877.9	27530.9	8004.5	220252.3	30830.6
13546.7	417.6	12595.8	3367.1	77779.6	10878.1
4343.0	455.1	3866.9	1522.5	6269.3	7949.7
11125.7	5.2	11068.2	3114.9	136203.4	12002.8
-162960.4	59372.5	-107321.7	17911.5	209021.3	1222820.6
-191278.3	54865.5	-139292.3	11835.3	178590.5	31197.0
30413.9	99.9	30250.9	1650.0	12179.0	10350.8
-19.3	22.5	3.2		102.5	22.9
-2519.6	2939.0	113.7	3988.5	13908.8	17498.2
382.0	86.2	377.8	67.3	1738.8	1164.9
-6.5	1347.1	1279.5	363.4	966.9	1162245.9
67.4	12.3	-54.5	7.0	1534.8	340.9
2563.7	2270.0	4292.4	948.8	6832.8	5129.0
-362.0		-362.0		335.9	15.5

11-5 续表 4-1

指标	利息支出	资产减值损失	公允价值变动收益	投资收益	其他收益
汽车批发	91.5	0.2	0.2		
汽车零配件批发		-20.1			
摩托车及零配件批发					
五金产品批发	1.8				
电气设备批发	0.2	127.1			
计算机、软件及辅助设备批发	17.3				
通讯及广播电视设备批发	-26.0				
其他机械设备及电子产品批发	2669.1	1162.3	0.1	25.4	
其他批发业	187.7	116.3	0.1		
再生物资回收与批发					
其他未列明批发业	187.7	116.3	0.1		
农、林、牧、渔产品批发	227.6	243.0			
谷物、豆及薯类批发	227.6	243.0			
食品、饮料及烟草制品批发	423.0	266.5		-31.8	
米、面制品及食用油批发	9.7				
糕点、糖果及糖批发					
果品、蔬菜批发		146.5		-110.4	
肉、禽、蛋、奶及水产品批发	46.3				
盐及调味品批发	1.9	155.8			
营养和保健品批发					
酒、饮料及茶叶批发	64.5	-41.3		78.6	
烟草制品批发		5.5			
其他食品批发	300.6				
纺织、服装及家庭用品批发	1206.8	542.8		3137.3	
服装批发	73.3	567.2		3137.3	
鞋帽批发	87.3				
化妆品及卫生用品批发	54.9				
厨具卫具及日用杂品批发					
家用视听设备批发	739.6				
日用家电批发	130.5	-24.4			
其他家庭用品批发	121.2				
文化、体育用品及器材批发	641.2	881.0		1895.1	23.0
文具用品批发	576.3	91.0			23.0
体育用品及器材批发					
图书批发		790.0		1890.0	
首饰、工艺品及收藏品批发	64.9			5.1	
医药及医疗器材批发	15461.3	646.4		-251.7	
西药批发	11395.5	649.7		-19.3	
中药批发	2982.2	92.3		-233.9	
动物用药品批发	850.2	6.6			

单位：万元

				四、人工成本及增值税	
营业利润	营业外收入	利润总额	所得税费用	应付职工薪酬（本年贷方累计发生额）	应交增值税
-112.7		-113.1	3.0	86.9	81.1
524.2	0.9	722.5	133.3	723.2	253.6
-24.4	40.8	16.4	4.1	91.3	1.5
-15.8	3.1	3.8		236.2	115.9
-496.0	1.7	-492.8	7.5	376.4	192.1
143.4		141.1	32.1	212.2	102.6
-241.7		-241.7		274.4	119.4
3148.7	2223.5	4618.2	768.8	4496.3	4247.3
-2382.8	10.4	-2352.9	89.3	1367.9	1051.7
-1.8		-1.8		193.0	15.5
-2381.0	10.4	-2351.1	89.3	1174.9	1036.2
-2557.9	2104.7	33.9	2.7	786.6	7.1
-2557.9	2104.7	33.9	2.7	786.6	7.1
63506.1	2489.1	65901.7	17736.2	31315.6	38825.2
-398.8	379.8	41.0	2.2	250.2	181.2
171.3		171.3	43.2	25.0	49.1
-4555.0	1139.8	-3470.9		2355.3	
-715.9	34.5	-695.3	5.0	2450.6	626.4
2694.8	347.3	3038.4	778.7	5941.6	7927.1
20.9		20.8	5.2	139.4	72.2
1292.0	514.8	1796.4	26.2	2965.1	368.3
59677.1	12.1	59628.2	15444.8	12937.1	24881.7
5319.7	60.8	5371.8	1430.9	4251.3	4719.2
36640.3	49.5	36645.2	5340.8	17112.8	5663.4
32490.1	34.9	32487.5	5177.3	12181.8	1995.4
13.4	0.4	12.6	3.3	78.6	95.2
-23.8		-23.8		239.2	106.8
10.5		10.5	1.1	254.5	0.7
3785.8	-9.4	3775.3	159.1	1636.1	2413.0
388.3	23.6	407.1		2483.4	945.5
-24.0		-24.0		239.2	106.8
14929.4	65.9	14927.0	4757.2	3745.3	668.7
372.6	26.6	397.6	27.3	1440.7	575.2
213.6	37.6	250.4	2.2	379.0	30.5
14287.9	1.7	14214.3	4708.8	1710.6	
55.3		64.7	18.9	215.0	63.0
29015.4	877.9	27530.9	8004.5	220252.3	30830.6
13619.6	417.6	12711.4	3358.2	77629.5	10789.4
4345.3	452.6	3867.0	1522.5	5929.9	7848.5
1901.5	2.6	1837.2	617.9	927.1	804.1

11-5　续表 4-2

指　　标	利息支出	资产减值损失	公允价值变动收益	投资收益	其他收益
医疗用品及器材批发	233.4	-102.2		1.5	
矿产品、建材及化工产品批发	163092.4	87338.4	223.7	19146.6	497.6
煤炭及制品批发	146761.4	70446.1	230.4	12852.0	33.2
石油及制品批发	2931.5	1046.9		-17.7	
非金属矿及制品批发					
金属及金属矿批发	9046.8	13013.1	-6.7	6585.2	434.2
建材批发	252.2	2833.8		-700.0	
化肥批发	3655.8	-1.3		2.9	
其他化工产品批发	444.7	-0.2		424.2	30.2
机械设备、五金产品及电子产品批发	2753.9	1269.5	0.3	25.4	
农业机械批发					
汽车及零配件批发	91.5	-19.9	0.2		
五金产品批发					
电气设备批发	2.1	-3.3			
计算机、软件及辅助设备批发	17.3	130.4			
通讯设备批发	-26.0				
其他机械设备及电子产品批发	2669.0	1162.3	0.1	25.4	
其他批发业	187.7	116.3	0.1		
再生物资回收与批发					
其他未列明批发业	187.7	116.3	0.1		
内资企业	183173.9	91303.9	224.1	19400.7	86.4
国有企业	1703.4	381.4		962.0	23.0
集体企业	-61.8	140.0		2.8	
有限责任公司	165049.6	82681.1	45.5	4332.5	63.4
国有独资公司	116936.1	16211.4	52.5	3299.9	33.2
其他有限责任公司	48113.5	66469.7	-7.0	1032.6	30.2
股份有限公司	3062.1	7169.3		14567.2	
私营企业	13420.6	932.1	178.6	-463.8	
私营有限责任公司	12736.6	932.1	178.6	-229.9	
私营股份有限公司	684.0			-233.9	
港、澳、台商投资企业	803.4			4520.2	434.2
合资经营企业（港或澳、台资）				4520.2	434.2
港、澳、台商独资经营企业	803.4				
外商投资企业	16.6				
中外合资经营企业	16.6				
国有控股	163045.2	78111.3	52.5	20720.3	520.6
集体控股	2684.7	10698.9	-7.0	767.2	
私人控股	13915.7	2002.7	178.6	2590.0	
港澳台商控股	803.4				
其他	3544.9	491.0		-156.6	

单位：万元

				四、人工成本及增值税	
营业利润	营业外收入	利润总额	所得税费用	应付职工薪酬（本年贷方累计发生额）	应交增值税
9149.0	5.1	9115.3	2505.9	135765.8	11388.6
−162960.4	59372.5	−107321.7	17911.5	209021.3	1222820.6
−191278.3	54865.5	−139292.3	11835.3	178590.5	31197.0
30413.9	99.9	30250.9	1650.0	12179.0	10350.8
−19.3	22.5	3.2		102.5	22.9
−2519.6	2939.0	113.7	3988.5	13908.8	17498.2
382.0	86.2	377.8	67.3	1738.8	1164.9
−6.5	1347.1	1279.5	363.4	966.9	1162245.9
67.4	12.3	−54.5	7.0	1534.8	340.9
2563.7	2270.0	4292.4	948.8	6832.8	5129.0
−362.0		−362.0		335.9	15.5
411.5	0.9	609.4	136.3	810.1	334.7
−2.2	41.0	56.0	4.1	257.9	74.8
20.2	4.4	25.4	10.3	385.5	212.2
−495.6	0.2	−495.5	8.7	230.5	58.1
−145.6		−147.8	23.4	383.5	186.4
3137.4	2223.5	4606.9	766.0	4429.4	4247.3
−2382.8	10.4	−2352.9	89.3	1367.9	1051.7
−1.8		−1.8		193.0	15.5
−2381.0	10.4	−2351.1	89.3	1174.9	1036.2
−34736.4	66947.1	26251.1	52016.6	481227.2	1295724.1
53949.5	2818.9	57176.4	15461.3	23855.8	25577.0
2972.4	179.2	3148.9	787.2	2782.6	6396.5
−144359.9	59493.0	−88797.2	25384.0	220318.2	1213901.9
−108949.2	52684.6	−58750.1	12894.5	155933.7	14313.1
−35410.7	6808.4	−30047.1	12489.5	64384.5	1199588.8
30536.4	3304.4	33558.7	4387.4	9026.5	7124.4
22165.2	1151.6	21164.3	5996.7	225244.1	42724.3
21886.2	936.6	20672.1	5859.3	224178.8	41889.6
279.0	215.0	492.2	137.4	1065.3	834.7
14288.0	259.1	14169.7	2774.4	8434.8	9066.3
8262.9	259.1	8280.1	1341.0	2118.0	6916.4
6025.1		5889.6	1433.4	6316.8	2149.9
−797.8	33.8	−764.3		772.6	205.9
−797.8	33.8	−764.3		772.6	205.9
−67833.2	61156.8	−10534.2	41372.7	229367.9	1235093.8
−8298.9	179.9	−8121.7	791.9	3889.5	7016.3
49708.4	2317.5	49986.7	11069.0	236841.4	54998.1
6116.4	18.5	5998.0	1433.4	7392.9	2386.3
−938.9	3567.3	2327.7	124.0	12942.9	5501.8

11–5　续表 4–3

指　　标	利息支出	资产减值损失	公允价值变动收益	投资收益	其他收益
独立门店	119295.9	24653.5	45.8	12335.4	457.2
其他	64698.0	66650.4	178.3	11585.5	63.4
大型	110678.3	8010.1	52.5	5150.9	
中型	42280.1	30701.9	170.9	13729.9	86.4
小型	3602.3	3039.4	0.3	42.2	
微型	27433.2	49552.5	0.4	4997.9	434.2
二、零售业	**37371.3**	**1544.5**	**10.3**	**2213.6**	**5.0**
综合零售	9357.3	16.2	0.1	2612.1	3.0
百货零售	8757.4	16.2		2154.3	3.0
超级市场零售	597.6		0.1		
其他综合零售	2.3			457.8	
食品、饮料及烟草制品专门零售	2475.3	–739.8	1.2	1.7	
粮油零售	12.6				
糕点、面包零售	2377.9				
果品、蔬菜零售	49.2	0.6	1.2	1.7	
肉、禽、蛋、奶及水产品零售	28.1				
酒、饮料及茶叶零售	7.0	–740.4			
烟草制品零售					
其他食品零售	0.5				
纺织、服装及日用品专门零售	3158.2	1135.8	–0.4	–405.0	
纺织品及针织品零售		522.3			
服装零售	3157.5	613.5	–0.4	–405.0	
鞋帽零售					
化妆品及卫生用品零售	0.3				
钟表、眼镜零售	0.4				
厨房用具及日用杂品零售					
其他日用品零售					
文化、体育用品及器材专门零售	27.5	0.1	0.1	18.7	
文具用品零售	10.0				
体育用品及器材零售					
图书、报刊零售	0.3	0.1	0.1		
珠宝首饰零售	2.7			18.7	
工艺美术品及收藏品零售					
乐器零售	13.9				
照相器材零售					
其他文化用品零售	0.6				
医药及医疗器材专门零售	5331.7	138.1		143.3	
药品零售	5331.7	138.1		143.3	
医疗用品及器材零售					
汽车、摩托车、燃料及零配件专门零售	16339.8	883.7	9.1	–389.3	

单位：万元

				四、人工成本及增值税	
营业利润	营业外收入	利润总额	所得税费用	应付职工薪酬（本年贷方累计发生额）	应交增值税
23294.8	55025.4	74537.5	45342.1	413934.2	1258368.6
−44541.0	12214.6	−34881.0	9448.9	76500.4	46627.7
22607.9	50043.4	69067.7	35564.4	259441.1	48547.4
38909.3	11579.5	48917.8	15473.3	74797.3	1230916.4
−7635.6	1725.7	−6147.3	1835.9	145434.0	16730.5
−75127.8	3891.4	−72181.7	1917.4	10762.2	8802.0
72878.9	**9103.0**	**68473.2**	**24530.1**	**181133.7**	**100789.7**
16811.8	3832.1	19206.0	6303.6	39393.2	5990.5
12969.4	269.9	15195.0	5028.9	13539.8	3158.5
783.3	3026.3	477.4	412.0	24050.8	1235.7
3059.1	535.9	3533.6	862.7	1802.6	1596.3
482.9	1621.8	2469.9	496.1	11232.1	3562.8
−848.1	815.3	233.4	2.2	444.3	39.1
−2738.6	398.2	−2345.0		1716.0	410.9
243.5	20.2	183.7	2.0	545.0	37.0
−49.3	32.5	−17.9		3036.1	276.4
1618.6	83.1	1886.6	99.6	4152.0	993.1
256.2		256.2	70.8	665.7	338.6
2000.6	272.5	2272.9	321.5	673.0	1467.7
6812.7	395.7	6557.1	2912.5	15361.8	8518.0
2409.2	30.0	2439.1	618.7	1120.0	2065.7
642.0	244.6	91.7	1153.7	12355.7	5246.1
297.8	6.5	229.3	0.5	71.5	5.0
2687.8	114.5	3023.1	924.8	1530.1	1210.9
767.0		765.0	213.9	96.7	−43.7
2.6		2.6	0.3	156.3	22.6
6.3	0.1	6.3	0.6	31.5	11.4
−2405.6	245.3	−2203.3	43.1	7423.4	1040.5
69.5		63.4	19.3	222.7	116.0
−12.2	17.8	6.6	0.6	49.3	5.4
−740.1	186.0	−561.1	7.3	3901.5	5.0
−1637.2	22.8	−1646.8	4.6	2835.1	796.4
−106.0	18.7	−87.4		137.3	28.9
43.1		43.1	11.1	228.5	85.2
−22.7		−22.7	0.2	40.9	3.0
		1.6		8.1	0.6
28165.5	211.6	28106.4	7298.1	31369.7	14851.6
28096.0	211.6	28038.2	7290.2	31131.8	14707.9
69.5		68.2	7.9	237.9	143.7
12939.6	2143.0	3397.0	6082.3	56590.4	59046.0

11-5　续表 4-4

指　标	利息支出	资产减值损失	公允价值变动收益	投资收益	其他收益
汽车零售	15785.5	-3.5	9.1	-396.8	
汽车零配件零售	0.4				
机动车燃料零售	553.9	887.2		7.5	
家用电器及电子产品专门零售	347.2	63.2		227.3	2.0
家用视听设备零售					
日用家电设备零售	59.2	14.2		227.3	
计算机、软件及辅助设备零售	286.0	48.6			
通信设备零售	2.0	0.4			2.0
其他电子产品零售					
五金、家具及室内装饰材料专门零售	166.6	42.4	0.1		
五金零售	1.7				
家具零售	13.1				
陶瓷、石材装饰材料零售	142.3	42.3			
其他室内装饰材料零售	9.5	0.1	0.1		
货摊、无店铺及其他零售业	167.7	4.8	0.1	4.8	
互联网零售	113.3	6.5	0.1	4.8	
其他未列明零售业	54.4	-1.7			
综合零售	9357.3	16.2	0.1	2612.1	3.0
百货零售	8757.4	16.2		2154.3	3.0
超级市场零售	597.6		0.1		
其他综合零售	2.3			457.8	
食品、饮料及烟草制品专门零售	2475.3	-739.8	1.2	1.7	
粮油零售	12.6				
糕点、面包零售	2377.9				
果品、蔬菜零售	49.2	0.6	1.2	1.7	
肉、禽、蛋、奶及水产品零售	28.1				
酒、饮料及茶叶零售	7.0	-740.4			
烟草制品零售					
其他食品零售	0.5				
纺织、服装及日用品专门零售	3158.2	1135.8	-0.4	-405.0	
纺织品及针织品零售		522.3			
服装零售	3157.5	613.5	-0.4	-405.0	
鞋帽零售					
化妆品及卫生用品零售	0.3				
厨具卫具及日用杂品零售					
钟表、眼镜零售	0.4				
其他日用品零售					
文化、体育用品及器材专门零售	27.5	0.1	0.1	18.7	
文具用品零售	10.0				
体育用品及器材零售					

单位：万元

				四、人工成本及增值税	
营业利润	营业外收入	利润总额	所得税费用	应付职工薪酬（本年贷方累计发生额）	应交增值税
12200.9	1628.6	13368.9	5478.6	42959.5	54309.7
245.1	0.7	195.7	31.3	330.5	130.3
493.6	513.7	−10167.6	572.4	13300.4	4606.0
1562.9	531.5	2109.4	912.4	14467.6	4905.1
15.2		15.3	1.6	4.6	12.4
−258.4	423.6	144.4	437.0	5716.9	2732.5
1092.9	104.7	1193.4	290.9	2306.7	847.4
690.4	3.2	733.6	177.5	6386.5	1284.6
22.8		22.7	5.4	52.9	28.2
10305.1	41.9	10581.4	356.8	1045.7	2001.6
6506.1	0.2	6742.6	8.1	225.3	155.7
3185.7		3185.7	320.4	303.8	1117.7
586.5	40.3	623.6	28.3	421.2	715.7
26.8	1.4	29.5		95.4	12.5
−1796.0	80.1	−1750.7	125.2	4249.8	873.6
−1976.1	34.9	−1961.9	71.0	3244.0	726.8
180.1	45.2	211.2	54.2	1005.8	146.8
16811.8	3832.1	19206.0	6303.6	39393.2	5990.5
12969.4	269.9	15195.0	5028.9	13539.8	3158.5
783.3	3026.3	477.4	412.0	24050.8	1235.7
3059.1	535.9	3533.6	862.7	1802.6	1596.3
482.9	1621.8	2469.9	496.1	11232.1	3562.8
−848.1	815.3	233.4	2.2	444.3	39.1
−2738.6	398.2	−2345.0		1716.0	410.9
243.5	20.2	183.7	2.0	545.0	37.0
−49.3	32.5	−17.9		3036.1	276.4
1618.6	83.1	1886.6	99.6	4152.0	993.1
256.2		256.2	70.8	665.7	338.6
2000.6	272.5	2272.9	321.5	673.0	1467.7
6812.7	395.7	6557.1	2912.5	15361.8	8518.0
2409.2	30.0	2439.1	618.7	1120.0	2065.7
642.0	244.6	91.7	1153.7	12355.7	5246.1
297.8	6.5	229.3	0.5	71.5	5.0
2687.8	114.5	3023.1	924.8	1530.1	1210.9
3.5		2.6	1.7	183.4	32.6
766.1		765.0	212.5	69.6	−53.7
6.3	0.1	6.3	0.6	31.5	11.4
−2405.6	245.3	−2203.3	43.1	7423.4	1040.5
69.5		63.4	19.3	222.7	116.0
−12.2	17.8	6.6	0.6	49.3	5.4

11-5 续表 4-5

指 标					
	利息支出	资产减值损失	公允价值变动收益	投资收益	其他收益
图书、报刊零售	0.3	0.1	0.1		
珠宝首饰零售	2.7			18.7	
工艺美术品及收藏品零售					
乐器零售	13.9				
照相器材零售					
其他文化用品零售	0.6				
医药及医疗器材专门零售	5307.6	138.1		143.3	
西药零售	5283.4	118.1		123.3	
中药零售	24.2				
动物用药品零售		20.0		20.0	
医疗用品及器材零售					
汽车、摩托车、零配件和燃料及其他动力销售	16339.8	883.7	9.1	-389.3	
汽车新车零售	14797.2	-3.5	9.1	-396.8	
汽车旧车零售	988.4				
汽车零配件零售	0.3				
摩托车及零配件零售	29.7	301.0		3.7	
机动车燃油零售	13.2	586.2		3.8	
机动车燃气零售	511.0				
家用电器及电子产品专门零售	347.2	63.2		227.3	2.0
家用视听设备零售					
日用家电零售	59.2	14.2		227.3	
计算机、软件及辅助设备零售	286.0	48.6			
通信设备零售	2.0	0.4			2.0
其他电子产品零售					
五金、家具及室内装饰材料专门零售	166.6	42.4	0.1		
五金零售	1.7				
家具零售	13.1				
陶瓷、石材装饰材料零售	142.3	42.3			
其他室内装饰材料零售	9.5	0.1	0.1		
货摊、无店铺及其他零售业	167.7	4.8	0.1	4.8	
互联网零售	10.3	6.5	0.1		
自动售货机零售	103.0			4.8	
其他未列明零售业	54.4	-1.7			
内资企业	36305.8	1535.1	10.3	2213.6	2.0
国有企业	13.5				
集体企业	1.1				
股份合作企业					
有限责任公司	12354.4	413.6	-0.1	173.8	
国有独资公司	3.5	-740.4			
其他有限责任公司	12350.9	1154.0	-0.1	173.8	

单位：万元

				四、人工成本及增值税	
营业利润	营业外收入	利润总额	所得税费用	应付职工薪酬（本年贷方累计发生额）	应交增值税
-740.1	186.0	-561.1	7.3	3901.5	5.0
-1637.2	22.8	-1646.8	4.6	2835.1	796.4
-106.0	18.7	-87.4		137.3	28.9
43.1		43.1	11.1	228.5	85.2
-22.7		-22.7	0.2	40.9	3.0
		1.6		8.1	0.6
28111.4	211.6	28052.3	7288.6	31330.7	14797.0
27979.4	202.7	27937.7	7267.3	30340.8	14485.0
40.0		39.4	9.9	526.9	113.9
22.5	8.9	7.0	3.5	225.1	54.4
69.5		68.2	7.9	237.9	143.7
12939.6	2143.0	3397.0	6082.3	56590.4	59046.0
10343.3	1611.8	11494.5	5010.0	41982.2	53496.5
1949.4	17.3	1964.2	490.6	1131.9	861.5
153.3	0.2	105.9	9.3	175.9	82.0
-9891.8	361.0	-10703.3	304.3	5263.4	2313.9
12492.4	135.1	1813.8	261.8	7092.7	2205.2
-2107.0	17.6	-1278.1	6.3	944.3	86.9
1562.9	531.5	2109.4	912.4	14467.6	4905.1
15.2		15.3	1.6	4.6	12.4
-258.4	423.6	144.4	437.0	5716.9	2732.5
1092.9	104.7	1193.4	290.9	2306.7	847.4
690.4	3.2	733.6	177.5	6386.5	1284.6
22.8		22.7	5.4	52.9	28.2
10305.1	41.9	10581.4	356.8	1045.7	2001.6
6506.1	0.2	6742.6	8.1	225.3	155.7
3185.7		3185.7	320.4	303.8	1117.7
586.5	40.3	623.6	28.3	421.2	715.7
26.8	1.4	29.5		95.4	12.5
-1745.4	80.1	-1700.1	125.2	3903.6	828.0
-2039.8	31.5	-2028.9	71.0	2437.3	671.1
63.7	3.4	67.0		806.7	55.7
230.7	45.2	261.8	54.2	659.6	101.2
62469.0	8635.5	57510.8	21497.2	170416.1	95493.0
-2563.2	855.4	-605.7	6.3	5061.4	270.5
1313.2		984.2	235.0	1544.6	2359.6
61.9	0.9	62.8	15.7	210.0	209.0
47208.3	1793.7	37834.6	12183.5	57748.0	19895.4
687.6	447.9	1097.2	6.8	4158.2	825.0
46520.7	1345.8	36737.4	12176.7	53589.8	19070.4

11-5　续表4-6

指　　标	利息支出	资产减值损失	公允价值变动收益	投资收益	其他收益
股份有限公司	49.9	301.0	0.1	1.2	
私营企业	23837.7	819.8	9.0	2036.9	2.0
私营独资企业	9.3				
私营有限责任公司	23784.7	819.8	9.0	2034.6	2.0
私营股份有限公司	43.7			2.3	
其他企业	49.2	0.7	1.3	1.7	
港、澳、台商投资企业	458.5				
合资经营企业（港或澳、台资）	34.5				
港、澳、台商独资经营企业	424.0				
外商投资企业	607.0	9.4			3.0
中外合资经营企业	547.0				
外资企业	60.0	7.8			3.0
其他外商投资企业		1.6			
国有控股	6007.9	49.7		143.3	
集体控股	2471.1	458.8		16.4	
私人控股	24049.7	1080.0	8.9	2047.6	2.0
港澳台商控股	458.5				
外商控股	607.0	7.8			3.0
其他	3777.1	-51.8	1.4	6.3	
独立门店	33610.2	655.3	10.3	1395.8	2.0
连锁总店	3038.9	876.1		807.2	3.0
连锁直营店	2.3	8.4			
其他	719.9	4.7		10.6	
大型	9719.7	1079.9	6.9	582.7	3.0
中型	25833.4	37.1	2.1	1600.5	2.0
小型	1367.5	427.1	0.9	30.4	
微型	450.7	0.4	0.4		
有店铺零售	37240.0	1079.2	10.2	2208.8	5.0
食杂店					
便利店	2.3			457.8	
超市	9.8	20.2	0.2	20.0	
大型超市	657.6	7.8	0.1		3.0
百货店	11738.7	10.2	-0.1	2154.3	
专业店	8859.2	1095.9	8.2	363.5	2.0
专卖店	15746.1	-651.9	2.1	-381.8	
家居建材商店	142.3	42.3			
购物中心	71.9	32.4	-0.3	-405.0	
厂家直销中心	12.1	522.3			
无店铺零售	131.3	465.3	0.1	4.8	
网上商店	117.6	0.1	0.1	4.8	
其他	13.7	465.2			

单位：万元

				四、人工成本及增值税	
营业利润	营业外收入	利润总额	所得税费用	应付职工薪酬（本年贷方累计发生额）	应交增值税
-11059.6	703.8	-11183.2		7721.4	3281.6
27571.5	5261.5	30529.4	9056.7	98036.2	69476.4
88.0		87.1	5.5	585.0	105.9
27233.4	2805.2	30316.6	9051.2	77484.8	68710.6
250.1	2456.3	125.7		19966.4	659.9
-63.1	20.2	-111.3		94.5	0.5
11198.1	383.7	11732.3	3032.9	6779.3	4645.7
5089.1	202.1	5231.3	1478.5	3473.2	2253.2
6109.0	181.6	6501.0	1554.4	3306.1	2392.5
-788.2	83.8	-769.9		3938.3	651.0
-587.2	28.0	-601.2		511.3	49.6
-154.2	51.6	-124.8		2719.9	297.5
-46.8	4.2	-43.9		707.1	303.9
35132.7	1973.3	26632.3	10035.8	39049.4	14574.8
-1524.6	509.0	-1193.5	287.8	7149.0	3502.2
25006.1	5916.4	28479.0	9865.4	117866.2	74780.1
11198.1	383.7	11732.3	3032.9	6779.3	4645.7
-741.4	79.6	-726.0		3231.2	347.1
3808.0	241.0	3549.1	1308.2	7058.6	2939.8
67414.5	3907.3	61559.7	19629.0	104184.7	81716.9
2027.8	1937.8	3020.2	3877.2	44984.3	14907.6
1392.8	2497.0	1296.3	284.1	21667.8	666.0
2043.8	760.9	2597.0	739.8	10296.9	3499.2
40534.1	4350.2	32481.0	11137.5	78152.9	25722.3
22278.9	3309.5	23714.2	11458.2	79739.2	62674.2
3862.4	1259.4	5390.0	1891.1	16641.3	11408.5
6203.5	183.9	6888.0	43.3	6600.3	984.7
74026.2	8886.4	69435.4	24312.5	175695.0	99840.9
-221.1	239.6	18.5	4.5	62.0	5.2
3059.1	535.9	3533.6	862.7	1802.6	1596.3
1851.7	564.8	2380.0	413.7	2551.9	486.5
-349.8	2585.4	-1106.1	3.8	24950.5	1172.6
10426.6	306.4	12703.2	5147.9	12825.5	3598.7
42902.7	1406.7	33417.3	10532.9	76510.8	53610.4
8302.1	2213.8	10048.1	5428.0	47095.3	31599.2
586.5	40.3	623.6	28.3	421.2	715.7
5142.5	129.5	4704.8	1048.6	6926.4	3210.6
2325.9	864.0	3112.4	842.1	2548.8	3845.7
-1147.3	216.6	-962.2	217.6	5438.7	948.8
-1873.9	133.1	-1751.7	52.0	3143.4	228.3
726.6	83.5	789.5	165.6	2295.3	720.5

11-6 限额以上住宿和

The financial condition hotels and catering

指 标	法人企业数(个)	执行《2006年企业会计准则》企业数(个)	一、年初存货	二、期末资产负债		
				流动资产合计	应收帐款	存货
总 计	**170**	**144**	**13674.3**	**251416.9**	**32359.9**	**13698.6**
一、住宿业	**75**	**59**	**5162.9**	**141378.3**	**10836.7**	**5637.8**
旅游饭店	46	37	4633.6	114907.3	9118.4	5113.3
一般旅馆	28	21	491.8	24974.9	1718.4	510.3
其他住宿业	1	1	37.5	1496.1	-0.1	14.2
旅游饭店	47	37	4633.6	124077.1	9764.3	5113.3
旅游饭店	47	37	4633.6	124077.1	9764.3	5113.3
一般旅馆	27	21	491.8	15805.1	1072.5	510.3
经济型连锁酒店	1		32.8	43.6	16.5	27.1
其他一般旅馆	26	21	459.0	15761.5	1056.0	483.2
其他住宿业	1	1	37.5	1496.1	-0.1	14.2
其他住宿业	1	1	37.5	1496.1	-0.1	14.2
内资企业	75	59	5162.9	141378.3	10836.7	5637.8
国有企业	16	12	2045.6	69174.6	1646.1	2180.6
集体企业	2	2	9.3	451.5	65.4	4.2
有限责任公司	16	12	1017.7	35988.3	5839.0	1340.4
国有独资公司	2	2	334.7	4543.0	974.8	308.3
其他有限责任公司	14	10	683.0	31445.3	4864.2	1032.1
股份有限公司	2	1	56.6	453.4		52.5
私营企业	38	31	1936.0	34644.3	3260.3	1984.2
私营独资企业	1	1	204.4	4235.5		144.6
私营有限责任公司	36	29	1690.4	24908.6	2188.5	1801.1
私营股份有限公司	1	1	41.2	5500.2	1071.8	38.5
其他企业	1	1	97.7	666.2	25.9	75.9
国有控股	26	20	2831.1	82516.6	6414.5	3224.6
集体控股	2	2	9.3	451.5	65.4	4.2
私人控股	43	34	1990.7	46176.9	4076.8	2050.5
其他	4	3	331.8	12233.3	280.0	358.5
独立门店	69	56	5087.8	137971.0	10654.3	5470.5
连锁总店	1	1		661.2	13.1	
连锁直营店	2	2	9.0	408.9	40.9	17.4
连锁加盟店	1		32.8	43.6	16.5	27.1
其他	2		33.3	2293.6	111.9	122.8
大型	1	1	626.2	13041.2	153.6	628.0
中型	13	13	2223.9	78261.9	4396.1	2402.9
小型	56	42	2275.3	38271.2	5630.0	2587.6
微型	5	3	37.5	11804.0	657.0	19.3

餐饮业法人企业财务状况(一)

corporation on enterprise above designated size(1)

单位：万元

固定资产合计	固定资产原价	累计折旧	# 本年折旧	在建工程	非流动资产合计	资产总计	流动负债合计	应付账款
251495.2	**528881.9**	**280519.2**	**26623.8**	**31236.7**	**370648.8**	**630355.3**	**492262.5**	**97118.4**
179100.7	**359528.4**	**181888.5**	**17230.2**	**13741.9**	**225497.5**	**369442.7**	**248762.4**	**32622.5**
171040.6	339495.1	169898.9	16644.4	8973.7	198796.5	316270.8	211514.0	29246.3
8053.6	19977.7	11940.4	581.4	4693.5	26619.8	51594.6	36981.6	3113.6
6.5	55.6	49.2	4.4	74.7	81.2	1577.3	266.8	262.6
171040.6	339495.1	169898.9	16644.4	12840.3	207291.1	333935.2	226607.8	29311.9
171040.6	339495.1	169898.9	16644.4	12840.3	207291.1	333935.2	226607.8	29311.9
8053.6	19977.7	11940.4	581.4	826.9	18125.2	33930.2	21887.8	3048.0
527.2	737.8	210.6	2.0		527.2	570.8	42.5	24.5
7526.4	19239.9	11729.8	579.4	826.9	17598.0	33359.4	21845.3	3023.5
6.5	55.6	49.2	4.4	74.7	81.2	1577.3	266.8	262.6
6.5	55.6	49.2	4.4	74.7	81.2	1577.3	266.8	262.6
179100.7	359528.4	181888.5	17230.2	13741.9	225497.5	369442.7	248762.4	32622.5
124770.7	226064.7	102416.8	10624.2	4534.4	128040.7	199782.2	123370.0	9177.1
413.7	1733.5	1319.9	88.8		413.7	865.2	1549.2	170.1
39595.9	84872.3	45310.3	2340.9	4082.6	57039.4	93027.7	55283.9	5383.0
4866.6	16397.4	11530.8	302.7		5370.9	9913.9	1584.7	164.1
34729.3	68474.9	33779.5	2038.2	4082.6	51668.5	83113.8	53699.2	5218.9
1788.6	5175.1	3637.7	15.4	437.7	2290.0	2743.4	2751.1	239.9
11058.3	39601.7	28596.2	4160.9	4366.5	35919.4	70563.7	65618.4	17647.4
147.8	938.8	791.0	180.2		2137.7	6373.2	6383.9	1203.1
10548.3	35745.6	25250.1	1425.6	4366.5	33417.9	58326.5	56378.8	15165.3
362.2	2917.3	2555.1	2555.1		363.8	5864.0	2855.7	1279.0
1473.5	2081.1	607.6		320.7	1794.3	2460.5	189.8	5.0
155220.6	294181.3	140117.4	12516.1	5061.2	161689.1	246772.6	133926.2	12464.7
413.7	1733.5	1319.9	88.8		413.7	865.2	1549.2	170.1
12481.7	42119.2	29941.5	4303.5	8680.7	51632.6	97809.5	89710.9	18205.6
10984.7	21494.4	10509.7	321.8		11762.1	23995.4	23576.1	1782.1
174150.6	348214.1	175524.3	16823.7	13732.0	221433.9	359848.9	241141.8	31734.8
6.8	64.0	57.2	3.9		69.5	730.7	47.4	12.7
171.5	707.4	535.9	45.2	9.9	1010.9	1419.8	2472.6	485.9
527.2	737.8	210.6	2.0		527.2	570.8	42.5	24.5
4244.6	9805.1	5560.5	355.4		2456.0	6872.5	5058.1	364.6
25859.9	57603.7	31743.8	6608.9		25905.4	38946.6	7620.4	1681.3
121916.9	201001.7	80230.2	7714.6	3938.7	134217.1	212479.0	139529.9	10602.6
31249.8	100682.3	69747.8	2902.3	5861.9	56731.6	97569.7	85466.5	20000.6
74.1	240.7	166.7	4.4	3941.3	8643.4	20447.4	16145.6	338.0

11-6　续表 1-1

指　　标	法人企业数(个)	执行《2006 年企业会计准则》企业数(个)	一、年初存货	二、期末资产负债		
				流动资产合计	应收帐款	存货
五星	3	3	1480.9	26294.6	653.3	1525.1
四星	10	10	1317.3	22047.9	5206.5	1477.0
三星	20	12	911.8	65059.6	3655.4	1075.4
二星	2	2	21.2	772.1	65.1	80.1
其他	40	32	1431.7	27204.1	1256.4	1480.2
二、餐饮业	**95**	**85**	**8511.4**	**110038.6**	**21523.2**	**8060.8**
正餐服务	91	82	7588.2	96357.6	21093.6	7084.0
快餐服务	4	3	923.2	13681.0	429.6	976.8
正餐服务	91	82	7588.2	96357.6	21093.6	7084.0
正餐服务	91	82	7588.2	96357.6	21093.6	7084.0
快餐服务	4	3	923.2	13681.0	429.6	976.8
快餐服务	4	3	923.2	13681.0	429.6	976.8
内资企业	93	84	7818.9	104537.1	21449.8	7267.7
国有企业	5	5	499.9	1795.2	456.9	408.1
股份合作企业	1	1	5.9	74.0	13.4	12.5
有限责任公司	16	14	1675.8	30379.2	6282.2	1520.9
其他有限责任公司	16	14	1675.8	30379.2	6282.2	1520.9
私营企业	71	64	5637.3	72288.7	14697.3	5326.2
私营独资企业	6	5	86.3	738.2	116.0	133.4
私营有限责任公司	64	58	5500.9	67027.0	10161.9	5135.2
私营股份有限公司	1	1	50.1	4523.5	4419.4	57.6
港、澳、台商投资企业	1		227.4	1713.9	57.6	250.9
港澳台商独资企业	1		227.4	1713.9	57.6	250.9
外商投资企业	1	1	465.1	3787.6	15.8	542.2
外资企业	1	1	465.1	3787.6	15.8	542.2
国有控股	8	8	791.4	11047.7	897.7	709.2
私人控股	80	71	6761.5	90273.5	20174.4	6352.0
港澳台商控股	1		227.4	1713.9	57.6	250.9
外商控股	1	1	465.1	3787.6	15.8	542.2
其他	5	5	266.0	3215.9	377.7	206.5
独立门店	86	77	6711.6	90159.9	20497.6	4961.6
连锁总店	3	2	1292.6	9417.5	733.4	2453.1
其他	6	6	507.2	10461.2	292.2	646.1
大型	2	1	692.5	5501.5	73.4	793.1
中型	22	22	4876.0	54741.9	12526.4	4502.9
小型	61	54	2638.3	44077.6	8564.6	2467.6
微型	10	8	304.6	5717.6	358.8	297.2

单位：万元

固定资产合计	固定资产原价	累计折旧	本年折旧	在建工程	非流动资产合计	资产总计	流动负债合计	应付账款
62105.1	108576.3	46471.2	7753.9	758.3	64124.5	90419.1	27328.0	3104.4
21155.7	62047.9	40902.2	4569.0	215.8	23727.6	45775.5	21932.5	6104.4
77011.1	130952.1	53941.0	2828.5	6593.9	91213.9	158840.5	134273.0	8104.3
205.7	1293.5	1087.8	87.3	348.0	205.7	977.8	1021.4	64.6
18623.1	56658.6	39486.3	1991.5	5825.9	46225.8	73429.8	64207.5	15244.8
72394.5	**169353.5**	**98630.7**	**9393.6**	**17494.8**	**145151.3**	**260912.6**	**243500.1**	**64495.9**
62691.1	152046.2	90904.9	7926.2	14742.5	118841.3	215287.0	218417.3	58643.4
9703.4	17307.3	7725.8	1467.4	2752.3	26310.0	45625.6	25082.8	5852.5
62691.1	152046.2	90904.9	7926.2	14742.5	118841.3	215287.0	218417.3	58643.4
62691.1	152046.2	90904.9	7926.2	14742.5	118841.3	215287.0	218417.3	58643.4
9703.4	17307.3	7725.8	1467.4	2752.3	26310.0	45625.6	25082.8	5852.5
9703.4	17307.3	7725.8	1467.4	2752.3	26310.0	45625.6	25082.8	5852.5
62829.6	152743.1	91463.3	7971.7	16674.5	121651.1	226276.3	224874.5	61309.2
1713.0	9228.4	7515.4	723.7	23.0	3602.6	5397.8	6186.3	4058.5
73.7	137.8	64.1	1.9		73.7	147.7	19.4	4.5
18093.0	46536.0	28443.1	1865.8	11192.8	35763.6	66145.3	86968.6	17752.1
18093.0	46536.0	28443.1	1865.8	11192.8	35763.6	66145.3	86968.6	17752.1
42949.9	96840.9	55440.7	5380.3	5458.7	82211.2	154585.5	131700.2	39494.1
367.0	653.8	286.8	34.6	30.5	594.4	1332.6	687.7	114.4
37913.6	89035.3	52671.4	5345.7	5428.2	76947.5	144060.1	122457.3	31182.9
4669.3	7151.8	2482.5			4669.3	9192.8	8555.2	8196.8
5634.6	6586.4	1073.7	439.5	121.9	10101.5	17450.0	13077.0	1113.4
5634.6	6586.4	1073.7	439.5	121.9	10101.5	17450.0	13077.0	1113.4
3930.3	10024.0	6093.7	982.4	698.4	13398.7	17186.3	5548.6	2073.3
3930.3	10024.0	6093.7	982.4	698.4	13398.7	17186.3	5548.6	2073.3
2185.9	15001.1	12815.3	1153.5	23.0	4768.4	15816.1	11180.6	4990.7
58967.2	134375.8	76958.3	6670.1	16651.5	114282.3	204643.9	211804.4	55307.7
5634.6	6586.4	1073.7	439.5	121.9	10101.5	17450.0	13077.0	1113.4
3930.3	10024.0	6093.7	982.4	698.4	13398.7	17186.3	5548.6	2073.3
1676.5	3366.2	1689.7	148.1		2600.4	5816.3	1889.5	1010.8
58246.1	141601.8	83673.1	7225.0	16393.0	115300.5	205548.5	216814.4	58281.3
11094.4	18139.9	8118.4	2000.4	820.3	25304.2	40356.3	19625.1	3186.7
3054.0	9611.8	6839.2	168.2	281.5	4546.6	15007.8	7060.6	3027.9
9564.9	16610.4	7167.4	1421.9	820.3	23500.2	34636.3	18625.6	3186.7
27950.9	80378.3	53648.4	4017.9	12899.5	55463.7	110205.6	140704.3	35043.1
30534.1	59221.7	29016.3	3243.0	3775.0	58523.5	102689.2	69870.6	25288.2
4344.6	13143.1	8798.6	710.8		7663.9	13381.5	14299.6	977.9

11-6 限额以上住宿和
The financial condition hotels and catering

指 标	负债合计	所有者权益合计				
			实收资本	国家资本	集体资本	法人资本
总计	**581593.4**	**48761.9**	**303691.0**	**81860.2**	**387.9**	**68831.1**
一、住宿业	**334077.7**	**35365.0**	**244334.0**	**73704.2**	**387.9**	**44514.0**
旅游饭店	293418.9	22851.9	222016.6	69167.5		40851.9
一般旅馆	40392.0	11202.6	21317.4	4536.7	387.9	3662.1
其他住宿业	266.8	1310.5	1000.0			
旅游饭店	308512.7	25422.5	224309.5	69167.5		40851.9
旅游饭店	308512.7	25422.5	224309.5	69167.5		40851.9
一般旅馆	25298.2	8632.0	19024.5	4536.7	387.9	3662.1
经济型连锁酒店	42.5	528.3	50.0			
其他一般旅馆	25255.7	8103.7	18974.5	4536.7	387.9	3662.1
其他住宿业	266.8	1310.5	1000.0			
其他住宿业	266.8	1310.5	1000.0			
内资企业	334077.7	35365.0	244334.0	73704.2	387.9	44514.0
国有企业	171926.5	27855.7	64565.3	64428.1		137.2
集体企业	1549.2	-684.0	397.9	10.0	387.9	
有限责任公司	77715.3	15312.4	41547.3	9266.1		27218.7
国有独资公司	6042.1	3871.8	5427.3	427.3		5000.0
其他有限责任公司	71673.2	11440.6	36120.0	8838.8		22218.7
股份有限公司	3926.5	-1183.1	100000.0			
私营企业	78770.4	-8206.7	35421.7			14756.3
私营独资企业	6383.9	-10.7	2000.0			2000.0
私营有限责任公司	68178.8	-9852.3	31765.4			12756.3
私营股份有限公司	4207.7	1656.3	1656.3			
其他企业	189.8	2270.7	2401.8			2401.8
国有控股	202270.3	44502.3	93764.8	73694.2		19139.0
集体控股	1549.2	-684.0	397.9	10.0	387.9	
私人控股	103756.7	-5947.2	139524.6			15966.3
其他	26501.5	-2506.1	10646.7			9408.7
独立门店	326432.8	33416.1	237244.5	66922.8	387.9	44404.0
连锁总店	47.4	683.3	50.0			
连锁直营店	2496.9	-1077.1	208.1			110.0
连锁加盟店	42.5	528.3	50.0			
其他	5058.1	1814.4	6781.4	6781.4		
大型	33043.9	5902.7	2985.0	2985.0		
中型	180272.1	32206.9	74784.0	48366.3		21562.0
小型	103712.6	-6142.9	162042.1	22352.9	387.9	22952.0
微型	17049.1	3398.3	4522.9			

餐饮业法人企业财务状况(二)

corporation on enterprise above designated size(2)

单位：万元

			三、损益及分配					
个人资本	港澳台资本	外商资本	营业收入	主营业务收入	营业成本	主营业务成本	税金及附加	主营业务税金及附加
150873.3		**1738.5**	**345988.0**	**342323.3**	**138199.4**	**135788.7**	**4436.8**	**4428.9**
125727.9			**119216.4**	**117328.8**	**34999.3**	**33839.1**	**2999.6**	**2998.9**
111997.2			100918.9	99981.2	30392.3	29759.3	2845.1	2845.1
12730.7			17699.5	17289.0	4066.0	4055.7	149.6	148.9
1000.0			598.0	58.6	541.0	24.1	4.9	4.9
114290.1			100918.9	99981.2	30392.3	29759.3	2845.1	2845.1
114290.1			100918.9	99981.2	30392.3	29759.3	2845.1	2845.1
10437.8			17699.5	17289.0	4066.0	4055.7	149.6	148.9
50.0			200.1	200.1	120.8	120.8	1.0	1.0
10387.8			17499.4	17088.9	3945.2	3934.9	148.6	147.9
1000.0			598.0	58.6	541.0	24.1	4.9	4.9
1000.0			598.0	58.6	541.0	24.1	4.9	4.9
125727.9			119216.4	117328.8	34999.3	33839.1	2999.6	2998.9
			54211.1	54210.6	12747.1	12747.1	2010.1	2010.1
			941.2	834.9	96.8	96.8	12.6	12.2
5062.5			28642.7	27873.0	7673.3	7040.3	618.5	618.5
			4285.1	4285.1	852.5	852.5	65.7	65.7
5062.5			24357.6	23587.9	6820.8	6187.8	552.8	552.8
100000.0			2549.5	2549.5	2304.6	2304.6	87.3	87.3
20665.4			31956.0	30944.9	11979.2	11452.0	261.4	261.1
			3392.8	3392.8	858.0	858.0	18.3	18.3
19009.1			26553.2	25542.1	10448.8	9921.6	233.3	233.0
1656.3			2010.0	2010.0	672.4	672.4	9.8	9.8
			915.9	915.9	198.3	198.3	9.7	9.7
931.6			71412.8	71261.6	16762.6	16726.4	2489.2	2489.2
			941.2	834.9	96.8	96.8	12.6	12.2
123558.3			36818.5	35785.2	12604.9	12077.7	280.5	280.2
1238.0			10043.9	9447.1	5535.0	4938.2	217.3	217.3
125529.8			113679.9	111814.5	33305.4	32145.2	2928.6	2927.9
50.0			534.2	534.2	29.7	29.7	1.7	1.7
98.1			1892.9	1870.7	629.3	629.3	8.5	8.5
50.0			200.1	200.1	120.8	120.8	1.0	1.0
			2909.3	2909.3	914.1	914.1	59.8	59.8
			14117.1	14117.1	3337.1	3337.1	1135.5	1135.5
4855.7			55967.0	55254.4	17104.8	16507.6	1309.8	1309.8
116349.3			48154.5	47518.9	13681.6	13635.5	547.9	547.2
4522.9			977.8	438.4	875.8	358.9	6.4	6.4

11-6　续表 2-1

指　　标	负债合计	所有者权益合计	实收资本	国家资本	集体资本	法人资本
五星	53231.6	37187.5	48334.0	40334.0		8000.0
四星	46690.6	-915.1	26456.3			18700.0
三星	160172.4	-1331.9	38011.0	23938.0		9510.5
二星	1021.4	-43.6	276.0	101.6	174.4	
其他	72961.7	468.1	131256.7	9330.6	213.5	8303.5
二、餐饮业	**247515.7**	**13396.9**	**59357.0**	**8156.0**		**24317.1**
正餐服务	220830.7	-5543.7	49318.5	8156.0		16017.1
快餐服务	26685.0	18940.6	10038.5			8300.0
正餐服务	220830.7	-5543.7	49318.5	8156.0		16017.1
正餐服务	220830.7	-5543.7	49318.5	8156.0		16017.1
快餐服务	26685.0	18940.6	10038.5			8300.0
快餐服务	26685.0	18940.6	10038.5			8300.0
内资企业	227387.9	-1111.6	52618.5	8156.0		19317.1
国有企业	8043.3	-2645.5	2115.3	2115.3		
股份合作企业	19.4	128.3	100.0			
有限责任公司	87118.6	-20973.3	15527.2	6040.7		5891.1
其他有限责任公司	87118.6	-20973.3	15527.2	6040.7		5891.1
私营企业	132206.6	22378.9	34876.0			13426.0
私营独资企业	687.7	644.9	759.5			465.0
私营有限责任公司	122963.7	21096.4	33516.5			12611.0
私营股份有限公司	8555.2	637.6	600.0			350.0
港、澳、台商投资企业	13077.0	4373.0	5000.0			5000.0
港澳台商独资企业	13077.0	4373.0	5000.0			5000.0
外商投资企业	7050.8	10135.5	1738.5			
外资企业	7050.8	10135.5	1738.5			
国有控股	13037.6	2778.5	8751.4	8156.0		
私人控股	212460.8	-7816.9	39996.0			15546.0
港澳台商控股	13077.0	4373.0	5000.0			5000.0
外商控股	7050.8	10135.5	1738.5			
其他	1889.5	3926.8	3871.1			3771.1
独立门店	219327.8	-13779.3	48649.0	8156.0		16452.6
连锁总店	21127.3	19229.0	6838.5			5000.0
其他	7060.6	7947.2	3869.5			2864.5
大型	20127.8	14508.5	6738.5			5000.0
中型	140954.3	-30748.7	22225.0	5500.0		7775.0
小型	72134.0	30555.2	26738.0	2115.3		9032.1
微型	14299.6	-918.1	3655.5	540.7		2510.0

单位：万元

			三、损益及分配					
个人资本	港澳台资本	外商资本	营业收入	# 主营业务收入	营业成本	# 主营业务成本	税金及附加	主营业务税金及附加
			23764.9	23168.1	7210.2	6613.4	1155.7	1155.7
7756.3			15419.5	15370.8	5003.8	4967.6	272.2	272.2
4562.5			37013.6	36749.6	11055.2	11055.2	1136.1	1136.1
			1791.4	1791.4	460.5	460.5	13.4	13.4
113409.1			41227.0	40248.9	11269.6	10742.4	422.2	421.5
25145.4		**1738.5**	**226771.6**	**224994.5**	**103200.1**	**101949.6**	**1437.2**	**1430.0**
25145.4			138850.2	137073.1	63105.7	61855.2	1404.3	1397.1
		1738.5	87921.4	87921.4	40094.4	40094.4	32.9	32.9
25145.4			138850.2	137073.1	63105.7	61855.2	1404.3	1397.1
25145.4			138850.2	137073.1	63105.7	61855.2	1404.3	1397.1
		1738.5	87921.4	87921.4	40094.4	40094.4	32.9	32.9
		1738.5	87921.4	87921.4	40094.4	40094.4	32.9	32.9
25145.4			148751.2	146974.1	68519.5	67269.0	1405.1	1397.9
			4632.7	4632.7	1456.9	1456.9	56.2	56.2
100.0			400.9	385.9	203.0	203.0	1.5	1.5
3595.4			41893.8	40959.0	17938.9	16805.9	338.1	330.9
3595.4			41893.8	40959.0	17938.9	16805.9	338.1	330.9
21450.0			101823.8	100996.5	48920.7	48803.2	1009.3	1009.3
294.5			2472.9	2472.9	1231.8	1231.8	26.8	26.8
20905.5			98683.1	97855.8	47605.0	47487.5	978.9	978.9
250.0			667.8	667.8	83.9	83.9	3.6	3.6
			17388.4	17388.4	5430.6	5430.6	25.8	25.8
			17388.4	17388.4	5430.6	5430.6	25.8	25.8
		1738.5	60632.0	60632.0	29250.0	29250.0	6.3	6.3
		1738.5	60632.0	60632.0	29250.0	29250.0	6.3	6.3
595.4			14759.1	14707.4	4186.2	4101.5	87.7	87.7
24450.0			126294.6	124584.2	61726.0	60561.9	1255.1	1247.9
			17388.4	17388.4	5430.6	5430.6	25.8	25.8
		1738.5	60632.0	60632.0	29250.0	29250.0	6.3	6.3
100.0			7697.5	7682.5	2607.3	2605.6	62.3	62.3
24040.4			111991.6	110214.5	45197.1	43946.6	844.3	837.1
100.0		1738.5	92125.9	92125.9	47120.6	47120.6	332.1	332.1
1005.0			22654.1	22654.1	10882.4	10882.4	260.8	260.8
		1738.5	78020.4	78020.4	34680.6	34680.6	32.1	32.1
8950.0			98191.1	96899.5	45466.0	44240.5	947.2	947.2
15590.6			49810.9	49325.4	22781.4	22756.4	430.3	423.1
604.8			749.2	749.2	272.1	272.1	27.6	27.6

11-6 限额以上住宿和

The financial condition hotels and catering

指　标					
	其他业务利润	销售费用	管理费用	财务费用	利息收入
总计	**13091.9**	**136499.4**	**68021.2**	**4838.6**	**436.4**
一、住宿业	**8733.5**	**54071.1**	**37446.5**	**2798.9**	**342.1**
旅游饭店	7716.2	47395.2	30806.6	1198.4	341.3
一般旅馆	478.1	6430.6	6349.4	1600.3	0.8
其他住宿业	539.2	245.3	290.5	0.2	
旅游饭店	7716.2	47395.2	30806.6	1198.4	341.3
旅游饭店	7716.2	47395.2	30806.6	1198.4	341.3
一般旅馆	478.1	6430.6	6349.4	1600.3	0.8
经济型连锁酒店		48.8	25.6	0.4	
其他一般旅馆	478.1	6381.8	6323.8	1599.9	0.8
其他住宿业	539.2	245.3	290.5	0.2	
其他住宿业	539.2	245.3	290.5	0.2	
内资企业	8733.5	54071.1	37446.5	2798.9	342.1
国有企业	7706.8	25900.2	17900.7	797.2	252.3
集体企业			1199.4	–0.1	0.1
有限责任公司	1.9	10378.8	10714.7	1526.0	82.2
国有独资公司		1767.9	1890.5	–12.1	16.1
其他有限责任公司	1.9	8610.9	8824.2	1538.1	66.1
股份有限公司		351.1	45.4	3.5	
私营企业	1024.8	16946.0	7198.5	472.3	7.5
私营独资企业		2198.2	343.0	13.7	
私营有限责任公司	1024.8	13923.6	6271.3	452.2	7.5
私营股份有限公司		824.2	584.2	6.4	
其他企业		495.0	387.8		
国有控股	7708.7	32493.9	25333.6	780.7	333.3
集体控股			1199.4	–0.1	0.1
私人控股	1024.8	18472.8	8885.2	1908.9	7.7
其他		3104.4	2028.3	109.4	1.0
独立门店	8733.5	51366.9	35601.4	2788.4	341.7
连锁总店		245.3	253.3	1.0	
连锁直营店		896.7	456.1	5.5	0.2
连锁加盟店		48.8	25.6	0.4	
其他		1513.4	1110.1	3.6	0.2
大型	85.3	558.8	9305.8	–189.2	190.6
中型	7628.8	32365.6	10715.9	596.2	135.3
小型	480.2	20852.0	17095.4	2391.3	16.3
微型	539.2	294.7	329.4	0.6	–0.1

餐饮业法人企业财务状况(三)

corporation on enterprise above designated size(3)

单位：万元

							四、人工成本及增值税
利息支出	资产减值损失	投资收益	营业利润	营业外收入	利润总额	所得税费用	应付职工薪酬(本年贷方累计发生额)
3266.2	**724.5**	**-19.5**	**-6002.2**	**4261.4**	**-4596.8**	**2957.9**	**82325.4**
2430.3	**82.1**	**-19.5**	**-12476.2**	**2474.7**	**-9853.9**	**143.5**	**38264.3**
879.0	81.9	-19.3	-11636.4	2209.3	-9264.0	114.3	34302.5
1551.1	0.2	-0.2	-896.6	265.2	-646.8	13.9	3765.2
0.2			56.8	0.2	56.9	15.3	196.6
879.0	81.9	-19.3	-11636.4	2209.3	-9264.0	114.3	34302.5
879.0	81.9	-19.3	-11636.4	2209.3	-9264.0	114.3	34302.5
1551.1	0.2	-0.2	-896.6	265.2	-646.8	13.9	3765.2
			3.5		3.5		69.0
1551.1	0.2	-0.2	-900.1	265.2	-650.3	13.9	3696.2
0.2			56.8	0.2	56.9	15.3	196.6
0.2			56.8	0.2	56.9	15.3	196.6
2430.3	82.1	-19.5	-12476.2	2474.7	-9853.9	143.5	38264.3
521.5	31.7	-12.5	-5188.4	2200.1	-3286.2	14.2	20302.8
			-367.5		-367.5	0.3	321.5
1544.2	51.7		-2136.8	233.4	-1966.7	95.4	7715.2
	7.2		-286.6	1.4	-307.9		1015.9
1544.2	44.5		-1850.2	232.0	-1658.8	95.4	6699.3
	-1.6		-240.8		288.6	2.2	1310.4
364.6	0.3	7.0	-4367.8	38.7	-4347.2	31.4	7950.1
		-7.1	-45.5	3.4	-42.7		738.0
364.6	0.3	0.1	-4235.3	31.8	-4221.0	31.4	6459.2
			-87.0	3.5	-83.5		752.9
			-174.9	2.5	-174.9		664.3
538.9	83.4	-12.5	-6543.1	2219.9	-4683.4	56.2	25382.5
			-367.5		-367.5	0.3	321.5
1795.5	0.3	-7.0	-4716.7	247.0	-4485.1	33.6	8660.2
95.9	-1.6		-848.9	7.8	-317.9	53.4	3900.1
2430.3	82.1	-19.5	-11771.5	2359.6	-9253.4	142.8	36474.5
			3.2	4.0	6.8		21.2
			-19.7	4.9	-19.3		459.3
			3.5		3.5		69.0
			-691.7	106.2	-591.5	0.7	1240.3
-1.4			-30.9	8.8	-81.6		5174.5
628.7	82.8	-19.4	-6127.5	2028.3	-3763.5	57.4	19438.2
1802.8	-0.7	-0.1	-6329.4	436.7	-6019.9	69.9	13417.3
0.2			11.6	0.9	11.1	16.2	234.3

11-6　续表 3-1

指　　标	其他业务利润	销售费用	管理费用	财务费用	利息收入
五星	85.3	5378.6	13377.9	-185.8	193.8
四星	3.4	7397.5	6493.0	60.8	29.6
三星		18197.9	8323.0	1254.8	64.3
二星		878.3	425.2	-0.6	
其他	8644.8	22218.8	8827.4	1669.7	54.4
二、餐饮业	**4358.4**	**82428.3**	**30574.7**	**2039.7**	**94.3**
正餐服务	4358.4	52392.0	24786.8	1564.7	89.5
快餐服务		30036.3	5787.9	475.0	4.8
正餐服务	4358.4	52392.0	24786.8	1564.7	89.5
正餐服务	4358.4	52392.0	24786.8	1564.7	89.5
快餐服务		30036.3	5787.9	475.0	4.8
快餐服务		30036.3	5787.9	475.0	4.8
内资企业	4358.4	53858.1	24870.1	1580.7	89.5
国有企业	1053.0	1852.7	2941.8	4.7	4.4
股份合作企业		147.8	40.4	1.2	
有限责任公司		14084.4	6907.7	125.6	45.2
其他有限责任公司		14084.4	6907.7	125.6	45.2
私营企业	3305.4	37773.2	14980.2	1449.2	39.9
私营独资企业		486.4	669.9	4.1	4.1
私营有限责任公司	2725.1	36523.7	14091.0	1443.4	35.8
私营股份有限公司	580.3	763.1	219.3	1.7	
港、澳、台商投资企业		10256.1	576.2	452.7	
港澳台商独资企业		10256.1	576.2	452.7	
外商投资企业		18314.1	5128.4	6.3	4.8
外资企业		18314.1	5128.4	6.3	4.8
国有控股	1053.0	6328.9	5453.8	-31.7	47.3
私人控股	3305.4	44032.0	18293.3	1578.5	42.2
港澳台商控股		10256.1	576.2	452.7	
外商控股		18314.1	5128.4	6.3	4.8
其他		3497.2	1123.0	33.9	
独立门店	4358.4	47095.6	22471.4	1492.1	89.5
连锁总店		29275.2	5739.6	476.0	4.8
其他		6057.5	2363.7	71.6	
大型		28570.2	5704.6	459.0	4.8
中型	2401.3	35152.9	13386.0	656.8	79.6
小型	1957.1	18179.9	11001.9	923.7	9.9
微型		525.3	482.2	0.2	

单位：万元

							四、人工成本及增值税
利息支出	资产减值损失	投资收益	营业利润	营业外收入	利润总额	所得税费用	应付职工薪酬(本年贷方累计发生额)
-1.4	1.1		-3072.8	1171.8	-1970.5		10963.4
25.2	26.4	0.1	-3834.0	23.8	-3823.8	7.5	4767.5
775.0	54.4	-12.3	-3020.1	970.0	-1780.8	104.3	14807.5
-0.6			14.6		14.6	0.1	633.3
1632.1	0.2	-7.3	-2563.9	309.1	-2293.4	31.6	7092.6
835.9	**642.4**		**6474.0**	**1786.7**	**5257.1**	**2814.4**	**44061.1**
835.5	63.1		-4441.6	1350.0	-3431.8	734.7	30117.7
0.4	579.3		10915.6	436.7	8688.9	2079.7	13943.4
835.5	63.1		-4441.6	1350.0	-3431.8	734.7	30117.7
835.5	63.1		-4441.6	1350.0	-3431.8	734.7	30117.7
0.4	579.3		10915.6	436.7	8688.9	2079.7	13943.4
0.4	579.3		10915.6	436.7	8688.9	2079.7	13943.4
835.5	63.1		-1520.6	1350.0	-2578.0	948.2	32145.8
1.9			-1671.7	627.8	-1059.7		1955.9
			7.0		6.9		108.2
10.6	62.9		2436.2	161.9	498.0	445.2	8895.7
10.6	62.9		2436.2	161.9	498.0	445.2	8895.7
823.0	0.2		-2292.1	560.3	-2023.2	503.0	21186.0
			53.9		62.3	15.8	599.3
823.0	0.2		-1942.2	560.3	-1681.7	487.2	20335.0
			-403.8		-403.8		251.7
			647.0	2.6	399.8		2755.5
			647.0	2.6	399.8		2755.5
0.4	579.3		7347.6	434.1	7435.3	1866.2	9159.8
0.4	579.3		7347.6	434.1	7435.3	1866.2	9159.8
1.9	62.9		-1320.8	744.8	-610.0	140.6	5018.7
832.6	0.2		-573.6	595.0	-2351.9	772.6	25940.1
			647.0	2.6	399.8		2755.5
0.4	579.3		7347.6	434.1	7435.3	1866.2	9159.8
1.0			373.8	10.2	383.9	35.0	1187.0
835.5	62.9		-5146.9	1236.3	-4137.3	727.7	26921.1
0.4	579.3		8603.1	436.7	8443.6	1866.2	12285.5
	0.2		3017.8	113.7	950.8	220.5	4854.5
0.4	579.3		7994.6	436.7	7835.1	1866.2	11915.3
117.3	62.9		2519.2	309.6	589.6	638.5	20944.6
718.2	0.2		-3481.6	1039.5	-2624.4	307.0	11096.7
			-558.2	0.9	-543.2	2.7	104.5

11-7　对外贸易进出口情况(海关数)

Import and export of foreign trade (customs number)

单位：万美元

指　标	2017	2016	比2016年增长%
地区进出口总额	**1352718**	**1331433**	**1.6**
出口总额	845168	832914	1.5
进口总额	507550	498519	1.7

11-8　三资企业情况

The situation of foreign-funded enterprises, sino-foreign joint ventures and sino-foreign cooperative enterprises

指　标	单位	2017	2016	比2016年增长%
年内新批三资企业	个	19	12	58.3
总投资额	万美元	340008	46400	6.3倍
合同外资额	万美元	129049	3760	33.3倍
实际利用外商投资额	万美元	10713	46214	-76.8

11-9　旅游人数及收入

Number of tourists and income

指　标	2017	2016
一、海外旅游人数（人次）	**229451**	**219486**
外国人	162061	154582
香港同胞	37628	36344
澳门同胞	4440	4230
台湾同胞	25322	24330
二、国内旅游人数（万人次）	**6757.77**	**5666.17**
三、旅游外汇收入（万美元）	**9998.73**	**8445.85**
四、国内旅游收入（亿元）	**815.72**	**678.66**

11-10　出境旅游人数

Number of outbound tourism

单位：人次

指　标	2017	2016
出境旅游人数	**627398**	**574160**
#出国游	458330	379001
香港游	65666	73582
澳门游	47185	49820
台湾游	56217	71757
首站前往国家		
日本	54105	35400
泰国	107640	106009
韩国	10907	59082
德国	9069	8243
澳大利亚	9170	14836
新加坡	27207	16828
马来西亚	29602	12054
印度尼西亚	30612	23494
法国	9237	8538
其他	170781	94517

第12篇

财政、金融、税务和保险

Finance, Banking, Taxation and Insurance

资料整理、审核

郑慧华　　李红令　　马　娜　　陶姝钰

12-1 公共财政预算收入
Financial general budget revenue

单位：万元

指　　标	2017	2016
一般公共预算收入	**3118503**	**2826893**
一、税收收入	**2479259**	**2203842**
增值税	919674	593397
营业税		326559
企业所得税	378614	282243
个人所得税	121722	94157
资源税	46180	27041
城市维护建设税	207569	180567
房产税	105332	117284
印花税	75866	65542
城镇土地使用税	54182	60995
土地增值税	297935	216479
车船税	61708	52545
耕地占用税	13936	27588
契税	196541	159445
二、非税收入	**639244**	**623051**
专项收入	231279	221022
行政事业性收费收入	112733	130746
罚没收入	54977	60822
国有资本经营收入	20206	5334
国有资源(资产)有偿使用收入	63934	68067
其他收入	156115	137060

注：2017年财政总块算表中不再单独反映营业税，口径合并到增值税统计。其中，营业税5882万元。

12-2 公共财政预算支出
General budget expenditure

单位：万元

指　　标	2017	2016
一般公共预算支出	**4790558**	**4240666**
一般公共服务支出	391947	283833
公共安全支出	336542	323102
教育支出	730005	703360
科学技术支出	185297	83197
文化体育与传媒支出	90215	72106
社会保障和就业支出	722360	532951
医疗卫生与计划生育支出	336158	328275
节能环保支出	234296	205766
城乡社区支出	982622	911891
农林水支出	232883	210352
交通运输支出	110174	108630
资源勘探信息等支出	115889	118837
商业服务业等支出	19612	12312
金融支出	3030	3455
国土海洋气象等支出	56546	50452
住房保障支出	191638	248274
粮油物资储备支出	10826	7298
其他支出	16128	17864
债务付息支出	24390	18711

12-3 财政收入分级情况

Classification of financial income

单位：万元

指　　标	全市	地级	县区	乡镇级
本年收入合计	**3118503**	**1607408**	**1496777**	**14318**
一、税收收入	**2479259**	**1149810**	**1315131**	**14318**
增值税	919674	350122	562973	6579
企业所得税	378614	280706	95911	1997
个人所得税	121722	74681	46704	337
资源税	46180	34063	11832	285
城市维护建设税	207569	109218	97729	622
房产税	105332	34914	70018	400
印花税	75866	30445	45151	270
城镇土地使用税	54182	17727	34724	1731
土地增值税	297935	41779	256156	
车船税	61708	2433	59269	6
耕地占用税	13936		12845	1091
契税	196541	173722	21819	1000
二、非税收入	**639244**	**457598**	**181646**	
专项收入	231279	161289	69990	
行政事业性收费收入	112733	66478	46255	
罚没收入	54977	36575	18402	
国有资本经营收入	20206	20036	170	
国有资源(资产)有偿使用收入	63934	29417	34517	
其他收入	156115	143803	12312	

12-4 财政支出分级情况

Classification of financial expenditure

单位：万元

指　　标	全市	市级	县级	乡镇级
本年支出合计	**4790558**	**2164368**	**2531698**	**94492**
一、一般公共服务支出	391947	118375	244610	28962
四、公共安全支出	336542	233544	102966	32
五、教育支出	730005	261779	453504	14722
六、科学技术支出	185297	12635	172662	
七、文化体育与传媒支出	90215	63002	26843	370
八、社会保障和就业支出	722360	342669	370380	9311
九、医疗卫生与计划生育支出	336158	185332	148958	1868
十、节能环保支出	234296	68614	162762	2920
十一、城乡社区支出	982622	539436	438587	4599
十二、农林水支出	232883	28914	177434	26535
十三、交通运输支出	110174	68853	41103	218
十四、资源勘探信息等支出	115889	29266	86415	208
十五、商业服务业等支出	19612	14892	4699	21
十六、金融支出	3030		3030	
十七、国土海洋气象等支出	56546	10370	43463	2713
十八、住房保障支出	191638	156156	33682	1800
十九、粮油物资储备支出	10826	4752	6074	
二十、其他支出	16128	3192	12724	212
二十一、债务付息支出	24390	22587	1802	1

12-5 金融机构(含外资)本外币信贷收支

Financial institutions (including foreign capital) in this foreign currency credit

单位：万元

指 标	2017年末余额	2016年末余额
资金来源		
一、各项存款	119259610	114974867
(一)境内存款	119227826	114935156
1.住户存款	44445091	40917144
(1)活期存款	12999161	12611096
(2)定期及其他存款	31445931	28306048
2.非金融企业存款	44594055	41387369
(1)活期存款	21086226	17003561
(2)定期及其他存款	23507830	24383808
3.广义政府存款	26423073	27735867
(1)财政性存款	6115339	4474518
(2)机关团体存款	20307734	23261349
4.非银行业金融机构存款	3765606	4894776
(二)境外存款	31784	39711
二、金融债券	200000	200000
三、卖出回购资产	51585	79390
四、借款及非银行业金融机构拆入	535429	655681
五、联行往来(净)	7203193	
六、应付及暂收款	2872686	2779054
七、各项准备	4436002	4272354
八、所有者权益	3306340	2621457
其中:实收资本	1178051	1119353
九、其他	-3608131	-2103234
资金运用		
一、各项贷款	114447977	102167819
(一)境内贷款	114407070	102131463
1.住户贷款	16290562	12693038
(1)短期贷款	2404790	2940061
消费贷款	1188857	1583491
经营贷款	1215933	1356570
(2)中长期贷款	13885772	9752977
消费贷款	12666365	8714654
经营贷款	1219408	1038323
2.非金融企业及机关团体贷款	98116508	89438425
(1)短期贷款	27004527	26347607
(2)中长期贷款	64965137	57363230
(3)票据融资	5451563	5098928
(4)融资租赁	319707	240739
(5)各项垫款	375575	387920
(二)境外贷款	40907	36357
二、债券投资	10346114	9066842
三、股权及其他资产	6588674	8124490
四、买入返售资产	171676	93270
五、存放非银行业金融机构款项	77545	24974
六、联行往来(净)		1739987
其中:境内存放二级准备金	2551972	6738907
七、金银占款		
八、中央银行外汇占款		
九、应收及预付款	1559706	1211105
十、投资性房地产	14490	145
十一、固定资产	1050534	1050938

12-6 金融机构(含外资)人民币信贷收支

Financial institutions (including foreign capital) of the RMB credit

单位：万元

指 标	2017年末余额	2016年末余额
资金来源		
一、各项存款	116212803	110700427
(一) 境内存款	116185681	110663936
1.住户存款	43848818	40260280
(1) 活期存款	12743285	12306155
(2) 定期及其他存款	31105533	27954125
2.非金融企业存款	42170363	37805762
(1) 活期存款	20581838	16469186
(2) 定期及其他存款	21588525	21336576
3.广义政府存款	26410820	27713886
(1) 财政性存款	6115339	4474518
(2) 机关团体存款	20295480	23239368
4.非银行业金融机构存款	3755681	4884009
(二) 境外存款	27122	36491
二、金融债券	200000	200000
三、卖出回购资产	51585	79390
四、借款及非银行业金融机构拆入	20200	26000
五、联行往来 (净)	9879438	2128224
六、应付及暂收款	2834616	2754786
七、各项准备	4408377	4191694
八、所有者权益	3261672	2646912
其中：实收资本	1173150	1114150
九、其他	-3670550	-2131927
资金运用		
一、各项贷款	113402851	101033637
(一) 境内贷款	113400881	100999015
1.住户贷款	16289707	12691381
(1) 短期贷款	2403935	2938403
消费贷款	1188001	1581834
经营贷款	1215933	1356570
(2) 中长期贷款	13885772	9752977
消费贷款	12666365	8714654
经营贷款	1219408	1038323
2.非金融企业及机关团体贷款	97111174	88307634
(1) 短期贷款	26037204	25270078
(2) 中长期贷款	64927744	57321673
(3) 票据融资	5451563	5098928
(4) 融资租赁	319707	240739
(5) 各项垫款	374956	376216
(二) 境外贷款	1970	34623
二、债券投资	10346114	9066842
三、股权及其他资产	6588674	8124490
四、买入返售资产	171676	93270
五、存放非银行业金融机构款项	77535	24965
六、联行往来 (净)		
其中：境内存放二级准备金	2544341	6731270
七、金银占款		
八、中央银行外汇占款		
九、应收及预付款	1546289	1201239
十、投资性房地产	14490	145
十一、固定资产	1050513	1050918

12-7 国税系统税收入库情况
Tax system and the storage of tax

单位：万元

指　标	2017
合　计	**4006142**
一、按税种分	**4006142**
国内增值税	2854622
国内消费税	202953
企业所得税	733859
储蓄利息个人所得税	15
车辆购置税	214693
二、按经济类型分	**4006142**
国有企业	239818
集体企业	23458
股份合作公司	1931
联营企业	12
有限责任公司	1837379
股份有限公司	965880
私营企业	310479
港、澳、台商投资企业	67484
外商投资企业	306247
个体经营	233389
其他企业	20065

12-8 国税系统县(市、区)税收入库情况
Tax system counties (cities, districts) tax warehousing

单位：万元

指　标	2017	2016
合　计	**4006142**	**2954204**
市直分局	1718996	1380724
高新区	179906	160965
经济区	365293	310592
民营区	60064	33144
小店区	383637	267341
迎泽区	255119	157329
杏花岭区	251430	167725
尖草坪区	145799	84077
万柏林区	244099	139844
晋源区	119410	67162
古交市	42862	31381
清徐县	128144	75157
阳曲县	33556	19586
娄烦县	31275	21554
不锈钢园区局	46552	37623

12-9　地税系统(分税种)税收

Local tax system (sub categories) tax

单位：万元

指　标	2017	2016
合　计	**1726712**	**2035453**
增值税	12872	7860
营业税	15009	502752
企业所得税	464334	348225
个人所得税	343055	306027
资源税	33498	16963
城市维护建设税	158550	169070
房产税	77361	109630
印花税	54890	60509
城镇土地使用税	45319	58360
土地增值税	275901	216479
车船使用税	58114	52545
耕地占用税	10869	27588
契税	176940	159445

12-10　地税系统(分企业)税收

Local tax system (Branch) tax

单位：万元

指　标	2017	2016
合　计	**1726712**	**2035453**
国有企业	98789	124385
集体企业	9267	18824
股份合作企业	3447	2685
联营企业	19	58
股份有限公司	1307054	1563610
私营企业	45144	41339
其他企业	121005	153571
个体	122646	104071
港澳台投资企业	5408	5685
外商投资企业	13933	21225

12-11　地税系统县(市、区)税收

County (city, district) tax revenue system

单位：万元

指　标	2017	2016
合　计	**1726712**	**2035453**
市直分局	586200	661212
高新区		124343
经济区		121993
不锈钢分局	10133	13153
迎泽区	150972	165234
杏花岭区	124961	164920
万柏林区	272008	248915
小店区	247348	245630
尖草坪区	99458	74281
晋源区	113450	72519
古交市	34129	33788
清徐县	54316	44292
阳曲县	14937	18924
娄烦县	18800	14758
民营区		31491

注：2017年，高新、经济、民营由省局管理。

12-12 保险业基本情况
Basic situation of insurance

项　目	原保险保费收入		原保险赔款与给付支出	
	金额(万元)	增长(%)	金额(万元)	增长(%)
合　计	**2341004**	**6.3**	**571759.8**	**5.1**
中国人民财产保险股份有限公司	124947.6	16.0	65904.41	8.0
中国人寿财产保险股份有限公司	33427.49	-6.3	21188.52	-6.0
中国大地财产保险股份有限公司	17008.54	20.5	8337.66	2.2
太平财产保险有限公司	17709.51	11.4	5430.44	-10.5
中国出口信用保险公司	5919.5	4.3	746.46	-34.7
中国太平洋财产保险股份有限公司	48254.28	19.4	21470.91	9.7
永安财产保险股份有限公司	8512.66	-35.0	4301.53	43.0
中国平安财产保险股份有限公司	153825.4	22.4	54124.25	10.9
天安保险股份有限公司	6883.16	-2.9	3034.27	-17.9
华安财产保险股份有限公司	19181.26	2.4	6913.86	29.4
安邦财产保险股份有限公司	4827.36	331.4	1050.63	299.8
永诚财产保险股份有限公司	4942.74	19.2	2783.7	-22.9
阳光财产保险股份有限公司	17487.07	15.6	6158.39	3.2
渤海财产保险股份有限公司	3057.34	285.1	767.98	241.1
都邦财产保险股份有限公司	2619.39	-33.5	1875.59	3.6
华泰财产保险股份有限公司	8075.05	-21.5	4172.16	2.7
安盛天平财产保险股份有限公司	12566.14	-19.9	6196.85	-10.8
信达财产保险股份有限公司	7081.81	8.0	2565.63	28.1
中煤财产保险股份有限公司	17575.3	3.2	8686.37	7.5
中银保险有限公司	10492.17	19.9	7010.28	84.5
英大泰和财产保险股份有限公司	18300.04	-5.0	9535.9	37.8
中华联合财产保险股份有限公司	8650.02	-29.6	6097.71	-19.7
安诚财产保险股份有限公司	6606.34	2.7	2539.05	5.9
紫金财产保险股份有限公司	7019.65	-13.5	3126.6	-8.6
华农财产保险股份有限公司	19134	7794.9	2543.38	31926.2
诚泰财产保险股份有限公司	5728.51		622.19	
中国人寿保险股份有限公司	220698.2	21.3	80076.55	-26.6
中国人民人寿保险股份有限公司	48322.86	5.9	31800.41	-17.2
中国太平洋人寿保险股份有限公司	117915	17.2	21965.82	19.0
中国平安人寿保险股份有限公司	294964.5	29.9	34711.8	40.4
新华人寿保险股份有限公司	55107.84	2.2	36561.03	26.8
泰康人寿保险股份有限公司	130117.1	35.0	25101.27	-15.3
太平人寿保险有限公司	79601.6	10.6	12009.92	27.6
工银安盛人寿保险股份有限公司	104432.3	16.2	301.43	196.1
中信保诚人寿有限公司	5306.65	134.6	161.89	5.3
光大永明人寿保险股份有限公司	20056.92	55.9	1688.54	42.8
民生人寿保险股份有限公司	10476.18	-26.5	3470.21	214.3
富德生命人寿保险股份有限公司	63148.35	-5.3	7333.95	107.5
中国平安养老保险股份有限公司	10232.43	18.0	3609.63	17.8
合众人寿保险股份有限公司	15512.74	-37.4	1193.61	23.9
中国人民健康保险股份有限公司	31409.66	-14.1	10018.11	-10.0
农银人寿保险股份有限公司	14799.7	-21.6	5519.46	55.4
国华人寿保险股份有限公司	107551.2	127.3	3408.74	155.1
英大泰和人寿保险股份有限公司	12833.36	53.2	3372.78	97.4
泰康养老保险股份有限公司	13194.68	20.1	1274.57	26.5
幸福人寿保险股份有限公司	53550.14	67.2	2322.69	167.9
阳光人寿保险股份有限公司	78129.62	31.8	9033.56	44.1
百年人寿保险股份有限公司	50095.01	115.8	3765.88	275.1
安邦人寿保险股份有限公司	199527.5	-54.9	657.77	638.6
众安在线财产保险股份有限公司	5001.85	62.0	2132.03	62.8
中国铁路财产保险自保有限公司	3258.17	102.5	657.16	820.6
阳光渝融信用保证保险股份有限公司	3.66	-47.8	0.02	
泰康在线财产保险股份有限公司	1923.63	32783.0	222.35	555763.8
易安财产保险股份有限公司	0.14	-92.1		
安心财产保险有限责任公司	3.81	75.1	0.34	13.3
众惠财产相互保险社	0.09			

注：众安在线财产保险股份有限公司、中国铁路财产保险自保有限公司、阳光渝融信用保证保险股份有限公司、泰康在线财产保险股份有限公司、易安财产保险股份有限公司、安心财产保险有限责任公司、众惠财产相互保险社在山西未设立机构，相关数据体现其总公司在山西开展业务的情况。

12-13　上市公司主要经济指标
Listing Corporation main economic indicators

指　　标	营业收入（万元）	净利润（万元）	每股收益（元）	总股本（万股）	所有者权益（万元）	每股净资产（元）	经营活动产生的现金流量净额（万元）	每股经营活动产生的现金流量净额(元)	净资产收益率（%）
合　　计	22159840.08	857340.32	0.25	3417561.32	12566996.91	3.68	2847363.12	0.83	6.8
ST 生化	68537.81	3195.56	0.14	27257.76	55888.35	2.10	-3591.38	-0.13	6.8
美锦能源	1223778.94	122511.09	0.26	410593.21	840275.84	1.88	141591.22	0.34	14.6
漳泽电力	952045.23	-203855.67	-0.51	307694.22	801452.98	2.35	115768.70	0.38	-19.4
英洛华	185710.29	10342.37	0.09	113368.41	210114.34	1.83	9879.79	0.09	5.1
太钢不锈	6778978.10	436859.97	0.81	569624.78	2733892.86	4.72	1088703.88	1.91	18.7
蓝焰控股	190371.95	47534.66	0.53	96750.27	326081.89	3.27	70570.88	0.73	21.6
西山煤电	2865527.37	183766.90	0.50	315120.00	2119306.76	5.69	543590.54	1.72	9.1
山西证券	439299.64	44239.39	0.14	282872.52	1326360.27	4.42	-59217.59	-0.21	3.3
跨境通	1401789.73	76652.28	0.52	143511.04	491918.79	3.39	-29157.23	-0.20	16.6
东杰智能	50767.39	3614.95	0.26	14028.29	66093.49	4.70	10397.16	0.74	5.7
太原重工	717709.67	5141.75	0.02	256395.50	416395.49	1.61	109378.95	0.43	1.3
ST 山水	1448.28	-2941.68	-0.13	20244.59	8865.95	0.35	-10018.90	-0.49	-30.4
太化股份	87171.93	747.91	0.01	51440.20	57436.84	1.09	-3443.29	-0.07	1.4
盛和资源	520355.98	31500.10	0.26	135012.85	519026.36	3.69	-20710.17	-0.15	10.9
晋西车轴	135010.35	1680.80	0.01	120819.09	312112.70	2.58	20170.55	0.17	0.5
*ST 狮头	7701.58	-4908.21	-0.22	23000.00	42770.36	1.83	918.80	0.04	-11.4
山煤国际	4093701.60	108804.04	0.19	198245.61	891815.92	2.48	544871.68	2.75	8.5
国新能源	965116.21	-7658.70	0.02	108466.37	433687.24	3.42	112243.01	1.03	0.4
通宝能源	509701.83	7771.52	0.07	114650.25	479813.25	4.20	93173.49	0.81	1.7
国新 B 股	965116.21	-7658.70	0.02	108466.37	433687.24	3.42	112243.01	1.03	0.4

第13篇

科教、文卫、体育和民政

Science, Education, Culture, Public health, Sports and Civil Affairs

资料整理、审核

王翠莲　　刘红芳　　刘俊欢　　常　铁

13-1 规模以上工业企业 R&D 人员情况(一)

Above scale industrial enterprise R&D personnel situation(1)

指　　标	企业数（个）	R&D 人员合计（人）	#1.参加项目人员	2.管理和服务人员	# 女性	# 研究人员	#1.全时人员	2.非全时人员
总　　计	**383**	**12856**	**12124**	**732**	**2670**	**5258**	**9751**	**3105**
一、按企业规模分组								
大型企业	29	10209	9570	639	2045	4202	7812	2397
中型企业	67	1568	1512	56	458	653	1091	477
小型企业	268	1078	1041	37	167	402	847	231
微型企业	19	1	1			1	1	
二、按登记注册类型分组								
内资企业	363	11113	10386	727	2396	4939	8189	2924
港、澳、台商投资企业	4							
外商投资企业	16	1743	1738	5	274	319	1562	181
三、按国民经济行业分组								
采矿业	31	554	469	85	85	294	210	344
制造业	324	12048	11401	647	2536	4829	9483	2565
电力、燃气及水的生产和供应业	28	254	254		49	135	58	196
四、按隶属关系分组								
中央	33	3400	3143	257	1066	1641	2516	884
地方	350	9456	8981	475	1604	3617	7235	2221

13-1 规模以上工业企业 R&D 人员情况(二)

Above scale industrial enterprise R&D personnel situation(2)

指　　标	R&D 人员折合全时当量合计（人年）	# 研究人员	#1.基础研究人员	2.应用研究人员	3.试验发展人员
总　　计	**8800**	**3417**	**13**	**1446**	**7341**
一、按企业规模分组					
大型企业	7264	2774	13	1441	5810
中型企业	1005	430		6	1000
小型企业	531	213			531
微型企业	1	1			1
二、按登记注册类型分组					
内资企业	7059	3099	13	1441	5605
港、澳、台商投资企业					
外商投资企业	1741	318		6	1736
三、按国民经济行业分组					
采矿业	227	120		104	122
制造业	8377	3192	13	1342	7022
电力、燃气及水的生产和供应业	197	105			197
四、按隶属关系分组					
中央	2218	1063		62	2156
地方	6582	2354	13	1384	5185

13-2 规模以上工业企业 R&D 经费支出(一)

Above scale industrial enterprise R&D spending(1)

单位：万元

指 标	R&D 经费内部支出合计	(一)按活动类型分组			(二)按支出用途分组				
		1.基础研究支出	2.应用研究支出	3.试验发展支出	1.经常费支出	#人员劳务费	2.资产性支出	#①土建工程	②仪器设备
总 计	**420913**	**2**	**73609**	**347303**	**364136**	**85632**	**56777**	**4485**	**52292**
一、按企业规模分组									
大型企业	379570	2	73444	306125	325764	72981	53807	4332	49475
中型企业	25360		165	25195	22841	8099	2519	122	2397
小型企业	15940			15940	15489	4544	451	32	420
微型企业	43			43	43	9	0		
二、按登记注册类型分组									
内资企业	381813	2	73444	308368	325255	61336	56558	4485	52073
港、澳、台商投资企业									
外商投资企业	39100		165	38935	38881	24296	219		219
三、按国民经济行业分组									
采矿业	11448		5837	5611	9457	4677	1991	186	1805
制造业	407705	2	67771	339932	352919	79283	54786	4299	50487
电力、燃气及水的生产和供应业	1760			1760	1760	1672			
四、按隶属关系分组									
中央	75883		859	75024	70842	19170	5042	71	4971
地方	345030	2	72750	272278	293295	66462	51735	4414	47321

13-2 规模以上工业企业 R&D 经费支出(二)

Above scale industrial enterprise R&D spending(2)

单位：万元

指 标	(三)按资金来源分组				R&D 经费外部支出	对境内研究机构支出	对境内高等学校支出	对境内企业支出	对境外支出
	1.政府资金	2.企业资金	3.境外资金	4.其他资金					
总 计	**20547**	**397272**		**3094**	**11087**	**4485**	**3032**	**3427**	**143**
一、按企业规模分组									
大型企业	18051	361407		112	5949	2545	2264	997	143
中型企业	991	21939		2431	4836	1939	544	2353	
小型企业	1506	13883		551	301		224	77	
微型企业		43							
二、按登记注册类型分组									
内资企业	20159	358560		3094	11087	4485	3032	3427	143
港、澳、台商投资企业									
外商投资企业	388	38712							
三、按国民经济行业分组									
采矿业		11448			737	346	337	54	
制造业	20547	384064		3094	5785	2201	2415	1026	143
电力、燃气及水的生产和供应业		1760			4565	1938	280	2347	
四、按隶属关系分组									
中央	13040	61746		1098	8144	3906	1330	2908	
地方	7508	335527		1996	2943	579	1701	520	143

13-3 各类学校及各级教育基本情况

Basic situation of various schools and all levels of Education

单位：人

指　标	学校(所)	在校生数	招生数	毕业生数	教职工数	专任教师数
高等教育	**52**	**532209**	**153365**	**152757**	**34790**	**23903**
研究生教育		26693	10044	7437		
普通高等教育	44	440173	125883	115432	33603	23185
成人高等教育	8	65343	17438	29888	1187	718
中等职业教育	**57**	**73411**	**22317**	**23410**	**6145**	**4529**
中等技术教育	32	47725	15927	17505	3934	2670
成人中等专业教育	11	8712	3086	2668	1243	1062
职业高中教育	14	16974	3304	3237	968	797
技工学校	**32**	**46383**	**14940**	**11734**	**3153**	**2318**
普通中学	**220**	**197281**	**66189**	**69343**	**26487**	**19365**
高中	88	80820	26193	27559	17037	7692
初中	132	116461	39996	41784	9450	11673
小学	**441**	**298725**	**53015**	**42852**	**17708**	**17810**
幼儿园	**727**	**116815**	**44814**	**38183**	**16357**	**8995**
特殊教育	**8**	**1512**	**367**	**253**	**390**	**267**
工读学校	**1**	**170**	**120**	**88**	**76**	**63**

13-4 研究生教育基本情况

Basic information on graduate education

单位：人

指　标	在校生数	招生数	毕业生数
总　计	**26693**	**10044**	**7437**
山西大学	5867	2234	1558
太原科技大学	1794	690	366
中北大学	3793	1368	1020
太原理工大学	6428	2450	1701
山西医科大学	3909	1353	1218
山西财经大学	3618	1468	1264
山西中医药大学	751	279	151
太原师范学院	321	129	86
中国辐射防护研究院	37	14	12
北方自动控制技术研究所	50	17	17
中国日用化学工业研究院	33	11	12
山西省中医药研究院	92	31	32

13-5 普通高等教育基本情况

Basic situation of general higher education

单位：人

指 标	校数	在校生数	招生数	毕业生数	教职工数	# 专任教师
总 计	**44**	**440173**	**125883**	**115432**	**33603**	**23185**
山西大学	1	24126	5998	5315	3042	1717
太原科技大学	1	20265	5543	4810	1601	1099
中北大学	1	34195	8564	8405	2657	1816
太原理工大学	1	31154	7691	7569	3531	2068
山西医科大学	1	24381	5648	5242	1892	1384
太原师范学院	1	23791	5863	4820	1674	918
山西财经大学	1	17036	4297	4202	1634	1155
山西中医药大学	1	9655	2589	1925	671	540
太原学院	1	14786	4567	3114	1122	793
山西警察学院	1	4566	2075	2165	507	304
山西应用科技学院	1	12159	4032	2268	655	477
山西大学商务学院	1	15788	4294	4409	1182	885
太原理工大学现代科技学院	1	12951	3284	2905	1097	782
中北大学信息商务学院	1	12762	3283	4025	716	598
太原科技大学华科学院	1	4151	1038	1171	134	81
山西医科大学晋祠学院	1	4803	1703	514	572	349
山西财经大学华商学院	1	5611	1724	1111	542	423
山西工商学院	1	16863	4418	4196	1165	816
太原工业学院	1	15194	3905	3429	802	647
山西传媒学院	1	9216	2523	1573	464	412
山西能源学院	1	6271	2078	1057	372	294
山西省财政税务专科学校	1	6424	2458	1835	413	300
山西艺术职业学院	1	1511	575	413	318	235
山西建筑职业技术学院	1	9093	2973	3397	445	321
山西药科职业学院	1	5612	2087	2063	308	227
山西工程职业技术学院	1	7629	2934	1545	400	315
山西交通职业技术学院	1	8297	3364	2722	339	286
山西戏剧职业学院	1	1159	347	286	273	186
山西财贸职业技术学院	1	5637	1976	1632	220	189
山西林业职业技术学院	1	3946	1099	1644	281	182
山西职业技术学院	1	12366	4342	3840	730	586
山西煤炭职业技术学院	1	4721	1012	2277	386	245
山西金融职业学院	1	4108	1311	1686	244	169
太原城市职业技术学院	1	5024	1755	1741	402	259
山西体育职业学院	1	1033	423	401	196	141
山西警官职业学院	1	2132	739	490	213	119
山西国际商务职业学院	1	2638	813	828	158	99
太原旅游职业学院	1	4843	1581	1418	353	281
山西旅游职业学院	1	5456	1886	2414	319	248
山西电力职业技术学院	1	1901	580	1698	479	362
山西老区职业技术学院	1	3262	1133	1091	224	171
山西经贸职业学院	1	7921	2537	2323	441	395
山西轻工职业技术学院	1	3607	962	1433	172	127
山西青年职业学院	1	5245	1649	1789	257	184
山西职工医学院		5344	1957	1696		
山西省政法管理干部学院		1540	273	545		

13-6 成人高等教育基本情况
The basic situation of Adult higher education

单位：人

指 标	学校(所)	在校生数	招生数	毕业生数	教职工数	# 专任教师
总 计	**8**	**65343**	**17438**	**29888**	**1187**	**718**
太原化学工业集团有限公司职工大学	1	317	35	480	60	42
山西机电职工学院-专科	1	943	120	786	246	137
太原钢铁(集团)有限公司职工钢铁学院	1	22	1	21	91	45
山西职工医学院		1474	446	825	315	214
山西兵器工业职工大学	1	204	51	312	52	42
山西省职工工艺美术学院	1	256	157	189	70	45
山西省广播电视大学	1	1229	547	1064	205	98
山西省政法管理干部学院	1			5	148	95
山西大学		7542	2080	3491		
太原科技大学		4853	1376	2778		
中北大学		8412	2139	2290		
太原理工大学		17473	4489	8889		
山西医科大学		5802	1854	2052		
太原师范学院		2751	790	1031		
山西财经大学		8996	2208	3080		
山西中医药大学		1624	452	561		
太原学院		225	119	79		
山西省财政税务专科学校		235	69	198		
山西艺术职业学院		3		6		
山西建筑职业技术学院		15		14		
山西工程职业技术学院		148	4	41		
山西交通职业技术学院		36	3			
山西应用科技学院		32	3	29		
山西戏剧职业学院		72	44	8		
山西煤炭职业技术学院		45		32		
太原城市职业技术学院		45	6	14		
山西旅游职业学院		73	35	8		
山西电力职业技术学院		10	3	8		
太原工业学院		844	340	230		
山西经贸职业学院		16		39		
山西能源学院		1646	67	1328		

13-7　中等技术教育基本情况
Basic situation of secondary vocational education

单位：人

指　　标	学校(所)	在校生数	招生数	毕业生数	教职工数	#专任教师
总　计	**32**	**47725**	**15927**	**17505**	**3934**	**2670**
太原市卫生学校	1	2936	972	931	136	104
太原市财贸学校	1	1832	590	454	104	87
太原市财政金融学校	1	1161	418	452	203	178
太原市交通学校	1	1252	348	569	154	120
太原幼儿师范学校	1	8208	2211	3058	349	313
太原市文化艺术学校	1	1004	232	174	141	108
太原市体育运动学校	1	462	160	114	82	42
太原生态工程学校	1	572	151	112	199	129
太原铁路技术中等专业学校	1				360	116
山西省现代经贸学校	1	2186	784		33	19
山西省大众传媒学校	1	402	232	41	25	15
山西省四方中等技术学校	1	1386	726		55	38
太原广播电视中等专业学校		378	106	140		
太原旅游职业学院		421	135	166		
太原学院						

13-7 续表 1

单位：人

指 标	学校(所)	在校生数	招生数	毕业生数	教职工数	# 专任教师
太原铁路机械学校	1	4048	1802	1628	279	220
山西省工业管理学校	1	2174	874	1173	140	105
山西省建筑工程技术学校	1	2067	706	1275	142	93
山西省物流技术学校	1	136	24	48	128	90
山西省人民武装学校	1					
山西省工贸学校	1	1667	143	647	134	119
山西广播电影电视学校	1	629	333	269	55	31
山西省经贸学校	1	1696	548	697	95	64
山西省司法学校	1	983	315	437	115	72
山西省邮电学校	1				61	27
山西省特殊教育中等专业学校	1	349	157	76	84	41
山西税务学校	1				62	39
山西省商务学校	1	286	109	68	193	129
山西省中医学校	1	1259	522	330	62	33
山西省贸易学校	1	2268	739	1029	131	101
山西省城乡建设学校	1	1287	309	840	118	63
山西省财政会计学校						

13-7 续表2

单位：人

指 标	学校(所)	在校生数	招生数	毕业生数	教职工数	# 专任教师
山西省好艺中等专业学校	1	1406	304	693	64	39
山西省应用技术学校	1	341	86	207	102	49
山西省畜牧兽医学校	1	1008	548	478	128	86
山西职业技术学院						
山西药科职业学院				107		
山西交通职业技术学院		122	31	115		
山西体育职业学院		703	162	454		
山西国际商务职业学院						
山西艺术职业学院		762	321	162		
山西戏剧职业学院		1105	460	230		
山西兵器工业职工大学						
山西煤炭职工联合大学		284	207	24		
山西省政法管理干部学院		24	16	49		
山西省农业广播电视学校		884	133	243		
山西应用科技学院						
山西工商学院						
山西老区职业技术学院		37	13	15		

13-8 成人中等专业教育基本情况
Basic situation of Adult secondary specialized education

单位：人

指　标	学校(所)	在校生数	招生数	毕业生数	教职工数	# 专任教师
总　计	**11**	**8712**	**3086**	**2668**	**1243**	**1062**
娄烦县教师进修学校	1				22	21
太原市杏花岭区教师进修学校	1				25	24
太原市尖草坪区教师进修学校	1				19	16
太原广播电视中等专业学校	1				68	40
古交市教师进修学校	1				25	23
清徐县教师进修学校	1				18	18
太原市小店区教师进修学校	1				41	33
太原市万柏林区教师进修学校	1				15	14
阳曲县教师进修学校	1				22	19
太原市迎泽区教师进修学校	1				26	20
山西省农业广播电视学校	1	8712	3086	2278	962	834
山西煤炭职工联合大学				390		

13-9　职业高中教育基本情况

Basic situation of vocational high school education

单位：人

指　标	学校(所)	在校生数	招生数	毕业生数	教职工数	# 专任教师数
总计	**14**	**16974**	**3304**	**3237**	**968**	**797**
太原市综合高级中学校	1	466	171	255	148	127
太原市小店区第一职业中学校	1	359	95	164	50	46
太原市第八职业中学校						
太原市第七职业中学校	1	192	48	70	97	87
太原市杏花岭区中等职业技术学校	1	359	116	113	28	26
太原市第四职业中学校	1	227	56	55	76	63
太原市尖草坪区职业中学校	1	374	126	55	82	81
太原市第五职业中学校	1	695	207	207	136	110
太原市晋源区高级职业中学	1	49	18	34	18	9
清徐县职业教育中心	1	1730	604	552	98	91
阳曲县高级职业中学校	1	679	192	182	72	53
娄烦县职业中学校	1	218	117	13	17	12
古交市职业中学校	1	416	145	146	44	33
山西大昌汽车专业学校	1	1077	385	512	67	40
太原市立达职业中学校	1	316	144	174	35	19
太原市财政金融学校		173	19	121		
太原生态工程学校		7293				
太原广播电视中等专业学校		42	9			
太原市第九中学校		113	39			
太原市第五十六中学校		233	68	67		
太原市第十六中学校		641	217	338		
太原市聋人学校		180	85	45		
太原市盲童学校		35	11	15		
太原孤残儿童特殊教育学校		11				
太原市长安综合中学校		1096	432	119		

13-10 技工学校基本情况
Basic situation of technical school

单位：人

指　标	在校生数	招生数	毕业生数	教职工数	# 专任教师数
总　计	**46383**	**14940**	**11734**	**3153**	**2318**
晋西机器工业集团有限责任公司技工学校	169	106	27	33	29
山西冶金高级技工学校	9748	2785	2176	377	322
山西省水利技工学校	265	101	98	29	18
山西经贸职业学院技工部	879	537	29	425	339
山西矿机技工学校	20		20	6	4
山西机械高级技工学校	2977	1304	1088	184	161
山西纺织印染技校				11	10
山西盛世餐饮旅游技校	3786	1198	957	175	143
山西三飞技工学校	1319	382	244	38	34
山西省劳动保障技术学校	817	399	237	42	17
太原市高级技工学校	3548	1123	843	169	151
山西省林业技工学校	485	185	162	51	28
太原市粮食技工学校	1160	590	156	52	37
太原塑料工业技工学校				6	7
山西烹饪技工学校	393	91	146	23	20
西山煤电(集团)有限责任公司技工学校			192	173	134
山西国防军星技工学校	180	62	132	25	20
山西工业造型设计技工学校	1044	296	306	59	40
江阳化工厂技工学校	22			18	18
山西省建筑安装技工学校	370	104	172	142	65
山西晋阳技工学校	5188	1278	1072	241	129
太原煤炭气化(集团)有限责任公司技工学校	275	113	145	49	49
燃气工程技术学校	628	339	180	76	35
山西省劳动技术学校	3080	356	568	206	206
山西现代经贸技工学校	2779	1127	544	148	89
山西大众技工学校	3442	1630	1059	118	71
山西阳煤化工技校	354	116	267	57	28
山西高新技工学校	1170	276	168	58	23
太原市慈善技工学校	1421	442	383	75	53
山西省东华技工学校	864		363	87	38
山西省民爆技工学校					
新华化工有限责任公司技工学校					
山西省商业技工学校					
山西通用技术学校					
山西新华印刷技工学校					

注：资料来自人社局。民爆、新华化工、商业、通用、新华印刷5所技校停办

13-11　中学基本情况(一)
Basic situation of middle school(1)

单位：人

指　标	学校(所)	班数(个)			在校生数			招生数		
		合计	高中	初中	合计	高中	初中	合计	高中	初中
总　计	**220**	**4440**	**1726**	**2714**	**197281**	**80820**	**116461**	**66189**	**26193**	**39996**
1.教育部门办	172	1843	1193	1843	134420	57738	76682	45099	18799	26300
地方企业办										
民办	46	852	533	852	62456	23082	39374	20946	7394	13552
其它部门办	2	19		19	405		405	144		144
2.城区	156	2003	1422	2003	153175	67490	85685	51476	21917	29559
镇区	33	480	249	480	32705	10998	21707	10804	3475	7329
乡村	31	231	55	231	11401	2332	9069	3909	801	3108
3.小店区	42	990	385	605	43399	16794	26605	14865	5577	9288
迎泽区	19	598	257	341	27449	12555	14894	9356	4141	5215
杏花岭区	38	747	316	431	32728	14889	17839	10713	4623	6090
尖草坪区	22	344	148	196	14353	6830	7523	4646	2117	2529
万柏林区	24	539	220	319	25114	10868	14246	8543	3610	4933
晋源区	14	276	95	181	12050	4480	7570	3944	1460	2484
清徐县	21	371	136	235	17315	6668	10647	5846	2184	3662
阳曲县	11	208	69	139	9058	2898	6160	3141	1014	2127
娄烦县	8	103	28	75	4809	1255	3554	1422	271	1151
古交市	21	264	72	192	11006	3583	7423	3713	1196	2517

13-11　中学基本情况(二)
Basic situation of middle school(2)

单位：人

指　标	毕业生数			教职工数	专任教师			代课教师	兼任教师
	合计	高中	初中		合计	高中	初中		
总　计	**69343**	**27559**	**41784**	**26487**	**19365**	**7692**	**11673**	**925**	**248**
1.教育部门办	47651	18218	29433	17407	14553	5586	8967	240	5
地方企业办									
民办	21576	9341	12235	9014	4752	2106	2646	685	243
其它部门办	116		116	66	60		60		
2.城区	53264	22347	30917	20056	14989	6302	8687	439	248
镇区	11603	4066	7537	4526	3021	1099	1922	404	
乡村	4476	1146	3330	1905	1355	291	1064	82	
3.小店区	14118	5502	8616	6768	3988	1599	2389	35	92
迎泽区	9541	3923	5618	3014	2542	1133	1409	180	77
杏花岭区	12351	5258	7093	4831	3515	1481	2034	86	31
尖草坪区	4981	2282	2699	1774	1550	684	866	30	15
万柏林区	8919	3635	5284	2974	2446	931	1515	32	28
晋源区	3973	1560	2413	1581	1277	521	756	57	
清徐县	6201	2535	3666	2080	1727	635	1092	84	
阳曲县	3195	1204	1991	1395	759	279	480	402	
娄烦县	2088	497	1591	668	457	138	319		
古交市	3976	1163	2813	1402	1104	291	813	19	5

注：按教育局资料分类整理。

13-12 小学基本情况

Basic situation of elementary school

单位：人

指 标	学校(所)	班数(个)	在校生数	招生数	毕业生数	教职工数	专任教师	代课教师	兼任教师
总 计	**441**	**7627**	**298725**	**53015**	**42852**	**17708**	**17810**	**714**	**21**
1.教育部门办	414	6869	271635	48155	38859	16313	15870	710	4
地方企业办									
民办	19	659	22730	4234	3199	1132	1696		17
其它部门办	8	99	4360	626	794	263	244	4	
2.城区	264	5414	240866	43030	33866	13410	13380	491	21
镇区	53	890	34642	6365	5110	2097	2204	96	
乡村	124	1323	23217	3620	3876	2201	2226	127	
3.小店区	71	1582	70926	14113	8835	2506	3195	37	
迎泽区	36	779	33901	5641	5313	2062	1963	16	
杏花岭区	57	1101	47235	8492	6668	2522	2580	36	
尖草坪区	40	670	24383	4102	3593	1445	1398	145	
万柏林区	58	1072	50156	8662	7054	3989	3480	76	
晋源区	45	464	17809	3463	2128	1039	934	264	
清徐县	73	803	21598	3559	3371	1573	1597	87	
阳曲县	17	361	8524	1301	1520	633	697		
娄烦县	14	228	7086	1064	1294	491	552		
古交市	30	567	17107	2618	3076	1448	1414	53	

注：按教育局资料分类整理。

13-13 幼儿园基本情况

Basic situation of Kindergarten

单位：人

指 标	幼儿园(所)	班数(个)	在园幼儿	教职工数		
				合计	#专任教师	保育员
总 计	**727**	**4844**	**116815**	**16357**	**8995**	**2828**
1.教育部门办	60	781	19523	1946	1240	214
集体办	325	1205	26624	2784	1820	285
地方办	63	568	17725	2612	1358	486
事业单位办	15	131	4004	657	299	121
部队办	3	18	508	91	30	20
民办	253	2049	45190	7892	4029	1658
其它部门办	8	92	3241	375	219	44
2.城区	452	3573	91189	14010	7487	2474
镇区	89	564	14042	1499	883	301
乡村	186	707	11584	848	625	53
3.小店区	143	1074	23677	3649	1970	664
迎泽区	74	577	14131	2244	1210	378
杏花岭区	90	631	16558	2458	1338	423
尖草坪区	63	510	13480	1891	1007	308
万柏林区	74	604	16776	2748	1391	530
晋源区	82	390	9311	1210	744	175
清徐县	111	547	11266	1019	705	121
阳曲县	55	136	3182	227	107	65
娄烦县	12	125	2993	333	196	83
古交市	23	250	5441	578	327	81

注：按教育局资料分类整理。

13-14　文化事业情况

Situation of culture

指　标	单　位	2017
影剧院数	个	32
影厅数	个	28466
专业及民营艺术表演团体	个	21
#演职人员	人	1798
博物馆	个	14
图书馆	个	12
图书馆藏书量	万册	741.76
文化宫	个	4
文化馆(包括群众艺术馆)	个	12
少年宫	个	3

13-15　专业表演团体情况

Basic situation of professional performance groups

指　标	演职人数(人)	演出场次(场)	演出收入(万元)	观众人数(万人次)	总支出(万元)	全部职工工资(万元)
总　计	**1315**	**2704**	**5834.60**	**199.13**	**18014.30**	**7449.30**
山西省京剧院	158	169	480.70	15.2	1685.30	795.70
山西省晋剧院	242	710	1592.30	56.80	5481.30	1913.30
山西省歌舞剧院	231	113	843.80	9.0	2244.80	1159.50
山西省话剧院	160	97	726.50	12.6	1870.20	410.10
山西省曲艺团	45	192	231.90	19.2	547.60	226.50
山西华晋舞剧团	60	69	127.00	4.2	898.90	332.50
山西华夏之根艺术团	33	82	556.50	6.9	1088.30	298.70
太原市实验晋剧艺术团有限责任公司	46	189	258.10	18.9	426.70	217.30
太原市实验晋剧艺术院有限责任公司	72	181	510.00	27.4	763.00	372.10
太原市歌舞杂技团	170	709	173.70	17.7	1621.00	1063.20
太原市话剧团	38	80	55.70	4.8	631.60	332.40
太原舞蹈团	60	113	278.40	6.3	755.60	328.00

注：1、专业艺术团体共21个，市5个、省7个，民营9个。演职人员1798 人，其中专业 1315 人，民营483人。

13-16 影剧院及票房收入情况
The situation of theaters and grossed

指　标	影厅数(个)	座位数(座)	票房收入(万元)
总　计	**227**	**28466**	**31908.32**
太原影都	10	1186	929.40
太原市宽影幕影院	6	827	370.11
山西剧院	10	1564	2026.21
太原市长风剧场	6	998	976.52
太原星美影城	5	438	364.97
太原横店电影城	9	889	1948.51
太原中影新影都影城（和信店）	6	1068	2215.98
太原市奥斯卡国际影城	10	1520	1881.74
太原市尖草坪文化活动中心影城	2	142	4.97
太原同至人横店影视电影城	8	1535	867.69
太原贵都横店电影城	5	524	736.57
太原市金逸影城北美店	7	831	1792.65
太原市金刚里影城	9	742	877.1
太原市金亿国际影城	5	438	239.62
太原 17.5 影院顶好时尚商城店	6	787	459.11
太原华邦影城（横店铜锣湾店）	7	1239	964.25
太原市红星影城	5	551	388.69
清徐县宏凯影院	3	278	31.63
太原博纳国际影城	10	1621	3485.72
太原市万达影城	14	2787	3890.84
太原市大地影院	6	859	558.45
太原市恒大影城	7	1186	1917.28
阳曲县红全源数字影院	3	210	18.46
古交市中影世纪国际影城	3	210	31.54
太原市铜锣湾国际影城	14	1231	1413.85
太原市晋旗影院西华苑店	7	318	248.13
太原市太原 ume 影城	12	1280	1275.45
太原市九达国际影城	7	925	371.32
太原市等艺影院	7	855	688.04
太原市全美影院	8	78	918.21
太原市阳曲县嘟唛国际影城	3	163	1.59
太原市恒大影城（恒大城店）	7	1186	13.72

13-17 图书出版情况
Situation of Book publication

指 标	图书种数(种)			总印数(万册)	总印张(千印张)	定价总金额(万元)
	合计	新出	重印			
使用《中国标准书号》分类图书合计	**3517**	**2192**	**1325**	**10899**	**1041129**	**164770**
A、马克思主义、列宁主义、毛泽东思想	2	1	1	1	167	51
B、哲学	21	16	5	7	1357	460
C、社会科学总论	12	11	1	10	1770	520
D、政治、法律	43	37	6	300	15566	3112
E、军事	1	1			15	4
F、经济	127	106	21	35	6798	2408
G、文化、科学、教育、体育	2041	1034	1007	10054	951446	133927
H、语言、文字	31	16	15	11	1978	358
I、文学	600	478	122	262	28377	10400
J、艺术	188	153	35	66	8970	4157
K、历史、地理	190	152	38	59	10962	5236
N、自然科学总论	3	2	1	5	673	196
O、数理科学、化学	11	8	3	3	409	109
P、天文学、地球科学	12	12		5	382	201
Q、生物科学	8	8		4	282	86
R、医药、卫生	128	71	57	51	8027	1916
S、农业科学	21	15	6	9	968	243
T、工业技术	26	22	4	5	668	285
U、交通运输	5	5		1	198	142
V、航空、航天	3	2	1	2	198	56
X、环境科学	6	5	1	1	139	80
Z、综合性图书	38	37	1	9	1779	821

13-18 报纸出版情况
Situation of newspaper publication

指　标	刊期	实际出版期数(期)	平均期印数(份)	总印数(万份)	总印张(千印张)
总计（49种）		**7433**	**23698940**	**182207**	**1559857**
太原日报	周七刊	348	45097	1569	31388
太原晚报	周七刊	345	61929	2137	64097
山西工人报	周七刊	338	80000	2704	27040
山西妇女报	周二刊	104	20000	208	4160
山西政协报	周二刊	100	19000	190	1900
山西法制报	周五刊	238	58800	1399	27989
山西经济日报	周七刊	336	40000	1344	26880
山西科技报	周四刊	180	24500	441	8820
山西广播电视报	周一刊	52	80000	416	20800
健康生活报	周五刊	250	24000	600	6000
科学导报	周二刊	93	50000	465	9300
市场信息报	周四刊	191	30000	573	11460
人民摄影	周一刊	52	30000	156	6240
生活晨报	周五刊	240	30280	727	14534
三晋都市报	周六刊	294	32120	944	18887
人民代表报	周三刊	156	94600	1476	29515
老友导报	周二刊	95	53200	505	5054
太原广播电视报	周一刊	52	45000	234	9360
消费时报	周二刊	98	11000	108	2156
山西邮电报	周一刊	48	30000	144	720
山西电力报	周二刊				
铁路工程报	周一刊	50	10000	50	500
太钢日报	周六刊	300	10100	303	1515
瓜果蔬菜报	周一刊	50	16000	80	800
集邮报	周一刊	52	6000	31	468
山西商报	周二刊	106	25000	265	2650
德育报	周二刊	100	50000	500	5000
发展导报	周二刊	94	18000	169	5076
山西市场导报	周二刊	96	40000	384	7680
山西青年报	周五刊	260	30000	780	15600
作文周刊	周六刊	288	17000	490	9792
学英语报	周三刊	156	1142003	17815	178152
语文报	周七刊	365	183431	6695	66952
英语周报	周一刊	52	13917594	72371	361857
学习方法报	周一刊	52	6099923	31720	158598
数理报	周五刊	260	230800	6001	30004
学习报	周六刊	312	555603	17335	86674
山西大学报	周一刊	43	6300	27	135
太原理工大学校报	周一刊	25	6000	15	75
山西财经大学报	周一刊	40	3000	12	60
山西医科大学报	旬刊	30	6000	18	180
中北大学校报	周一刊	31	10000	31	310
太原科技大学校报	旬刊	24	6000	14	144
山西党校报	旬刊	30	4000	12	60
山西日报	周七刊	365	193853	7076	212269
山西农民报	周二刊	95	38960	370	7402
生活文摘报	周二刊	104	80134	833	16668
山西晚报	周七刊	339	45887	1556	46667
良友周报	周二刊	104	87826	913	18268

13-19　杂志出版情况

Situation of periodical publication

指　标	刊期	实际出版期数(期)	平均期印数(册)	总印数(万册)	总印张数(千印张)
总计(172 种)		**2340**	**1089131**	**2090**	**131196**
测试科学与仪器(英文版)	季刊	4	1000		33
山西大学学报(哲学社会科学版)	双月刊	6	1900	1	129
山西大学学报(自然科学版)	季刊	4	1300	1	75
山西化工	双月刊	6	5700	3	345
机械管理开发	月刊	12	4875	6	848
山西冶金	双月刊	6	5300	3	285
现代工业经济和信息化	半月刊	24	9680	23	2195
山西水利科技	季刊	4	3000	1	121
山西水土保持科技	季刊	4	2100	1	32
山西水利	月刊	12	2200	3	116
智库时代	月刊	10	3000	3	233
煤化工	双月刊	6	4500	3	119
武术研究	月刊	12	3000	4	449
美术与市场	季刊				
山西文学	月刊	14	8600	12	963
民间传奇故事	旬刊	36	5000	18	900
山西医科大学学报	月刊	12	1000	1	93
基础医学教育	月刊	12	1000	1	108
名家名作	双月刊	6	5000	3	312
名作欣赏	旬刊	36	3800	14	1896
图书情报导刊	月刊	12	300		23
农产品加工	半月刊	24	6000	14	893
山西省人民政府公报	半月刊	24	10000	24	600
农业技术与装备	月刊	12	5000	6	360
文史月刊	月刊	12	9027	11	628
山西青年	半月刊	24	3500	8	504
青少年日记	半月刊	24	15000	36	1114
对联	月刊	12	13665	16	492
山西社会主义学院学报	季刊	4	1000		23
烹调知识	月刊	12	6800	8	506
晋阳学刊	双月刊	6	1500	1	102
晋图学刊	双月刊	6	1500	1	45
经济与社会发展研究	月刊				
山西青年职业学院学报	季刊	4	1000		28
科学技术哲学研究	双月刊	6	2180	1	132
山西农经	半月刊	24	2000	5	484
能源与节能	月刊	12	3000	4	432
科技与创新	半月刊	24	2000	5	557
经济师	月刊	12	3800	5	844
山西老年	月刊	12	226633	272	15175
经济问题	月刊	12	1700	2	211

13-19 续表 1

指 标	刊期	实际出版期数(期)	平均期印数(册)	总印数(万册)	总印张数(千印张)
山西广播电视大学学报	季刊	4	3000	1	104
临床医药实践	月刊	12	2200	3	164
山西画报	旬刊	36	8500	31	2277
人人健康	半月刊	24	7000	17	1302
科学之友	月刊	12	3500	4	265
山西财经大学学报	月刊	12	2000	2	234
高等财经教育研究	季刊	4	1000	0	29
理论探索	双月刊	6	2500	2	120
前进	月刊	12	26000	31	1548
中国保健营养	旬刊	36	1800	6	451
火力与指挥控制	月刊	12	2000	2	313
机械工程与自动化	双月刊	6	4000	2	435
记者观察	月刊	12	10100	12	902
黄河之声	半月刊	24	1250	3	278
会计之友	半月刊	24	8000	19	2024
政府法制	旬刊	36	13800	50	2464
新闻采编	双月刊	6	2200	1	65
测试技术学报	双月刊	6	1000	1	45
中北大学学报（社会科学版）	双月刊	6	1000	1	45
中北大学学报（自然科学版）	双月刊	6	1000	1	45
新美域	季刊	4	5000	2	160
中共山西省委党校学报	双月刊	6	1500	1	91
炎黄地理	月刊	12	5000	6	525
技术经济与管理研究	月刊	12	1800	2	214
先锋队	旬刊	36	40000	144	6250
映像	月刊	12	2000	2	208
新作文	旬刊	36	37675	136	6836
教学与管理	旬刊	36	5000	18	990
中共山西省直机关党校学报	双月刊	6	1000	1	50
影视圈	双月刊	2	5000	1	99
教育理论与实践	旬刊	36	6000	22	1089
中共太原市委党校学报	双月刊	6	700		26
银行家	月刊	12	16872	20	1873
小学生	旬刊	36	2883	10	311
小学语文教学	旬刊	36	30000	108	5011
新晋商	月刊	12	2500	3	240
今日农业	半月刊	24	2836	7	272
新课程	旬刊	36	8500	31	5783
中华风湿病学杂志	月刊	12	2400	3	150
日用化学品科学	月刊	12	3000	4	295
日用化学工业	月刊	12	4500	5	544
中国日用化学品	季刊	4	1000		22
大众标准化	月刊	12	40000	48	2280
当代农机	月刊	12	5000	6	372

13-19　续表 2

指　标	刊期	实际出版期数(期)	平均期印数(册)	总印数(万册)	总印张数(千印张)
太原市人民政府公报	半月刊	24	2000	5	238
编辑之友	月刊	12	2700	3	281
都市	月刊	13	2950	4	192
村委主任	月刊	12	8000	10	423
山西医药杂志	半月刊	24	1500	4	313
山西中医	月刊	12	2000	2	111
护理研究	旬刊	36	1450	5	518
中西医结合心脑血管病杂志	半月刊	24	1005	2	239
全科护理	旬刊	36	1200	4	435
护理研究(英文)	季刊	4	1000		15
循证护理	双月刊	6	1000	1	66
辐射防护通讯	双月刊	6	800		14
健康向导	双月刊	6	5000	3	139
实用医学影像杂志	双月刊	6	1400	1	63
校园心理	双月刊	6	6000	4	209
世界高尔夫	月刊	12	10000	12	1607
法制博览	旬刊	36	12000	43	2592
太原科技大学学报	双月刊	6	1100	1	42
辐射防护	双月刊	6	1100	1	43
生活潮	月刊	13	15900	21	1153
党史文汇	月刊	12	20000	24	960
实用医技杂志	月刊	12	4300	5	419
电力学报	双月刊	6	1000	1	30
语文教学通讯	周刊	52	43400	226	13766
语文研究	季刊	4	2600	1	52
太原学院学报(社会科学版)	双月刊	6	800		35
太原学院学报(自然科学版)	季刊	4	1000		25
史志学刊	双月刊	6	1600	1	71
太原城市职业技术学院学报	月刊	12	900	1	177
太原理工大学学报(社会科学版)	双月刊	6	1000	1	45
太原理工大学学报	双月刊	6	1500	1	102
母婴世界	月刊	12	5000	6	756
中学课程辅导	旬刊	36	5000	18	1814
NBA 特刊	半月刊	24	10000	24	1814
中外童话故事	旬刊	36	10000	36	1339
实用骨科杂志	月刊	12	3000	4	268
生产力研究	月刊	12	1000	1	149
食品工程	季刊	4	2000	1	40
山西省政法管理干部学院学报	季刊	4	1500	1	53
神州印象	月刊	12	5000	6	420
现代职业教育	旬刊	36	5000	18	2722
小学教学设计	旬刊	36	23600	85	3942
戏友	季刊	4	2000	1	42

13-19 续表 3

指 标	刊期	实际出版期数(期)	平均期印数(册)	总印数(万册)	总印张数(千印张)
系统科学学报	季刊	4	1000		37
五台山研究	季刊	4	10000	4	202
文物世界	双月刊	6	1500	1	56
文化产业	月刊	6	4000	2	171
童话大王	月刊	12	11000	13	655
天工	双月刊	6	4500	3	340
黄河	双月刊	6	2000	1	150
建材技术与应用	双月刊	6	8500	5	187
火花	月刊	12	2500	3	186
经纬天地	双月刊	6	625	0	23
山西果树	双月刊	6	3500	2	84
教育	周刊	52	5000	26	1508
山西建筑	旬刊	36	4600	17	3365
新型炭材料	双月刊	6	1000	1	45
煤炭转化	双月刊	6	500		19
科技创新与生产力	月刊	12	3400	4	306
量子光学学报	季刊	4	400		9
名师在线	旬刊	36	1000	4	268
山西高等学校社会科学学报	月刊	12	1100	1	108
燃料化学学报	月刊	12	1000	1	119
品牌研究	双月刊	6	1000	1	42
山西财政税务专科学校学报	双月刊	6	1200	1	45
山西财税	月刊	12	6325	8	376
山西地震	季刊	4	500		8
山西档案	双月刊	6	3000	2	262
山西电子技术	双月刊	6	3000	2	136
山西电力	双月刊	6	4000	2	139
中国中西医结合肾病杂志	月刊	12	2500	3	227
指挥与控制学报	季刊	4	1200		33
山西农业科学	月刊	12	1500	2	136
山西煤炭	双月刊	6	1800	1	68
当代金融家	月刊	12	4000	5	480
铸造设备与工艺	双月刊	6	5000	3	236
种子科技	月刊	12	3000	4	363
华北国土资源	双月刊	6	1000	1	60
电子工艺技术	双月刊	6	3000	2	91
山西经济管理干部学院学报	季刊	4	1000		38
山西教育	周刊	48	16500	79	3168
山西焦煤科技	月刊	12	2000	2	97
山西交通科技	双月刊	6	6000	4	249
山西林业科技	季刊	4	1300	1	29
山西林业	双月刊	6	3000	2	67
山西科技	双月刊	6	500		39
山西警察学院学报	季刊	4	800		26

13-20　广播、电视主要指标
Main indicators of radio and TV

指　　标	单位	省级	市级	县级
电视台	座		1（教育电视台）	
广播电视台	座	1	1	4
中短波转播发射台	座	12	1	
	千瓦	439	20	
电视转播发射台	座	7	2	4
	千瓦	235	11	9
有线广播电视传输网络干线总长	公里	6914	7123	
有线广播电视用户	户	167064	1331649	
数字电视用户	户	117960	1298049	
广播人口覆盖率	%		98.8	
电视人口覆盖率	%		99.6	

13-21　电视节目主要情况
Major situation of TV program

指　　标	单位	省级	市级	县级
节目套数	套	14	7	5
全年播出节目时间	时、分	55691:15	42736:00	16472:01
新闻资讯类节目	时、分	10544:30	6669:03	1853:09
专题服务类节目	时、分	5742:31	14120:35	2151:23
综艺益智类节目	时、分	4279:29	312:00	243:18
影视剧类节目	时、分	22131:00	7276:15	9142:30
广告类节目	时、分	6350:26	8527:22	2281:41
其它类节目	时、分	6643:19	5830:45	800:00

13-22　广播节目主要情况
Major situation of broadcast program

指　　标	单位	省级	市级	县级
节目套数	套	7	5	2
全年播出节目时间	时、分	49640:00	38714:00	7749:00
新闻资讯类节目	时、分	5798:30	8966:30	996:00
专题服务类节目	时、分	19569:00	12314:21	316:00
综艺益智类节目	时、分	11006:30	4184:57	4673:00
广播剧类节目	时、分	2834:50	3471:00	1260:00
广告类节目	时、分	5024:10	3821:12	514:00
其它类节目	时、分	5407:00	5956:00	

13-23 卫生机构、床位和人员情况(一)

Situation of health institutions, beds and personnels(1)

指标	机构数（个）	床位数（张）	卫生人员(人)					
			合计	卫生技术人员（人）				
				小计	执业医师	职业助理医师	注册护士	药师（士）
总　计	**3731**	**38318**	**69340**	**57348**	**20289**	**21476**	**27660**	**2473**
一、医院	175	36566	51795	42915	13815	14135	22152	2130
综合医院	79	20721	30523	25530	8524	8678	13098	1159
中医医院	21	3514	4575	3870	1279	1325	1710	400
中西医结合医院	6	1653	1978	1700	605	626	836	80
专科医院	69	10678	14719	11815	3407	3506	6508	491
二、基层医疗卫生机构	3501	1017	13706	11612	5468	6247	4676	288
社区卫生服务中心(站)	296	247	3785	3445	1394	1536	1576	140
社区卫生服务中心	55	153	1647	1444	492	544	643	101
社区卫生服务站	241	94	2138	2001	902	992	933	39
卫生院	59	722	783	676	225	340	178	49
街道卫生院	2	10	20	18	7	11	5	2
乡镇卫生院	57	712	763	658	218	329	173	47
中心卫生院	18	232	255	217	61	115	47	14
乡卫生院	39	480	508	441	157	214	126	33
村卫生室	952		1709	340	143	316	24	
门诊部	200	48	2155	1941	917	999	844	37
综合门诊部	20	5	351	307	137	140	141	4
中医门诊部	30	5	263	214	119	127	72	12
中西医结合门诊部	10		88	88	43	43	44	1
专科门诊部	140	38	1453	1332	618	689	587	20
诊所.卫生所.医务室	1994		5274	5210	2789	3056	2054	62
诊所	1812		4484	4463	2431	2676	1733	41
卫生所、医务室	182		794	747	358	380	321	21
三、专业公共卫生机构	41	385	2846	2211	785	866	656	50
疾病预防控制中心	14		820	625	315	381	18	9
专科疾病防治院(所、站)	1	10	130	82	36	37	37	1
健康教育所(站、中心)	1		22	12	3	3	2	
妇幼保健院(所、站)	11	375	1127	950	316	329	480	34
妇幼保健院	5	375	971	827	241	246	452	32
妇幼保健所	4		96	76	51	56	13	2
妇幼保健站	2		60	47	24	27	15	
急救中心(站)	1		182	126	72	72	34	4
采供血机构	1		243	184	43	44	85	2
卫生监督所(中心)	12		322	232				
计划生育技术服务机构								
四、其他卫生机构	14	350	993	610	221	228	176	5
疗养院	3	350	240	71	21	22	38	1
卫生监督检验(监测、检测)所(站)	1		46	46	1	1		
医学科学研究机构	1		58	49	20	20		4
医学在职培训机构								
临床检验中心(所、站)	3		187	106	15	15	9	
统计信息中心								
其他	6		462	338	164	170	129	

13-23 卫生机构、床位和人员情况(二)

Situation of health institutions, beds and personnels(2)

指标	卫生人员(人)				其他技术人员(人)	管理人员(人)	工勤技能人员(人)
	卫生技术人员(人)						
	技师(士)	#检验师	其他	#见习医师			
总计	**2631**	**2040**	**3108**	**597**	**2914**	**3337**	**4372**
一、医院	2001	1486	2497	523	2527	2657	3696
综合医院	1195	871	1400	370	1267	1485	2241
中医医院	165	118	270	61	186	220	299
中西医结合医院	95	70	63	10	56	75	147
专科医院	546	427	764	82	1018	877	1009
二、基层医疗卫生机构	180	131	221	55	120	268	337
社区卫生服务中心(站)	88	65	105	23	83	137	120
社区卫生服务中心	74	54	82	18	54	64	85
社区卫生服务站	14	11	23	5	29	73	35
卫生院	22	17	87	23	21	33	53
街道卫生院							2
乡镇卫生院	22	17	87	23	21	33	51
中心卫生院	5	5	36	8	7	12	19
乡卫生院	17	12	51	15	14	21	32
村卫生室							
门诊部	49	36	12	2	14	93	107
综合门诊部	19	16	3	2	1	5	38
中医门诊部	3	2			1	28	20
中西医结合门诊部							
专科门诊部	27	18	9		12	60	49
诊所.卫生所.医务室	21	13	17	7	2	5	57
诊所	4	1	9	5	1	3	14
卫生所、医务室	17	12	8	2	1	2	43
三、专业公共卫生机构	308	295	331	19	225	259	151
疾病预防控制中心	181	176	36	4	65	83	47
专科疾病防治院(所、站)	7	5			26	19	3
健康教育所(站、中心)			7		7	3	
妇幼保健院(所、站)	73	70	34	15	60	80	37
妇幼保健院	64	61	33	15	58	51	35
妇幼保健所	5	5			1	17	2
妇幼保健站	4	4	1		1	12	0
急救中心(站)	3	1	13		15	6	35
采供血机构	44	43	9		37	5	17
卫生监督所(中心)			232		15	63	12
计划生育技术服务机构							
四、其他卫生机构	142	128	59		42	153	188
疗养院	6	4	4		15	54	100
卫生监督检验(监测、检测)所(站)	45	45					
医学科学研究机构	4	4	21		9		
医学在职培训机构							
临床检验中心(所、站)	63	63	19		1	60	20
统计信息中心							
其他	24	12	15		17	39	68

注：资料来自市卫生计生委。

13-24 律师工作情况
Condition of lawyer working

指 标	单 位	2017	2016
律师事务所	个	234	208
注册律师人员	人	2164	1860
专职律师	人	1997	1702
兼职律师	人	125	116
法律援助律师	人	11	12
公职律师	人	31	30
聘请常年法律顾问的单位	个	1719	2682
民事、经济诉讼代理	件	7047	9887
刑事辩护及代理	件	1651	6752
非诉讼法律事务	件	1675	4605

注：本表中聘请常年法律顾问单位数据仅包括司法局管辖的律师事务所的数据。

13-25 公证和调解工作情况
Condition of notarization and mediation work

指 标	单 位	2017	2016
公证工作			
公证处	个	7	7
公证员（含公证员助理）	人	139	126
办理国内民事公证	件	106326	76079
办理国内经济公证	件	16941	13096
办理涉外公证	件	20430	22465
涉港澳台公证	件	224	183
调解工作			
司法所工作人员	人	151	168
人民调解委员会	个	1923	1937
调解人员	人	9111	8450
调解各类纠纷	件	27106	31377
防止民间纠纷引起自杀	人	4	35
防止民间纠纷转化为刑事案件	件	8	27

13-26 体育后备运动员及教练员项目分布情况
Distribution of sports athletes and coaches

单位：人

项 目	运动员	教练员
合 计	**1509**	**84**
田径	166	9
自行车	80	4
击剑	25	2
举重	96	7
柔道	71	1
国际摔跤	127	4
跆拳道	78	2
拳击	28	1
武术套路	55	3
武术散打	18	1
射击	46	7
射箭	33	1
游泳	251	8
跳水	16	2
乒乓球	76	5
篮球	86	6
网球	34	1
体操	53	3
蹦床	42	3
赛艇	8	1
皮划艇	5	1
足球	25	6
排球	90	6

13-27 等级裁判员项目分布情况
Distribution of grade judges

单位：人

项目	一级以上裁判员合计	#女性	1、国际级裁判员	2、国家级裁判员	3、一级裁判员	二级裁判员
合计	**1256**	**655**	**28**	**141**	**1087**	**1853**
田径	109	66	1	12	96	252
游泳	70	45		10	60	72
跳水	11	3	1	1	9	
自行车	54	17	1	16	37	6
举重	16	11	3	2	11	
射击	80	36	1	4	75	3
射箭	50	22		3	47	
国际摔跤	21	2	1	2	18	1
柔道	15	5	1	7	7	1
跆拳道	36	10	1	3	32	18
拳击	32	4			32	
体操	43	18	6		37	
蹦床	22	12	5		17	
武术套路	70	28	2	10	58	167
武术散打	15	1	1	1	13	
击剑	12	5		1	11	
足球	46	7		3	43	98
篮球	98	34		8	90	388
排球	29	28	1	6	22	174
沙滩排球	6	2	1	5		
乒乓球	66	139		10	56	376
网球	72	44	1	13	58	98
羽毛球	74	44		5	69	174
门球	24	13		2	22	
台球	3	1			3	
中国象棋	18	2		1	17	4
国际象棋	20	7		1	19	14
围棋	16	6		3	13	7
健美操	30	21		2	28	
体育舞蹈	13	5		2	11	
健美	10	4	1	1	8	
健身气功	8	4		1	7	
跳伞	1	1			1	
拔河	2	1		1	1	
毽球	12	4			12	
健身秧歌	2	2		1	1	
电子竞技	6			1	5	
信鸽	30				30	
航模	9			2	7	
定向	5	1		1	4	

注：本表口径只包括市属管辖数据，不包含省属管辖数据。

13-28 等级运动员项目分布情况
Distribution of the athletes in class

单位：人

项 目	等级运动员合计	#女性	1、一级运动员	2、二级运动员
合 计	**2019**	**799**	**578**	**1441**
田径	336	102	13	323
游泳	80	32	22	58
跳水	1		1	
自行车	25	12	19	6
举重	8	6	4	4
射击	54	24	30	24
射箭	19	7	7	12
国际摔跤	53	21	16	37
柔道	21	10	10	11
跆拳道	61	29	38	23
拳击	35	15	15	20
体操	6	6	5	1
蹦床	8	6	7	1
武术套路	59	27	5	54
武术散打	24	9	7	17
击剑	10	7	3	7
足球	212	51	43	169
篮球	322	122	80	242
排球	351	166	176	175
沙滩排球				
乒乓球	125	56	50	75
网球	87	45		87
羽毛球	28	13		28
手球	6	4		6
门球				
台球				
中国象棋	16	5	3	13
国际象棋	20	5	6	14
围棋	20	4	3	17
健美操	15	9	4	11
体育舞蹈				
健美				
健身气功				
跳伞				
拔河				
毽球				
健身秧歌				
电子竞技				
信鸽				
航模	3		2	1
定向				
橄榄球				
技巧	2	1		2
中国式摔跤	3	1		3
皮划艇	8	3	8	
赛艇	1	1	1	

13-29 体育彩票发行情况
Issue of sports lottery

年　份	全市体育彩票发行额(万元)	全省体育彩票发行额(万元)	全市体育彩票网点数(个)	全市体育彩票发行额在全省占比(%)
2005	8106	38877	354	20.9
2006	12269	55930	376	21.9
2007	12984	50780	392	25.6
2008	27276	92377	409	29.5
2009	22230	80709	470	27.5
2010	26391	82260	475	32.1
2011	35297	96358	520	36.0
2012	34073	101566	520	33.5
2013	50649	156171	530	32.4
2014	60256	189702	580	31.8
2015	66937	208464	594	32.1
2016	72968	232870	634	31.3
2017	107624	349064	678	30.8

13-30 婚姻登记情况
Situation of marriage registration

指　标	结婚登记数(对)	初婚人数(人)	再婚人数(人)			离婚登记数(对)
				#女	恢复结婚(对)	
总　计	**31879**	**52455**	**11303**	**5860**	**2164**	**10566**
市本级	12	16	8	4		4
小店区	6648	10529	2767	1374	733	2122
迎泽区	4545	7856	1234	810	76	1441
杏花岭区	4860	7749	1971	967	422	1949
尖草坪区	2500	3907	1093	547	208	994
万柏林区	4791	7727	1855	912	302	1656
晋源区	1676	2807	545	248	102	573
清徐县	2609	4571	647	353	109	522
阳曲县	1128	1903	353	191	80	333
娄烦县	1363	2413	313	185	61	484
古交市	1747	2977	517	269	71	488

13-31　社会救济、收养对象情况

Social relief and adoption object

单位：人、个、张

指　标	城市居民最低生活保障人数（人）	农村居民最低生活保障人数（人）	城市发放最低保障资金（万元）	农村发放最低保障资金（万元）	农村集中五保供养人数（人）	农村分散五保供养人数(人)	收养类单位数(个)	收养类单位床位数（张）	收养类单位在院人数(人)
总　计	**25756**	**39924**	**16455**	**18102**	**3003**	**929**	**39**	**7375**	**5068**
市本级							14	2332	1445
小店区	729	865	600	577	70	89	1	200	110
迎泽区	1500	439	1204	268	2	18	1	20	8
杏花岭区	4980	1470	3289	876	28	31	6	786	521
尖草坪区	3382	3076	2024	1687	73	250	1	230	70
万柏林区	2686	1863	1968	1128	24	32	2	90	72
晋源区	698	7125	698	3375	68	132	1	108	68
清徐县	1200	3938	692	1965	416	143	6	740	419
阳曲县	4048	4135	2207	1660	1011	119	1	1269	1011
娄烦县	2862	12012	1576	4671	980		5	1096	1013
古交市	3671	5001	2199	1895	331	115	1	504	331

13-32　优抚对象优待抚恤情况

Special preferential treatment to the situation

单位：人、户

指　标	抚恤、补助优抚对象人数	定期抚恤人　数	定期补助人　数	伤残人数	优待优抚对象户数	优抚对象享受医保人数
总　计	**10702**	**181**	**7459**	**3062**	**4524**	**5016**
小店区	1443	22	798	623	1499	42
迎泽区	1001	24	254	723	908	33
杏花岭区	983	23	379	581		60
尖草坪区	864	13	638	213	421	163
万柏林区	667	24	247	396	238	93
晋源区	1031	6	880	145		226
清徐县	2470	10	2329	131	230	2470
阳曲县	1060	19	957	84	1182	1060
娄烦县	629	29	531	69	46	629
古交市	554	11	446	97		240

第14篇

县(市、区)经济概况

Basic Economic Statistics of at County Levell (districts, counties and cities)

资料整理、审核

张妙莲

14-1 小店区国民经济主要指标
Main indicators of national economy in Xiaodian District

指 标	单 位	2017
一、基本情况		
行政区域面积	平方公里	295
乡个数	个	2
镇个数	个	1
街道办事处个数	个	7
二、人口与就业		
常住户数	户	184126
常住人口	万人	84.3
户籍人口	万人	63.5
三、综合经济		
(一)地区生产总值	万元	8299300
第一产业增加值	万元	73008
农业	万元	53679
林业	万元	3991
牧业	万元	15326
渔业	万元	12
第二产业增加值	万元	4012910
其中:工业	万元	3045208
第三产业增加值	万元	4213382
其中:农林牧渔服务业	万元	2146.6
(二)财政、金融		
公共财政收入	万元	271661
各项税收	万元	237368
公共财政支出	万元	407331
其中:农林水事务支出	万元	19635
科学技术支出	万元	4984
医疗卫生支出	万元	23395
教育支出	万元	67688
四、农业		
(一)生产条件		
耕地面积	公顷	10038.8
设施农业占地面积	公顷	266.9
农业机械总动力	万千瓦特	5.6
化肥使用量(折纯量)	吨	2943
农药使用量	吨	65
地膜使用量	吨	45

14-1　续表 1

指　标	单 位	2017
有效灌溉面积	公顷	9990
机电井数	眼	331
机收面积	公顷	5959
(二)农作物播种面积	公顷	10314.7
粮食作物播种面积	公顷	7164.2
小麦	公顷	49
玉米	公顷	7082.7
大豆	公顷	26.6
蔬菜播种面积	公顷	3150
(三)农产品产量		
粮食总产量	吨	56896.4
其中：小麦	吨	294.6
玉米	吨	56520
大豆	吨	35
园林水果产量	吨	1120.9
肉类总产量	吨	4300
其中:猪肉产量	吨	2170
年末生猪存栏	头	19253
年末牛存栏	头	8530
年末羊存栏	只	18236
禽蛋产量	吨	4150
奶类产量	吨	42600
蔬菜产量	吨	215000
水产品产量	吨	16
五、工业及建筑业		
规模以上工业企业单位数	个	35
规模以上工业总产值	万元	470662.6
规模以上工业企业从业人员年平均人数	人	5069
规模以上工业企业主营业务收入	万元	465646.2
建筑业企业单位数	个	286
六、交通、通讯与能源		
公路里程	公里	327
七、贸易、外经、旅游		
社会消费品零售总额	万元	4784794
出口总额	万元	56838
当年实际使用外资金额	万美元	29
八、固定资产投资		
固定资产投资	万元	1164725
新增固定资产	万元	832249

14-1 续表 2

指　标	单　位	2017
房地产开发投资	万元	820558
其中:住宅	万元	531749
住宅竣工面积	万平方米	67
九、教育、科技、文化、卫生		
普通中学	所	42
小学数	所	71
普通中学专任教师数	人	3988
小学专任教师数	人	3195
普通中学在校学生数	人	43399
小学在校学生数	人	70926
全年专利授权数	件	1845
公共图书馆图书总藏量	千册	122
剧场、影剧院个数	个	6
体育场馆个数	个	2
医疗卫生机构床位数	床	7003
医疗卫生机构技术人员	人	10159
其中:执业(助理)医师	人	3983
十、居民收入		
居民人均可支配收入	元	31581
城镇居民人均可支配收入	元	32546
农村居民人均纯收入	元	21152
十一、社会保障		
各种社会福利收养性单位数	个	1
各种社会福利收养性单位床位数	床	200
城镇基本养老保险参保人数	人	89932
城镇基本医疗保险参保人数	人	254446
失业保险参保人数	人	51318
新型农村合作医疗参保人数	人	154561
新型农村社会养老保险参保人数	人	86763
城镇居民最低生活保障人数	人	729
农村居民最低生活保障人数	人	865
十二、资源与环境		
森林面积	公顷	1247
自然保护区面积	公顷	
工业二氧化硫排放量	吨	184.2
氮氧化物排放量	吨	1240.0
烟(粉)尘排放量	吨	314.1
污水处理厂数	座	3
垃圾处理站数	个	12
城区空气质量优良以上天数	天	163

14-2　迎泽区国民经济主要指标

Main indicators of national economy in Yingze District

指　标	单　位	2017
一、基本情况		
行政区域面积	平方公里	117
镇个数	个	1
街道办事处个数	个	6
二、人口与就业		
常住户数	户	156800
常住人口	万人	61.5
户籍人口	万人	53.3
三、综合经济		
(一)地区生产总值	万元	6908329
第一产业增加值	万元	3419
农业	万元	155
林业	万元	2707
牧业	万元	543
渔业	万元	14
第二产业增加值	万元	884398
其中:工业	万元	414201
第三产业增加值	万元	6020512
(二)财政、金融		
公共财政收入	万元	152730
各项税收	万元	133874
公共财政支出	万元	215437
其中:农林水事务支出	万元	2307
科学技术支出	万元	323
医疗卫生支出	万元	18179
教育支出	万元	46053
四、农业		
(一)生产条件		
耕地面积	公顷	700.0
设施农业占地面积	公顷	5.4
农业机械总动力	万千瓦特	0.05
化肥使用量(折纯量)	吨	2.6
农药使用量	吨	0.9
有效灌溉面积	公顷	170
机电井数	眼	44

14-2 续表 1

指 标	单 位	2017
(二)农作物播种面积	公顷	149.2
粮食作物播种面积	公顷	144.5
其中:玉米	公顷	73.1
蔬菜播种面积	公顷	4.7
(三)农产品产量		
粮食总产量	吨	222.8
其中:玉米	吨	143.1
园林水果产量	吨	194.7
肉类总产量	吨	373.6
其中:猪肉产量	吨	184.8
年末生猪存栏	头	1116
年末牛存栏	头	241
年末羊存栏	只	3572
禽蛋产量	吨	226.8
蔬菜产量	吨	177.5
水产品产量	吨	26
五、工业及建筑业		
规模以上工业企业单位数	个	7
规模以上工业总产值	万元	662347.9
规模以上工业企业从业人员年平均人数	人	6861
规模以上工业企业主营业务收入	万元	680028.2
建筑业企业单位数	个	299
六、交通、通讯与能源		
公路里程	公里	77
七、贸易、外经、旅游		
社会消费品零售总额	万元	4668070
出口总额	万元	118883
八、固定资产投资		
固定资产投资	万元	976606
新增固定资产	万元	686176
房地产开发投资	万元	742539
其中:住宅	万元	400485
住宅竣工面积	万平方米	40.7
九、教育、科技、文化、卫生		

14-2　续表 2

指　　标	单　位	2017
普通中学	所	19
小学数	所	36
普通中学专任教师数	人	2542
小学专任教师数	人	1963
普通中学在校学生数	人	27449
小学在校学生数	人	33901
全年专利授权数	件	572
公共图书馆图书总藏量	千册	112.9
剧场、影剧院个数	个	5
体育场馆个数	个	1
医疗卫生机构床位数	床	9284
医疗卫生机构技术人员	人	14062
其中:执业(助理)医师	人	5008
十、居民收入		
居民人均可支配收入	元	31939
城镇居民人均可支配收入	元	32277
农村居民人均纯收入	元	20838
十一、社会保障		
各种社会福利收养性单位数	个	1
各种社会福利收养性单位床位数	床	20
城镇基本养老保险参保人数	人	59518
城镇基本医疗保险参保人数	人	171918
失业保险参保人数	人	24926
新型农村合作医疗参保人数	人	24457
新型农村社会养老保险参保人数	人	27111
城镇居民最低生活保障人数	人	1500
农村居民最低生活保障人数	人	439
十二、资源与环境		
森林面积	公顷	1760
工业二氧化硫排放量	吨	125.6
氮氧化物排放量	吨	644.6
烟(粉)尘排放量	吨	109.7
垃圾处理站数	个	11
城区空气质量优良以上天数	天	211

14-3　杏花岭区国民经济主要指标
Main indicators of national economy in Xinghualing District

指　标	单 位	2017
一、基本情况		
行政区域面积	平方公里	170
乡个数	个	2
街道办事处个数	个	10
二、人口与就业		
常住户数	户	181527
常住人口	万人	66.9
户籍人口	万人	59.6
三、综合经济		
(一)地区生产总值	万元	5895520
第一产业增加值	万元	5594
农业	万元	913
林业	万元	2895
牧业	万元	1786
第二产业增加值	万元	1181515
其中:工业	万元	169177
第三产业增加值	万元	4708411
(二)财政、金融		
公共财政收入	万元	153342
各项税收	万元	138710
公共财政支出	万元	265795
其中:农林水事务支出	万元	10120
科学技术支出	万元	2040
医疗卫生支出	万元	16810
教育支出	万元	66898
四、农业		
(一)生产条件		
耕地面积	公顷	932.4
设施农业占地面积	公顷	13.6
农业机械总动力	万千瓦特	0.55
化肥使用量(折纯量)	吨	29.4
农药使用量	吨	9.4
地膜使用量	吨	4.2
有效灌溉面积	公顷	100

14-3　续表1

指　标	单 位	2017
(二)农作物播种面积	公顷	587.1
粮食作物播种面积	公顷	534
其中:玉米	公顷	259
大豆	公顷	99.7
油料播种面积	公顷	3
蔬菜播种面积	公顷	50.1
(三)农产品产量		
粮食总产量	吨	831.7
其中:玉米	吨	450.2
大豆	吨	90.5
油料产量	吨	3.3
园林水果产量	吨	1179.5
肉类总产量	吨	1828.7
其中:猪肉产量	吨	1561.6
年末生猪存栏	头	13572
年末牛存栏	头	21
年末羊存栏	只	6631
禽蛋产量	吨	462.5
蔬菜产量	吨	2305.3
五、工业及建筑业		
规模以上工业企业单位数	个	21
规模以上工业总产值	万元	416537.5
规模以上工业企业从业人员年平均人数	人	6253
规模以上工业企业主营业务收入	万元	406837.8
建筑业企业单位数	个	244
六、交通、通讯与能源		
公路里程	公里	124
七、贸易、外经、旅游		
社会消费品零售总额	万元	2186551
出口总额	万元	180534
八、固定资产投资		
固定资产投资	万元	678368
新增固定资产	万元	778958
房地产开发投资	万元	582635
其中:住宅	万元	467834

14-3 续表 2

指　标	单 位	2017
住宅竣工面积	万平方米	100.8
九、教育、科技、文化、卫生		
普通中学	所	38
小学数	所	57
普通中学专任教师数	人	3515
小学专任教师数	人	2580
普通中学在校学生数	人	32728
小学在校学生数	人	47235
全年专利授权数	件	348
剧场、影剧院个数	个	2
体育场馆个数	个	1
医疗卫生机构床位数	床	10043
医疗卫生机构技术人员	人	15661
其中:执业(助理)医师	人	5522
十、居民收入		
居民人均可支配收入	元	31786
城镇居民人均可支配收入	元	32321
农村居民人均纯收入	元	17901
十一、社会保障		
各种社会福利收养性单位数	个	6
各种社会福利收养性单位床位数	床	786
城镇基本养老保险参保人数	人	60464
城镇基本医疗保险参保人数	人	144741
失业保险参保人数	人	35347
新型农村合作医疗参保人数	人	29917
新型农村社会养老保险参保人数	人	37339
城镇居民最低生活保障人数	人	4980
农村居民最低生活保障人数	人	1470
十二、资源与环境		
森林面积	公顷	1687
工业二氧化硫排放量	吨	816.6
氮氧化物排放量	吨	5394.6
烟(粉)尘排放量	吨	486.5
垃圾处理站数	个	15
城区空气质量优良以上天数	天	169

14-4　尖草坪区国民经济主要指标

Main indicators of national economy in Jiancaoping District

指　　标	单　位	2017
一、基本情况		
行政区域面积	平方公里	285
乡个数	个	3
镇个数	个	2
街道办事处个数	个	9
二、人口与就业		
常住户数	户	110685
常住人口	万人	43.4
户籍人口	万人	32.8
三、综合经济		
(一)地区生产总值	万元	2903933
第一产业增加值	万元	37343
农业	万元	22828
林业	万元	4257
牧业	万元	10143
渔业	万元	115
第二产业增加值	万元	1826386
其中:工业	万元	1542274
第三产业增加值	万元	1040204
其中:农林牧渔服务业	万元	389.3
(二)财政、金融		
公共财政收入	万元	100256
各项税收	万元	91653
公共财政支出	万元	176779
其中:农林水事务支出	万元	11824
科学技术支出	万元	1097
医疗卫生支出	万元	14602
教育支出	万元	34076
四、农业		
(一)生产条件		
耕地面积	公顷	4671.4
设施农业占地面积	公顷	87.3
农业机械总动力	万千瓦特	0.78
化肥使用量(折纯量)	吨	979.2
农药使用量	吨	96
地膜使用量	吨	119

14-4 续表 1

指　标	单 位	2017
有效灌溉面积	公顷	4370
机电井数	眼	185
机收面积	公顷	804
(二)农作物播种面积	公顷	5145.3
粮食作物播种面积	公顷	4246.2
其中:玉米	公顷	3377.5
大豆	公顷	224.3
油料播种面积	公顷	40.9
蔬菜播种面积	公顷	839.9
(三)农产品产量		
粮食总产量	吨	14880.6
玉米	吨	13129.4
大豆	吨	458.1
油料产量	吨	56.2
园林水果产量	吨	28295.8
肉类总产量	吨	4434.6
其中:猪肉产量	吨	3643
年末生猪存栏	头	25650
年末牛存栏	头	6301
年末羊存栏	只	23227
禽蛋产量	吨	1580
奶类产量	吨	26655.8
蔬菜产量	吨	60820
水产品产量	吨	110
五、工业及建筑业		
规模以上工业企业单位数	个	56
规模以上工业总产值	万元	8583313
规模以上工业企业从业人员年平均人数	人	53506
规模以上工业企业主营业务收入	万元	8685412
建筑业企业单位数	个	78
六、交通、通讯与能源		
公路里程	公里	187
七、贸易、外经、旅游		
社会消费品零售总额	万元	1018807
出口总额	万元	1201520
八、固定资产投资		
固定资产投资	万元	817076
新增固定资产	万元	192840

14-4　续表 2

指　标	单　位	2017
房地产开发投资	万元	408221
其中:住宅	万元	329108
九、教育、科技、文化、卫生		
普通中学	所	22
小学数	所	40
普通中学专任教师数	人	1550
小学专任教师数	人	1398
普通中学在校学生数	人	14353
小学在校学生数	人	24383
全年专利授权数	件	664
公共图书馆图书总藏量	千册	122
剧场、影剧院个数	个	5
体育场馆个数	个	6
医疗卫生机构床位数	床	2501
医疗卫生机构技术人员	人	3364
其中:执业(助理)医师	人	1448
十、居民收入		
居民人均可支配收入	元	30562
城镇居民人均可支配收入	元	31597
农村居民人均纯收入	元	14667
十一、社会保障		
各种社会福利收养性单位数	个	1
各种社会福利收养性单位床位数	床	230
城镇基本养老保险参保人数	人	55048
城镇基本医疗保险参保人数	人	106274
失业保险参保人数	人	21334
新型农村合作医疗参保人数	人	108917
新型农村社会养老保险参保人数	人	76250
城镇居民最低生活保障人数	人	3382
农村居民最低生活保障人数	人	3076
十二、资源与环境		
森林面积	公顷	4993
工业二氧化硫排放量	吨	3415.2
氮氧化物排放量	吨	16218.4
烟(粉)尘排放量	吨	8085.9
污水处理厂数	座	2
垃圾处理站数	个	13
城区空气质量优良以上天数	天	226

14–5 万柏林区国民经济主要指标

Main indicators of national economy in Wanbailin District

指　标	单 位	2017
一、基本情况		
行政区域面积	平方公里	305
乡个数	个	1
街道办事处个数	个	14
二、人口与就业		
常住户数	户	166366
常住人口	万人	78.7
户籍人口	万人	56.5
三、综合经济		
(一)地区生产总值	万元	4069051
第一产业增加值	万元	4682
农业	万元	553
林业	万元	2989
牧业	万元	1140
第二产业增加值	万元	2192596
其中:工业	万元	1268777
第三产业增加值	万元	1871773
其中:农林牧渔服务业	万元	462.7
(二)财政、金融		
公共财政收入	万元	207906
各项税收	万元	192386
公共财政支出	万元	321445
其中:农林水事务支出	万元	13507
科学技术支出	万元	3172
医疗卫生支出	万元	13858
教育支出	万元	82304
四、农业		
(一)生产条件		
耕地面积	公顷	1759.1
设施农业占地面积	公顷	6.4
农业机械总动力	万千瓦特	0.08
化肥使用量(折纯量)	吨	42.4
农药使用量	吨	1.4
地膜使用量	吨	2.2
有效灌溉面积	公顷	1350
机电井数	眼	32

14-5　续表 1

指　标	单 位	2017
机收面积	公顷	230
(二)农作物播种面积	公顷	451.8
粮食作物播种面积	公顷	410.9
其中:玉米	公顷	275
大豆	公顷	2.5
蔬菜播种面积	公顷	39.2
(三)农产品产量		
粮食总产量	吨	1147.6
其中:玉米	吨	835
大豆	吨	2.5
园林水果产量	吨	413
肉类总产量	吨	942.3
其中:猪肉产量	吨	863.1
年末生猪存栏	头	4666
年末牛存栏	头	125
年末羊存栏	只	433
禽蛋产量	吨	331.1
奶类产量	吨	180
蔬菜产量	吨	911.9
五、工业及建筑业		
规模以上工业企业单位数	个	19
规模以上工业总产值	万元	3204187
规模以上工业企业从业人员年平均人数	人	101650
规模以上工业企业主营业务收入	万元	3091029
建筑业企业单位数	个	178
六、交通、通讯与能源		
公路里程	公里	187
七、贸易、外经、旅游		
社会消费品零售总额	万元	2159849
出口总额	万元	77592
八、固定资产投资		
固定资产投资	万元	1760393
新增固定资产	万元	418646
房地产开发投资	万元	1545897
其中:住宅	万元	1094041
住宅竣工面积	万平方米	11.9

14-5 续表 2

指 标	单 位	2017
九、教育、科技、文化、卫生		
普通中学	所	24
小学数	所	58
普通中学专任教师数	人	2446
小学专任教师数	人	3480
普通中学在校学生数	人	25114
小学在校学生数	人	50156
全年专利授权数	件	1179
公共图书馆图书总藏量	千册	40
剧场、影剧院个数	个	5
体育场馆个数	个	13
医疗卫生机构床位数	床	4812
医疗卫生机构技术人员	人	8779
其中:执业(助理)医师	人	3302
十、居民收入		
居民人均可支配收入	元	31080
城镇居民人均可支配收入	元	31329
农村居民人均纯收入	元	21163
十一、社会保障		
各种社会福利收养性单位数	个	2
各种社会福利收养性单位床位数	床	90
城镇基本养老保险参保人数	人	44994
城镇基本医疗保险参保人数	人	214500
失业保险参保人数	人	27534
新型农村合作医疗参保人数	人	75963
新型农村社会养老保险参保人数	人	60517
城镇居民最低生活保障人数	人	2686
农村居民最低生活保障人数	人	1863
十二、资源与环境		
森林面积	公顷	4620
工业二氧化硫排放量	吨	904
氮氧化物排放量	吨	1152.0
烟(粉)尘排放量	吨	743.2
污水处理厂数	座	1
垃圾处理站数	个	28
城区空气质量优良以上天数	天	211

14-6　晋源区国民经济主要指标
Main indicators of national economy in Jinyuanqu District

指　标	单 位	2017
一、基本情况		
行政区域面积	平方公里	288
镇个数	个	3
街道办事处个数	个	3
二、人口与就业		
常住户数	户	65572
常住人口	万人	23.2
户籍人口	万人	20.4
三、综合经济		
(一)地区生产总值	万元	620268
第一产业增加值	万元	42948
农业	万元	32712
林业	万元	1685
牧业	万元	8412
渔业	万元	139
第二产业增加值	万元	212804
其中:工业	万元	93144
第三产业增加值	万元	364516
其中:农林牧渔服务业	万元	576.2
(二)财政、金融		
公共财政收入	万元	92563
各项税收	万元	84335
公共财政支出	万元	161970
其中:农林水事务支出	万元	9808
科学技术支出	万元	671
医疗卫生支出	万元	10196
教育支出	万元	26743
四、农业		
(一)生产条件		
耕地面积	公顷	4554.2
设施农业占地面积	公顷	193.3
农业机械总动力	万千瓦特	4.0
化肥使用量(折纯量)	吨	901.1
农药使用量	吨	60.8
地膜使用量	吨	59.1
有效灌溉面积	公顷	4200

14-6 续表 1

指　标	单 位	2017
机电井数	眼	325
机收面积	公顷	2293
(二)农作物播种面积	公顷	4926.6
粮食作物播种面积	公顷	2508.2
其中:稻谷	公顷	158.9
玉米	公顷	2209.9
大豆	公顷	15.3
蔬菜播种面积	公顷	2413.1
(三)农产品产量		
粮食总产量	吨	21293.8
其中:稻谷	吨	1036.4
玉米	吨	19233.1
大豆	吨	56.3
园林水果产量	吨	4118.8
肉类总产量	吨	3814.3
其中:猪肉产量	吨	2457.5
年末生猪存栏	头	15672
年末牛存栏	头	2406
年末羊存栏	只	10661
禽蛋产量	吨	5967.9
奶类产量	吨	11962.5
蔬菜产量	吨	163835.6
水产品产量	吨	230
五、工业及建筑业		
规模以上工业企业单位数	个	20
规模以上工业总产值	万元	170771.2
规模以上工业企业从业人员年平均人数	人	5315
规模以上工业企业主营业务收入	万元	415284.1
建筑业企业单位数	个	53
六、交通、通讯与能源		
公路里程	公里	181
七、贸易、外经、旅游		
社会消费品零售总额	万元	457893.1
出口总额	万元	5613
当年实际使用外资金额	万美元	290.4
八、固定资产投资		
固定资产投资	万元	934591
新增固定资产	万元	1548587

14-6　续表 2

指　　标	单　位	2017
房地产开发投资	万元	298665
其中:住宅	万元	227882
住宅竣工面积	万平方米	7.4
九、教育、科技、文化、卫生		
普通中学	所	14
小学数	所	45
普通中学专任教师数	人	1277
小学专任教师数	人	934
普通中学在校学生数	人	12050
小学在校学生数	人	17809
全年专利授权数	件	52
公共图书馆图书总藏量	千册	28.5
体育场馆个数	个	1
医疗卫生机构床位数	床	1029
医疗卫生机构技术人员	人	1404
其中:执业(助理)医师	人	606
十、居民收入		
居民人均可支配收入	元	25769
城镇居民人均可支配收入	元	31879
农村居民人均纯收入	元	14211
十一、社会保障		
各种社会福利收养性单位数	个	1
各种社会福利收养性单位床位数	床	108
城镇基本养老保险参保人数	人	19864
城镇基本医疗保险参保人数	人	24708
失业保险参保人数	人	9457
新型农村合作医疗参保人数	人	124023
新型农村社会养老保险参保人数	人	83222
城镇居民最低生活保障人数	人	698
农村居民最低生活保障人数	人	7125
十二、资源与环境		
森林面积	公顷	4840
工业二氧化硫排放量	吨	798.8
氮氧化物排放量	吨	3492.5
烟(粉)尘排放量	吨	776.0
污水处理厂数	座	2
垃圾处理站数	个	3
城区空气质量优良以上天数	天	168

14-7 清徐县国民经济主要指标

Main indicators of national economy in Qingxu county

指　标	单 位	2017
一、基本情况		
行政区域面积	平方公里	609
乡个数	个	5
镇个数	个	4
二、人口与就业		
常住户数	户	123141
常住人口	万人	35.5
户籍人口	万人	33.4
三、综合经济		
(一)地区生产总值	万元	1443536
第一产业增加值	万元	138800
农业	万元	104774
林业	万元	2091
牧业	万元	30953
渔业	万元	982
第二产业增加值	万元	809158
其中:工业	万元	735324
第三产业增加值	万元	495578
其中:农林牧渔服务业	万元	4152.3
(二)财政、金融		
公共财政收入	万元	80747
各项税收	万元	65494
公共财政支出	万元	197491
其中:农林水事务支出	万元	28658
科学技术支出	万元	152
医疗卫生支出	万元	17603
教育支出	万元	41234
年末金融机构各项存款余额	万元	2185911
其中:居民储蓄存款余额	万元	1571222
年末金融机构各项贷款余额	万元	1669136
四、农业		
(一)生产条件		
耕地面积	公顷	25328.6
设施农业占地面积	公顷	1083.3
农业机械总动力	万千瓦特	14.5
化肥使用量(折纯量)	吨	13135
农药使用量	吨	475.7
地膜使用量	吨	664.2
有效灌溉面积	公顷	24870
机电井数	眼	1388
机收面积	公顷	18036
(二)农作物播种面积	公顷	29869.1

14-7　续表 1

指　　标	单 位	2017
粮食作物播种面积	公顷	19650.9
其中:小麦	公顷	22
玉米	公顷	18674.5
大豆	公顷	22.4
油料播种面积	公顷	24.7
其中:花生	公顷	17.9
棉花播种面积	公顷	2.5
蔬菜播种面积	公顷	9907
(三)农产品产量		
粮食总产量	吨	103560.6
其中:小麦	吨	134.9
玉米	吨	97761
大豆	吨	33.6
油料产量	吨	50.3
其中:花生	吨	35.6
棉花产量	吨	5.6
园林水果产量	吨	56615.3
肉类总产量	吨	22284.8
其中:猪肉产量	吨	15829
年末生猪存栏	头	107136
年末牛存栏	头	5153
年末羊存栏	只	103424
禽蛋产量	吨	7112
奶类产量	吨	8400.5
蔬菜产量	吨	686577
水产品产量	吨	1356
五、工业及建筑业		
规模以上工业企业单位数	个	57
规模以上工业总产值	万元	2098850
规模以上工业企业从业人员年平均人数	人	22184
规模以上工业企业主营业务收入	万元	2393976
建筑业企业单位数	个	21
六、交通、通讯与能源		
公路里程	公里	532
民用汽车拥有量	辆	47999
年末公交车路数	路	30
年末实有公共汽(电)车营运车辆数	辆	126
年末实有出租汽车数	辆	100
固定电话用户	户	24429
移动电话用户	户	338811
互联网宽带接入用户	户	85361
全社会用电量	万千瓦时	71759.8
其中:居民生活用电量	万千瓦时	16130.0

14-7 续表 2

指 标	单 位	2017
七、贸易、外经、旅游		
社会消费品零售总额	万元	606881.8
出口总额	万元	41006
八、固定资产投资		
固定资产投资	万元	217093
新增固定资产	万元	232643
房地产开发投资	万元	33110
其中:住宅	万元	32211
住宅竣工面积	万平方米	0.8
九、教育、科技、文化、卫生		
普通中学	所	21
小学数	所	73
普通中学专任教师数	人	1727
小学专任教师数	人	1597
普通中学在校学生数	人	17315
小学在校学生数	人	21598
全年专利授权数	件	51
公共图书馆图书总藏量	千册	121.1
剧场、影剧院个数	个	1
体育场馆个数	个	1
医疗卫生机构床位数	床	736
医疗卫生机构技术人员	人	920
其中:执业(助理)医师	人	464
十、居民收入		
居民人均可支配收入	元	20633
城镇居民人均可支配收入	元	30259
农村居民人均纯收入	元	17799
十一、社会保障		
各种社会福利收养性单位数	个	6
各种社会福利收养性单位床位数	床	740
城镇基本养老保险参保人数	人	33696
城镇基本医疗保险参保人数	人	37623
失业保险参保人数	人	15060
新型农村合作医疗参保人数	人	238380
新型农村社会养老保险参保人数	人	168943
城镇居民最低生活保障人数	人	1200
农村居民最低生活保障人数	人	3938
十二、资源与环境		
森林面积	公顷	5993
工业二氧化硫排放量	吨	3363.5
氮氧化物排放量	吨	4170.4
烟(粉)尘排放量	吨	4117.9
污水处理厂数	座	1
城区空气质量优良以上天数	天	193

14-8　阳曲县国民经济主要指标

Main indicators of national economy in Yangqu county

指　　标	单　位	2017
一、基本情况		
行政区域面积	平方公里	2059
乡个数	个	6
镇个数	个	4
二、人口与就业		
常住户数	户	63508
常住人口	万人	12.3
户籍人口	万人	15.1
三、综合经济		
(一)地区生产总值	万元	383644
第一产业增加值	万元	56909
农业	万元	33970
林业	万元	5742
牧业	万元	17166
渔业	万元	31
第二产业增加值	万元	206799
其中:工业	万元	197308
第三产业增加值	万元	119936
其中:农林牧渔服务业	万元	1443
(二)财政、金融		
公共财政收入	万元	50084
各项税收	万元	22115
公共财政支出	万元	146731
其中:农林水事务支出	万元	42368
科学技术支出	万元	804
医疗卫生支出	万元	11013
教育支出	万元	20924
年末金融机构各项存款余额	万元	865916
其中:居民储蓄存款余额	万元	552310
年末金融机构各项贷款余额	万元	293158
四、农业		
(一)生产条件		
耕地面积	公顷	28011.1
设施农业占地面积	公顷	442
农业机械总动力	万千瓦特	10.4
化肥使用量(折纯量)	吨	8645
农药使用量	吨	95
地膜使用量	吨	1215
有效灌溉面积	公顷	2730

14-8 续表 1

指　标	单 位	2017
机电井数	眼	251
机收面积	公顷	12088
(二)农作物播种面积	公顷	23502.1
粮食作物播种面积	公顷	20787.1
其中:玉米	公顷	14594.1
大豆	公顷	609
油料播种面积	公顷	117.9
蔬菜播种面积	公顷	2161.3
(三)农产品产量		
粮食总产量	吨	94175.2
其中:玉米	吨	79903.4
大豆	吨	980.5
油料产量	吨	228.2
园林水果产量	吨	4576.8
肉类总产量	吨	9062.8
其中:猪肉产量	吨	5225.2
年末生猪存栏	头	36402
年末牛存栏	头	7388
年末羊存栏	只	145626
禽蛋产量	吨	8040.3
奶类产量	吨	16223.1
蔬菜产量	吨	97436.6
水产品产量	吨	43
五、工业及建筑业		
规模以上工业企业单位数	个	27
规模以上工业总产值	万元	797624.2
规模以上工业企业从业人员年平均人数	人	4444
规模以上工业企业主营业务收入	万元	783113.9
建筑业企业单位数	个	6
六、交通、通讯与能源		
公路里程	公里	740
民用汽车拥有量	辆	8960
年末公交车路数	路	41
年末实有公共汽(电)车营运车辆数	辆	178
年末实有出租汽车数	辆	60
固定电话用户	户	11250
移动电话用户	户	152010
互联网宽带接入用户	户	25358
全社会用电量	万千瓦时	53807.0
其中:居民生活用电量	万千瓦时	4506.8
七、贸易、外经、旅游		
社会消费品零售总额	万元	151356.2

14-8　续表 2

指　　标	单　位	2017
出口总额	万元	1170
八、固定资产投资		
固定资产投资	万元	339700
新增固定资产	万元	88451
房地产开发投资	万元	10246
其中:住宅	万元	6991
住宅竣工面积	万平方米	14
九、教育、科技、文化、卫生		
普通中学	所	11
小学数	所	17
普通中学专任教师数	人	759
小学专任教师数	人	697
普通中学在校学生数	人	9058
小学在校学生数	人	8524
全年专利授权数	件	25
公共图书馆图书总藏量	千册	57
剧场、影剧院个数	个	2
体育场馆个数	个	1
医疗卫生机构床位数	床	1141
医疗卫生机构技术人员	人	872
其中:执业(助理)医师	人	269
十、居民收入		
居民人均可支配收入	元	13148
城镇居民人均可支配收入	元	22996
农村居民人均纯收入	元	8501
十一、社会保障		
各种社会福利收养性单位数	个	1
各种社会福利收养性单位床位数	床	1269
城镇基本养老保险参保人数	人	16715
城镇基本医疗保险参保人数	人	23053
失业保险参保人数	人	6546
新型农村合作医疗参保人数	人	105435
新型农村社会养老保险参保人数	人	80155
城镇居民最低生活保障人数	人	4048
农村居民最低生活保障人数	人	4135
十二、资源与环境		
森林面积	公顷	38820
工业二氧化硫排放量	吨	693
氮氧化物排放量	吨	1969
烟(粉)尘排放量	吨	1532
污水处理厂数	座	1
城区空气质量优良以上天数	天	214

14-9 娄烦县国民经济主要指标

Main indicators of national economy in Loufan county

指　标	单 位	2017
一、基本情况		
行政区域面积	平方公里	1276
乡个数	个	5
镇个数	个	3
二、人口与就业		
常住户数	户	52798
常住人口	万人	10.9
户籍人口	万人	12.6
三、综合经济		
(一)地区生产总值	万元	210954
第一产业增加值	万元	20004
农业	万元	11429
林业	万元	3716
牧业	万元	4556
渔业	万元	303
第二产业增加值	万元	86272
其中:工业	万元	84899
第三产业增加值	万元	104678
其中:农林牧渔服务业	万元	842.3
(二)财政、金融		
公共财政收入	万元	30909
各项税收	万元	23406
公共财政支出	万元	149738
其中:农林水事务支出	万元	44858
科学技术支出	万元	374
医疗卫生支出	万元	10177
教育支出	万元	20340
年末金融机构各项存款余额	万元	455547.3
其中:居民储蓄存款余额	万元	336282.7
年末金融机构各项贷款余额	万元	117604.0
四、农业		
(一)生产条件		
耕地面积	公顷	19294.9
设施农业占地面积	公顷	18.5
农业机械总动力	万千瓦特	2.5
化肥使用量(折纯量)	吨	841.5
农药使用量	吨	10.1
地膜使用量	吨	71.4

14-9　续表1

指　标	单 位	2017
有效灌溉面积	公顷	1170
机电井数	眼	35
机收面积	公顷	3300
(二)农作物播种面积	公顷	11681.4
粮食作物播种面积	公顷	9145.6
其中：玉米	公顷	1515
大豆	公顷	665
油料播种面积	公顷	700
蔬菜播种面积	公顷	259.3
(三)农产品产量		
粮食总产量	吨	16999.3
其中:玉米	吨	4264.7
大豆	吨	1013
油料产量	吨	979
园林水果产量	吨	1864
肉类总产量	吨	2666
其中:猪肉产量	吨	1267
年末生猪存栏	头	12540
年末牛存栏	头	3089
年末羊存栏	只	68821
禽蛋产量	吨	1020.7
蔬菜产量	吨	11996.2
水产品产量	吨	336
五、工业及建筑业		
规模以上工业企业单位数	个	8
规模以上工业总产值	万元	132887.9
规模以上工业企业从业人员年平均人数	人	811
规模以上工业企业主营业务收入	万元	126066.3
建筑业企业单位数	个	2
六、交通、通讯与能源		
公路里程	公里	431
民用汽车拥有量	辆	8329
年末公交车路数	路	8
年末实有公共汽(电)车营运车辆数	辆	32
年末实有出租汽车数	辆	30
固定电话用户	户	8000
移动电话用户	户	97100
互联网宽带接入用户	户	21850
全社会用电量	万千瓦时	15227.1

14-9 续表 2

指 标	单 位	2017
其中:居民生活用电量	万千瓦时	4038.8
七、贸易、外经、旅游		
社会消费品零售总额	万元	46904.3
八、固定资产投资		
固定资产投资	万元	101192
新增固定资产	万元	80891
九、教育、科技、文化、卫生		
普通中学	所	8
小学数	所	14
普通中学专任教师数	人	457
小学专任教师数	人	552
普通中学在校学生数	人	4809
小学在校学生数	人	7086
全年专利授权数	件	7
公共图书馆图书总藏量	千册	51.4
医疗卫生机构床位数	床	336
医疗卫生机构技术人员	人	337
其中:执业(助理)医师	人	163
十、居民收入		
居民人均可支配收入	元	11794
城镇居民人均可支配收入	元	19824
农村居民人均纯收入	元	6700
十一、社会保障		
各种社会福利收养性单位数	个	5
各种社会福利收养性单位床位数	床	1096
城镇基本养老保险参保人数	人	11330
城镇基本医疗保险参保人数	人	14216
失业保险参保人数	人	5259
新型农村合作医疗参保人数	人	95539
新型农村社会养老保险参保人数	人	49132
城镇居民最低生活保障人数	人	2862
农村居民最低生活保障人数	人	12012
十二、资源与环境		
森林面积	公顷	19980
工业二氧化硫排放量	吨	2114.5
氮氧化物排放量	吨	448.9
烟(粉)尘排放量	吨	4739.2
污水处理厂数	座	1
城区空气质量优良以上天数	天	313

14-10　古交市国民经济主要指标

Main indicators of national economy in the city of Gujiao

指　　标	单　位	2017
一、基本情况		
行政区域面积	平方公里	1584
乡个数	个	7
镇个数	个	3
街道办事处个数	个	4
二、人口与就业		
常住户数	户	79929
常住人口	万人	21.3
户籍人口	万人	21.8
三、综合经济		
(一)地区生产总值	万元	300506
第一产业增加值	万元	21694
农业	万元	9182
林业	万元	5321
牧业	万元	7118
渔业	万元	73
第二产业增加值	万元	113378
其中:工业	万元	91385
第三产业增加值	万元	165434
其中:农林牧渔服务业	万元	2051.7
(二)财政、金融		
公共财政收入	万元	56946
各项税收	万元	34895
公共财政支出	万元	162735
其中:农林水事务支出	万元	17845
科学技术支出	万元	322
医疗卫生支出	万元	13761
教育支出	万元	45001
年末金融机构各项存款余额	万元	1739247
其中:居民储蓄存款余额	万元	1389454
年末金融机构各项贷款余额	万元	825493
四、农业		
(一)生产条件		
耕地面积	公顷	20549.2
设施农业占地面积	公顷	72
农业机械总动力	万千瓦特	5.2
化肥使用量(折纯量)	吨	762
农药使用量	吨	30

14-10 续表 1

指　标	单 位	2017
地膜使用量	吨	125
有效灌溉面积	公顷	780
机电井数	眼	145
机收面积	公顷	3565
(二)农作物播种面积	公顷	8167.9
粮食作物播种面积	公顷	6751.1
其中:玉米	公顷	1381
大豆	公顷	1315
油料播种面积	公顷	384
蔬菜播种面积	公顷	658.6
(三)农产品产量		
粮食总产量	吨	10955
其中:玉米	吨	3250
大豆	吨	1350
油料产量	吨	494
园林水果产量	吨	682.6
肉类总产量	吨	5151.9
其中:猪肉产量	吨	2978
年末生猪存栏	头	24219
年末牛存栏	头	2570
年末羊存栏	只	83166
禽蛋产量	吨	5365
奶类产量	吨	275
蔬菜产量	吨	44579.6
水产品产量	吨	100
五、工业及建筑业		
规模以上工业企业单位数	个	13
规模以上工业总产值	万元	315694
规模以上工业企业从业人员年平均人数	人	4599
规模以上工业企业主营业务收入	万元	317195.9
建筑业企业单位数	个	12
六、交通、通讯与能源		
公路里程	公里	722
民用汽车拥有量	辆	10260
年末公交车路数	路	21
年末实有公共汽(电)车营运车辆数	辆	159
年末实有出租汽车数	辆	237
固定电话用户	户	31940
移动电话用户	户	212000
互联网宽带接入用户	户	42212
全社会用电量	万千瓦时	27740.3
其中:居民生活用电量	万千瓦时	5965.0

14-10　续表 2

指　标	单 位	2017
七、贸易、外经、旅游		
社会消费品零售总额	万元	528740.5
八、固定资产投资		
固定资产投资	万元	280403
新增固定资产	万元	36827
房地产开发投资	万元	34404
其中:住宅	万元	24625
九、教育、科技、文化、卫生		
普通中学	所	21
小学数	所	30
普通中学专任教师数	人	1104
小学专任教师数	人	1414
普通中学在校学生数	人	11006
小学在校学生数	人	17107
全年专利授权数	件	23
公共图书馆图书总藏量	千册	53.9
剧场、影剧院个数	个	2
体育场馆个数	个	1
医疗卫生机构床位数	床	1433
医疗卫生机构技术人员	人	1790
其中:执业(助理)医师	人	711
十、居民收入		
居民人均可支配收入	元	25391
城镇居民人均可支配收入	元	29166
农村居民人均纯收入	元	14855
十一、社会保障		
各种社会福利收养性单位数	个	1
各种社会福利收养性单位床位数	床	504
城镇基本养老保险参保人数	人	29232
城镇基本医疗保险参保人数	人	65845
失业保险参保人数	人	32505
新型农村合作医疗参保人数	人	67959
新型农村社会养老保险参保人数	人	56631
城镇居民最低生活保障人数	人	3671
农村居民最低生活保障人数	人	5001
十二、资源与环境		
森林面积	公顷	27167
工业二氧化硫排放量	吨	3290.6
氮氧化物排放量	吨	4485.2
烟(粉)尘排放量	吨	992.0
污水处理厂数	座	4
城区空气质量优良以上天数	天	307

中国统计出版社最新图书简目

(仅供参考,以实际出版为准)